제7권

진순신
이야기
중국사

청·중화인민공화국 ▶ 중화의 약진

• 진순신 지음 | 전선영 옮김 •

살림

차례

1부 _ 석양과 여명

2부 _ 중화의 약진

일러두기

1. 원서 본문은 경어체이지만 평어체로 바꿔 번역했고, 인용문의 행간 처리는 원서에 따랐다.
2. 외래어 표기는 국립국어원의 표기법을 준용했으나, 중국 인명과 지명은 모두 한자음으로 처리했다. 중국인 이외의 외국인 인명이나 지명은 원서를 참조하되 원어를 덧붙였으며, '소련'과 소련 소속 국가의 경우 원서 출간 당시의 지명을 따랐다.

석양과 여명

해륙의 균열

비밀결사로 뭉친 뱃사람들

청나라 정권은 결사(結社)에 당연히 예민한 반응을 보였다. 지배층인 만주족은 소수고 국민 대다수는 한족이었다. 한족이 단결해 궐기하면 만주족 정권은 쉽게 무너지는 셈이다. 그렇기 때문에 결사를 엄격히 금지했다.

청대에는 갖가지 비밀결사가 생겨났다. 결코 반체제라고는 볼 수 없는 온건한 결사일지라도 정부가 결성 자체를 금지했기 때문에 모임은 자연스레 비밀결사의 모습을 갖추었다. 그러나 아무리 결사가 금지되었다고 한들 결사를 만들어야만 하는 직업도 있다.

그 한 예가 수부(水夫), 즉 뱃사람이다. 수·당 이래 남쪽의 식량과 물자를 북쪽으로 운반해서 남북의 균형을 잡는 것이 중국의 지정학적인 숙명이었다. 남북을 잇는 운하는 중국의 대동맥이다. 이 긴 운하를 왕래하는 뱃사람들은 상부상조 조직을 만들어 서로 연락을 주고받아야 안심하고 일을 할 수 있다. 매카트니(George Macartney, 1737~1806, 영국 외교관-옮긴이)를 비롯한 영국 사절단은 사진이 없는 시대인 만큼 사진 대신 정밀한 동판화를 남겼다. 그것을 보면 당시 운하의 폭이 그리 넓지 않다. 육지에서도 쉽게 공격할 수 있을 정도다. 값진 물건을 실어 나르는 배는 항상 도적 떼의 표적이 될 각오를 해야만 했다.

건륭(乾隆) 연간 중기 이후, 즉 18세기 말이 되자, 청나라도 '성세(盛世)'가 지나 국세도 기울었다. 인구 증가도 사람들의 생활을 압박하는 원인 가운데 하나였을 것이다. 농촌은 그렇게 많은 인구를 먹여 살리지 못한다. 건륭 연간에는 그보다 한 세기 전과 비교해서 인구가 배로 불어났다고 한다. 구체적으로는 2억이던 인구가 4억으로 증가했다. 그리고 그 기간에 농지 면적은 겨우 10여 퍼센트밖에 늘지 않았다. 농업기술이 거의 개량되지 못한 시대였으므로 단순하게 수치만 따져도 1인당 수입이 절반으로 준 것이다.

생활이 어려워지면 유민이 증가하게 마련인데, 그들은 도둑질, 공갈, 날치기, 유괴 등 비합법적인 수단을 써서라도 살아가려고 한다. 정부 측에서 보자면 그들은 '비적(匪賊, 무장을 하고 살인과 약탈을 일삼는 떼도둑-옮긴이)'이므로 당연히 철저하게 탄압하고 엄벌로 다스렸다. 비적 측에서도 호락호락 당하고만 있지 않았다. 목숨이 걸린 일이므로 그들도 필사적이었다. 통솔력을 갖춘 인물이 나타나 무리를 규합하면 제법 강력한 집단을 만들 수 있다. 운하를 오가는 배까지 그들의 약탈 대상이 되었다. 배를 가진 측에서도 약탈에 대응하는 방법을 찾아야만 했다. 연안의 유력자와 손을 잡거나 경호원을 고용했다. 경호원은 비적과 같은 계층의 출신이었을 것이다.

치안이 흐트러지면 사람들은 자기 방어를 위해 되도록 뭉치려고 한다. 특히 그 필요성을 강하게 느낀 이들이 뱃사람, 짐꾼, 행상, 또는 절이나 묘당의 축일을 좇아다니며 장사하는 도붓장수 등과 같이 외지로 나가 일을 하는 사람들이었다. 그러나 그들이 자위(自衛)를 위해 조직을 만들어도 그것은 법을 어기는 일이었다. 정부가 원칙적으로 결사를 금하고 있기 때문이다.

극단적으로 말해 이 시대에는 결사가 만들어졌다면 그것은 예외 없이 비밀결사가 되었다. 딱히 반체제적인 결사가 아니어도 정부의 인정을 받지 못하기 때문에 어쩔 수 없이 비밀결사라는 형태를 취해야만 했다. 모임을 만드는 일은 금지되었지만, 그래도 초기에는 정부도 신앙 집단은 너그럽게 눈감아 주었다. 그런데 백련교(白蓮敎)나 그 계통을 잇는 혼원교(混元敎), 천리교(天理敎), 청수교(淸水敎) 등의 집단이 반정부 활동을 일으켰기 때문에 신앙을 목적으로 하는 결사마저 탄압을 받았다.

가경(嘉慶) 18년(1813)에 천리교도가 자금성에 난입했고, 그들이 쏜 화살촉이 아직도 융종문(隆宗門) 편액에 남아 있다는 사실은 앞 권에서 이야기했다. 이는 일종의 종교 민란이었는데 이러한 종교 민란이 각지에서 일어났다. 결사를 만드는 데 신앙을 그 구심점으로 삼는 것이 여러모로 유리하다. 신앙의 공덕을 가르치면 많은 사람을 모을 수 있고, 신앙이라는 정신적인 유대가 있어 단결도 공고해진다.

청나라 중기 이후에는 종교 결사에 의한 반란이 심심찮게 일어났다. 반란이 일어났다고 하면 반드시 종교가 얽혀 있다고 해도 과언이 아니다. 다소 지나치게 많았다는 생각도 든다.

신앙과 관계없는 민란도 있었을 터이지만 정부에는 으레 종교 민란으로 보고되었다. 순수한 민란일 경우, 지방관의 정치가 적절하지 못했다고 간주되고 그 책임을 극형으로 다스린다. 민란으로 성시(城市, 성으로 둘러싸인 시가-옮긴이)를 잃으면, 그곳을 다스리던 장관은 사형에 처해진다. 그러나 종교 민란을 일으킨 세력이 성시를 점령하면 장관은 해임될 뿐 죽임을 당하지는 않았다. 왜냐하면 민란을 초래하는 종교를 하나같이 사교(邪敎)로 간주하고 정치를 초월한 이상 현상으로 여겼기 때문이다. 사교는 정치와 차원이 다른 장소에서 발생하므로 정치가의 책임이 아니라는 것이 당대의 사고방식이었다. 그래서 민란은 모두 사교 세력의 반란으로 보고되었다.

조직을 필요로 하는 사람들 중에서도 뱃사람들이 결사를 만드는 데 가장 열심이었다. 한 배를 탄 사람은 공동운명체다. 죽어도 같이 죽고 살아도 같이 산다는 관념이 강했기 때문에 그들은 처음부터 단결력이 강했다고 할 수 있다. 그런 그들이 자기 방어, 상호 부조를 위한 조직을 만들 때도 역시 신앙의 형태를 취한 듯하다. 이것을 '설교(設敎)', 즉 '가르침을 마련하다'라고 칭했다.

'수부 설교(水夫設敎)'는 청대에서 심각한 정치 문제로 떠올랐다. 뱃사람들의 조직은 아무래도 커지게 마련이었다. 운하만 하더라도 긴 연안이 있어서 그것을 관장하는 조직이 광역화되는 것이 당연했다. 거대화한 이 조직은 청대뿐만 아니라 근대까지 큰 영향을 미쳤다.

운하를 오가는 뱃사람은 처음에 북쪽 사람이 많았다고 한다. 수도 북경에는 황실을 중심으로 많은 만주족 귀족과 고관대작이 살고 있었는데, 그들의 봉록은 쌀로 지급되었다. 그 쌀이 북쪽에서는 나지 않으므로 운하를 따라 남쪽에서 운반해 왔다. 운하의 시발점은 쌀의 주산지인 강남이었다. 북쪽 출신의 뱃사람들이 쌀을 싣기 위해 남하했을 때, 생활 습관과 기후 풍토가 달라서 어려움을 겪었을 것이다. 전하는 말에 따르면, 항주(杭州)에 있던 북방 출신의 유력자가 그들을 위해 숙소를 제공했다고 한다. 예로부터 중국인은 동향의식이 강했다. 정착 농경민족의 특성으로 보아도 좋을 것이다.

북쪽 뱃사람들을 돌봐 준 유력자는 전 씨(錢氏), 옹 씨(翁氏), 반 씨(潘氏)인데, 그들은 저마다 암자(庵子)를 지었다. 그 암자를 각각 전암, 옹암, 반암이라고 한다. 숙박뿐만 아니라 요양 시설도 있고 사망자를 매장할 토지도 마련되어 있었다. 의협심에서 나온 행위였지만, 이 세 암자의 주인은 선종의 일종인 나교(羅教)의 신자였다고 한다. 그래서 뱃사람들 사이에 자연스럽게 나교가 퍼졌고, 그것이 그들의 조직을 굳게 이어주는 끈이 되었다.

나교란 명대의 나조(羅祖)라는 인물이 개창한 선종의 일파로 '무위해탈'의 가르침을 설파한다는 데서 일명 무위교(無爲敎)라고도 불린다. 나조가 원래 양곡을 운반하는 군인이었다는 점 때문에 양곡을 운반하는 뱃사람들이 친근감을 느꼈는지도 모른다.

북경으로 식량을 운반하는 뱃사람들에게는 그 외에도 단결해야만 하는 이유가 있었다. 남쪽에서 북쪽으로 쌀 등을 싣고 나르지만, 북쪽에서 남쪽으로는 싣고 나를 물자가 없어서 빈 배로 가기 일쑤였다. 그런데 빈 배를 이용해 금지 품목을 운반하면 큰 이익을 얻을 수 있었다. 초기에는 소금이었다. 소금은 정부의 전매품이어서 정부는 들인 돈의 몇 십 배나 되는 이익을 독차지하고 있었다. 민간에서 사염을 취급하면 시가보다 훨씬 싼 가격으로 팔아도 큰 벌이가 된다. 그러나 이것이 정부의 눈에 띄면 엄벌에 처해졌다. 정부의 허가를 받았다는 거짓 어용 깃발을 내걸고 각지의 관리에게 뇌물을 두둑하게 뿌려 두면, 사염의 운반은 그다지 어려운 일이 아니었다. 다만 승무원 가운데 한 사람이라도 배신자가 생기면 큰일이었다. 그런 까닭에 뱃사람들은 더욱 더 굳게 단결했다.

시대가 흐르면서 뱃사람들의 영업 품목에 사염뿐만 아니라 아편까지 끼어들어 사업은 갈수록 번창했다. 그러나 위험한 일이라는 사실에는 변함이 없었다. 더욱 더 단결할 필요가 있었다. 그래서 무시무시한 비밀 의식을 치르는 일도 있었다고 한다.

아무리 극비에 부쳤더라도 뱃사람들에게 광역 조직이 있다는 사실을 그저 숨겨 둘 수만은 없었다. 그래서 그들은 겉으로 드러나는 조직의 공개적인 부분에 '안청방(安淸幇)'이라는 이름을 붙였다. '방(幇)'은 집단을 의미한다. 이름 그대로 풀이하자면 '청 왕조를 편안케 하는 집단'이라는 뜻이 되는데, 그들은 이 이름으로 자신들의 조직이 애국적이며 정부에 협조적이라는 점을 내세운 것이다.

이 조직이 훗날 '청방(淸幇)'이라고 불리며 중국 암흑가의 상징처럼 되었다. 항주의 삼암(三庵)이 모체가 되었으므로 아무래도 강남 지방이 그 본거지였다.

처음에는 권력에 영합하는 듯한 안청방이라는 명칭을 사용했으나, 청나라 정부는 원래 결사에 신경질적이어서 종종 '수부 설교 금지령'을 내렸다.

만주족에 대항한 홍문 형제들

안청방, 즉 청방은 직업 길드에서 마피아적 조직으로 바뀐 것으로 결성 당시에는 그다지 정치적인 의도가 없었다. 그런데 같은 비밀결사지만, 천지회(天地會)는 처음부터 극히 정치적이었다.

만주족이 중국을 지배하면서 거기에 대한 한족의 저항은 당연히 지하에 숨어드는 형태를 취해야만 했다. 공공연한 저항은 대만을 거점으로 일어선 정성공(鄭成功)의 항거가 마지막이었다. 지하로 잠복한 반청운동 조직이 천지회였다. 천지회는 처음부터 민족주의적 경향이 강한 정치적 비밀결사였다. 천지회의 비밀은 청방계의 비밀보다 훨씬 굳게 지켜졌다. 청방계의 죄는 금제품의 밀매인 데 비해, 천지회의 죄는 모반이었기 때문에 붙잡히면 극형에 처해진다. 따라서 입회도 청방회보다 엄격한 자격 심사를 거쳐야 했다.

천지회에 관한 문헌은 참으로 방대하지만 아직까지 그 기원조차 밝혀지지 않았다. 극비 조직인 이상 그것도 당연한 일일 것이다. 문헌이 방대하다고는 하나 그것은 천지회 자체의 것이 아니라 정부에 붙잡힌 회원(과연 회원이었는지 확실하지 않은 사례도 많을 것이다)의 자백에 의해 작성된 것이 대부분이다. 회원이 아닌데도 체포되어 고문을 받고 적당히 꾸며서 진술한 경우도 있었을 것이다. 또 회원이었더라도 조직을 지키기 위해 일부러 거짓을 진술한 이도 있었을 것이다. 물론 자기가 아는 사실을 고스란히 자백한 회원도 있었을 것이다. 그런 까닭에 방대한 문헌을 어디까지 믿어야 할지 의심스럽다.

청나라 말기에는 천지회를 자칭하는 조직이 늘었는데, 특히 남부에 그 수가 많았다. 그러나 그들이 정말 천지회였는지 미심쩍은 점이 적지 않다. 자신은 천지회의 조직에 가입했다고 믿었지만, 사실은 그렇지 않은 예도 있었던 듯하다.

천지회의 기원과 관련해서는 강남 소림사 잔당설도 있는가 하면, 대만 정성공의 후신이라는 설도 있다. 화남과 청나라의 지배가 미치지 않는 동남아시아의 화교 사회에 특히 그 조직이 뿌리를 내리고 있으므로 대만 기원설 쪽이 설득력이 있는 듯하다.

엄숙한 서약을 거쳐 천지회에 들어가는 것을 '홍문(洪門)에 들어간다'고 표현했다. 그들은 홍문의 형제라고 불렸는데, 그 이유도 확실하게 알려져 있지 않다. 다양한 설 가운데 명나라 황족의 후예인 주홍영(朱洪英)이 천지회의 옹립을 받았다는 데서 유래했다는 설이 유력한 것 같다. 또 천지회 창설기에 홍씨 성을 가진 유력자가 있었다는 사실에서 유래하는지도 모른다.

천지회에는 그 외에도 삼합회(三合會), 삼점회(三點會), 삼성회(三星會), 가로회(哥老會) 등의 별명이 있다. 별명이 아니라 천지회 안의 일파의 이름이라는 설도 있다. 삼점은 삼수 변(氵)을 이르는데, '홍(洪)'자의 은어인지도 모른다. 광동에서 동강(東江), 서강(西江), 북강(北江)의 세 강이 합류하듯이, 다양한 사람이 민족혁명을 위해 힘을 모으자는 의미를 담고 있다는 설도 있다. 여러 가지 설이 분분하다는 사실은 적어도 천지회 초기에 비밀이 엄수되었다는 사실을 말해 준다.

조직에 가입한 사람은 모두 형제라고 하는 데서 가제회(哥弟會), 또는 가로회라고 불린 듯한데, 이것은 사천성에서 발생한 기미가 보이며, 처음에는 천지회와 다른 조직이었는지도 모른다. 만주족 지배에 반대하고 한족 국가를 다시 일으키려는 소망은 한족 사이에 보편적으로 존재하고 있었다. 그것을 선전하거나 실행에 옮기고자 할 때에는 당연히 비밀조직을 만들 필요가 있었다. 별개로 생겨난 비밀조직이 지하에서 손을 잡고 합류하는 사례도 많았을 것이다.

　손문(孫文)이 반만(反滿)혁명을 도모했을 때, 그는 끊임없이 천지회계의 유력자와 손을 잡으려고 했다. 이에 대한 평가는 엇갈린다. 다만 청조 말기에 이르면 천지회와 청방계의 비밀결사가 자주 혼동되었고, 또 실제로도 공동행동을 취하는 일도 있었다.

　가경 연간(1796~1820), 백련교계의 반란이 빈번하게 일어나던 무렵부터 지하에 잠복하고 있던 비밀결사가 슬슬 지상으로 그 모습을 드러내기 시작했다. 청조의 치안 유지 능력이 급속하게 저하하고 있다는 사실이 드러났기 때문이다.

　가경제(嘉慶帝)가 즉위한 것은 청조가 산해관을 넘어 북경으로 수도를 옮긴 지 거의 150년이 지난 시기였다. 그 150년 동안 만주족은 지배층으로서 우대를 받아 차차 문약(文弱)에 빠져 들었다. 만주족은 모두 군인이어야 한다는 것이 태조 누르하치 이래 청나라의 전통이다. 팔기 제도(八旗制度)의 정신은 바로 거기에 있었다. 기는 군영이므로 만주족은 남녀노소를 불문하고 군에 적을 둔 것이 된다. 만주족은 고등문관시험인 과거에 원칙적으로 응시하지 못하게 되어 있었다. 이 말은 곧 문관이 되어서는 안 된다는 말이나 같다.

　만주족은 소수로서 다수의 한족을 지배하고 있었다. 이는 무력에 의한 것이다. 원래 수가 적기 때문에 만주족은 한 사람도 빠짐없이 군인이 되어 무력을 유지해야만 했다. 그런데 지배층으로서 온갖 특전을 누리다 보니, 아무래도 활력을 잃게 되고 군인에 걸맞지 않은 경향이 두드러지기 시작했다. 일찍이 짐승을 쫓아 요동과 흑룡강의 산과 들을 누비던 수렵민족의 야성은 북경에서 누리는 향락 가득한 생활 속에서 사라진 것 같았다.

이러한 징후는 이미 삼번(三藩)의 난(1673~1681년에 한족인 오삼계·상가희·경중명 등의 삼번이 일으킨 반란-옮긴이) 때부터 나타나기 시작했다. 전장에서 전과를 올린 것은 주로 한족 부대였고, 만주족 장군은 되도록 싸우려 들지 않았다. 오삼계(吳三桂)와 대치하던 악주(岳州, 오늘날 악양) 성의 만주족 장군들은 성의 보루를 닫고 8년 동안이나 싸우려 하지 않았다고 한다.

청나라 초기에 만주족이 중국을 제압한 것도 명의 내란과 백성의 피폐를 틈탔기 때문이지, 결코 만주족의 병력이 강성했기 때문이라고 하기 어렵다. 명의 잔존세력을 격파한 것은 주로 오삼계 등 한족 출신 장군들의 공이었고, 만주족 군대는 입관 이후 한 번도 큰 전쟁을 치른 적이 없다는 설도 있다.

가경 4년(1799)은 퇴위했던 태상황 건륭제(乾隆帝)가 정월에 89세의 나이로 죽고, 그의 총신인 화신(和珅)이 사사의 명을 받은 해다. 백련교계가 일으킨 사천의 반란이 평정될 기미를 보인 것도 이해였다. 그러나 그것은 지금까지 했던 방법을 바꾸고서야 비로소 효과를 본 것이다. 사천 총독인 늑보(勒保)는 경략대신(經略大臣)을 겸하고 있었는데, 그가 조정에 올린 상소문을 보면, 만주족 군대인 건예영(健銳營)과 화기영(火器營)은 고생에 익숙지 않고 규율을 따르지 않으며, 행군이 굼떠 한족 군대인 녹영(綠營)에 경시당할 뿐이므로 전원 북경으로 송환하고, 똑같은 군대라면 보충할 필요가 없다는 표현이 나온다. 늑보 자신이 만주족이지만 같은 만주족 군대에 정나미가 떨어진 것이다.

가경제는 이 늑보를 경질함으로써 일종의 숙군(肅軍)을 시도했다. 늑보는 앞에서 이야기한 대로 증원군은 필요하지 않다고 말하면서 500만 냥의 군자금을 요구했다. 또 적의 수괴인 왕삼괴(王三槐)를 포로로 잡고도 잔당을 방치한 것도 해임 사유의 하나였다. 왕삼괴를 포로로 잡을 수 있었던 것도 그 지방에서 인망이 높은 남충현(南充縣)의 지현(知縣, 현의 으뜸 벼슬아치-옮긴이)이었던 유청(劉淸)이 투항을 권유했기 때문이다. 또 늑보는 친족과 자기 파벌 사람만 중용하고, 병졸의 군량을 규정대로 지급하지 않았다고 한다. 늑보를 탄핵한 이는 사천 장군 복녕(福寧)이었다.

복녕은 말할 것도 없이 만주족이지만, 조사해 보니 그에게도 문제가 있었다. 호북의 기고채(旗鼓寨)에서 백련교 비적들을 포위했을 때, 투항해 온 2천여 명을 몰살하고 만 것이다. 이것은 자신의 공을 부풀리기 위한 행위에 지나지 않는다. 그래서 그 지방의 모반 세력은 정부의 '초무(招撫, 항복 권고)'를 믿지 않고 철저하게 항전할 것을 각오한 것이다. 결과적으로 청조는 반란을 진압하는 데 점점 애를 먹게 되었다. 이 일이 드러나서 복녕은 체포되어 형부(사법성)에 넘겨지고 '살항률(殺降律, 투항한 사람을 죽이는 자를 벌하는 법)'에 따라 처벌을 받았다.

총병(總兵)인 마유(馬瑜) 등은 협하주(夾河州)의 난민 200여 명을 죽이고 그들이 비적이었다고 보고했다. 이 사실이 발각되어 그도 처형되었다.

아마도 이것은 빙산의 일각일 것이다. 군대, 특히 만주 팔기군의 부패는 극에 달해 있었다. 북경에 체재하는 팔기군 장교는 매일같이 유흥을 일삼았다. '추열(秋閱)'이라고 해서 가을에 군대 사열이 있었는데, 1년에 한 번, 그때만 군복을 걸치는 이가 많았다고 한다. 당시의 군복이라면 갑옷과 투구이므로 상당히 무거웠다. 사열 현장까지 종복에게 군장을 가져가게 해서, 거기서 갈아입고 형식적으로 사열을 받는 것이 일반적이었다는 기록이 남아 있다.

교비(敎匪)를 토벌할 때도 현지에서 모집한 의용병을 선두에 세우고 한족 부대인 녹영에게 그 뒤를 따르게 하고, 만주족 군대는 가장 안전한 후미에 있었다고 한다.

현지에서 모집한 의용병을 '향용(鄕勇)'이라고 칭했다. 향용에는 두 종류가 있다. 싸움이 끝나면 귀농하는 자와 해산하면 비적이 되고 마는 자로 나뉘었다. 어찌 되었건 향용은 가경 연간의 교비 토벌에서 선두에 서서 싸웠다. 그리고 다시 반란이 일어날 때를 대비해서 전쟁이 끝난 후에도 무기를 가지고 귀농했다. 이것은 민간에 잠재적인 전투 능력을 심어 준 것이나 다름없다. 만주족이 군의 근간이 되고 원칙적으로 민간에 전력의 존재를 허용하지 않았던 청조의 기본 방침이 변경된 것이다.

청조 정부에게 위험한 일이었지만, 향용에 의지하지 않고는 지방 반란을 평정하지 못한다는 사실이 확실해진 만큼 방침을 바꾸지 않을 수 없었다. 어쩔 수 없이 향용을 인정했지만, 이것은 동시에 만주 병사가 아무런 쓸모가 없다는 사실을 자인한 것이나 마찬가지다.

교활한 해적왕 채견

가경제의 숙군과 향용의 인정이라는 위태로운 정책으로 교비의 난은 가까스로 평정되었다. 그러나 난이 평정된 것은 백련교 계통의 반체제파 쪽에도 대동단결하지 못했다는 약점이 있었기 때문이다. 횡적인 연락이 제대로 취해지지 못했기 때문에 교비의 난은 각개격파를 당하고 말았다.

사실은 이 무렵에 해상에도 반란 세력이 있어서 갓 즉위한 가경제는 해륙 양쪽의 반란과 싸워야 했다. 육상에 있는 같은 계통의 반란군끼리도 손을 잡지 못했으니, 계통이 다른 해상의 반란세력이 육상의 '교비'와 연계 작전을 펼치지 못했다는 사실은 말할 나위도 없다.

이 시대에 해상 반란 세력이 나타난 것은 베트남의 정세와 깊은 관련이 있었다. 당시 베트남은 안남국(安南國)이라고 해서 중국의 책봉을 받는 나라였다.

책봉이란 조공의 형식으로 중국과 통상할 수 있는 자격을 얻는 것이라고 해석하는 면도 있다. 조선이나 류큐(琉球, 오늘날 일본 오키나와에 있던 왕국-옮긴이)도 그러했는데, 중국 측에서는 이들 나라의 내정에 거의 간섭하지 않았다. 류큐 등은 당시 일본의 시마쓰(島津) 번(藩)에 복속되어 있었다. 시마쓰 번은 류큐를 거치는 대중국무역으로 이익을 얻고 있었다. 말할 나위도 없이 조공이라는 형식의 무역이지만, 그러기 위해서 류큐는 중국의 책봉을 받아야만 했다. 류큐 왕은 중국에 의해 봉해졌다는 명분이 필요했던 것이다. 그래서 청에서 보낸 책봉사가 류큐에 왔다. 책봉사가 머무르는 동안, 류큐에 있는 시마쓰 번의 무사들은 몸을 숨겼다. 류큐 사람들에게도 시마쓰 번으로부터 '책봉사가 머무르는 동안에는 일본어를 사용하지 말고 일본 풍습을 보이지 말라'는 지시가 내려왔다. 류큐가 일본에 복속되어 있다는 사실을 청나라에 숨기려고 한 것이다.

류큐와 바다를 마주한 복주(福州)에서 오는 책봉사가 류큐의 실정을 모를 리 없었다. 일본의 시마쓰 번에 속해 있다는 사실을 알면서도 아마도 일이 번거롭게 되는 것이 싫어서 모른 체하고 있었을 것이다.

안남은 명목상으로는 건륭 말기까지 여씨(黎氏) 왕조가 이어지고 있었다. 그러나 실권은 진작부터 장군의 손에 넘어가 정씨(鄭氏)와 완씨(阮氏)가 실력자로 군림했다. 완씨는 광남왕(廣南王)이라고도 불리었는데, 이 정권도 서산당(西山堂)의 난으로 무너졌다. 그 후 베트남은 혼전 상태에 빠졌다. 광남의 완씨를 멸망시킨 것도 완이라는 성의 삼형제로, 막내인 완문혜(阮文惠)가 가장 유력했으며, 그를 광중제(光中帝)라고 칭했다. 맏형인 완문악(阮文岳)은 청나라에 우호적이었으며 북경까지 가서 건륭제를 알현하기도 했다. 그러나 완문혜는 건륭 54년(1789)에 옛 여씨 왕조의 부흥을 부르짖으며 남하한 청나라 군대를 대파했다. 당연히 완문혜 정권과 청조의 관계는 악화되었고, 악화된 관계는 건륭 57년(1792)에 완문혜가 죽고 그의 아들 완광찬(阮光鑽)이 권력을 승계한 후에도 계속되었다.

완문혜·완광찬 정권은 국가 재정을 마련하기 위해 해적을 불러들였다. 해도입국(海盜立國)을 계획한 것이다. 여름이 되면 베트남에서 해적 집단이 광동 해상에 나타났다가, 가을에 철수하는 정기적 약탈이 벌어졌다. 청나라 해상에 들어서면 해적이지만, 베트남으로 돌아가면 장군이었다. 광동뿐만 아니라 복건이나 절강의 해상에도 나타나서 그 고장의 무뢰배들과 연락을 취해 거침없이 약탈을 저질렀다.

청나라 측에서는 그들을 정도(艇盜)라 부르고, 그들의 배를 이정(夷艇)이라 불렀다. 이정은 대형이고 탑재한 대포도 많아서 청조 당국은 대처에 매우 곤란을 겪었다. 이정을 나포하면 완씨의 칙인이 나올 때도 있어, 베트남에 엄중하게 항의를 하면 모르는 일이라고 잡아떼기 일쑤였다.

정도의 난에 중심에 있던 인물은 채견(蔡牽)이라는 복건 동안현(同安縣) 출신의 남자였다. 해상에서 통행세를 징수한 그는 마치 해상왕 같았다. 상선 한 척이 출항할 때는 400원(元), 입항할 때는 800원이 시세였다.

절강 순무(巡撫)인 완원(阮元)은 정해(定海) 총병인 이장경(李長庚)에게 대책을 세울 것을 명령했다. 이장경도 복건 동안현 출신이므로 채견과 동향인데, 동향 사람끼리 숙적이 된 것이다. 두 사람의 대결은 해양을 배경으로 하는 한 편의 대하소설이겠으나, 여기에서 자세히 기술하기는 어렵다.

다만 청조의 문헌에는 채견을 '간악하고 교활한' 해적으로, 이장경은 그를 섬멸하고자 한 명장으로 기록하고 있다. 그러나 수많은 해적을 통솔하고 해상 통행세를 징수한 채견도 한낱 좀도둑이 아니었음은 말할 나위도 없다. 상당히 뛰어난 능력을 갖춘 인물이었을 것이다. 그와 천지회 사이의 관계는 확실히 알 수 없지만 그가 활약한 무대가 천지회의 활동이 왕성했던 지방이었으므로, 무언가 연결의 고리가 있었을 것으로 보는 편이 자연스럽다. 반란의 수괴로서 정해 깊숙이 가라앉은 채견을 변호하는 이는 많지 않다. 변호하는 설이 있었다 하더라도 청조가 없앴을 것이다. 격렬한 민족주의자였을 가능성도 있다.

똑같은 정도의 주요 인물 중에서도 채견은 오히려 후기의 정도에 속한다. 전기의 정도는 앞에서 이야기했듯이 베트남의 완씨 정권의 후원을 받고 있었다. 후원이라기보다 아예 정권이 직영했다고 하는 편이 옳을 것이다. 그러나 이 정권도 오래지 않아 멸망한다. 서산당의 난에서 완씨 삼형제는 옛 완씨를 멸망시켰지만, 이때 옛 완씨 왕족 가운데 오직 한 사람, 완복영(阮福映)이 살아남아 차차 세력을 키우다가, 가경 7년(1802)에 마침내 완광찬을 죽임으로써 이 해도입국의 정권을 무너뜨린 것이다.

완복영이 세력을 떨치게 된 배후에는 프랑스의 힘이 있었다. 이미 서쪽에서 거센 바람이 불어오기 시작한 것이다. 베트남의 새로운 권력자 완복영은 청조에 책봉을 바랐다. 이것은 예전의 우호 관계로 회귀함을 뜻한다. 그러기 위해서는 당연히 중국 영역에 출몰하는 해적을 단속해야만 했다. 베트남의 보호를 받지 못한 해적을 후기 정도라고 부르기로 하자.

절강 순무 완원은 이장경에게 이정보다 큰 배를 만들게 했다. 그때까지는 이정이 청국 수군의 배보다 컸다. 그러자 이번에는 채견이 청국 수군이 새로 만든 배-이것을 정선(霆船)이라고 했다-보다도 큰 배를 만들게 했다. 양쪽의 싸움에는 기술 경쟁이라는 측면도 있었다.

가경 8년(1803), 이장경은 정해에서 채견을 격파했다. 이 시기에 정도 측은 채견과 주분(朱濆)이 공동으로 지휘하고 있었으나, 정해의 패전으로 두 사람은 갈라섰다. 부사령관인 주분이 채견의 명령을 어긴 것이 패전의 원인이었다고 한다. 이때 채견은 민절(閩浙, 복건과 절강) 총독 옥덕(玉德)에게 뇌물을 바쳐 위기를 모면했다는 이야기도 전한다. 채견은 태세를 만회하기 위해 복건의 조선업자를 매수해서 선단의 재건을 꾀했다. 정선보다 큰 배를 만든 것이 이때다. 그는 새 선단으로 대만과 복건을 습격하고 대만에 거점을 마련하고 스스로 진해왕(鎭海王)이라고 칭했다.

숙적인 이장경은 대만으로 쳐들어가 육지와 바다를 넘나들며 진해왕 채견과 격렬한 전투를 벌였다. 복건과 절강의 해상에서 이장경은 채견을 거의 전멸 직전까지 몰아붙였지만, 채견의 부하가 쏜 화살을 맞고 조주만(潮州灣) 깊은 바다에서 전사하고 말았다. 이때 채견의 선단은 겨우 세 척밖에 남지 않았다고 한다. 이것이 가경 12년(1807) 12월의 일이었다. 참고로 이해에 류큐국의 중산왕(中山王) 상온(尙溫)이 죽고 손자인 호(灝)가 왕위를 이었으므로, 관례에 따라 복주에서 책봉사가 류큐로 파견되었다. 이것이 7월이었다고 하는데, 복건의 해상은 이장경과 채견의 결전장이 되었을 터이므로 뱃길이 그다지 안전하지 않았을 것이다.

이장경은 원통하게 죽었지만, 채견도 일이 잘 풀리지 않았다. 한때 갈라섰던 주분과 다시 연합하여 세력을 어느 정도 만회했지만, 이장경의 집요한 도전에 그의 선단도 만신창이가 되어, 한때는 베트남으로 도망가 숨어 살아야 할 지경에 이르렀다. 청 정부도 숙군을 계기로 백련교의 반란을 진압하는 데 성공하면서 남해의 반체제 세력 타파에 힘을 쓸 여유가 생겼다. 연안 경비가 엄중해지면서 지금까지와 달리 채견은 육상의 반체제 세력과 연락할 수 없게 되었다. 수하에 있던 배는 식량과 물의 보급이 여의치 않았고, 장사도 뜻대로 되지 않았다. 상선을 습격하는 것이 그의 장사였지만 상선은 예전보다 엄중한 호위를 받고 있었다.

한편으로는 청조 정부의 투항 권유가 두드러진 효과를 나타냈다. 투항하는 부하가 끊이지 않았다. 장사가 여의치 않았기 때문에 부하의 전향은 어쩔 수 없는 노릇이었다. 뱃사람은 기술자였으므로 정부로서도 쓸모가 있었다.

청 정부는 정도 토벌에 나섰다가 전사한 이장경의 부하 왕득록(王得祿)과 구득공(邱得功)을 각각 복건 총독, 절강 충독으로 기용했다. 또 절강 순무로 복귀한 완원은 채견과 주분 사이를 이간질하는 데 성공했다. 주분은 정부군의 포격으로 죽고 그의 동생 주악(朱渥)은 부하 3천 명, 배 42척, 포 800문을 가지고 복건에서 항복했다.

채견은 해상에서 고립되어 끝내 정해 어산(漁山) 먼 바다에서 구득공이 이끄는 정부군과 혈전을 벌이다가, 스스로 배를 폭파하고 최후를 맞이했다.

자유 무역으로 무장한 서양 열강

이렇게 해서 정도의 난은 마침내 평정되었다. 채견의 자멸은 가경 14

년(1809) 8월의 일이다. 이듬해에는 광동의 해적 장보(張保)도 항복했기 때문에 남해의 물결은 다시 잔잔해졌다. 육지의 반란과 바다의 반란이 일단은 진압되었다. 그러나 그 상흔이 사라진 것은 아니다. 육지에도 바다에도 깊은 균열 자국이 남았다.

여기에는 생각해 볼 만한 점이 여럿 있다. 채견이 처음 정해에서 패배했을 때, 민절(閩浙) 총독인 옥덕에게 뇌물을 바쳐 위기에서 벗어났다고 하는데, 이 일이 과연 가능했을까?

이장경은 유능한 해군 장수였지만, 협조성이 모자랐는지 총독인 옥덕과 그다지 원만하게 지내지 못했다. 채견이 완패하면 이장경이 큰 공을 세우는 것이 되므로, 옥덕이 그것을 방해했다고 생각할 수도 있다. 청 정부는 인화를 이루지 못한 것이다.

대만에 거점을 둔 채견이 2만이나 되는 무리를 모았는데, 이 말은 이 섬에 그만큼 불평분자가 많았다는 뜻이 된다. 또 돈만 주면 복건의 조선업자는 정도를 위해 정부군의 정선보다 더 큰 배를 만들어 주었다. 정부의 위엄이 조선업자에게는 미치지 않았던 것일까? 또는 채견의 힘을 되살려 줌으로써 이장경의 공을 없애고자 옥덕이 일을 꾸민 것인지도 모른다. 옥덕의 후임자인 아림보(阿林保)도 이장경과 사이가 나빴다고 한다.

이장경의 오른팔이라고 할 인득방(印得方)은 이장경이 전사한 후에 모습을 감추었다. 옥덕이나 아림보가 이장경을 대하는 태도에 분개했기 때문이라고 한다. 마지막으로 채견을 토벌할 때, 청 정부는 인득공을 기용하려고 그의 행방을 백방으로 수소문했지만 끝내 찾지 못했다고 한다.

채견이 궁지에 빠졌을 때, 정부군 장병 중에 몰래 무기와 식량을 그에게 판 사람이 있었다는 말도 있다. 그저 돈을 바라고 그렇게 했을까? 청나라 군대에서 타락한 것은 만주팔기군만이 아니었다. 질투나 이득 때문에 정부군이 불리해지리라는 사실을 뻔히 알면서도 그런 일을 저지른 것이다. 충성심이 모자란다고밖에 볼 수 없다.

바다와 육지의 난은 일단 평정되었으나, 거기에 들인 군비는 실로 막대했다. 건륭제의 총신 화신이 해마다 국가 세입의 절반 이상을 횡령했다는 사실이 사람들을 놀라게 했는데, 그 직후에 엄청난 군비가 지출된 것이다. 당연히 청 정부는 재정 면에서도 어려움을 겪어야 했다.

그렇지 않아도 힘든 상황에 아편 수입에 따른 은 유출 문제가 국민 생활과 정부 재정을 압박하기 시작했다. 아편 수입이 증가한 것은 바다와 육지에서 반란이 속출한 것과 같은 시기였다. 일련의 반란에 아편이 큰 그림자를 드리웠다는 사실은 쉽게 상상할 수 있을 것이다.

유민이 늘어난 데에는 인구 증가도 분명히 한몫했지만, 참을성 많은 농민이 고향을 등진 것은 수입이 줄었을 뿐만 아니라 가혹한 세금에도 원인이 있다. 그런데 정부는 세금을 늘리지는 않았다. 은 본위 납세 체계에 실제로는 동전이 사용되었으므로, 아편무역에 따른 은값의 폭등 때문에 실질적으로 세금이 늘어난 것이다. 세금을 납부하지 못한 주민을 관리는 가혹하게 추궁했다. 그래서 여기저기서 야반도주하는 사람이 생겨났다. 집단적인 야반도주도 있었는데, 그들을 받아들인 곳이 백련교 계통의 반체제 집단, 또는 불법 행위(강도, 사염이나 아편의 밀매)를 일삼는 집단이었다. 이러한 집단이 사람 수가 늘어 힘이 생기면 반란을 꾀하게 되는 것이다.

관리의 부패에 대해서는 앞에서 설명했다. 도망친 반란 집단의 간부를 찾아 가택을 수색하는 일이 자주 있었는데, 이때가 관리가 돈을 버는 대목이었다. 집안이 발칵 뒤집히거나 행패를 당하지 않으려고 주민은 관리에게 뇌물을 바쳤다. 뇌물을 받으면 가택 수색을 느슨하게 하는 것이 관리들의 습관이 되었다. 관리, 더 나아가 정부에 대한 주민의 신뢰가 땅에 떨어지고 신뢰를 대신해 증오가 싹텄다.

강희(康熙), 옹정(擁正), 건륭의 3대에 걸친 태평성대는 이제 돌이킬 수 없는 과거가 되었다는 사실을 누구나 피부로 느끼고 있었다. 건륭 시대에도 전쟁은 있었지만 주로 서역이나 버마(오늘날 미얀마-옮긴이)로 군대를 보내는 외국 출정이 두드러졌고, 산동(山東)의 백련교나 대만에서 일어난 임상문(林爽文)의 난과 같은 내란 진압은 그 그늘에 가려져서 예외적인 느낌을 주었다. 그러나 가경 연간에 이르면 전 시대에서는 예외적이었던 내란이 일반적인 일이 되고, 군대를 동원하는 것은 예외 없이 내란을 진압하기 위해서였다.

시대의 기풍도 달라진 듯하다. 건륭 58년(1793), 영국의 사절 매카트니는 삼궤구고두(三跪九叩頭, 황제에게 세 번 무릎 꿇고 아홉 번 머리를 조아리는 예법-옮긴이)의 예를 거부하여 문제를 일으켰지만, 건륭제는 그를 내치지 않았다. 가경 23년(1816), 같은 영국의 사절 애머스트(William Pitt Amerst, 1733~1857, 영국의 외교관-옮긴이)는 북경까지 갔으면서, 삼궤구고두의 예를 거부하는 바람에 즉시 퇴거하라는 명령을 받았다. 물론 가경제를 만나지도 못했다.

두 사절 사이에 23년의 세월이 흘렀을 뿐이다. 그래도 건륭 시대는 너그러웠고, 가경 시대는 여유가 없었다고 비교하는 설도 있다. 전자는 건륭제의 80회 생일을 축하한다는 명분이 있어서 청나라 측에서도 성의껏 대우했다는 사정도 있을 것이다. 그러나 후자인 애머스트는 축하 사절이 아니었다. 3년 전에 동인도 회사가 가지고 있던 인도 무역 독점이라는 특권이 철회되었기 때문에 대청 무역으로 눈길을 돌린 영국이 통상 문제를 타진하기 위해 청나라로 보낸 사절이었다.

건륭과 가경의 시대적 기풍이 다르고, 축하 사절인 매카트니와 통상 사절인 애머스트를 맞이하는 청나라의 대응 방식에도 차이가 있었음은 당연한 일이다. 그러나 이 23년 동안에 아편 문제가 매우 심각해져 있었다는 점을 기억해야 한다. 통상, 특히 영국과의 통상은 금세 아편이 연상될 정도였다. 아편을 내륙의 불온한 무리나 남해에서 반란을 일으킨 정도의 배후로 보았다. 만일 애머스트가 융숭한 대접을 기대했다면, 그가 실정을 몰라도 한참 몰랐던 것이다.

영국에서는 산업혁명이 진전되고 있어서 생산품의 수출 확대가 국가적 과제로 떠올랐다. 따라서 무역을 늘리는 것이 영국 측으로서는 국가의 최우선 정책이었다. 교역을 타국에 베푸는 시혜로 생각하던 청나라와 영국은 근본적으로 어긋난 데가 있었을 뿐만 아니라, 그 사이에 아편이라는 악마적인 상품이 개입되어 있었기 때문에 그 틈이 더욱 벌어지게 마련이었다.

시대의 기풍이라고는 하지만 특히 아편 문제에 관한 한, 가경 시대에서 돌이켜 보면 건륭 시대는 아무것도 모르는 행복한 시대였을 것이다.

선남시사 사람들

아편 수출에 눈독들인 영국 정부와 상인

생사, 견직물, 도자기, 그리고 찻잎이 중국의 주요 수출품이었다. 중국은 외국 물자를 그다지 필요로 하지 않았다. 예외적으로 구리 광산이 바닥을 드러내는 바람에 동전을 주조할 재료가 부족해져서 일본에서 구리를 수입한 일은 있었다. 이것이 나가사키(長崎)에서 이루어진 청일무역의 중추이기도 했다.

같은 통화라도 은은 적어도 건륭기까지는 풍부했다. 국내 산출량도 많았지만 외국에서 '상품'으로서 은화가 계속 수입되었기 때문이기도 하다. 청나라는 앞서 언급한 상품을 수출할 뿐, 수입하는 물자가 거의 없었다. 편무역(片貿易, 나라와 나라 사이에 일방적으로 수출만 하거나 수입만 하는 거래-옮긴이)이 되므로 상대국은 어쩔 수 없이 은화를 청나라에 들여왔다. 중국에서는 이 은화를 양은(洋銀), 또는 양원(洋元)이라고 불렀다. '원(元)'은 '원(圓)'과 마찬가지로 둥근 모양을 나타내는 말에 지나지 않는다. 사실 중국에서는 은이 화폐 단위로서 통용되고 있었는데도 둥근 은화라는 것은 주조하지 않았다. 은 몇 냥이라고 하듯이 은은 무게로 표시하는 것이 보통이었다.

순도를 조사하고 무게를 달 뿐, 모양은 아무래도 좋았다. 낱알 모양이 있는가 하면 자갈 모양도 있었다. 마제은(馬蹄銀)이라고 불리는 말굽 모양의 은도 통용되었다. 그러나 어지간히 특별한 물건을 살 때가 아니면 은 대신 동전을 지불했다. 수출이 늘면서(주로 찻잎) 그 대가로 은화가 들어왔는데, 사용해보니 편리했다. 주로 멕시코산 은화였는데, 순도나 무게가 거의 일정했기 때문이다. 편리하다는 것을 알면서도 중국에서는 스스로 만들려는 생각이 없었는 듯, 멕시코 은화를 그대로 사용했다. 중국이 스스로 은화를 주조하기 시작한 것은 청나라 말기, 아편전쟁 이후의 일이다.

은화 유입이 증가했기 때문에 중국의 은 본위제의 기초가 그 무렵에 확립됐다는 견해도 있다. 통화를 포함해 은을 취급하는 가게를 '은행(銀行)'이라고 불렀는데, 이 말이 일본에도 전해져 금융업을 가리켰다.

그런데 아편 수입이 증가함에 따라 중국이 수출하는 생사, 견직물, 도자기, 찻잎으로는 결제가 어려워졌다. 그만큼 아편 수입량이 많았던 것이다. 무역 대금의 최종적인 결제를 위해서 이번에는 은을 내놓아야만 했다. 은 본위제의 땅에서 은이 유출됨으로써 보유량이 줄면, 은값의 폭등으로 말미암아 경제가 혼란에 빠진다는 것은 말할 나위도 없다. 앞에서도 이야기했듯이 일반 국민에게 은값의 폭등은 실질적인 증세나 다름없었고, 그 때문에 불가피하게 민생도 불안해졌다.

아편이 금제품이었던 만큼, 수입에 대한 청나라 측의 통계 자료는 존재하지 않는다. 영국에는 동인도회사라는 거대 상사가 있었기 때문에 숫자를 파악하기 쉽지만, 그래도 그 통계는 대략적인 산술에 그칠 뿐이어서 틀림없이 정확하다고 보기는 어렵다. 모스(Hosea Ballou Morse, 1855~1934)가 쓴 『청 제국의 국제 관계(The International Relationships of the Chinese Empire)』는 유사한 서적 가운데서도 믿을 만한 책으로, 전후에 복각판이 나와서 필자도 소설을 쓸 때 많이 참고했다. 이 책에 따르면, 1800년(가경 5년)에 중국으로 운반된 아편은 4천 570상자라고 한다.

아편 한 상자는 1피컬(picul, 중국이나 동남아 등에서 쓰는 해운 분야의 무게 단위-옮긴이)이다. 중국어로는 '담(担)'이라고 하는데, 1담은 100근에 해당한다. 파운드로 계산하면, 133 1/3파운드이며 나무 상자 위에 그 숫자가 인쇄되어 있다. 말와(Malwa, 인도 중부의 말와 고원을 중심으로 하는 지방-옮긴이)산 아편은 동인도회사가 취급한 것으로 '공반토(公班土)'라고 불렀다. 아편은 그 색깔 때문에 '토(土)'라고 불리었으며, '공반'은 컴퍼니(company, 회사), 즉 동인도회사를 가리키는 말이다. 포장용 상자는 길이 1미터, 폭과 높이가 50센티미터인 망고 재목으로 만드는 것이 일반적이었다. 아편은 둥글게 만들어져 상자에 넣어졌다. 말와산 아편은 선적항인 봄베이에서 101근을 정량으로 만들어졌다. 항해하거나 저장하는 중에 한 근 정도 무게가 줄어들기 때문에 그만큼 미리 채워 둔 것이다. 바라나시산 아편은 무게가 많이 줄어서 120근으로 만들어 선적했다고 기록되어 있다.

1피컬은 딱 60킬로그램이므로 1800년에 중국에는 무게로 따져 27만 4천 200톤의 아편이 수입되었다.

1816년(가경 21년)에는 5천 106상자로 기록되어 있으므로 무게로 쳤을 때 약 32톤이 증가했다. 이해의 통계에는 금액도 표시되어 있는데, 그 금액이 거의 400만 달러에 이른다.

1820년(가경 25년)에 가경제가 죽고 그의 아들 도광제(道光帝)가 즉위했다. 관례에 따라 이듬해인 1821년에 연호가 도광으로 바뀌었다. 아편 수입은 도광 연간에도 꾸준히 증가했다. 모스의 통계에 따르면, 처음으로 1만 상자를 넘은 것이 1824년(도광 4년)의 일인데, 이해 상자 수로 1만 2천 434상자, 금액으로 환산해서 973만 달러의 아편이 중국에 수입되었다. 다만 그전 해에는 9천 상자였는데, 금액은 864만 달러로 1만 상자가 넘은 이듬해보다 한 상자 당 177달러 50센트가 더 비싸다. 1824년에는 아편의 시세가 떨어졌거나, 질 나쁜 싸구려 아편이 많이 수입되었을 것이다.

2만 상자에 육박한 것이 1830년(도광 10년)의 일인데, 통계에 따르면, 1만 9천 965상자, 금액으로는 1천 374만 달러의 아편이 수입되었다. 아편 수입의 급격한 증가를 이야기할 때는 항상 이때가 문제가 된다. 1830년대의 10년 동안 수입이 배로 늘어난 것이다. 아편전쟁 직전인 1838년도에는 4만 상자가 넘었다고 한다.

이러니 아편이 정치 문제가 되지 않는다면 오히려 이상할 것이다. 은 유출에 따른 경제 문제, 사회 불안을 야기하는 치안 문제의 원인으로 아편이 거론되는 일은 많았지만, 아편이 국민 건강의 측면이나 인도적 견지에서 거론되는 일은 적었다고 피고석에 선 영국 측은 주장한다. 이것은 자기의 죄를 가볍게 하기 위한 평계에 지나지 않는다. 중국이 아편을 관세 품목에서 제외해서 금제품으로 지정했을 때는 수량 면으로 보나 가격 면으로 보나 문제가 되지 않을 만큼 폐해가 미미했다. 심신에 끼치는 악영향을 고려해서 수입을 금지했지, 결코 경제적인 이유에서 수입을 금지한 것이 아니다. 아편전쟁이라는 역사상의 오점을 조금이라도 희석하려고 경제 문제, 외교 문제로 바꿔치려는 시도가 영국에서 여러 차례 되풀이되었다. 그러나 찻잎의 수입 과잉에 따른 문제를 해결한답시고 아편을 팔 생각을 해낸 사람들의 정신 구조와 윤리관을 먼저 문제로 삼아야 할 것이다.

정신적으로도 쇠약해져 있던 청 왕조가 은의 유출이 심각해짐에 따라 비로소 문제에 손을 댄 것은 사실일 것이다. 그래도 다양한 논의가 오가는 가운데 아편의 비인도성이 무시된 적은 없었다. 은 유출의 대책을 마련한 논의의 시초가 공교롭게도 허내제(許乃濟)의 '이금론(弛禁論)'이었기에, 이것을 물고 늘어진 영국 측에서 청나라가 경제를 중시해 아편을 금지시킨 것이므로, 아편전쟁은 경제 전쟁이지 인도주의와는 관계가 없다는 구실을 만들어 낸 것이다.

아편 양성화를 주장한 허내제

여기서 허내제의 '이금론'을 설명해야만 하겠다. 이것은 제목 그대로 아편의 수입 금지를 완화해야 한다는 주장이다.

허내제는 절강 출신으로 가경 14년(1809)에 관직에 올랐으니 임칙서(林則徐)보다 1기 선배다. '이금론'을 황제에게 올렸을 때는 태상시(太常寺) 소경(小卿)의 자리에 있었다. 태상시는 종묘 의례를 관장하는 관청의 이름이지 사찰의 이름이 아니다. 사찰과 혼동하기 쉬운 다른 관청 이름으로 말을 관장하는 태복시(太僕寺), 형벌을 관장하는 대리시(大理寺), 빈객을 접대하는 홍려시(鴻臚寺) 등이 있다. 이러한 관청나라의 장은 경(卿)으로 장관에 해당하고, 차관에 해당하는 자리가 소경이었다. 황제에게 상소를 올릴 수 있는 자격을 갖춘 고관이었던 것이다.

허내제는 중앙의 요직에 앉기 전에 뇌경(雷瓊, 뇌주반도와 해남도)의 도원(道員, 주나 부보다 상급 지방의 장관)과 광동 안찰사(按察使, 성의 사법, 검찰 장관)를 맡고 있었다. 아편의 본고장인 광동의 실정에 밝은 인물이었던 것이다. 광동은 청나라에서 유일한 개항장인 광주(廣州)를 관할했기 때문에 그는 일반 관료보다 외국 무역에 풍부한 지식을 갖고 있었다.

현실을 알면 알수록 지나친 현실주의자가 되고 말 우려가 있다. 현실의 벽에 부딪치면 그 너머 있는 이상이나 현실의 측면을 무시하는 경향도 생겨나는 법이다. 허내제가 바로 그러한 인물이었다.

허내제가 광동에서 본 것은 아편무역은 도저히 금지시키지 못한다는 현실이었다. 수입량은 이미 2만 상자가 넘었고, 아편을 흡음하는 사람은 모든 계층에서 증가하고 있었다. 보급이 지나친 나머지 아편을 상용하는 사람들은 그 사실을 숨기려고도 하지 않았다. 아편을 파는 사람에 대한 처벌은 표면상 무거웠지만, 피우는 사람에 대해서는 그저 손을 놓고 있는 것이나 다름없었다.

허내제의 '이금론'의 개요를 이어서 인용하겠다. '허태상주의(許太上奏議)'로 알려진 상소문인데, 아무리 그가 현실주의자라고 해도 아편의 폐해에 눈을 감지는 못했다. 그도,

진실로 엄히 금지함으로써 악습을 근절해야 할 것입니다.

라고 최종적으로 아편 흡입의 악습은 소멸시켜야 한다고 주장하고 있다. 다만 현실적으로 실행하기가 불가능하므로 국익을 염두에 두어 대책을

세우고자 한 것이다. 따라서 그의 주장은 경제적인 면에 무게를 둔 현실론으로 전개된다.

> …… 건륭 이전에는 아편을 약재로서 100근에 세은(稅銀) 3냥, 분두은(分頭銀) 2냥 2전 5푼을 물렸습니다. 가경 연간의 아편 수입은 매년 수백 상자에 지나지 않았지만(이것은 허내제의 인식 부족이다), 근년에는 2만 상자에 이르렀습니다. 아편 대금은 매년 1천 수백만 원(洋銀)이지만, 이것을 환산하면 은 1천만 냥 이상에 이릅니다. 종래에 이상(夷商, 외국 상인)은 양은을 가져와서 중국의 물자를 샀지만, 아편을 밀수하게 되면서부터 그럴 필요가 없어졌으며, 마침내 은이 유출되는 일은 있으되 유입되는 일은 없어졌습니다. …… 예전에는 문은(紋銀) 1냥은 제전(制錢) 1천 문(文) 전후였는데, 최근에는 1천 3, 4백문이 되어야 교환할 수 있습니다. 은값이 이렇듯 오르기만 하고 내리지 않는데, 이것이 아편 구입에 따른 은의 유출 때문이 아니고 무엇이겠습니까. 소금은 동전으로 사는데, 과세는 은으로 합니다. 그리하여 소금 상인은 크나큰 타격을 받아 각 성의 소금 업무가 피폐한 지경에 이르렀습니다. 주(州)나 현(縣)의 전량(錢糧) 세수도 마찬가지입니다. 이것은 중원의 바닥나기 쉬운 곳간으로 해외의 바닥 모를 골짜기를 메우는 것과 같으니 그 피해가 이루 말할 수 없습니다.
>
> 이인(夷人)과 무역을 단절하여 '발본색원(拔本塞源)'하라는 주장도 있습니다. 천조(天朝, 천자의 조정을 제후의 나라에서 이르는 말―옮긴이)가 물론 100만여 냥의 무역 세수를 아까워하겠습니까마는, 서양 여러 나라의 시박(市舶, 상선)을 받아들인 것이 1천여 년이나 이어지고

있습니다. 아편을 파는 곳은 영국뿐인데, 영국 하나 때문에 무역을 단절할 수도 없습니다. 더욱이 해안 지방의 백성 수십만 명이 통상으로 생계를 이어가고 있으니, 이는 또 어찌해야 합니까.

또한 이선(夷船)은 대양 밖에 있어 마음대로 섬을 고를 수 있고, 내양의 상선도 모두 거기에 갈 수 있습니다. 어떻게 이를 막을 수 있겠습니까. 근년에는 이선도 복건, 절강, 강남, 산동, 천진(天津) 등 여러 항구를 돌아다닙니다. 이는 아편을 팔기 위한 것으로 지방관이 때마다 쫓아내고는 있지만, 들리는 말에 따르면, 밀수하는 아편의 양이 적지 않다고 합니다. 광주에서 무역을 단절해도 밀수품이 들어오지 못하게 하지는 못합니다. ……

엄하게 금지하면 할수록 밀수 방법이 교묘해지고 탐관오리의 호주머니만 뇌물로 풍족해집니다. 현재 돈선(躉船, 아편을 싣고 있는 모선)은 뱃길이 사방으로 뚫린 영정양(伶仃洋)에 떠 있고, 밀매하려는 자는 이관(夷館)에 은을 지불하고, '표단(票單, 화물인도증서)'을 받아 쾌해선(快蟹船)이나 배룡선(扒龍船)을 타고 돈선에 아편을 수령하러 갑니다. 이들을 호위하는 배는 총포를 갖춘 데다 쾌속으로 나는 듯하고, 각 관문에 거액의 뇌물을 뿌린 데다 병선이나 순시선이 나포하려 들면 저항합니다. 또한 내륙의 비적은 관의 아편 수사를 사칭해 약탈을 자행하니, 피해를 입은 양인의 수를 헤아릴 수 없습니다. 이러한 폐해는 아편의 엄금 이후로 생겨난 것입니다. ……

아편을 피우는 자는 모두 게으르고 방탕한 자로 경중을 매길 가치도 없습니다. 우리 중국의 인구는 날마다 늘고 있으므로, (아편을 피우는 자가 죽어도) 인구가 줄 우려는 결코 없습니다. 차라리 아편에 약재

로서 세금을 매기어 이상에게 납부케 하고, 통관 후에는 '이화역화(以
貨易貨, 물물교환)'로 은을 쓰지 않고 교역하게 함이 어떨는지요. 이인
측으로서도 수입세가 지금까지 쓴 뇌물보다 부담이 적으므로 이의가
없을 것입니다. 양은이든 문은이든 일률적으로 유출을 금지해야 합니
다.

　　문무 관료와 그 자제, 병정, 또는 공직에 있는 자가 아편의 악습에
물들면 시간을 버리고 마땅히 할 일을 하지 않게 되므로 이를 법으
로 금지하고, 몰래 흡음하는 자가 있다면 즉시 면직해야 합니다. ……
이 이금(弛禁)이 정체(政體, 정치 이념)와 관련 있다고 의심하는 이가
있을지 모르오나, 그러한 자도 주색(酒色)이 모두 인명을 상하게 한다
는 것을 알 것입니다. 부자오두(附子烏頭, 바곳의 씨앗이나 뿌리를 말린
약재로 약품으로도 쓰이지만 독화살을 만드는 데에도 쓰인다)도 독성이 없
지는 않습니다. 그래도 예로부터 이러한 것들을 일일이 금하지는 않
았습니다. 또한 이금은 무지몽매한 무리에게 적용될 뿐, 관원과 그 자
제와 병정은 적용되지 않으므로 정체에 손상을 입히지 않습니다. 게
다가 '이화역화'에 따라 매년 증원의 은 1천만여 냥을 아낄 수 있습
니다. 어느 쪽이 득이고 어느 쪽이 실인지 자명할 것입니다. …… 신은
볼품없는 재주로 성은을 입어 급사중(給事中, 황제의 비서)으로 발탁
된 뒤, 중외의 여러 관직을 거쳤습니다. 전에는 영표(嶺表, 광동) 감독
사(監督司)로 임명되어 수십 년 동안 아무런 공도 세우지 못하였음을
늘 부끄러이 여겼으나, 하루라도 지방의 대리대해(大利大害)를 생각하
지 않는 날이 없었습니다. 최근에 아편 금지의 폐해가 날로 심각해지
는데 진실을 직언하는 자가 없습니다. 신은 이를 잘 알고 있기에 감히

말씀 올립니다. 황상에게 바라옵건대, 부디 광동의 총독과 순무, 해관의 감독에게 칙서를 내려, 신이 앞서 말씀드린 사정을 면밀히 조사하여, 사실임이 밝혀지면, 조속히 대책을 논의케 하옵소서. …… 이는 국부의 유출을 막고, 나라를 풍요롭게 하는 계책입니다.

상당히 긴 상소문이지만 일부를 생략하고 거의 전문을 인용했다. 그 까닭은 이 상소문이 중국 근대사에서 중요한 문헌이기 때문이다. 생략한 부분에는 양귀비의 재배 금지를 해제하자는 진언도 담겨 있다. 어차피 아편을 금지하지 못한다면 제대로 수입세를 징수하는 편이 낫고, 이왕이면 나라 안에서 만드는 것이 더 좋다는 논법이다. 중국 땅의 성질이 온화하므로 중국 땅에서 재배한 양귀비로 만든 아편이 독성이 적을 것이라는, 과학적 근거가 희박한 논조도 보인다.

허내제의 상소는 도광 16년(1836) 6월에 있었는데, 사실은 그보다 한 달 앞서 호광도(湖廣都) 감찰어사로 있는 왕모(王玥)라는 사람도 이와 비슷한 이금론을 상소했다. 허내제와 마찬가지로 아편을 피우는 자는 한가하고 방탕한 자로 몸을 망쳐도 자업자득이므로 내버려 두면 된다는 논법이었다. 다만 군대 내에 아편이 유행하는 것은 곤란하므로 군대에 한해 엄금하면 된다고 주장했다. 허내제도 문무 관료의 자제와 병사에게는 금지해야 한다고 했으므로 생각하는 점이 매우 흡사하다. 자기들이 속한 계층만 아편의 악습에 젖지 않으면 되고 자기와 다른 무리는 돌볼 필요가 없다고 내팽개친 것이다.

아편 공인을 반대한 도광제

허내제는 자신의 의견이 옳은지 그른지 사정을 가장 잘 아는 광동 당국에 조사를 명할 것을 희망했다. 아편은 중대한 문제였으므로, 도광제는 허내제의 상소문 사본을 광동에 보내 현지 당국자의 의견을 물었다.

광동에서 근무한 경험이 있는 허내제는 이 점과 관련하여 이미 광동과 연락을 취했을 것이다. 비틀어 생각해보면 광동 당국의 의견을 허내제가 대변했는지도 모른다.

조사를 명령받은 광동 수뇌의 대답을 '광동복주(廣東覆奏)'라 부른다. 광동 수뇌라 하면 양광 총독 등정정(鄧廷楨), 광동 순무 기공(祁貢) 등이었다. 사실은 광동에서도 엄금파와 이금파로 나뉘어져 있었다. 광주(廣州)에는 월화서원(越華書院)과 학해당(學海堂)이라는 두 명문교가 있었는데, 그곳의 교수가 전자는 엄금파, 후자는 이금파였다고 한다. 마침 학해당의 교수 의극중(儀克中)이 동향 사람인 순무 기공의 고문역을 맡고 있었고, 오란수(吳蘭修)나 웅경성(熊景星) 같은 동료 교수도 이금론으로 기울어져 있어, 광동 수뇌진에 영향을 미치는 입장에 있었던 듯하다.

광동복주는 이금론의 입장에서 당시의 실무적인 문제를 시안에 담은 것이다.

첫째, 이화역화에 의한 교역을 한다. 즉 은을 사용하지 않는다. 결제를 할 때, 초과분이 있어도 은으로 지불하지 않고 다음 계절로 이월한다.

둘째, 수사(水師, 해군)는 단속이라는 명목으로 바다에 나가 문제를 일으켜서는 안 된다.

셋째, 이상(夷商)은 운임 및 기타 제반 비용을 마련하기 위해 은을 들여올 수 있지만, 들여온 금액의 3할만 가지고 갈 수 있다.

넷째, 약재로 수입된 공인 아편은 다른 상품과 똑같이 취급한다. 즉 관허상인 조직인 공행(公行)에 맡긴다.

다섯째, 세율은 종전대로 하고 증액할 필요는 없다. 세금이 가벼우면 밀수를 꾀하고자 하는 자도 없어질 것이다.

여섯째, 이금으로 아편 시세가 내려갈 터이므로 미리 가격을 정하지 않는다.

일곱째, 광동에서 중국 각 성으로 운반할 때에는 월해관(粤海關, 광동 세관)의 인조(仁照, 증명서)를 교부하고, 이것이 없는 것은 밀수로서 엄중히 단속한다.

여덟째, 민간의 양귀비 재배는 산꼭대기나 구릉의 계단식 밭 등과 같은 땅에 한해 허가하고, 양전(良田)에서 재배하는 것을 금한다.

광동복주는 광동의 관계 당국, 공행, 그리고 외국 상인에게까지 알려져서 이금은 시간문제로 여겨졌다. 그러나 광동복주만으로 이금이 결정된 것은 아니다.

도광제 자신은 중국 황제의 명예를 걸고라도 해독임이 분명하게 밝혀진 아편을 공인하는 것을 반대했던 것 같다. 다만 은 유출 문제가 지나치게 심각해서 재정이 파탄에 이를 지경이었으므로, 뭔가 좋은 대책이 없을까 골치를 앓았던 것으로 보인다. 광동복주가 있은 뒤에도 도광제는 양광 총독에게 아편을 실은 돈선을 귀국시키라고 독촉했다.

북경에서도 엄금파의 반론이 있었다. 예부시랑(禮部侍郎, 교육부 차관)인 주준(朱嶟)이나 급사중 허구(許球)가 이금론을 반박하는 상소를 올렸다. 두 사람의 상소문은 광동복주를 하나하나 논박한 것이라고 하는데, 어느 것이나 완전한 형태로 남아 있지 않다. 허구의 상소문은 『중서기사(中西紀事)』에 일부가 실려 있는데,

> (백성에게는 허용하고) 관과 군에만 금한다고 하는데, 관원이나 병사도 백성에서 나오는 것이 아닌가. 하물며 사람에게 해를 끼치는 독물임을 분명히 알면서도, 그것이 시중에 나도는 것을 허가하고, 세금을 부과하는 정치는 떳떳해야할 천조에서 있어서 아니 될 일이다.

라고 쓰여 있다. 또 주준의 상소문은 현지에서 발행된 영자지 「차이니즈 리포지토리(Chinese Repository)」에 발췌 번역되어 있다. 요약하자면 아편의 폐해가 재화에만 미친다면 우려할 것이 못되지만 백성에게 해를 미친다면 깊이 우려해야 하며, 그 이유는 백성이야말로 나라의 근간이기 때문이라는 내용을 담았던 것 같다.

이금론은 은 유출이라는 경제 문제에만 눈길을 돌렸고, 엄금론은 인도와 도덕에 중점을 두었다. 도광제는 엄금론에 마음이 기울었지만, 상소문에는 구체적인 대책이 나타나 있지 않았던 것 같다. 허구의 상소문에는 영국 왕에게 친서를 보내어 엄금한다는 것을 통지하면 어떻겠냐는 제안이 있었다고 하나, 이것도 막막한 대책이라고 할 수밖에 없다.

두 명의 중앙 관료 외에도 지방관으로서 이금론에 반론을 펼친 상소를 올린 사람이 있었다. 강남도어사(江南道御史) 자리에 있던 원옥린(袁玉

驥)이라는 사람인데, 그가 올린 상소는 전문이 기록에 남아 있다.

이금론의 바탕에 깔린 생각은,

> 어리석은 백성이 아편으로 목숨을 재촉하는 것은 자업자득으로
> 깊이 애석하게 여길 필요가 없다.

라는 것인데, 원옥린은 이것을,

> 통심질수지언(痛心疾首之言)

이라는 극언으로 질타했다. 모름지기 황은은 모든 백성에게 두루 미쳐야 하거늘, 내버려 두라니 무슨 말이냐고 분개한 것이다.

원옥린의 상소문은 숫자를 들어 다소 구체적이었다. 수입량을 2만 상자로 보고 옛 제도(건륭 이전의 세율)에 따라 과세하더라도 세수가 12, 13만 냥에 불과하며, 두 배를 잡아도 20만여 냥, 그 두 배라 할지라도 50만여 냥에 지나지 않는 '작은 이익'인데, 이를 위해 정치 이념이라는 '대체(大體)'를 다치게 하는 것은 당치도 않은 일이라는 것이라고 말했다. 또 '이화역화'로 은을 사용하지 않는 방법의 허점도 지적했다. 아편을 들여오는 것은 은을 원하기 때문이다. 실제로 아편을 금지해도 아편은 들어온다. 은의 사용을 금지해도 마찬가지여서 은이 은밀하게 결제에 사용되리라는 것을 충분히 예상할 수 있다. 아편 수입 금지를 실행하지 못하는 상태에서 은의 사용 금지를 실행할 수 있다고 생각하는 것은 안이한 눈속임에 지나지 않는다. 뒤집어 말하자면, 은 유출 금지에 그렇게 자신이 있다면 왜 똑같은 노력으로 아편의 수입을 금지하지 못하느냐는 말이 된다.

> 금지가 엄해지면 뇌물이 많아지고, 금지가 느슨해지면 뇌물이 적
> 어진다고 (이금론자는) 말하지만, 이것은 기강의 문제다. 법을 행함에

사람을 얻으면, 아편을 금지해도 뇌물은 없을 것이다. 법을 행함에 사람을 얻지 못하면, 아편 금지를 느슨하게 해도 역시 뇌물은 어떤 형태로든 횡행하게 마련이다.

원옥린의 상소는 백성을 버려서는 안 되며, 아편 문제를 경제 문제이기 이전에 정신적인 문제, 기강의 문제로 보고, 그 해결은 '사람을 얻는 일'에 있다고 주장한 것이다. 이것도 원칙론이었을 뿐 매력적인 해결책을 제시한 것은 아니었다.

다만 이금론은 거의 논파되었다고 보아도 좋을 것이다. 예컨대 양귀비 재배 금지를 해제한다고 하지만, 실제로는 이미 각지에서 금지령을 어기고 재배를 하고 있었다. 국산 아편의 증산은 아편 수입량 증가와 평행을 이루고 있었다. 국내에서 아편이 만들어져도 수입은 계속 늘고 있었다. 약용으로만 사용할 수 있는 바곳과 중독성 있는 기호품인 아편을 똑같이 취급하는 것도 속임수라고 할 수 있다. 허내제는 옛날에는 여송(呂宋, 필리핀의 루손)에서 담배를 수입했지만, 국내에서 담배를 재배하면서 수입할 필요가 없어진 데다, 토질이 온화한 중국 땅에서 만든 순한 담배가 사람들의 건강에도 좋았다고 주장했다. 담배와 아편을 같은 수준에서 논하는 것도 우스운 이야기다. 원옥린은 이 점도 날카롭게 지적했다. 담배가 이로운 것은 아니지만 피운다고 해서 폐인이 되지는 않는다. 이금론을 뒷받침하는 잔재주가 지나치게 유치해서 광동복주 이후로 옹호론이 뒤따르지 않았다.

공양학에 심취한 젊은 학자들

이금론이 발표되고 거기에 호응하듯 광동복주가 있었지만, 그것은 2년 가까이 무시되었다. 제왕학을 배운 도광제는 아편의 해금에 저항감을 느꼈던 모양이다. 게다가 주준, 허구, 원옥린 등의 이금 반대 상소로 이금론의 논거가 무참히 무너졌다. 그러나 엄금론도 정신적인 면을 강조한 훈화조에 그쳤을 뿐, 구체적인 대안이 없었다.

이금론에 후속이 따르지 않은 것은 광동복주의 책임자인 등정정 등이 그 후 이금론에 등을 돌리는 기미를 보인 것과도 관련이 있다. 이금론에 찬성하면 역사에 오명을 남긴다고 제자들이 들고 일어섰다고 한다. 평화로운 세상에도 도둑은 있는 법인데, 아무리 도둑질을 금한들 도둑이 없어지지는 않으므로, 차라리 도둑질을 허용하자는 말과 마찬가지라고 논박당하면 이금론은 대꾸할 말이 없다.

허내제의 이금론를 상소하고 2년이 지난 도광 18년(1838) 5월, 홍려경(鴻臚卿) 자리에 있던 황작자(黃爵滋)가 구체적인 대안을 담은 엄금론을 상소로 올렸다. 대표적인 엄금론인 데다 아편전쟁과 직접 관련이 된 상소문이다.

허내제의 이금론은 폐기된 중요 문헌이지만, 황작자의 엄금론은 황제에게 채택되었을 뿐 아니라, 전쟁의 원인이 되어 근대사의 흐름을 결정지었다는 의미에서 훨씬 중요하다고 할 수 있다. 전쟁의 원인이 되었다고는 하지만 그 책임은 전적으로 영국에게 있다. 황작자가 전쟁을 일으킨 것이 아니라, 영국이 전쟁을 일으켰다는 점을 명심해야 한다.

홍려시는 빈객의 접대를 관장하는 관청이며, 황작자의 그곳의 장관에 해당하는 경이었다. 그는 충격적인 엄금론을 상소했지만 물론 그만이 그런 생각을 했던 것은 아니다. 같은 의견을 가진 사람이 적지 않았다.

황작자의 상소문을 설명하기에 앞서, 그가 속한 선남시사(宣南詩社)라는 집단을 언급해야 할 것 같다. 청 정부는 결사에 대해 삼엄한 경계의 눈길로 바라보았다. 특히 정치 결사는 결코 눈감아 주지 않았다. 그러나 동향 모임과 같은 친목 단체는 너그럽게 보아 넘겼다. 같은 친목이라는 점에서 동호인의 모임도 그에 준한 취급을 받았던 듯하다. 시사(詩社)란 시인들의 모임을 말하는데, 시를 짓고 주거니 받거니 하며 풍류를 즐기는 모임이다. 시인이라고 해도 이 시대에는 전문적인 시인이 없었다. 대부분 관료든가 관료가 될 사람들이었다. 선남(宣南)은 북경의 선무문(宣武門) 남쪽이라는 뜻으로 여겨지는데, 아마 그 근처에서 자주 시 짓는 모임이 있었을 것이다.

달리 회칙이 있거나 회원 자격이 있었던 것이 아니라, 그저 마음 맞는 사람들끼리 모여 시 짓기 모임을 만들었을 것이다. 마음이 맞는 사람이란 시문에 대한 사고방식이 같은 사람이라는 데 그치지 않는다. 중국 문학에는 극히 정치적인 면도 있다. 정치적인 의견은 그 사람의 인생관이나 이념에서 생겨나는 것이다. 그러한 것이 거의 같은 사람들이 자연스럽게 모여들었을 것이다. 시문 동호회지만 구성원들의 정치적인 견해도 서로 비슷했다고 보면 된다.

선남시사 회원으로 알려진 사람 가운데 관료로서의 지위는 그다지 높지 않지만, 시인으로서 가장 뛰어났던 사람이 공자진(龔自珍)이었다. 청대 270년을 통틀어 대시인을 다섯 사람 들라고 하면 공자진은 반드시 들어갈 것이다. 또 지방 근무가 많아서 모임에 자주 얼굴을 비추지는 못했지만, 아편전쟁의 영웅인 임칙서도 선남시사의 회원이었다. 막부 말기 일본의 지식층에 영향을 준『해국도지(海國圖志)』와『성무기(聖武記)』를 저술한 위원(魏源)도 동인이었다.

이 사람들을 이어준 것은 공양학(公羊學)에 대한 경도였을 것으로 추측된다. 청대의 학문이라면 으레 고증학(考證學)을 떠올리겠지만, 가경에서 도광 연간을 걸쳐 고증학에 대한 반발이 나타났다.

고증학은 언론 탄압을 피할 수 있는 그늘이 되어 줌으로써 많은 준재를 배출했다. '문자(文字)의 옥(獄)'에 대해서는 앞에서도 이야기했지만, 청조는 지식인의 반정부 언론에 극히 신경질적인 반응을 보였다.『사고전서(四庫全書)』의 편찬이라는 일대 문화 사업도 사상 심사의 일환으로 볼 수 있다는 점을 앞에서 이야기했다. 학문 중에서 안전한 분야가 고증학이었다는 이야기다. 예컨대 한대와 당대의 도량형이 어떻게 다른지 문헌과 문물로 고증하는 데에는 개인의 정치적인 의견이 전혀 개입되지 않는다. 기록과 사물이 판단의 기초가 되는 고증학은 일종의 과학이나 다름없다. 현대 중국 과학은 청대 고증학에 깊이 뿌리를 내리고 있다는 설도 있다.

개인의 의사를 아예 배제하는 데서 출발하는 학문은 분명히 과학적이겠지만 비인간적인 느낌도 준다. 학문적인 작업을 진행하는 동안 공허한 마음이 들지 않았을까. 정오(正誤)를 판단하는 것만으로는 부족할 터이다. 도대체 이 학문이 세상에 얼마나 도움이 될 것인가, 그것을 생각하면 고증학의 테두리에서 뛰쳐나가고 싶었을 것이다.

고증학의 정반대 지점에 있는 학문이 공양학이라고 할 수 있다. 공자가 지은『춘추』는 매우 간결한 것이어서 이것을 연구하려면 '전(傳)'이라는 해설서에 의지해야만 한다.『춘추』에는 '전'이 세 가지 있는데, 각각

「좌씨전(左氏傳)」, 「공양전(公羊傳)」, 「곡량전(穀梁傳)」이라고 해서 해설자의 이름을 따서 부른다.

좌구명(左丘明)이 해설한 「좌씨전」은 『춘추』를 역사 기록으로 파악해서 매우 상세하게 풀이하지만, 그에 대한 가치 판단은 그다지 내리지 않는다.

> 좌씨는 사실을 전하고 의(義)는 전하지 않는다.

라는 평가를 받는 까닭이다.

이에 반해 공양고(公羊高)의 「공양전」과 곡량적(穀梁赤)의 「곡량전」은 『춘추』가 단순한 역사 기록이 아니라, 사실의 배후에 공자의 가치 판단이 숨어 있다고 보고 그것을 끌어내고자 한 것이다. 『춘추』에는 '미언대의(微言大義)'가 있다고 한다. 이것은 공자뿐만 아니라 중국 저술의 바탕에 전통적으로 흐르는 관념이다. 이를테면 영국을 중국에서는 '영길리(英吉利)'라고 쓰는데, 아편전쟁 시기의 문헌에는 '영길리(嘆咭唎)'라고 쓴 표현이 여기저기 등장한다. 이 입구(口) 변은 짐승을 의미하는 것으로, 이름을 슬쩍 달리 적으면서 영국의 행위를 비난하는 뜻까지 새긴 것이다. 명대에 포르투갈을 '불랑기(佛郎機)'라고 불렀다. 십자군 시대에 이슬람 측이 십자군을 프랑크라고 부른 것과 관련이 있을 것이다. 그런데 포르투갈 사람이 마카오 근처에서 나쁜 일을 저지르면 '랑(郎)'자가 음이 같은 '랑(狼)'자로 바뀌기도 한다. 『춘추』에서 이와 같은 공자의 숨은 뜻을 찾고자 한 것이 「공양전」과 「곡량전」이다.

숨겨진 것을 찾아내려는 것이므로 때로는 억지스럽고 주관적일 수밖에 없었다. 고증학이 극히 객관적인 데 비해, 공양학은 매우 주관적인 학문이므로 그런 의미에서도 양 극단에 있다고 볼 수 있다.

사실이 아니라 의를 찾는 「공양전」과 「곡량전」의 차이는, 전자가 현실을 부정하고 새로운 체제를 기대하는 자세를 취하는 데 반해, 후자는 현실을 긍정하고 현 체제를 신성화하여 그 속에서 군신의 대의를 파악하고자 한 데 있다. 「공양전」은 혁명적이고, 「곡량전」은 보수적이다. 현 상황을 긍정하는 「곡량전」은 한나라 때도 왕조의 보호를 받았지만, 아마도 그것이 오히려 해가 되었는지 학문 체계로 발전하지 못하고 쇠퇴했다.

공양학은 혁명적이고 전투적이기 때문에 학문으로서의 활력을 계속 유지했다. 때로는 열광적인 학자가 나타나 후한(後漢)의 하휴(何休)처럼 무리하게 미래를 예언하는 등 과열된 경향을 보이기도 했다. 어찌 되었건 현실에 불만을 품은 사람에게 공양학은 매력적인 학문이었다.

건륭 말년에는 공자의 후예인 공광삼(孔廣森)이 『공양통의(公羊通義)』를 저술해서 청대 공양학의 기초를 마련했다. 그 후 유봉록(劉逢祿)이라는 탁월한 공양학자가 등장해 위원이나 공자진에게 커다란 영향을 주었다.

현재를 만족스럽게 여기지 않는 공양학은 아편 문제를 중심으로 크게 기우뚱하던 도광 시대의 지식인에게 매우 흡인력 있는 학문이었다. 선남시사 사람들에게는 공양학에 관심이 있었다는 공통점이 있었던 듯하다.

아편전쟁 이후, 중국의 혁명에는 태평천국의 홍수전(洪秀全), 개혁주의자 강유위(康有爲)와 양계초(梁啓超), 과격파인 담사동(譚嗣同), 서구파인 손문 등이 등장하는데, 이들은 하나같이 공양학의 영향을 받았다. 공양학의 특색은 탁상공론을 배제하고 실적을 중시하는 데 있다. 다른 학문 계통에서는 가볍게 다루었던 경제 문제도 공양학에서는 중시된다. 이 학문에 관심이 있는 사람은 혈기왕성한 사람이라고 보아도 좋을 것이다. 황작자는 선남시사 동인으로서 정신적 체질이 그들과 같았다.

황제를 감동시킨 임칙서의 복주

황작자의 상소문은 황작자 개인의 의견이라기보다 선남시사 동인들과 의견을 나누어 신중하게 다듬은 것인지도 모른다. 문장은 신중해 검토해 다듬었겠지만, 그 제안은 매우 대담했다. 한마디로 말하면 '아편 흡음 사죄론'이다. 1년이라는 징벌 유예 기간을 주고, 1년이 지난 후에도 계속 아편을 흡음하는 자는 법을 따르지 않는 난민(亂民)이므로 중형에 처해도 된다는 것이다.

아편을 피우는 자를 난민으로 규정한 것은 이금론과 비슷하지만, 이금론은 그들에게 마음대로 아편을 피우게 해도 괜찮다는 것이었다. 황작자는 1년이라는 기간을 주고 그래도 나아지지 않는 사람을 단호하게 사형에 처하자고 주장했다. 그는 지금까지 실시해 온 아편정책의 실패를 분석했다.

첫째로 그는 항구를 엄중하게 단속해도 1만여 리에 이르는 해안 어디에서든 들어올 수 있으므로 효과가 없었다고 말했다.

둘째로 은 유출을 방지하기 위한 통상 금지론을 비판하면서, 아편은 원래 금제품이므로 아무리 정부가 통상을 금지해도 아편을 실은 배가 먼 바다에 떠 있고, 간사한 무리가 은을 들고 거기까지 사러 가기 때문에 유출을 막을 수 없다고 주장했다.

셋째로 아편 판매자를 처벌해도 효과가 없었던 이유를 설명했다. 그는 각지의 탐관오리가 부호들의 못된 자제와 손잡고 같은 패거리를 감싸고 있기 때문이라고 보았다.

황작자의 주장에 따르면, 은이 유출되는 구조는 매우 간단했다. 아편을 사기 때문에 은이 유출된다는 점은 말할 나위도 없다. 왜 아편을 사는가 하면 피우는 사람이 있기 때문이다. 피우는 사람이 없어지면 아편을 사는 일도 없다. 온 백성이 아편을 피우지 않게 되면 모든 문제가 해결된다. 그러려면 지나치게 준엄한 조치일지 모르나, 아편을 피우는 죄를 죽음으로 논하는 것이 가장 효과적이다.

가혹한 형벌은 자칫 억울한 사람을 휘말리게 할지 모르나, 아편에 중독되었는지 아닌지 확실히 알 수 있으므로 그 폐해를 걱정할 필요가 없다.

청대에는 일본의 인보(隣保, 이웃끼리 서로 돕는 조직-옮긴이)와 비슷한 '보갑제도(保甲制度)'가 있었다. 10호를 한 패(牌), 10패를 한 갑(甲), 10갑을 한 보(保)로 하고, 각각 패두(牌頭), 갑장(甲長), 보정(保正)을 책임자로 두었다. 황작자는 이 보갑을 샅샅이 조사해서 연대책임을 지울 것을 진언했다. 아편을 피우는 자를 적발하지 않았다가 나중에 드러나면, 그 죄가 연대 책임자에게까지 미치는 것이다.

1년 안에 아편을 끊지 않는 자를 철저하게 솎아내서 숙청하면, 중국에서 아편을 몰아낼 수 있다는 이야기였다. 얼핏 듣기에 난폭한 조치지만, 과감한 대책이 없으면 아편을 근절하는 일이 불가능한 실정이었다. 황작자는 아편을 피우는 사람을 사형에 처한 외국의 사례를 들어,

외이(外夷)조차 금지령을 내리고 있습니다. 하물며 황상의 위엄으로 혁연(赫然)히 진노하시면, 아무리 어리석은 자라도 아편을 끊을 것입니다. 이렇게 하면 은의 유출을 막아 은값이 오르는 일이 다시는 없을 것입니다. 그런 연후에 이재의 방법을 강구하면, 참으로 천하 만민의 홍복일 것입니다.

신의 우매한 소견이 합당한지 그렇지 않은지 굽어 살펴 주시옵소
서. 삼가 상소를 올립니다.

라고 끝을 맺었다. 도광제는 이 상소문에 마음이 움직여, 사본을 각지의
최고장관에게 보냈다. 총독, 순무, 그리고 군정 하의 동삼성(東三省), 즉 성
경(盛京, 봉천) 장군, 길림 장군, 흑룡강 장군에게 보내었는데, 그 수가 모
두 20여 명이었다고 한다. 각지 장관은 정중하게 복주(覆奏, 보내온 공문을
검토하여 그 대답을 왕에게 아룀-옮긴이)했는데, 황작자의 상소에 전면적으로
찬성한 사람은 다음의 네 사람뿐이었다.

호광 총독 임칙서
양강 총독 도수(陶澍)
사천 총독 소정옥(蘇廷玉)
하남 순무 계량(桂良)

나머지 사람들도 다만 사형은 지나치게 가혹하다고 반대했을 뿐, 아편
의 근절 자체를 반대하지는 않았다. 이금론을 펼친 회답이 한 통도 없었
던 것으로 보아 이미 이금론은 묻혔다고 보면 될 것이다. 양광 총독 등정
정은 전의 광동복주에서는 이금론으로 기울어져 있었으나, 이때는 엄금
에 찬성하고 다만 사형은 지나치게 가혹하므로, 입묵(入墨)의 형(죄인의 얼
굴에 글씨를 새기는 형벌-옮긴이)으로 다스리면 어떻겠냐고 복주했다.

도광제에게는 한 가지 구상이 있었다. 나중에 다시 말하겠지만, 광동
에서 네이피어 사건(Napier Affair, 1834)이라는 것이 일어나 청나라와 영국

사이의 문제가 꼬이고 있었다. 그것은 통상 문제이기 이전에 청나라의 정치체제에 관한 문제였다. 그에 대한 조치도 중요하지만 무엇보다도 아편 문제를 최우선으로 삼아야만 했다. 양광 총독과 광동 순무는 지방관으로서 처리해야 할 업무만으로도 바쁠 터이므로, 광동에 아편 문제를 전담하는 흠차대신(欽差大臣)을 파견해서 문제에 대응코자 했다.

20여 명의 지방장관에게 황작자의 상소문 사본을 보낸 것은 그저 찬반을 묻고자 한 것이 아니라 그들의 생각을 알기 위함이었다. 도광제는 그중에서 자신의 뜻에 가장 들어맞는 복주를 한 인물을 흠차대신으로 임명할 예정이었다. 일종의 시험이었다.

20여 통의 복주를 꼼꼼히 검토해서 도광제가 고른 인물이 호광 총독 임칙서였다. 복건 출신인 임칙서는 지방 근무를 오래 한 데다 실적도 올리고 있었다. 호광 총독은 호북성과 호남성을 함께 관할하는 자리였는데, 그가 취임한 이후 그 지방에서는 아편 금지가 성과를 거두고 있었다.

광동으로 파견할 흠차대신의 후보로는 엄금론의 주창자인 황작자도 일단 황제의 머릿속에 떠올랐을 것이다. 그러나 그는 진사가 된 지 15년밖에 되지 않았고, 복건과 섬서에서 지방 근무를 한 경험은 있지만 두 차례 모두 감찰어사였을 뿐, 현장 실무에 종사하지는 않았다. 중앙관청 나라의 관료로서 실무가라기보다는 논객이었다. 이러한 점에서 임칙서는 나이는 황작자보다 겨우 여덟 살 많지만, 진사가 된 지 27년이 되었고 지방 현장을 누빈 경력이 있어서 믿음직스러웠다. 도광제는 논객보다 실무가를 선택한 것이다.

황작자의 상소에 대한 임칙서의 복주도 훌륭해서 도광제를 감동시켰다. 이 인물이 아니고는 달리 보낼 사람이 없다고 판단한 황제는 주저 없이 결정을 내렸다. 임칙서의 복주는 과연 실무가답게 구체적인 대안을 담고 있었다. 예컨대 황작자가 고안한 1년의 유예 기간을 임칙서는 4기로 나누었다. 유예기간을 덜렁 1년 주고 그저 방치할 것이 아니라, 1년을 4기로 나누어서 지도하자는 것이었다. 또 아편을 피우는 자뿐만 아니라, 아편굴을 여는 자, 아편을 판매하는 자, 도구를 제조하는 자까지 그 죄를 죽음으로 다스려야 한다는 의견을 추가했다.

> 만약 더 이상 꾸물대며 이를 방관한다면, 수십 년이 지난 중원에
> 는 적을 막아야 할 병사도 없으며, 또한 군비를 채워 줄 은도 없을 것
> 입니다. 생각이 이에 미치면 절로 온몸이 벌벌 떨립니다.

임칙서는 아편 문제를 더 이상 방치하면 군대도 군비도 없어질 것이라고 말했다. 이 말은 청 왕조의 멸망을 예언하는 말이나 다름없었다.

도광제는 사태를 이렇게까지 심각하게 생각하는 인물이 있다는 사실을 알고 마음이 매우 든든했을 것이다. 임칙서는 광동으로 파견할 흠차대신에 가장 걸맞은 사람이었다. 즉시 상경하라는 명령이 임칙서에게 전달되었다. 호광 총독의 관청나라는 무창(武昌)에 있었다.

도광 18년(1838) 음력 10월 11일, 임칙서는 무창을 떠나 11월 11일에 북경 자금성에 입궐했다. 임칙서의 일기에 따르면, 건청궁(乾淸宮)에서 황제는 그에게 3각(刻) 동안 하문했다고 한다. 1각이 15분이므로 거의 1시간 가까이 사람을 물리고 아편 문제를 서로 논의한 것이다. 다음날인 12일과 13일에도 계속해서 임칙서를 불러들였다. 14일에는 임칙서에게 '자금성 사기(賜騎)'가 허락되었다. 자금성 내에서 말을 타는 일은 금지되어

있었는데, 그에게 특별히 허락이 내린 것이다. 당시에는 더할 나위 없이 영광스러운 일이었음은 말할 나위도 없다.

임칙서가 정식으로 흠차대신에 임명된 것은 다음날인 15일이었다.

> 그대에게 흠차대신의 관방(關防)을 수여한다. 급히 광동으로 가 항구의 사건을 조사해 처리하라. 해당 성(省)의 수사(水使)는 겸하여 감독하라.

이 특명을 받고 임칙서는 광동으로 떠날 채비를 갖추었다. 관방이란 공인(公印)을 말하는데, 흠차대신의 관방을 찍은 문서는 조칙에 준하는 대우를 받는다. 게다가 광동 성의 해군이 그의 지휘 하에 들어가게 되었다. 이러한 사실은 도광제가 임칙서를 얼마나 신뢰했는지를 말해 준다. 생각한 바를 마음대로 하라는 백지 위임장을 준 것이나 마찬가지였다.

당시 북경에서 광동까지 가는 데는 2개월이 걸렸다. 흠차대신 관방을 받은 뒤, 임칙서는 준비를 위해 7일 정도 머무르다 출발했다. 북경에 있는 선남시사 동인들도 그사이 그를 방문했다.

공자진은 임칙서에게 송별 편지를 썼는데, 그것이 그의 문집에 수록되어 있다. 임칙서의 일기를 보면 공자진이 참모로서 광동까지 수행하기를 희망했으나 자신이 거절했다고 적혀 있다. 그러나 거절한 이유는,

> 말하기 어려운 바가 있다.

라고 해서, 문서가 아니라 믿을 만한 사람을 보내 구두로 설명하게 했다. 어떤 이유에서 거절했는지는 이와 같은 사정 때문에 기록에 남아 있지 않다.

광동으로 가는 임칙서는 막중한 각오를 굳혔을 것이다. 황제에게 절대적인 신임을 받고 있다 하더라도 일이 어떻게 될지 알 수 없는 노릇이었다. 이금론이 자취를 감추었다고 해도 궁정 안에는 엄금론으로 영국과 마찰을 빚는 것을 좋아하지 않는 보수파가 있었다. 수석 군기대신(軍機大臣)으로 늘 황제 곁에 있는 목창아(穆彰阿)가 그 집단의 지도자였다.

궁정에는 임칙서의 정적도 많았다. 언제 어떤 일로 실각할지 모른다. 어쩌면 목숨을 잃을 위험도 각오했을 것이다. 그러한 임무를 맡은 만큼 벗과 동지를 같은 위험에 휘말리게 하는 것을 우려했을 가능성도 있다.

아편을 근절하기 위해 만용을 부릴 결심을 굳히고 임칙서는 남하했다.

광동의 풍운

영국이 문제삼은 광동 무역 체제

같은 시대 일본이 나가사키만을 개항장으로 삼고, 내항한 네덜란드인의 거주를 데지마(出島)에 제한한 것과 마찬가지로, 청나라도 광주만을 외국 무역의 창구로 삼고, 외국인은 13행가(行街, 광주성 밖에 해당함)에서만 거주하도록 강제했다. 차이점이라면 나가사키 무역은 당관(唐官)에 거주하는 중국인과 데지마에 거주하는 네덜란드인으로 한정되어 있었지만, 광주 무역에는 국적에 따른 제한이 없었다는 데 있다. 다만 대부분이 영국 상인이었고, 미국이 신흥세력으로 이제 막 부상하고 있었다. 영국에는 동인도회사라고 하는 정부의 특혜를 받은 거대한 조직이 있었다.

시대에 따라 차이는 있지만, 19세기가 되면서 동인도회사는 광주에 선하(船荷) 감독 및 사무원 20명, 의사 2명, 목사 2명을 상주시켰다. 중국에서는 이것을 '공국(公局)', 또는 '영국(英局)'이라고 불렀고, 동인도회사에서는 셀렉트 코미티(Select Committee)라고 칭했다.

청나라는 여전히 대외무역을 조공의 한 형태로 간주하는 태도를 취했다. 호혜평등이 아니라 중국이 일방적으로 은혜를 베푼다는 사고방식이었다. 은혜는 순종에 따른 보상이므로, 만일 외국인이 순종하지 않는다고 인정되면 청나라는 언제든 일방적으로 통상을 중단해도 된다고 생각했다. 도광 11년(1831)에 공포된 방범외이장정(防範外夷章程)을 보면, 외국인이 견여(肩輿, 4명 또는 그 이상의 가마꾼이 지는 가마)에 타는 것은 금지되어 있었는데, 그것은 공손하고 순종적인 태도가 아니라고 해석했기 때문이다.

형식상으로 청 정부는 외국인에게 일절 관여하지 않는 것으로 되어 있다. 광동에는 양광 총독, 광동 순무, 해관 감독 등의 정부 고관이 파견되어 있었지만, 그들은 정부 사람이므로 외국 상인과 직접 접촉하는 것이 허락되지 않았다.

앞에서 설명한 대로 외국인과 무역을 할 수 있는 사람은 행상(行商)이라고 불리는 관허 상인이고 그들의 연합 조직을 공행(公行)이라고 칭했다. 중국인은 광동 발음으로 '콩홍'이라고 불렀지만, 외국인은 '코홍(Cohong)'이라고 발음했다. Co에는 컴퍼니, 또는 코퍼레이션을 연상케 하는 어감이 있다.

외국 상인이 정부와 접촉하고 싶을 때는 민간 기업 연합회인 공행에 '품(稟)'을 제출해야 했다. 품이란 품의를 의미하는 문서 형식이다. 품의 문서를 민간조직인 공행에 제출하면 공행이 그 감독기관인 해관(海關)에 그것을 전달하게 된다. 이때 전달하느냐 하지 않느냐는 공행의 판단에 달려 있다. 이상한 품의를 전달하면 질책당할 우려도 있었다.

외국 무역으로 수출입세가 들어온다. 유일한 무역항인 광동에는 호부(戶部, 재무부) 직속의 해관이 설치되어 있었으며, 그곳의 장관이 해관 감독이었다. 외국인은 해관을 호포(Hoppo)라고 불렀는데, 이것은 호부의 광동 발음이다. 외국 상인은 해관과도 직접 교섭하지 못했다.

이러한 무역 체제에서는 언제 일방적인 무역 정지 또는 변경(세율 등)을 통고받을지 모른다. 그럴 때에도 직접 교섭하지 못하므로 극히 불안정한 기반 위에서 거액의 무역이 이루어졌다. 1820년대 동인도회사가 광동 해관에 납부한 세은은 60만 냥에서 70만 냥에 이르렀다. 최대 수입품인 아편은 금수품으로 수입세를 납부하지 않고 몰래 들여왔기 때문에 여기에 포함되어 있지 않다. 이금론에서 아편을 인정하여 수입세를 벌어들이자는 의견도 있었다는 사실은 앞에서 이야기했다.

불안정한 까닭은 불평등하기 때문이다. 청나라와 영국 양국 사이에 정부간 협정이라도 있다면 불안 요소가 크게 줄어들 것이다. 매카트니는 축하 사절이었지만 정부간 교섭의 실마리를 푸는 사명도 띠고 있었다. 애머스트도 마찬가지였다. 조공무역을 대등한 통상관계로 바꾸는 것이 영국의 희망이었다. 매카트니와 애머스트도 그러한 사명을 띠었지만 청나라 영내로 들어갈 때는 '진공사(進貢使)'라는 깃발을 내걸어야만 했다.

도광 원년(1821) 12월, 영국 군함 토페즈 호의 승무원이 영정도(伶仃島)에서 중국인과 난투극을 벌이는 사건이 일어났다. 중국인 측에서는 2명이 죽고 4명이 다쳤으며, 영국 수병은 14명이 부상을 당했다.

청 정부는 범인 인도를 요구했다. 이때도 광동 정부 당국은 공항을 통해 영국의 '공국'에 요구했다. 청 정부의 문헌에는 공행이나 행상을 '양상(洋商)'이라고 표기한 것이 많은데, 이것은 외국과 무역하는 상인이라는 뜻이다. 외국 상인과 헷갈리기 쉬우므로 공행이라고 하는 편이 훨씬 이해하기 쉬울 것이다. 공국도 동인도회사라고 이해하면 된다. 그 책임자인 선하감독을 중국에서는 '대반(大班)'이라고 불렀다.

공행의 요구에 대해 대반은 군함을 감시하는 권한이 없다고 대답했다. 동인도회사에 영국 해군의 군함을 감독하는 권한이 없는 것은 당연한 일이었지만, 광동 당국이 그때야 비로소 그 사실을 알았다.

이때 양광 총독이 완원(阮元)이었다. 절강 순무 시대에 이장경을 독촉해 '정선'을 만들게 한 강건한 기질의 관료다. 완원은 범인 인도를 요구함과 동시에 영국과의 무역을 중단시켰다. 통상은 국가 문제가 아니므로 일개 지방장관의 권한으로 이를 중단시킬 수 있었다. 동인도회사의 대반도 이에 대항하여 영국 상신과 상선의 철수를 명령했다. 대반은 군함을 감독하는 권한은 없었지만 상인과 상선에 명령을 내릴 수는 있었다. 영국 상인들 중에는 훗날 대재벌이 된 자딘(William Jardine, 1784~1843), 매디슨(James Matheson, 1796~1878), 덴트(Lancelot Dent, 1799~1853) 등의 개인 상인도 있었지만, 1834년(동인도회사의 대청 무역 독점권이 폐지된 해) 이전에는 동인도회사가 교부하는 특허증을 받아 영업했기 때문에 이들에게도 회사의 방침을 따라야 할 의무가 있었다. 대반은 한 해에 6, 70만 냥이나 세은을 납부하고 있었으므로, 영국 상인이 철수하면 청나라에게 크나큰 타격이 되리라 생각하고 강경한 조치를 취한 것이다.

장사를 하지 못하게 되자 확실히 공행 상인들은 타격을 받았을 것이다. 또 화물을 싣고 나르는 일이나 그 밖의 관련 업종에 종사하는 사람들도 생계 수단을 잃게 된다. 그러나 완원은 "돌아가고 싶으면 돌아가라. 천조는 세은 따위를 중히 여기지 않는다"라고 공언했다. 세은에 비하자면 국체가 훨씬 중요하다고 생각한 것이다.

동인도회사 쪽에도 약점이 있었다. 영국 정부에게서 대청 무역 독점권을 받은 대신에 영국 국민의 생활필수품이 된 찻잎을 꾸준히 공급해야 하는 의무를 지고 있었다. 회사도 연평균 100만 파운드에 이르는, 당시로 서는 거액의 이익을 챙기고 있었다. 철수는 그저 시위 행위에 지나지 않 았고 내심 무역이 재개되기를 바랐다.

청 정부와 영국 사이에 끼어 난처해진 것이 공행이었음을 말할 필요 도 없다. 무역 중단으로 어려움에 처한 관련업자와 연락해 하급 관리부 터 상당한 상급 관리까지 두루 뇌물을 안기고, 되도록 온건하게 사태를 마무리할 공작을 꾸몄을 것이다.

영정도에서 살해된 황역명(黃亦明)과 지대하(池大河)의 유족은 북경의 도찰원(都察院)에까지 소장을 제출했다. 그러나 영국에 귀국한 후 범인을 재판에 회부해야 한다는 뜻을 대반에게 전달함으로써 사건은 마무리가 되었고, 영국 상인은 몇 달 후에 돌아왔다. 대반에 전달할 때도 물론 공 행을 통해서였다.

무력 사용을 고집한 '이목'

이런 식으로 자유스럽지 못한 통상이 계속되다가 대청 무역의 대부 분을 차지하는 영국에 커다란 변화가 생겼다. 산업혁명의 진전과 더불어 무역 자유화가 대세가 된 것이다. 동인도회사는 1813년에 이미 인도 무 역 독점권을 잃었고, 지금까지 누려 왔던 대청 무역 독점권의 특허 기간 도 연장되지 않는다는 결정이 내려졌다. 기한은 1834년까지였는데, 청나 라 연호로 도광 14년에 해당한다.

광주에서 동인도회사가 철수하게 되었지만, 그 대신에 영국 정부의 직원이 통상 감독과 거류민 보호를 위해 파견되었다. 오늘날 총영사가 오는 것과 마찬가지지만 이것은 국교가 있는 국가 사이의 일이고, 당시 영국은 청나라와 정식 국교가 없었다. 매카트니나 애머스트처럼 북경까지 간 사절은 있지만, 그들은 조공사 취급만 받았다.

동인도회사의 대반은 공행을 통해 청 당국에 회사 대신 정부의 대표가 온다는 사실을 예고했다. 정부 대표는 무역 감독관인데, 영국에서는 '치프 슈퍼인텐던트(Chief Superintendent)'라 칭했지만, 청나라 문헌에서는 '이목(夷目)'이라고 표기했다. '이인(夷人)'의 두목이라는 뜻이다. 왜 대반이 떠나고 이목이 오는지, 청나라 측으로서는 이해하기 어려웠던 모양이다.

영국 측에서도 청나라의 체제에 관한 연구를 충분히 하지 않았다. 대반이 상인 철수로 압력을 행사할 수 있다고 생각한 것도 체제에 대한 인식이 부족했기 때문이라고 할 수 있다. 양광 총독인 완원이나 북경 정부는 그 정도 일로는 아무런 고통도 느끼지 않았다. 그러나 대체로 중국 측의 대외 인식이 훨씬 모자랐다고 할 수 있다. 인식하고자 하는 의욕조차 없었다. 특히 정부 고위 관리들은 유교 이념에서 벗어나지 못해 자급자족하는 농촌사회의 유지를 나라의 목표를 삼았고, 통상을 오랑캐에게 베푸는 혜택으로만 여겼다. 게다가 아편 밀수량이 증가하면서부터는 통상을 해악이라고까지 생각했다. 사정이 이러했으니 외국으로 눈길을 돌릴 기분이 들지 않았을 것이다.

완원은 당시 청나라 관료 중에서는 훌륭한 인물에 속할 것이다. 정도(艇盜) 대책에도 유능했고 양광 총독으로 부임한 뒤에는 학해당도 설립했다. 이 학교가 이금론의 거점이 되었다는 사실은 앞에서도 이야기했다. 이금론은 금기에 도전한 것으로 어떤 의미에서는 용기가 있었다고 평가할 수 있다. 다만 그것은 제 고장의 이익과 결부되어 생겨난 주장이었지 해외로 눈길을 돌리면서 생겨난 것은 아니었다. 청대의 고관 중에서 해외 사정을 연구하는 데 열의를 보인 최초의 인물은 아마도 임칙서일 것이다. 그는 그 지방에서 발행된 영자지 「차이니즈 리포지토리」를 번역하게 했을 뿐 아니라, 외국 여러 문헌과 국제법까지 요점을 추려 번역시켰다. 이러한 자료는 임칙서에게서 선남시사 동인인 위원에게 넘겨졌고, 위원은 그 자료를 바탕으로 『해국도지』 등을 저술했다. 『해국도지』는 막부 말기 일본의 지식인, 지사들에게 큰 영향을 주었으므로 임칙서는 일본과도 관련이 있는 인물이다. 아무튼 당시 청나라의 지식인 수준에서는 대반과 이목의 차이를 선뜻 이해하지 못한 것도 당연할 것이다.

새롭게 이목이 되어 광주에 온 인물이 네이피어(William John Napier, 1786~1834, 중국 이름은 律勞卑-옮긴이)였다. 무역 감독은 세 사람이 있었는데, 수반(首班), 즉 이목이 네이피어이고, 이반(二班), 삼반(三班)이라고 불린 보좌역은 동인도회사의 셀렉트 코미티가 그대로 자리를 옮겨 차지했다. 이것도 청나라 측으로서는 이해하기 어려운 점 중 하나였다.

네이피어는 자기 임무가 영국과 청나라의 새로운 관계를 개척하는 데 있다고 생각한 것 같다. 지금까지 대반이 양광 총독은커녕 해관 감독조차 만나지 못한 것은 일개 회사의 대표였기 때문에 어쩔 수 없는 일이었지만, 자기는 일국의 대표이므로 전례를 뒤집어야 한다고 생각했을 것이다. 적어도 그의 행동을 보면 그렇게 생각된다. 그러나 영국 정부가 과연 단번에 새로운 관계를 수립하기를 원했는지 어떤지는 확실하지 않다.

윌리엄 존 네이피어는 해군 출신으로 당시 48세였다. 영국 국왕 윌리엄 4세는 그의 출발에 즈음해서 다음과 같은 훈령을 내렸다.

첫째, 평화 우호적인 태도를 취하고, 청나라 측을 자극하거나, 의심이
　나 악감정을 불러일으키지 않을 것.
둘째, 영국 신민이 청나라에서 일으킨 분쟁을 해결할 것.
셋째, 부득이한 경우를 제외하고는 섣불리 육해군의 원조를 청하지
　말 것.

　당시 외무부 장관 파머스톤(Palmerston, 1784~1865) 자작의 지시는 다
음과 같이 기록되어 있다.

첫째, 광주에 도착하면 양광 총독에게 서면으로 통지할 것.
둘째, 광주 이외의 각지에 가급적 상업을 확대할 것.
셋째, 북경 정부와 직접 교섭할 수 있는 방법을 강구할 것.
넷째, 특별한 경우를 제외하고는 당분간 청나라와 새로운 관계가 생겨
　나지 않게끔 할 것. 다만, 그런 기회가 있으면 먼저 정부에 보고하고
　훈령을 기다릴 것.
다섯째, 특별한 경우를 제외하고는 군함을 호문(虎門)에 들여보내지
　말 것.

　파머스톤 외무부 장관의 지시를 잘 읽어 보면, 첫 번째부터 세 번째까
지는 청나라와 새로운 관계를 구축하고자 했다는 점에서 네 번째 지시
와 저촉된다는 사실을 알 수 있다. '특별한 경우를 제외하고는……'이라
는 전제가 있는데, 이것이 말썽을 일으킬 소지가 있을 듯하다.
　'광주에 도착하면'으로 시작되고 있으나, 어떠한 방법으로 도착하면

되는지 거기까지는 지시를 내리지 않았다. 적어도 기록에는 남아 있지 않다. 지금까지 동인도회사의 대반이 부임지에 도착한 관례를 보면, 먼저 마카오로 들어가서 광주행 허가증(빨간 표찰이어서 홍패라고 불렀다)을 받은 뒤 광주로 갔다.

그런데 네이피어는 홍패를 신청하지 않고, 해군 대령의 제복을 입고서 군함 안드로마케호(號)에 올라 마카오로 떠났다. 그리고 호문(虎門) 수도(水道) 직전에서 커터(cutter, 군함 등에 탑재한 소형 보트-옮긴이)로 갈아타고 황포(黃浦)를 지나 광주로 들어갔다. 군함을 호문에 들여보내지 말라는 외무부장관의 지시는 제대로 지켰다.

이어서 외무부장관의 지시를 좇아 자신의 도착을 양광 총독에게 보고하려고 했다. 한문에 능통한 로버트 모리슨(아들도 같은 이름이어서 노 모리슨으로 불림)이 도착 보고서를 쓰고, 서기관인 애스텔이 그것을 전달하기로 했다.

네이피어는 물론 광주 성 밖의 13행가에 있는 이관(夷館)이라고 불리는 건물 중 하나에 들어갔다. 총독은 성 안에 있다. 애스텔은 임무를 수행하려면 성으로 들어가야 했다. 그러나 '방범외이장정'에 따라 외국인의 성내 출입은 허락되지 않았다. 애스텔은 성문 근처에서 발목을 잡혔다. 하다못해 관리에게 문서를 전달하고자 애썼지만 아무도 상대해 주지 않았다. 편지를 받거나 하면 장정을 위반하는 일이 되기 때문이다.

지금까지 관례대로라면, 대반이 도착해 부임하면 그 사실을 공행에 통보했다. 공행이 그것을 해관 감독에게 보고했는지, 또는 양광 총독의 귀에 들어갔는지 동인도회사 측에서는 전혀 알지 못했다. 도착 사실을 양광 총독에게 문서로 알리라는 훈령을 받은 만큼, 네이피어는 문서를 공행에 전달할 수는 없었다.

양광 총독 노곤(盧坤)은 온건한 인물이었다. 그는 물론 대반 대신에 이목이 왔다는 사실을 보고받았다. 게다가 허가 없이 광주로 들어왔다는 사실도 알고 있었다. 회사에서 나라로 상대가 바뀌었지만 그것은 어디까지나 상대의 사정일 뿐, 이쪽에서 맞춰서 방법을 바꿀 필요는 없었다. 청 정부는 외국인을 상대하는 것이 관청이 아니라 민간의 공행이라는 규칙을 바꾸지 않았다.

공행은 다시 난처한 처지에 몰렸다. 당시 공행의 대표자는 오소영(伍紹榮)이라는 사람이었다. 이화행(怡和行)의 주인으로 당시 중국에 거주하던 영국인의 말에 따르면, 세계 최대의 갑부일 것이라고 전해진다.

양광 총독 노곤은 분규가 일어나는 것을 좋아하지 않는 인물이었으므로 공행에게,

> 네이피어가 얌전히 마카오로 떠나면 허가 없이 입경한 것을 추궁
> 하지 않겠다.

는 의사를 전달했다고 한다.

공행의 오소영은 지금까지처럼 품의 서식을 갖추면 문제가 없다고 설득했지만, 그래서야 무엇을 위해 온 것인지 알 수 없다. 외무부 장관의 첫 번째 지시를 완수하지 못하는 것이다. 이어서 오소영은 네이피어에게 퇴거를 권유했다. 그가 퇴거하지 않으면 외국인 관리 임무가 있는 공행이 책임을 져야 한다. 게다가 외국인과 결탁했다는 트집을 잡힐 우려가 있었다. 그것은 중죄에 해당했다.

공행은 여기서 중죄를 면하기 위해 큰 결심을 해야만 했다. 공행이 자발적으로 영국과의 무역을 중지한다고 선언한 것이다. 장사를 위해 외국

인을 감싼다는 비판을 받지 않으려면 장사를 그만두어야만 했다.

대포로 위협한 '오픈 도어'

네이피어 대령을 비롯한 이관의 영국 실무자들은 몹시 지쳐 있었다. 무더위가 기승을 부리는 7, 8월이어서 건강 상태도 최악이었다. 중국 어문에 밝은 노(老) 모리슨은 8월 1일(음력 6월 26일)에 죽었다. 중국의 개신교 전도의 아버지라고 불리며 한역(漢譯) 성경과 중국어학 연구서 등을 저술한 그도 광주에서 52년 생애의 마지막을 맞이했다.

네이피어는 자신은 관리이므로 청나라 민간인인 공행 대표와는 만날 수 없다고 거부했다. 관 대 관의 대등한 관계에 신경질적으로 매달린 것이다. 공행의 알선으로 부지사 급인 청국 관리와 네이피어의 회담이 마련된 적이 있었다. 청 정부는 관리가 외국인과 접촉하는 것을 금하고 있었지만, 큰 사건에는 '면가사순(面加查詢, 대면하여 조사함)'을 이유로 예외를 인정했다. '조사'지만 그것을 실질적인 '회담'으로 만들어 네이피어를 만족시키고자 한 것이다. 이러한 공행의 고육지책을 네이피어는 자리 배치를 문제 삼아 걷어찼다. 조사 형식이므로 청나라 관리가 상좌에 앉는다. 네이피어로서는 용인할 수 없는 일이었다. 네이피어는 본국에 보낸 8월 21일자 보고서에,

> 무력으로 압박하는 것이 말로써 담판 짓는 것보다 효과적일 것이다.

라고 무력에 의한 해결책이 유리하다고 주장했다. 이 사실에서 짐작할 수 있듯이 네이피어는 강경파였으며, 강경 노선을 밀어붙이기 위해 광주

에 거주하는 영국 상인들에게 상업회의소를 결성하게 해서 단결하도록 목청을 높였다.

정부의 처벌을 두려워한 공행이 자발적으로 무역을 중단했지만, 그러한 일을 겁낼 필요가 없다고 상인들을 독려했다. 그리고 자신의 견해를 중국어로 번역해 배포했다. 노(老) 모리슨은 죽었지만, 마카오에서 태어난 같은 이름의 아들로 중국어에 능통한 로버트 모리슨이 그것을 번역했다.

　…… 대영 무역으로 생계를 꾸리는 수천 명의 청국인은 물정 모르는 완고한 정부 때문에 파란과 고통을 겪어야 한다. 영국 상인은 호혜평등의 원칙 아래 청국 전체와 거래하기를 간절히 바라고 있다. 영국 상인은 영국과 청국, 양국이 평등함을 인정받을 때까지 노력을 멈추지 않을 것이다. 또한 총독은 곧 공행의 정신 나간 결심(무역 중단)을 실행에 옮기는 것은 주강(珠江)의 흐름을 막는 것처럼 어려운 일임을 깨닫게 될 것이다.

이상이 그 글의 맺음말이다. 이것은 중국 측 문헌에서 말하는 '천출고백(擅出告白, 함부로 포고를 내림)'에 해당하는 것이다. 외국인이 중국어로 고시를 냈다는 것은 네이피어의 지나친 처사다. 양광 총독 노곤이 아무리 온건하다 한들 이것은 명백한 도전이었다. 그는 전가의 보도를 빼어 들었다. 봉창(封艙), 즉 모든 무역을 중단하라는 명령을 내렸다. 먼저는 공행의 자발적인 중단이었지만, 이번에는 정부의 명령에 따른 것이어서 철저한 조치가 취해졌다. 이관에 있는 통역, 중개업자, 요리사, 기타 잡역부에 이르기까지 모든 중국인에게 퇴거하라는 명령이 떨어졌다. 그리고 영국 상관에 식료품을 제공하는 자는 사형에 처한다는 포고가 내려졌다.

네이피어는 호문 밖에 있던 두 척의 군함, 안드로마케호와 이모젠호에게 광주로 오라고 명령했다. 파머스톤 외무부 장관의 훈령을 어기는 일이었으나, 네이피어는 이것을 '특별한 필요가 있는' 경우라고 생각했을 것이다. 두 척의 군함은 호문의 각 포대와 포격을 주고받으면서 주강을 거슬러 광주로 향했다.

해군 출신인 네이피어가 생각한 것은 '포함(砲艦) 외교'였다. 군함을 배경으로 위협하고자 한 것이다. 관 대 관의 문서 교환이 인정되지 않으므로 네이피어는 광주의 영국 상업회의소 소장에게 서신의 형식을 빌려 자신의 협박을 공행에게 전달하도록 요청했다.

…… 나는 영국 황제의 이름으로 총독과 순무가 선언한 전대미문의 포악하고 부당한 행위에 항의한다. …… 그 권력 남용에 대해 항의한다. 나는 귀하(상업회의소 소장)가 그들(공행)에게 영국 황제가 위대한 군주이고, 청국보다 더 넓고 강한 세계 영토를 통치하고 있으며, 가는 곳마다 정복하지 못하는 곳이 없는 용감한 군대를 이끌고 있고 청나라의 백성이 지금까지 본 적 없는, 바다 위를 조용히 항해하는, 120문이나 되는 대포를 갖춘 큰 배의 주인이라는 사실을 선언하도록 요구한다. …… 이 서신에 서술된 사실에 대한 답변이 15일 월요일까지 도착하지 않는다면 나는 그것을 온 거리에 널리 알리고, 그 사본을 사람들에게 배포할 것이다. 그렇게 하면 그중 한 장은 틀림없이 북경에 있는 황제의 면전에 다다를 것이다.

이에 대해 양광 총독 노곤은 공행에 보내는 명령 형식으로 반론을 가했다.

　　…… 영국이 바란다면 동인도회사의 대반 대신 국가 관리, 즉 이목을 파견하는 것은 그 쪽의 자유다. 그러나 마찬가지로 우리 청국이 공향을 통해서만 이인과 접촉하는 옛 제도를 지속하는 것도 우리의 자유다. 예방이나 조공을 위해 건너 온 사절을 제외하고 우리나라는 외국과 직접 관계를 맺은 적이 없다. 영국 정부는 네이피어의 임명에 관해 사전에 아무런 공식 통고를 보내지 않았으며, 그 자신도 어떤 신임장도 지참하지 않았다. 게다가 이렇게 완전히 새로운 문제에 관해 총독이 북경에 훈령을 구할 시간조차 주려고 하지 않았다. 더욱이 청국의 법률을 어기고 상관 안으로 병사와 무기를 들이고 포대에 포격을 가하고 막무가내로 내하로 침입해 왔다. …… 이것은 용서할 수 없는 일이다. 천조의 병마, 가공할 군대, 총포, 무기는 산처럼 쌓여 있다. 군대를 움직이면 작은 군대는 도저히 막을 수 없을 것이다. 만일 네이피어가 죄를 뉘우치고 군함을 철수해 청나라의 옛 제도를 지킨다면, 좀 더 기다릴 의향이 있다. 만일 그가 아직도 자신의 어리석음을 깨닫지 못한다면, 더 이상 참지 않을 것이다. 천조의 군대가 한번 움직이면 값진 보석도 그들의 면전에서 불타고 말 것이다.

식량 보급 길이 끊어지면 어찌할 방법이 없다. 동인도회사가 대청 무역 독점권을 상실하고 자유 무역이 시작된 해여서, 자본력이 약한 무역 업자가 광주에 많이 와 있었다. 네이피어가 아무리 힘내라고 독려해도 그들의 자본력으로는 어쩔 도리가 없다. 도산하는 사람이 속출할 것이다. 광주 이관에 있으면서 네이피어도 그런 분위기를 감지했을 것이다. 그때 그는 말라리아에 걸려 있었다. 네이피어 한 사람만 떠나면 무역이 곧 재개된다는 사실은 공행을 통해 누구나 알고 있었다. 마침내 네이피어는 굴복했다. 두 척의 군함에게 먼 바다로 철수하라고 명령하고, 자신은 청나라가 보낸 배를 타고 광주를 떠났다. 이것이 9월 21일의 일이었으며 같은 달 26일에 마카오에 도착했을 때, 그는 들것에 실려 내렸다.

마카오를 관할하는 포르투갈 당국은 병상에 누운 네이피어를 위해 교회 종소리마저 금지했을 만큼 신경을 써 주었지만, 10월 11일에 그는 사망했다.

네이피어는 광주에서 퇴거할 때 재류 영국인에게 다음과 같은 메시지를 남겼다.

…… 우리는 청나라 군대의 압박과 영국 상인에게 가해진 모욕 때문에 지금 이 땅을 물러난다. 총독의 조치는 청나라 황제와 똑같이 신성한 영국 황제의 위엄을 손상시켰다. 지금은 하고 싶은 대로 용감한 행동을 해도 좋다. 언젠가 영국 황제가 총독을 벌하는 날이 올 것이다.

청나라 포대는 허수아비인가

영국의 네이피어 파견은 실패였다고 하지 않을 수 없다. 동인도회사의 특허 갱신이 허용되지 않고, 대반 대신에 정부 관리인 무역 감독관 이목이 온 것은 순전히 영국 측의 사정에 따른 것이다. 청나라 측에서는 무역 당사자인 공행 상인 이외에는 이와 같은 기구 개편의 의미를 이해하는 사람이 적었을 것이다. 처음으로 부임하는 이목은 영국 측이 변경한 의미를 끈기 있게 설명할 수 있는 사람으로 골랐어야 했다. 그런데 공 세우기에 급급한 해군 대령을 그 자리에 앉힌 것이다.

과도기에는 과도기에 어울리는 방법이 있게 마련이다. 영국 정부도 그것을 알고 있었으므로, 파머스톤 장관도 청나라와 새로운 관계가 만들어지지 않도록 하라는 훈령을 내렸다. 영국 황제도 평화 우호적인 태도를 취하기를 바랐고 청나라를 자극하는 일을 경계했다.

네이피어가 영국을 떠난 뒤, 외무부 장관은 파머스톤에서 웰링턴(Arthur Wellesley Wellinton)으로 바뀌었다. 웰링턴은 광주에서 보낸 보고를 받고,

> 귀하(네이피어)가 청국 관헌의 허가 없이 곧장 광주로 간 것은 청국과 일절 새로운 관계를 만들지 말며, 종래의 접촉 방법을 바꾸지 말라고 명한 파머스톤 경의 훈령을 반하는 행위다.

라고 견책했다. 원래 웰링턴이 이 문서를 쓴 것은 1835년 2월의 일이므로 그때는 이미 네이피어가 죽고 난 후였다. 같은 해 3월, 웰링턴은 내각에 다음과 같은 각서를 제출했다.

> 기존 관례에 어긋나는 접촉 방법을 청나라에게 요구한 네이피어 경과 같은 시도는 반드시 실패하고 국민의 굴욕을 초래하며, 청국 관

헌의 허가 없이 광주로 가서 고압적으로 관의 이름을 내걸고 평등한 접촉을 요구한 것은 공연히 청나라 사람의 자존심을 다치게 하고 혐오감을 불러일으킬 뿐이다.

네이피어는 자신의 상관에게서도 호된 비난을 받은 것이다. 아마도 네이피어는 파머스톤 훈령의 제1조, 광주에 도착하면 양광 총독에게 서면으로 통지한다는 것을 최우선으로 생각했는지도 모른다. 앞에서도 이야기했지만 파머스톤 훈령은 읽기에 따라 앞뒤에 커다란 모순이 있다.

청나라 측에서는 일관되게 영국은 제멋대로 기구를 개편했을지 모르나, 자기들은 전혀 바뀌지 않았다는 자세를 취했다. 대반이든 이목이든 마카오에서 홍패(허가증)를 신청해야만 한다. 사건이 마무리된 뒤, 도광제가 반포한 상유(上諭, 황제의 말씀)에는,

외이(外夷)가 관례를 모른다는 것을 깊이 질책할 필요는 없으며, 짐 또한 이를 엄벌할 생각이 없다. 가벼이 보면 이를 징벌하고 복종하면 이를 용서하겠다.

라고 표현되어 있는데, 이것으로 미루어 국가 남단의 대외문제로 일을 크게 벌이는 것도 대국의 아량이 아니라고 생각했음을 알 수 있다. 다만 조정은 두 척의 소형 구축함이 호문 안으로 들어왔는데도, 각 포대가 그것을 저지하지 못했다는 사실에 크게 충격을 받았다.

광주에서 보낸 상소문에 도광제가 다음과 같은 말을 '비(批, 신하의 상소나 계주문의 말미에 적는 임금의 대답)'로서 붉게 써서는 돌려보냈다.

…… 보았는데, 각 포대는 허수아비인가? 두 척의 이선을 격퇴하지 못했다니 웃어야 할지 한탄해야 할지. 무장의 해이함이 한결같다. 외이가 멸시하는 것도 괴이쩍게 여길 일이 아니다.

행간에서 배어나오는 도광제의 노여움을 느낄 수 있는 문장이다.

5년 전에 이러한 사건이 일어난 광주에 임칙서는 흠차대신으로 부임했다. 자금성에서 말을 탈 수 있는 영예를 얻었지만, 매우 힘든 일이라는 사실을 그도 잘 알고 있었다.

일설에 따르면, 임칙서는 동생이 아편 때문에 폐인이 되어 일찍 죽었기 때문에 아편에 대한 인식이 매우 엄격했다고 한다. 또 도광제도 한때 아편을 피웠다가 자력으로 끊은 경험이 있어서 마음만 먹으면 누구나 금연할 수 있다는 신념을 가졌다는 설도 있다.

임칙서는 복건 출신으로 벼슬길에 오른 뒤에도 부친과 모친의 상 때문에 꽤 오랜 기간 동안 고향에 머물렀다. 그래서 그는 이웃 광동성의 사정을 잘 알고 있었을 것이다.

광동의 관료는 지위의 높고 낮음을 가릴 것 없이 아편 밀수를 눈감아 줌으로써 뇌물을 두둑하게 챙기고 있었다. 이금론이 이 고장에서 탄생한 것도 당연하다면 당연한 일이다. 때때로 밀수를 적발하는 일도 있었지만, 그것은 뇌물을 주지 않은 나부랭이를 잡아 실적을 올리는 데 지나지 않았다. 이러한 땅에서 엄금을 실시하는 것은 지극히 어려운 일이라 하겠다.

아편의 흡음은 북경에서도 성행하여 황족 중에서도 상습자가 있었다. 아편은 이미 사회생활의 하나로 자리를 잡은 듯 보였다. 세상을 지탱하는 기둥 가운데 하나가 되었으므로, 그것을 뽑아내면 세상이 휘청거릴지도 모를 만큼 생활과 밀착해 있었다.

아편의 엄금은 제 잇속을 채우기에 급급한 광동의 일부 관리들에게 환영받지 못했을 뿐만 아니라, 엄금론을 강행함으로써 세상에 변혁이 생기는 것을 두려워하는 보수주의자의 반대에도 부딪쳤다. 아편 엄금을 드러내 놓고 반대하지는 않지만, 속으로 달갑게 여기지 않은 고관도 적지 않았다. 실제로 수석 군기대신이라는 가장 요직에 있는 목창아라는 인물도 그러했다. 임칙서는 그런 사실을 눈치 채지 못할 만큼 순진한 사람은 아니다.

중앙에도 현지에도 반대하는 사람이 많다는 점, 그들이 실상을 얼버무릴 것이라는 점을 임칙서는 이미 짐작하고 있었다. 선남시사의 유력한 동인인 공자진이 참모로서 동행하겠다고 제의한 것을 정중히 거절한 까닭도 정치적 참살을 각오했기 때문이라고 추측된다. 공자진은 이때 정6품 예부주객사(禮部主客司)의 주사(主事)로 있었다. 임칙서는 북경을 떠날 때 선배인 시랑(侍郞, 차관) 심정보(沈鼎甫)를 만나,

사생(死生)은 운명에 달려 있고, 성패(成敗)는 하늘에 달려 있다.

라고 말하고, 서로 걱정하며 눈물을 흘렸다고 전한다.

중외(中外)의 권신 중에 이(임칙서의 흠차대신 임명)를 꺼리는 자가 있다.

라고 적은 문헌도 있다. 중외란 중앙과 지방(특히 광동)을 가리키는 말인데, 임칙서는 고군분투를 각오하고 광동으로 떠났다.

　마음에 걸리는 것은 네이피어 사건이 있은 지 5년이 지나고 있는데도 광동의 해안 방어가 그다지 충실하지 못하다는 점이었다. 그러나 임칙서가 강소(江蘇) 순무로 근무했을 때, 그 고장의 제독(提督, 사단장)이었던 관천배(關天培)가 광동 수사 제독으로 부임해 있고, 같은 강소에서 경제 관료로 있던 만주족 여후암(予厚庵)이 광동 해관 감독으로 있는 등 마음 든든한 인맥도 있었다.

아편전쟁

원칙과 대화로 대처한 임칙서

도광 19년 음력 정월을 강서성을 지나는 배에서 맞이하며 주강의 수로로 들어간 임칙서가 광주에 도착한 것은 1월 25일의 일이었다. 도착하기 전에 첩족(捷足, 파발꾼)을 보내어 광동성의 포정사(布政使, 행정장관)와 안찰사(按察使, 사법·검찰 장관)에게 흠차대신으로서 중요한 명령을 내렸다. 그것은 아편 밀수에 확실한 관련이 있는 범인을 체포하라는 명령이었다.

북경에 있을 때나 여행을 할 때나 임칙서에게는 범인에 대한 정보가 들어오고 있었다. 어쩌면 밀수 공인 도시인 광주에서는 범인의 이름이 일반에게 알려져 있어 그다지 비밀이 아니었는지도 모른다. 체포 명령이 내려진 사람은 60명이었다고 한다.

광주에 들어선 임칙서는 이관(夷館)에 가까운 월화서원(越華書院)을 숙소로 삼았다. 도착 9일째에 임칙서는 두 통의 유첩(諭帖)을 보냈다. 그가 도착하기 전에 이미 대규모 체포 소동이 있어서 엄금 분위기가 짙어져 있었다. 그 틈을 타 중요한 유첩을 보낸 것이다.

유첩 중 한 통은 공행에 보내는 것이었고, 다른 한 통은 '각국 이인(夷人)에게 고함'이라는 제목으로 쓰였지만, 네이피어 사건 때 자세히 이야기했듯이 정부 고관은 이인과 직접 접촉하지 않는다는 원칙이 아직 지켜지고 있었으므로 공행을 통해 보냈다. 공행은 두 통을 함께 받았다. 공행대표자, 곧 총상(總商)은 여전히 오소영이었다.

공행에 보낸 유첩의 요지는 다음과 같다.

> 이인들에서서 "앞으로는 영원히 아편을 들여오지 않으며 만약 들여온 사람은 사형을 당하고 화물은 모조리 관에 몰수된다"라는 감결(甘結, 서약서)을 한문과 이문(夷文)으로 각 한 통씩 받아내라. …… 이번에 감결에 받아 내지 못한다면 너희들이 평소 간사한 오랑캐와 결탁하여 사사로운 욕심으로 바깥으로 눈을 돌렸음을 묻지 않고도 알 수 있다. 본 대신은 즉시 왕명을 받들어 너희들을 처형하고 재산을 몰수할 것이다.

공행 사람들이 새파랗게 질린 것은 말할 나위도 없다. 각국 이인에게 보낸 유첩에서는 아편무역의 비인도성을 질책했다.

> 우리 황제께서 일시동인(一視同仁, 모든 사람을 하나로 보아 평등하게 사랑함)하시어 너희들에게 무역을 허락하고 너희들은 그것으로 이익을 얻고 있다. 너희들은 은혜를 알고 법을 두려워해야 마땅하다. 제 잇속을 차리기 위해 남을 해하여서는 안 된다. 그런데도 어찌하여 너희

들 나라에서조차 피우지 않은 아편을 우리나라로 들여와, 사람의 재물을 빼앗고, 사람의 목숨을 해치는가. 너희들이 이것으로 중화의 백성을 현혹한 지 이미 수십 년에 이른다. 의롭지 못한 방법으로 얻은 재물을 헤아릴 수가 없다. 백성이 하나같이 분개하고 있으며, 하늘도 용서치 않을 것이다.

유첩은 계속해서 황제 자신의 결단으로 아편을 파는 사람, 피우는 장소를 제공하는 사람뿐만 아니라, 피우는 자도 사형에 처한다는 것을 알리고, 아편은 이제 팔지 못하므로 창고에 저장한 것을 모두 관에 제출하며, 절대 숨겨서는 안 된다고 몰아세웠다. 그리고 서약서를 제출할 것을 엄한 어조로 명령했다.

…… 이번에 본 대신은 북경에서 황제를 직접 뵙고 성유(聖諭, 임금의 칙어를 높여 이르는 말—옮긴이)를 받들었으며, 법을 반드시 시행할 것이다. 이미 관방(칙서에 준하는 효력을 지닌 공인)을 지니고 있으므로, 내 마음대로 일을 처리할 수 있다. 이것은 흔히 있는 단속이 아니다. 아편이 근절되는 날까지 본 대신은 절대로 돌아가지 않는다. 맹세컨대 아편이 근절되는 마지막까지 함께할 것이며, 절대로 중지하는 일은 없을 것이다. …… 지금 양상(洋商, 무역상) 오소영에게 명하기를, 이관에 가서 사실을 알리고, 3일 안에 대답을 받아오게 하였다. 서약서를 받음과 동시에 총독, 순무와 협의해서 아편을 몰수하는 날짜를 알리겠다. 지켜보거나 미루는 일이 없도록 하라!

약속 기한은 3월 21일(음력 2월 7일) 춘분이었다. 그날까지는 이상 측에서 아무런 회답이 없었다. 이제 기한은 지났다. 그들은 숨을 죽이고 흠차대신 임칙서가 어떻게 나오는지 살피고 있었다. 그러나 임칙서는 그날은 아무런 행동도 취하지 않았다. 하지만 공행의 오소영 등에게는 그것이 오히려 심상찮은 일로 보였다.

　　　　법은 반드시 실행한다.

임칙서는 그렇게 선언했다. 그리고 공행 측이 입수한 임칙서의 성격이나 경력에 관한 정보를 보더라도 문제를 흐지부지 넘기지 않으리라는 것은 확실했다. 영국 측은 어차피 청나라 관리는 다 똑같을 것이라고 처음에 얕보았던 듯하다. 강경하게 나오는 것은 뇌물을 더 받아내기 위한 수작에 불과하다고 해석했는지도 모른다. 공행측, 특히 오소영이 영국 상인을 상대로 흠차대신의 이름으로 유첩을 낸 이상, 어떤 성과가 없으면 임칙서의 체면이 서지 않으므로 진지하게 고려해야 한다고 설득했다. 영국측도 머리를 맞대고 상의해서 다음날인 22일에,

　　　　아편 1천 37상자를 공출한다.

라고 결정을 내렸다. 아편을 몰수했다는 사실을 북경에 보고하기만 한다면 흠차대신도 만족할 것이라 생각했던 것 같다. 그러나 임칙서는 이 제안을 일축했다. 돈선(아편의 모선)에 저장되어 있는 아편이 약 2만 상자로 추정된다는 것을 임칙서는 내사를 통해 이미 알고 있었다. 또 영국 상인의 제안에는 서약서에 대한 언급이 한마디도 없었다. 그들의 반응은 고려할 여지가 전혀 없었다.

이어서 임칙서는 아편상 덴트 상회의 주인 덴트를 체포하라는 영장을 발부했다. 광주에서 가장 큰 아편상은 자딘 매디슨 상회(Jardine,

Matheson and Comany)의 자던이었지만, 그는 임칙서가 도착하기 5일 전에 귀국하고 없었다. 덴트의 체포 영장은 청나라의 관례에 따라 현(縣)에서 공행으로 전달되었다. 흠차대신의 명령은 범인을 '교출(交出, 인도)'하라는 것이었지만, 공행측은 이 표현을 영문으로 옮길 때, '초대(invite)'라는 표현으로 바꾸었다. 그러나 때가 때인 만큼 이것이 정중한 초대가 아님을 누구나 알았다. 영국 측은 생명의 위험이 있다는 이유로 이것을 거부했다. 청나라 영토 안에서 청나라 법률에 따르지 않겠다는 의사를 분명히 나타낸 행동이었다.

이 무렵 영국인 무역 감독관 찰스 엘리엇(Charles Elliot, 1801~1875)은 마카오에 있었다. 38세의 해군대령인 그는 네이피어와 함께 중국에 온 사람이다. 네이피어가 죽은 뒤, 무역 감독관, 즉 이목의 자리는 데이비스, 로렌스로 이어졌다. 데이비스는 동인도회사의 직원이었던 탓도 있어서 자신이 영국의 관리임을 거의 내세우지 않았다. 네이피어의 실패를 제 눈으로 지켜본 그는 대체로 온건 노선을 취했는데, 이것이 광주에 머무르는 영국 아편 상인들에게는 불만이었던 것 같다. 청나라에게 좀 더 강경하게 대처하라는 불만이 제기되었다. 청나라 관리가 마침 생각났다는 듯이 불시에 아편 거래를 단속하므로 그런 일이 없게끔 해달라는 부당한 요구였다. 그의 뒤를 이어 로빈슨이 이목이 된 시기에 이금론이 제기되었다. 광주의 아편 상인들은 달콤한 기대를 품었지만, 이금론은 진전을 보지 못하고 도리어 엄금론이 힘을 얻었다. 그리고 일찍이 가이아나에서 노예감독관으로 일한 경험이 있는 엘리엇이 등장했다. 그는 네이피어의 뒤를 잇는 강경론자였다.

강경한 언행은 의심할 여지없이 현지 정부의 무분별한 기세를 꺾을 수 있다.

그는 이러한 의견을 외무장관 자리에 다시 오른 파머스톤에게 보냈다. 덴트에게 체포 영장이 나온 것을 알고, 엘리엇은 부랴부랴 광주로 돌아왔다. 무역 감독관에게는 거류민을 보호할 책임도 있었다. 엘리엇은 공행 앞으로 편지를 썼다. 네이피어도 제법 애를 썼지만, 아직 청나라 관헌과 직접 서신을 주고받는 일조차 실현되지 않고 있었다. 청나라 체제는 그만큼 벽이 두꺼웠다. 여전히 공행을 거치지 않으면 서신의 접수조차 거부되었다.

> 나는 덴트 씨를 성 안으로 보내는 데 동의한다. 다만, 영국 무역 감독관인 나도 동행할 것, 또한 흠차대신이 날인한 명백한 문서에 의해 두 사람이 잠시도 격리당하는 일이 없다는 보장이 있어야 한다.

엘리엇의 목적은 덴트를 보호함과 동시에 지금까지 외국인을 들여보내지 않았던 광주성 안으로 들어가 청국의 관헌과 직접 접촉할 기회를 만들려는 데 있었던 것 같다.

그런데 사실 임칙서는 엘리엇이 마카오를 떠나 이관에 돌아오기를 기다리고 있었다. 기한이 3월 21일이라는 사실은 아직 살아 있었다. 영국 측은 흠차대신의 명령을 어겼다. 기한 내에 아편 공출과 서약서 제출이 이루어지지 않았으므로, 임칙서는 어떤 조치를 취해도 되는 근거가 있었다. 다만 엘리엇이 마카오에 있는 바람에 이관에는 상대해야 할 최고 책임자가 없었다. 그 엘리엇이 이관에 들어갔으므로, 덴트를 체포하는 일 따위는 지엽적인 문제에 지나지 않는다. 임칙서는 엘리엇이 광주에 돌아오기를 기다렸다가 기한 내에 명령을 따르지 않은 것에 대해 처벌할 결심이었다.

임칙서는 관례에 따라 공행의 오소영에게 다음과 같은 유첩을 내렸다.

> 앞서 아편을 모조리 관에 바치고 3일 안에 서약서를 받도록 명령했는데도, 아직 아무런 답변이 없다. 따라서 황포에 정박하고 있는 외국선에 봉창(封艙)을 실시하여 매매를 정지하고 화물의 양륙을 금한다. 각종 공구, 선박, 가옥 등을 이인에게 임대하는 것을 불허한다. 위반자는 외국과 사통한 죄로 처벌될 것이다. …… 이관의 중개업자와 고용인은 모두 퇴거하라.

가옥을 이인에게 빌려주는 것을 허용하지 않는다는 말은 이인을 추방하라는 말이나 다름없다. 외국인은 청나라 영내에서 부동산을 취득하지 못하게 되어 있었다. 13행가의 이관이라 불리는 건물들은 주인이 모두 중국인이었으며, 대부분 공행 사람들의 가옥이었다. 영국 무역 감독관의 사무실은 원래의 동인도회사 사무소를 피해서 중화행(中和行)이라는 다른 건물에 들어와 있었다. 이것도 공행의 한 사람인 반씨(潘氏)가 주인이었다. 흠차대신의 명령에 따라 엘리엇 일행을 쫓아내지 않으면, 외국인과 사통한 죄로 반씨는 처벌을 받는다. 그렇다고 해서 엘리엇이 그렇게 간단하게 나가 주지는 않을 것이다.

임칙서는 유첩의 내용이 단순한 위협이 아니라는 사실을 보여주기 위해 병사 1천여 명으로 13행가를 포위했다. 그 한 모퉁이에 275명의 외국인이 있었다. 장정(章程)에 따라 여자의 체재는 인정되지 않았으므로 모두 남자였다. 어쩌면 그래서 엘리엇이 여기서 농성할 생각을 했는지도 모른다.

임칙서는 중화행의 벽에 유명한 '유첩 4조'를 크게 써서 내걸었다.

첫째, 천리(天理)를 논해 보자. 집을 떠나 와 수만 리, 그사이는 망망한 대해다. 거기에는 무서운 번개와 사나운 바람에 의한 재앙이 있는가 하면, 상어와 고래에 의한 횡액도 있다. 천벌은 무서워해야 함이 마땅하다. 우리 대황제의 위엄은 하늘과 같으며, 지금 그 뜻이 아편을 근절하고자 한다. 즉 하늘의 뜻이 아편을 근절하려는 것이다. 하늘이 꺼리는 바, 누가 감히 이를 거역할 수 있겠는가. 일찍이 영국의 대반 날불(剌佛, 로버트)이 마카오를 점령하려다(1809년에 일어난 사건) 마카오에서 죽었다. 도광 14년(1834)에는 율로비(律勞卑, 네이피어)가 호문을 넘었으나, 귀국해 근심 속에서 죽었다. 그때 암약한 마리신(馬里臣, 모리슨)도 같은 해 죽었다. 아편 상인 만익(曼益, 매니액)은 자살했다. 천조의 뜻을 어김은 이와 같이 무서운 법이다.

둘째, 국법으로 논해 보자. 우리 대황제는 아편을 몹시 증오하여 이를 근절하려고 하신다. 앞으로 내국 백성으로서 아편을 판매하는 자뿐만 아니라 흡음하는 자까지 사형에 처해진다. 『대청률례(大淸律禮)』에는 "외국인이 죄를 범하면 똑같이 율령에 따라 단죄한다"라고 되어 있다. 아편을 팔아 재물을 모으고 남의 목숨을 해친다. 그 폐해는 한 사람, 한 집안에 그치지 않는다. 이 죄, 죽어야 마땅한지 그렇지 않은지 깊이 생각해 보라.

셋째, 인정으로 논해 보자. 너희들은 광동에 와서 통상을 하고 그 이익은 세 배에 이른다. 아편을 팔지 않아도 큰 이익을 얻을 수 있다. 아편 때문에 무역이 정지된다면 너희들은 생계를 꾸릴 방도가 사라진다. 너희들 나라에서는 찻잎, 대황은 물론이요, 명주, 백당, 빙당, 계피, 은주, 백반, 장뇌 같은 것이 없어도 살 수 있는가? 반대로 중원은 물산이 풍부하여 외국의 화물을 구태여 구하지 않는다.

넷째, 일의 추세로 논해 보자. 너희들은 멀리 대양을 건너 이곳에 와서 무역을 경영하므로, 주민과 화목을 도모하고 분수에 맞게 몸을 지키고 해를 주지 않고 이익을 얻어야 한다. 그런데 너희들이 아편을 팔기 때문에 백성들 사이에 불평의 소리가 높다. 백성의 분노는 거역하기 어려우니 깊이 우려할 일이다. 해외에 나와 사람이 기댈 곳은 오직 신의뿐이지 않은가. …… 현재 우리 관리들이 너희들에게 신의를 보이고 있는데도 너희들은 조금도 신의가 없다. 팔지 말아야 할 것을 팔지 못하게 하는 것이므로 조금도 어려운 문제가 아니다. 아편은 너희들 나라에서는 흡음하지 않으므로, 싣고 돌아가지도 못할 것이다. 만약 공출하지 않는다면 이것을 두었다 어디에 쓸 것인가? 공출하면 그 뒤에 무역은 더욱 활발해질 것이다. 거리낌 없이 권하건대 화(禍)와 복(福), 영(榮)과 욕(辱), 어느 쪽을 취할지 스스로 선택하라.

알아듣기 쉽게 설득했지만, 아편 상인들에게 통할 리 없었다. 그들은 아편이 독물이라는 것을 처음부터 알고 장사를 해 온 죽음의 모험 상인이었다.

엘리엇은 이관에 들어간 지 꼬박 이틀, 48시간 만에 굴복했다. 임칙서의 유첩에 마음이 흔들린 것은 아니었다. 포위 때문에 물과 식량이 바닥이 났기 때문이다. 이대로 간다면 275명이 모두 굶어 죽고 만다. 그들을 죽일 권리가 엘리엇에게는 없었다.

영국인이 재고로 가지고 있는 아편은 모두 2만 284상자였다. 엘리엇이 공행을 거쳐 그렇게 통고했다. 이것은 임칙서가 내사로 파악하고 있던 숫자와 거의 같았으므로 거짓으로 생각되지는 않았다. 이것을 전부 공출하겠다고 했으니 임칙서도 일단 만족했다.

품질에 따라 차이는 있지만 광주에서 아편의 도매 시세는 한 상자에 700에서 800달러였으므로, 재고 총액은 약 1천 500만 달러로 추정되었다. 그러나 인도에서 원가는 한 상자에 200달러에 불과해 운임을 포함해도 모두 500만 달러 정도였다.

미국 총영사 피터 스노의 보고에 따르면, 미국인이 실질적으로 보유한 아편은 하나도 없었고, 영국인을 위해 대리판매하고 있던 것이 1천 500여 상자 있었으나 모두 엘리엇에게 반납했다고 한다.

임칙서는 이 막대한 수량의 아편을 호문에 모았다. 평지에 100상자를 늘어놓고 쌓아 올리면 50평방미터의 면적에 높이가 100미터에 이를 것이다. 물론 그렇게 높이 쌓아 올릴 수는 없었다. 호문의 광장에 튼튼한 목책을 둘러치고, 옻칠을 한 뚜껑을 덮어서 임시 창고를 만들었다. 그리고 그 주변을 문관 12명, 장교 10명, 병졸 100명이 밤낮으로 순찰을 돌며 경비했다.

처음에는 이것을 북경으로 운반해서 광동에서 실시한 아편 엄금 정책의 첫 번째 성과로 보여 줄 생각이었던 것 같다. 그러나 수송하는 일도 어려웠을 뿐더러 북경에 가지고 가서 처분하기에도 곤란했다. 북경에서 온 명령은 현지에서 처분하라는 것이었다.

실제 무게는 1천 425톤이었다. 이 대량의 아편을 어떻게 처분할지 먼저 연구해야 했다. 시험 삼아 기름을 부어 태워 보았는데, 타고 남은 찌꺼기가 땅속으로 스며들어 나중에 그 흙을 파서 끓여 보니 2할에서 3할의 아편이 다시 만들어진다는 사실이 밝혀졌다. 또 아편의 성질을 조사했더니 소금과 석회에 약하다는 것을 알 수 있었다.

임칙서는 호문진(虎門鎭) 해변가 높은 곳에 연못 두 개를 파게 했다. 사방 약 50미터의 인공 연못이었다. 아편이 스며드는 것을 막기 위해 사면에는 판자를 대고 바닥에는 돌을 깔았다고 하니 그것만으로도 대공사였다. 바다에 면한 쪽에 수문을 만들고 그 반대쪽에 물을 끌어들이는 도랑을 팠다.

아편을 모으는 데에만 양력 4월 11일부터 5월 18일까지 걸렸다. 그리고 그것을 처분하는 데에도 6월 3일부터 6월 25일까지 걸렸다. 6월 15일이 음력 단오였으므로 쉬는 날은 이날 하루뿐이었다.

처분하는 방법은 바다에 면한 수문을 닫고 반대쪽에 있는 도랑으로 물을 인공 연못으로 끌어들여, 거기에 대량의 소금을 투입하는 일에서 시작되었다. 상자에서 꺼낸 둥근 아편은 쉽게 녹도록 네 덩이로 잘라 계속 연못에 던져 넣었다. 이렇게 해서 아편을 반나절 가까이 소금물에 담가 두었다가 태운 석회 덩어리를 대량으로 투입했다. 이때 화학 변화가 일어나 연기를 내며 끓어오르는 것처럼 보였다. 흔히 임칙서가 영국인의 아편을 몰수해서 소각했다고 쓰여 있는데, 아마도 연기 나는 그림을 본 사람의 오해에서 비롯된 듯하다.

용해를 빨리 진행시키기 위해 인공 연못 위에 널빤지를 걸치고 많은 인부가 거기에 서서 긴 막대기로 휘저었다고 한다. 이렇게 해서 썰물 때에 맞추어 바다에 면한 쪽의 수문을 열고 바다로 흘려보낸다. 이것은 아편을 완전히 소멸시키는 방법이었다. 두 개의 연못에서 번갈아 녹여 바다로 흘려보낸 뒤에는 사면의 판자와 바닥을 깨끗하게 씻어 아편 찌꺼기가 남아 있지 않도록 했다.

북경에서 내려온 상유(上諭)에도,

그 땅에서 문무 관원을 이끌고 공동으로 검사하고 녹여 없애는 것을 직접 눈으로 보며, 연해 주민과 광주 이인에게도 함께 보고 함께 듣도록 하라.

고 기록되어 있다. 즉 공개하라는 것이다. 공개하지 않으면 몰수한 아편을 착복했다는 유언비어가 반드시 퍼질 것이기 때문이다.

이인에게도 보이라고 했지만, 영국인은 자기들의 아편이 처분되는 것을 보기 싫었는지 아무도 가지 않았던 것 같다. 미국인 C. W. 킹(Charles W. King, 미국 상인 올리펀트의 조카-옮긴이)이 이 광경을 보았다는 기록은 있다.

영국 무역 감독관의 속임수 외교

찰스 엘리엇이 분기탱천한 것은 말할 나위도 없다. 그가 생각하기에는 영국인의 재산이 부당하게 몰수된 것이다. 임칙서의 입장은 '유첩 4조'에 낱낱이 설명되어 있다. 황제의 명령을 받은 흠차대신이 금수품을 그의 권한으로 몰수한 것은 당연한 일이었다. 그렇게 하지 않으면 임무에 충실하지 않은 것이 된다. 청나라 법률에 따라 매매가 금지된 물건을 팔아서는 안 된다는 것뿐이다. 임칙서는 아편 한 상자에 찻잎 5근을 주었다.

누가 보더라도 잘못은 영국 측에 있었다. 엘리엇은 임칙서에게 보복하기 위해 광주의 이관에서 영국인을 일제히 퇴거시켰다. 그러나 그 일은 아무런 효과를 보지 못했다. 임칙서는 눈 하나 깜짝하지 않았다. 엘리엇은 영국 관리이므로 영국인에게는 명령을 할 수 있었지만, 다른 나라 상인에게까지 퇴거를 강제할 수는 없었다. 엘리엇은 미국 상인들의 대표자인 올리펀트(David Washinton Cincinnatus Olyphant)에게 광주 퇴거에 공동보조를 취해 줄 것을 요청했다. 그러나 올리펀트는 이를 거절했다. 올리펀트 상회는 아편 한 조각도 취급한 적이 없어서 '성인(聖人)의 가게'라고 불릴 정도였다. 그가 보기에는 독물을 취급한 영국인이 여기서 큰 손해를 본 것은, 말하자면 자업자득이었다. 아편 몰수에 항의하기 위한 행동에 동조해야 할 이유가 없었다.

미국 상인은 광주에 남았다. 영국인은 모두 배를 타고 바다 위를 떠다녔다. 찻잎, 비단, 도자기 등 아편 이외의 정상적인 상품의 거래는 미국인이 떠맡았다. 무역을 전면적으로 정지시키겠다는 엘리엇의 생각은 실현되지 못했다. 설령 미국인을 비롯한 다른 외국인들까지 일제히 퇴거했더라도 청나라 정부는 별다른 반응을 보이지 않았을 것이다. 해관에서 벌어들이는 세수(稅收) 따위에 그다지 기대지 않았기 때문이다.

광주 무역을 석권했던 영국이 떠나면서 미국 상인이 유리해진 것은 말할 나위도 없다. 상권을 확대할 절호의 기회였다. 마카오를 떠난 영국 상인도 찻잎과 그 밖의 물산을 사야 했기 때문이다. 그들에게는 미국 상인에게 위탁해 물건을 사들이는 방법밖에 없었다.

아편 문제가 이것으로 끝난 것은 아니었다. 임칙서는 서약서의 제출을 명령했지만, 영국인은 아무도 제출하지 않았다. 엘리엇이 자국인에게 서약서 제출을 금지했기 때문이다. 미국이나 그 밖의 상인들은 서약서를 제출했다. 서약서를 제출했기 때문에 광주에 체재하는 것이 허락되었다.

엘리엇은 항의를 표명하기 위해 해상으로 나왔지만 그 명령을 따라야만 했던 영국인들은 괴로웠을 것이다.

이런 시기에 첨사취(尖沙嘴)라는 곳에서 임유희(林維喜) 사건이 일어났다. 현재 구룡(九龍)에서 홍콩 섬으로 건너는 페리의 구룡 방면에 해당하는 곳을 첨사취라고 불렀는데, 당시에는 어촌이었다. 영국인이 여기에 상륙해 마을 사람들과 싸움을 벌였다가 그중 한 사람을 때려죽인 사건이다. 오랜 해상 생활로 영국의 선원이나 승객 들도 마음이 거칠어졌을 것이다. 첨사취 사람 임유희를 죽인 영국인은 술에 취해 있었다고 한다.

청나라 측이 마카오에 있던 엘리엇에게 범인의 인도를 요구한 것은 당연한 일이었다. 집단 난투 사건인 만큼 목격자도 많아서 수사만 하면 범인은 찾아낼 수 있었다. 아니, 영국 측에서는 범인을 알고 있었는지도 모른다. 그러나 엘리엇은 범인이 확실치 않다고 딱 잡아뗴었다. 이 문제를 다룬 교섭에서 엘리엇은 청나라를 얕보는 태도를 보였다. 얕보아도 통할 줄 알았겠지만, 임칙서는 엘리엇이 생각하는, 일을 대충 처리하는 지금까지의 청나라 관료들과는 다른 인물이었다. 엘리엇은 마카오의 청나라 관리에게 다음과 같이 통고했다.

첨사취 주민이 한 사람 살해된 사건과 관련해서는, 나는 본국 왕의 명령에 따라, 죄를 범한 자의 인도가 허락되지 않고 있다. 본국 법률에 의해 철저하게 조사하고, 공정하게 심판하여, 만일 진범이 판명되면 사형에 처할 것이다. 나는 삼가 진실을 말하건대, 이 사건의 진범은 찾아낼 수 없었다.

이것은 엘리엇의 속임수였다. 청나라 관리들은 아무것도 모를 것이라 생각하고, 외국에서 자국인이 범죄를 저질렀을 때, 범인은 인도하지 않는다고 제멋대로 말한 것이다. 그러나 이미 임칙서는 스위스 법률학자 에메릭 바텔(Emerich de Vattel, 1714~1769)의 『국제법(Law of Nation)』을 입수해, 광주 의료전도회의 미국인 선교사 피터 파커(Peter Parker, 1804~1888, 미국인 의사-옮긴이))에게 번역을 의뢰해 두었다. 파커는 그 책의 주요 부분을 번역해서 『각국 금률(禁律)』이라는 제목으로 임칙서에게 넘겼다. 따라서 엘리엇에 대한 임칙서의 반론은 당당하기 그지없었다.

영국에서는 어떤 나라로 무역을 하러 가면, 그 나라 법률에 따르는 것이 관례로 되어 있을 터이다. 왕이 이번 사건의 범인 인도를 허락하지 않았다고 하나, 영국 여왕은 수만 리 밖에 있다. 사건이 발생한 지 한 달도 채 지나지 않았는데, 엘리엇은 어떻게 이 사건에 관해 여왕에게 보고하고 또 명령을 받을 수 있었단 말인가. 분명히 그는 흉악한 이인을 비호하면서 그 책임을 여왕에게 돌리고 있으니, 불충하기 이를 데 없다 하겠다. 그런 그가 "만약 진범이 밝혀지면 사형에 처하겠다"라고 해도 누가 믿을 것인가. "이 사건의 진범은 찾아내지 못했다"라는 말은 사람을 기만하는 말이다. 엘리엇은 이 사건이 있고서 스스로 두 번이나 첨사취에 가서 조사를 하였다. 만약 진범을 찾아내지 못했다면, 그를 멍청이라고 불러야 함이 마땅할 것이다. 사실은 범인을 알고 그를 몰래 배 안에 숨겨 놓고 있는 것이다. 만일 범인을 인도하지 않으면, 죄인을 은닉했다는 이유로 엘리엇에게도 같은 죄를 물어 본 대신과 본 총독은 법을 집행하지 않을 수 없다.

서약서 문제가 아직 해결나지 않았는데, 임유희 사건이 추가되었다. 광주를 떠난 영국인은 대부분 마카오로 옮겨 갔는데, 임칙서는 마카오에 머무르는 영국인에 대한 식료품 공급을 중지하고 상관 내에 있는 중국인 중개업자와 잡역부를 퇴거시켰다.

사실 이 시대에 마카오의 지위는 불분명했다. 앞에서도 이야기했지만, 명나라 시대에 용연향을 사들이던 환관은 포르투갈인을 통해서만 그것을 손에 넣을 수 있었다. 용연향은 궁정에서 사용하는 향료로 고래 창자 속에 있는 이물질이 원료다. 용연향을 입수하지 못하면 환관은 처벌을 받으므로, 지속적인 공급을 약속받는 대신 포르투갈인이 마카오를 무역기지로 삼는 것을 제멋대로 인정해 주었다. 물론 중앙정부에는 그 사실을 숨겼을 것이다. 또는 포르투갈 배가 물에 젖은 화물을 말리기 위해 일시적으로 마카오를 차용한 것이라는 설도 있다. 또 관군이 해적을 토벌할 때, 포르투갈인이 도와주었기 때문에 그 대가로 특별히 거주가 인정되었다고도 한다.

포르투갈은 마카오 할양을 여러 차례 제의했지만, 중국 측이 거기에 응한 적은 없다. 그런데도 포르투갈은 마카오에 총독을 파견해서 식민지로 여기고 있었다. 중국도 물론 자국 영토이므로 장관을 파견하고 있었다. 그 장관이 오문동지(澳門同知, 오문은 마카오, 즉 아오먼의 중국식 표기-옮긴이)였다. 역대 포르투갈 총독은 오문동지에게 뇌물을 주었으며, 마카오가 담합에 의해 이중성격의 땅이 된 것이 그 당시의 현실이었다.

임칙서가 마카오에 머무르는 영국인에게 식료품 공급을 금지한 것은 청나라 영토인 만큼, 당연히 흠차대신의 명령에 따라야 한다는 입장에서 나왔다. 포르투갈 총독에게는 조약을 맺고 정식으로 할양받은 땅이 아니라는 약점이 있었다.

이제는 여러분의 안전을 보장하지 못한다.

포르투갈 총독은 양력 8월 24일에 엘리엇에게 이렇게 통고했다. 퇴거해 달라는 말이나 다름없었다. 광주 때와 달리 이번 퇴거에는 여자와 아이도 함께였다. 영국 상인은 단신으로 광주에 부임하면서 처자식을 마카오에 거주시키는 것이 상례였다. 마카오를 떠나는 영국인은 50가족이었다.

여기에 수천 명의 영국 국민이 식량의 정상적인 공급에서 차단되었다. 만일 이 상태가 계속된다면, 앞으로 분쟁이 자주 발생하리라는 것은 불을 보듯 빤한 일이다. 이 경우 귀관은 그 결과에 대한 책임을 져야만 한다. 이것은 평화와 정의의 말이다.

엘리엇은 이런 항의문을 해상을 순찰 중인 청나라 병선에 넘기거나 오문동지에게 불평을 제기했다. 임칙서는 오문동지를 통해,

오랫동안 배에 머무르며 굶주리고 있는 것은 그 쪽이 멋대로 하는 일일 뿐, 청나라는 영국 배의 광주 입항을 금지하고 있지 않다.

라고 대답했다.

어느 나라 사람이건 아편을 들여오지 않겠다고 서약만 하면 자유롭게 광주에 들어와 무역을 할 수 있다. 엘리엇은 자국민에게 서약서를 제출하지 못하게 했다. 그래서 영국인은 광주에 거주할 수 없게 된 것이다. 아편을 금지하고 있는 것이 청나라의 법률이고, 청나라에 입국한 이상

그 법률에 따를 것을 서약하는 것은 당연한 일이다. 그것을 하지 않고 '평화와 정의'를 들먹이고 있으니 잘못은 분명히 엘리엇에게 있다.

해상에서 굶주리고 있다고 했지만, 사실은 중국 어선 등이 시세보다 다소 비싼 가격으로 영국 배에 식료품을 공급했으며, 청나라 병선은 그것을 보고도 못 본 체했다. 아마도 흠차대신에게서 식량 공급은 그렇게 엄하게 단속하지 않아도 된다는 내명이 있었을 것이다. 이윽고 마카오에 상륙해 거주하는 것도 허락되었다. 청나라 쪽이 훨씬 인도적이었다고 할 수 있다.

천비 해전

영국 배는 홍콩 섬 주변에 떠 있었다. 새로 온 영국 배도 호문보다 안쪽으로는 들어가지 못했다.

호박이 넝쿨째 굴러들어온 것은 미국인을 비롯해 영국 이외의 상선이었다.

이 시대에 런던에서 아프리카 남단 희망봉을 돌아 인도양을 지나서 광주에 이르는, 수개월에 걸친 대항해의 운임은 1톤당 12파운드로, 달러로 환산하면 55달러였다. 그런데 홍콩 앞바다에서 엎드리면 코 닿을 데 있는 광주까지의 운임은 1톤당 30달러에서 40달러나 했다. 이것은 샌프란시스코에서 광주까지 드는 운임보다도 비쌌다. 미국의 선주는 이 시기에 젖은 손으로 좁쌀을 쥐듯 손쉽게 떼돈을 벌었다. 그에 반해 영국인들은 그저 절치액완(切齒扼腕, 이를 갈고 팔을 걷어붙이며 몹시 분해함-옮긴이)할 따름이었을 것이다.

영국 상선 토머스 카우츠호(號)의 선장은 위너고, 화주는 대니얼이었다. 대니얼은 한때 대반으로서 광주에 근무한 적이 있는 인물이다. 이 배는 봄베이에서 면화를 싣고 10월 11일에 마카오 앞바다에 도착했다. 여기서 화물을 옮겨 싣고 봄베이·마카오 간의 운임보다 몇 배나 되는 운임을 미국 상선에 지불해야 한다는 사실이 어처구니없었을 것이다. 이 배는 아마 정기적으로 면화를 운반하던, 말하자면 성실한 상선이었을 것이다. 그들은 비합법적인 아편을 취급하는 무리 때문에 터무니없는 비용을 억지로 지불해야 한다는 사실에 부아가 치밀었을 것이다. 마카오에 도착하자마자 토머스 카우츠호는 몰래 서약서에 서명을 하고 재빨리 광주로 들어갔다. 엘리엇이 영국인을 이끌고 광주를 퇴거한 지 약 5개월 만에 영국 배가 광주에 들어간 것이다.

광주에 잔류하던 외국인은 25명으로 모두 미국인이었다. 오랜만에 영국인이 들어온 것인데, 서약서에 서명만 하면 높은 운임을 지불할 필요가 없었다. 엘리엇이 토머스 카우츠호의 전선 이탈에 격노한 것은 말할 나위도 없다. 그가 우려했듯이 그 뒤를 뒤따르는 자가 나타났다. 자바에서 쌀을 싣고 온 영국 배 로열 색슨호도 선장인 타운즈가 몰래 서약서를 제출해서 오문동지에게서 광주 입항 허가증을 얻었다. 마카오에서 동쪽으로 항해하던 로열 색슨호는 첨사취로 향하는 듯하더니 도중에 갑자기 진로를 북으로 돌려 호문으로 향했다. 엘리엇은 이러한 움직임을 알아차렸다. 제2의 이탈을 엄중히 경계하고 있던 참이었다. 당시 화남 해상에는 두 척의 영국 군함, 보리지호와 히아신스호가 있었다. 해군대령 출신인 엘리엇은 직접 보리지호에 올라타고, 빠져나간 배를 추격했다.

로열 색슨호는 호문 수도가 바로 코앞이라는 천비(川鼻)까지 갔다가 결국 붙잡히고 말았다. 자국 군함 두 척의 위협을 받고, 선장 타운즈는 통한의 눈물을 흘리며 뱃길을 돌려야만 했다.

그 후 천비전쟁이 벌어졌다. 아편전쟁의 실질적인 시작을 이 사건으로 보는 설도 적지 않다.

영국인은 일단 마카오에 상륙이 허가되었으나, 얼마 지나지 않아 청나라는 상륙을 금지시켰다. 호문 밖에서 변칙적인 무역을 재개하려고 한다는 이야기가 떠돌았지만, 청나라 측은 받아들이지 않았다. 공행에서도 청나라를 상당히 움직인 흔적은 있지만, 청나라의 태도가 누그러지지 않았던 까닭은 토머스 카우츠호의 광주 입항이 있었기 때문일 것이다. 엘리엇의 명령을 어기고 서약서를 제출한 영국인이 나타난 것이다. 엘리엇의 지도력이 저하했다고 청 당국은 판단했는지도 모른다. 그렇다면 조금만 더 밀어붙이면 되겠다는 생각이 들었다 해도 이상할 것이 없다.

엘리엇도 청 당국의 심리를 읽었기 때문에 일부러라도 강경한 자세를 보일 필요를 느낀 것이다. 로열 색슨호를 필사적으로 뒤쫓은 것도 그 일환이었다. 엘리엇은 해상으로 다시 쫓겨난 영국인이 육지에서 안전하게 살려면, 청나라가 적대 행위를 중지해야 한다는 요망서를 천비의 청나라 관리에게 전달했다.

육지에서 안전하게 살고자 한다면 아편에 대한 서약서를 제출하면 그만이다. 엘리엇은 아편무역을 포기하라는 청나라의 권고를 거부한 것이다.

요망서에 대한 답장이 있을 리 없었다. 안전하게 살기 바란다면 서약하면 되지 않느냐는 말밖에 해줄 말이 없는 것이다.

　　　성의 있는 답장을 받지 못했다.

라는 구실로 보리지호와 히아신스호는 포문을 열었고, 포격전은 두 시간에 걸쳐 계속되었다. 보리지호는 뱃머리와 돛대에 포탄을 맞았고 깃발도 포탄에 날아갔다. 청나라 병선은 29척이 출동했지만, 전투가 끝난 뒤, 자력으로 움직일 수 있었던 배는 3척뿐이었다고 한다. 이것이 11월 3일의 일이었다.

영국 군함은 포탄이 바닥이 나서 물러났겠지만, 임칙서는 북경에 승리를 거두었다고 보고했다. 천비 해전 후 각지에서 소규모 전투가 벌어졌으며 그 보고를 들은 도광제는,

> 짐은 경들이 맹랑(孟浪, 터무니없는 일을 벌임)할 것을 우려하지 않는다. 다만 경들이 외축(畏縮, 무서워서 움츠림)하지 말라고 경고할 따름이다.

라는 의견을 보냈다. 만용을 부려서 탈선해도 좋다, 어쨌든 겁을 먹지 말라는 뜻이다.

북경의 자세는 강경했다. 이제는 서약서를 받을 필요도 없거니와 임유희를 살해한 범인의 인도도 필요 없었다. 모든 영국 배를 국외로 쫓아내라는 왕명이 떨어졌다. 통상관계를 영원히 단절하라는 말이었다. 순천부윤(順天府尹, 북경 시장)이라는 요직에 있던 증망안(曾望顏)이 '봉관금해(封關禁海)', 즉 해관을 모두 봉쇄하고 완전 쇄국 체제를 취하라는 주장을 상소했다.

임칙서는 아편 엄금론자였지만, 건전한 무역은 금지해서는 안 된다는 현실주의자이기도 했다. 영국 이외의 다른 나라 상인은 서약서를 내고 공손하게 따르고 있으므로, 오히려 우대해야 한다는 의견을 보냈다. 비

싼 운임을 지불해야 하는 상인들의 불만이 거세짐에 따라, 엘리엇의 지도력이 차츰 저하할 것이라고 판단한 임칙서는 아직 더 노력해야 할 여지가 있다고 생각했다. 또 임칙서는 원덕휘(袁德輝) 등 영어를 할 줄 아는 참모들에게 영자지와 지리서를 번역하게 했다. 완전 쇄국은 세계의 조류를 역행한다는 사실을 그는 알고 있었다. 또 영국 배 케임브리지호를 사들여, 그것을 연습선 삼아 해군의 근대화를 꾀했다.

영국과 관계는 험악해졌지만, 해상에서 조난당한 영국인을 청 당국은 매우 인도적으로 다루었다. 아편무역에 관여했는지 아닌지가 석방의 기준이었다. 임칙서의 흉중에는 역시 아편 문제가 가장 깊이 자리 잡고 있었다. 석방된 영국인의 신병을 인수하러 오는 배는 로열 색슨호로 지정되었다. 천비까지 왔다가 자국 군함에 쫓겨 돌아갔지만 어쨌든 서약서를 제출한 배였다.

아편 수출을 지지한 영국 총리

북경에서 강경론이 활발히 제창되고 있는 것에 대응이나 하듯이, 런던에서도 대청 강경론이 힘을 얻고 있었다. 현지에서 엘리엇이 강경한 태도로 임하는 것이 최선의 방법이라는 의견을 여러 차례 보내 왔다.

자딘이나 매디슨 같이 광주에서 돌아온 유력한 아편 상인도 열심히 청국 응징 운동을 벌였다. 흠차대신 임칙서의 방법으로는 아마도 틀림없이 아편 근절에 성공할 터였다. 그렇게 되면 지금까지 그들에게 막대한 이익을 안겨준 장사 품목을 잃게 된다. 그들은 주로 파머스톤 외무부 장관에게 접근해 압력을 넣었는데, 장관도 원래 확장론자여서 힘으로 상권을 넓힐 수 있다는 데 의문을 품지 않았다.

윌리엄 멜번(William Lamb Melbourne, 1779~1848, 영국 총리-옮긴이)을 수 장으로 하는 자유당 내각이 청나라 원정을 결의한 것은 1840년 2월의 일이었다. 그러나 의회에서 전쟁 비용 지출이 승인되지 않으면 실제로는 파병할 수 없다. 4월에 열린 의회에서 정부가 제출한 전쟁 비용 지출안은 찬성 271표, 반대 262표라는 아슬아슬한 차이로 가까스로 가결되었다. 불과 9표 차이였다.

의회에서 오간 찬성론과 반대론의 요점을 이어서 발췌해 둔다. 찬성 연설은 토머스 배빙턴 매콜리(Thomas Babinton Macaulay, 1800~1859, 영국의 정치가·역사가-옮긴이)의 것이다.

엘리엇은 포위된 상관 발코니에 드높게 영국 국기를 게양하라고 명령했다. …… 그 국기를 보면 죽음에 임박한 사람들의 마음도 금세 되살아난다. 왜냐하면 그것은 그들에게 패배도 항복도 굴욕도 모르는 나라에 자신들이 속해 있다는 사실을 상기시키기 때문이다. …… 플 라시의 들판(1757년, 인도 캘커타 북서부 플라시에서 발발한 전투를 가리 킴-옮긴이)에서 블랙홀 희생자(1756년 6월에 인도 병사들이 캘커타의 윌 리엄 요새를 점령하고, 영국군 포로를 블랙홀이라는 토굴에 가두어 죽였다- 옮긴이)의 원수를 갚은 나라다. 위대한 섭정이 영국인의 이름을 일찍 이 로마 시민이 그러했던 것 이상으로 존경받게 하겠다고 맹세한 이 래, 퇴보를 모르는 나라다. 적에게 둘러싸여 대양과 대륙에 의해 모든 구원의 손길에서 격리되어 있었지만, 그들은 자기들의 머리카락 한 올 이라도 위협하는 자는 처벌을 면치 못한다는 것을 알았다.

제국주의적 감상주의라고 하지 않을 수 없다. 깃발 이야기가 나왔으니, 글래드스턴(William Ewart Gladstone, 1809~1898, 영국 자유주의 정치가-옮긴이)의 반대 연설을 일부 인용한다.

······ 그 원인이 이다지도 부정한 전쟁, 이다지도 영속적인 불명예가 될 전쟁을 나는 지금껏 알지 못하고, 읽은 적도 없다. 지금 나와 의견을 달리하는 신사는 광주에서 영광에 가득 차 휘날렸던 영국 국기를 언급했다. 그러나 그 국기야말로 악명 높은 금제품의 밀수를 보호하기 위해 펼쳐진 것이다. 현재 중국 연안에 게양되어 있는 것처럼만 그 깃발이 휘날린다면, 우리는 그야말로 그것을 보기만 해도 공포를 느끼고 전율하지 않을 수 없을 것이다.

케임브리지대학 신학교수인 텔월(Algernon Sydney Thelwall, 1795~1863)도 『대중국 아편무역 죄악론(The Iniquities of the Opium Trade with China)』을 1839년에 집필하고, 거기서 아편무역이 영국 국기를 더럽히는 것이라고 단언했다. 게다가 임칙서는 광주에서 누구보다 빨리 이 논문을 입수해 번역을 의뢰했다.

근소한 차이지만 의회에서 군비 지출이 승인되어, 영국은 마침내 중국에 원정군을 파병했다. 중국에 가까운 인도에서 군대가 편제된 것은 당연한 일일 것이다.

인도 총독인 오클랜드는 곧 실론에 주둔한 아일랜드 제18연대, 캘커타의 윌리엄 요새에 주둔한 카메로니언즈, 보병 제26연대, 벵골 공병 2개중대, 의용병 몇몇 중대, 마드라스 포병 2개 중대 등 육군 병력 4천 명에

게 동원령을 내렸다. 인도의 동양함대 원정군은 다음과 같이 편제되었다

(괄호 안은 탑재한 포문 수).
기함 웰즐리(74), 콘웨이(28), 엘리게이터(28), 크루저(18), 알제린(10)
동인도회사 무장선 4척
영국 본토에서는 블론드(44), 필라데스(20)
케이프타운에서는 멜빌(74), 모데스트(20), 콜롬바인(18)
이 파견되고 다시,
블렌하임(74), 엔터프라이즈(18)

의 두 군함이 뒤를 이었다.

원정군 총사령관에는 해군소장 조지 엘리엇(George Elliot, 1784~1863)이 임명되었다. 그는 특명 전권대사를 겸하게 되어 있었다. 조지 엘리엇은 현재 무역 감독관인 찰스 엘리엇의 사촌형이다. 형은 56세, 동생은 39세였다. 영국 내각은 사촌지간이므로 호흡이 잘 맞으리라 생각했겠지만, 실제로 이 두 사람은 서로 반발하기만 했다.

앞에서 이야기한 여러 군함 이외에도 머메이드호 등 9척의 수송선단도 참가해서, 5월 말에 주력부대는 싱가포르로 집결해 중국으로 출발했다.

그전에 이미 중국 해역에 있던 보리지호와 히아신스호도 당연히 참가했다. 중국 해역에는 이 두 군함 이외에도 대포 44문을 탑재한 드루이드호가 증파되어 있었다.

남경조약까지

영국이 도발한 '더러운 전쟁'

파머스톤 외무부 장관은 영국 국민의 생명과 재산의 안전이 위협받고 있다는 것을 출병 이유로 들었다. 그러나 그 이유는 통하지 않는다. "앞으로 아편을 들여오지 않겠다"라고 서약만 하면 광주에 머물면서 안전하게 영업할 수 있었다. 재산이 몰수되었다고는 하나 그것은 금제품인 아편이었다. 청나라가 법률에 따라 아편 수입을 금지했다는 사실은 영국 측도 분명히 알고 있었다. 어느 나라에서든 금제품은 몰수당하는 법이다. 하물며 이번에는 사람의 몸과 마음을 해치는 마약이었다. 파머스톤의 출병 이유는 이 원정이 아편을 위한 것임을 스스로 고백한 것이나 다름없다. 이렇게 해서 세계사상 가장 치욕적인 '아편전쟁'이 시작되었다.

통상 문제에 대한 청나라의 중화사상을 고쳐 주기 위한 출병이었다는 변호론도 있다. 그러나 그것은 출병 이유로 삼기에는 지나치게 궁색하다. 공행을 거쳐야만 청 당국과 접촉할 수 있다는 점은 확실히 불편하기도 하거니와 평등하지 않을지 모른다. 그러나 나라마다 각기 다른 관행이 있고, 통상 문제는 통상이 진전됨에 따라 저절로 방법이 바뀌는 기회가 생기기도 한다. 통상 체제를 무력으로 개편하겠다는 것은 극히 야만적인 사고방식일 따름이다.

이 전쟁은 아편전쟁 이외에 아무것도 아니다. 청나라로 아편을 수출할 길이 완전히 막히면 아편 제조로 경제가 유지되던 영국의 인도 지배에도 영향이 미친다. 영국은 자신의 지배 체제를 지키기 위해 무력을 사용한 것이다.

영국 국민의 아편이 몰수된 것도, 해상으로 추방되어 생명을 잃을 위험에 처한 것도 모두 광동에서 일어난 일이다. 그런데도 싱가포르를 출발한 영국 함대는 광동을 그대로 지나쳐서 주산열도(舟山列島)로 향했다. 이것은 청나라의 의표를 찌르는 일이기도 했지만, 광동 방위가 임칙서에 의해 강화된 데도 그 이유가 있다. 영국 함대의 견고한 군함과 거포, 잘 훈련된 병사들이라면 광동에서 싸워도 지지는 않을 것이다. 그러나 상당히 큰 손해를 각오해야만 했다.

기세를 북돋우기 위해서라도 서전은 압도적인 승리로 장식해야 했다. 그래서 주산(舟山)으로 눈길을 돌린 것이다. 주산열도는 중국 중부의 연해에 있는데, 무역기지로서는 위치적으로 더할 나위가 없었다. 영국은 오래전부터 이곳에 눈독을 들이고 있었다. 나중에 조사해 보니 풍토가 좋지 않아 거기에 거점을 두는 구상을 포기했지만, 그 시점에서는 무역기지로서 유력한 후보지였다.

주산열도에는 정해삼영(定海三營)이 있고, 수비병 2천 명이 있었지만, 그들은 정도(艇盜)의 난 이후, 실전 경험이 전혀 없었으며 훈련도 거의 받지 못하고 있었다. 그들은 부업으로 토공, 목수, 미장이로 일했다. 아니, 병사 쪽이 부업이었는지도 모른다. 영국군이 주산을 피 한 방울 흘리지 않고 점령한 것도 당연했다. 청나라 측은 정해진의 총병(부대장)인 장조발(張朝發)이 전사하고, 정해지현인 요회상(姚懷祥)은 성 북쪽에 있는 보타사(普陀寺) 연못에 몸을 던져 순직했다. 수비병과 주민도 모두 도망쳤다.

주산을 점령한 영국 함대 일부는 다시 북상했다. 엘리엇 소장은 기함 웰즐리호를 타고 군함 5척과 수송선 4척을 거느리고 백하(百河)의 하구, 즉 천진(天津) 방면으로 향했다. 이때 종군한 마다가스카르호는 당시 외양에서는 보기 드문 증기선이었다.

영국 함대가 천진 앞바다에 나타나자, 조정이 공황 상태에 빠진 것은 두말할 필요가 없다. 천진과 북경은 엎어지면 코 닿을 거리다. 직례(直隷) 총독 기선(琦善)이 영국 측과 교섭을 맡게 되었다.

직례란 직할지라는 의미이며, 직례성은 오늘날 하북성에 해당한다. 그러나 직례 총독은 직례성뿐만 아니라 거기에 근접하는 산서성, 하남성, 산동성까지 그 관할에 두고 있었으므로, 중국에서는 가장 높은 지방장관이었다. 수도 북경이 관할 내에 있기 때문에 언제라도 입궐할 수 있다. 이 무렵부터 직례 총독은 실질적인 재상이 되었다.

청나라 말기 국정의 대표자였던 증국번(曾國藩), 이홍장(李鴻章)부터 원세개(袁世凱)에 이르기까지 모두 직례 총독이었다. 재상 자리로 간주되던 군기대신은 황제의 비서였으나 별안간 실권을 잃었다. 직례 총독에게는 군대 지휘권이 있지만 군기대신에게는 그것이 없기 때문이었다. 실력 위주의 시대가 되면, 아무래도 무력을 배경으로 하는 사람 쪽이 강해지게 마련이다.

청국의 '관(官)'은 외국인과 직접 접촉하지 않는다는 원칙이 여기서 단번에 무너지고 말았다. 천진을 거쳐 북경까지 넘볼지 모를 외국인과 '접촉'해야만 했다. 원칙이 무너졌을 뿐 아니라 대역전이 일어났다. 엘리엇 소장은 직례 총독 기선이 면회 왔을 때,

> 기선이라는 인물이 정식으로 청나라 정부를 대표하는 자격을 가지고 있는지 확인될 때까지 만나지 않겠다.

고 거절했다. 기선은 간신히 전권부사인 엘리엇 대령과 만났을 뿐이다. 영국 측은 파머스톤 외무부 장관의 서신을 기선에게 건네었는데 그 내용은 다음과 같다.

첫째, 흠차대신이 광동에서 몰수한 아편 대금을 배상할 것.
둘째, 영국의 무역 감독관이 받은 모욕에 대해 사죄할 것.
셋째, 장래를 보장할 것.
넷째, 연해의 한 곳, 또는 몇 곳의 섬(영국은 홍콩과 주산을 염두에 두었다)을 영국 국민의 거주 및 상업 활동 장소로 지정할 것.
다섯째, 공행상인이 영국 상인에게 진 부채를 청산할 것.

이에 대해 청나라 정부는 문제를 지방으로 돌리려고 애를 썼다. 수도 북경의 턱밑에 비수를 들이댄 상태에서 교섭하는 것에 공포를 느낀 것이다. 광동에서 일어난 사건이므로 광동에서 교섭하자고 끈질기게 설득한 끝에 가까스로 영국 측의 허락을 얻어냈다. 무대는 다시 광동을 옮겨졌다.

일이 이 지경이 된 것은 모두 임칙서의 탓이라는 여론이 궁정 내에서

거세어졌다. 아편을 근절하기 위해서는 만용을 부려도 좋다고 유시한 도광제조차 영국 함대를 앞에 두고 동요했다. 아편을 철저하게 막다 보면 영국과 분쟁이 생기게 마련이었다. 북경을 떠날 때, 벗의 동행을 거절한 임칙서는 그 사실을 알고 있었지만, 도광제는 그다지 깊게 인식하지 못한 듯하다. 광동에서 있을 교섭을 유리하게 이끌기 위해 청나라 정부는 영국이 가장 증오할 임칙서를 파면했다.

 …… 앞서 아편의 독이 온 나라 안을 흐르고 있어, 임칙서를 광동 항구로 파견하여 등정정(鄧廷楨, 양광 총독)과 힘을 모아 조사해서 이를 해결토록 했다. 이것은 내지를 숙청해서 독의 근원을 끊고, 그 땅, 그 시기에 맞추어 적절하게 처리하기를 바란 것이다. 그러나 그 후에 안으로는 간악한 무리가 법을 어기는 것을 끊지 못했고, 밖으로는 밀수의 근원을 끊지도 못했다. 심지어 올해 들어서는 영이(英夷)의 배가 연해를 떠다니고, 복건, 절강, 강소, 산동, 직례, 성경 등의 성이 빈번히 병란에 시달렸다. 이것은 모두 임칙서와 그 수하의 처리가 적절하지 못했기 때문이다. 임칙서, 등정정은 부(部, 형부)로 이첩하여 각각 엄중한 처분을 내린다. …… 이번에 영이가 곳곳에 청원서를 내어 불평을 호소하고 있다. 짐은 사정을 통찰해서 결코 흔들리지 않지만, 임칙서는 특파된 대관이면서도 그 처리가 실제적이지 못했고, 도리어 또 다른 사단만 일어나게 했다. 나라를 그르치고 백성을 병들게 함이 이보다 심한 적이 없다. 그래서 특별히 징벌을 내리는 것이지 영이의 청원으로 갑자기 그렇게 하기로 결정한 것은 아니다.

이것이 파면을 알리는 상유의 일부인데, 대함대를 이끌고 온 영국의 위협을 '청원'으로 바꾼 데다 임칙서의 파면은 그것 때문이 아니라고 변명하듯 말을 늘어놓고 있다. 영국은 굳이 임칙서를 처벌하라고 요구하지 않았다. '배상'과 '사죄'를 요구했을 뿐, 구체적인 일은 언급하지 않았다. 주산에서 정전협정이 체결되었을 때, 양강 총독의 집사가 영국 함대의 제독 브레머 준장에게 임칙서의 해임을 알리면서 "경하할 일입니다"라고 말했다고 한다. 그 말에 브레머 준장은,

임칙서는 훌륭한 재능과 용기를 지닌 총독이었다. 애석하게도 외국 사정을 몰랐을 뿐이다.

라고 대답했다고 한다. 임칙서는 영국인에게도 존경을 받았다.

굴욕적으로 떼어 준 홍콩

영국 함대는 다시 남하해 교섭지인 광동으로 향했다. 임칙서를 대신해 흠차대신이 된 기선도 북경에서 광동으로 급히 내려가 지금까지 정책을 180도 바꾸어 버렸다.

임칙서가 수사제독 관천배(關天培)와 협력해서 간신히 조직한 수용(水勇, 해군의병대)은 기선에 의해 대번에 해산되었다. 또 영국 함대의 진입을 방해하기 위해 수면에 띄워 놓은 뗏목 등도 기선이 말끔하게 제거했다. 1만 명의 병사를 8천 명으로 줄이고, 그 대부분을 호문에서 광주성 가까운 곳으로 후퇴시켰기 때문에 일선 기지의 병력은 고작 2천 명이 되고

말았다.

어쩐지 두 손을 비비면서 상대의 비위를 맞추려는 듯한 자세였다. 이것으로 영국의 태도를 누그러뜨리려는 속셈이었겠지만, 안이한 발상이라고 하지 않을 수 없다.

영국의 특명 전권대사는 파머스톤 외무부 장관에게서 받은 훈령의 요구 사항을 고스란히 흠차대신 기선에게 주저 없이 제시했다.

1. 영국인이 받은 모욕에 대한 사죄, 장래에 대한 보장.
2. 몰수된 아편 대금의 배상. 원정에 소요된 경비의 변상.
3. 공행의 부채의 상환을 청나라 관헌이 보증할 것.
4. 외양에서 아편 밀수를 이유로 영국인 및 영국 상선에 누를 끼치지 않을 것.
5. 수출입세를 일정하게 하고, 무분별하게 증감하지 않을 것.
6. 무역선에 부과되는 번잡하고 과중한 경비의 경감.
7. 영국인의 청원서는 지방 관헌을 거치지 않고, 북경의 황제에게 직접 전달되게 할 것.
8. 복건, 절강, 강소, 직례 등에 여섯 항구, 또는 그 이상의 무역항을 영국인에게 개방할 것.
9. 북경에 사관(使館)을 개설하고, 각 개항장에 영사를 주재시킬 것.
10. 개항장에 마카오 방식의 외국인 거류지를 설정할 것.
11. 거류지에는 영국인 가족도 거주하게 할 것.
12. 개항장에서 발생한 영국인의 범죄는 영국 관리에 의해 처리하며, 청나라 관헌은 관여하지 않을 것.

13. 개항장에는 교회를 설립할 수 있게 할 것.

14. 공행 제도를 폐지한다. 폐지가 불가능하다면, 소속 행상(行商)을 증감하지 않을 것.

15. 영국이 특별한 사법권을 가지는 도서(島嶼) 또는 해항(海港)을 할양할 것.

기선에게 제시한 영국의 이러한 요구는 대부분 남경조약의 토대가 되었다. 영국은 아편 대금을 2천만 달러로 부풀렸다. 기선은 중개업자 출신으로 영어를 할 줄 아는 포붕(鮑鵬)이라는 사람에게 어지간한 일을 죄다 맡기고 있었다. 청나라 고관은 외국 오랑캐와 접촉하는 것을 여전히 꺼렸던 것이다. 포붕은 바로 얼마 전까지 영국 상인에게 고용되어 있던 인물이었으므로 영국과 교섭할 때, 전혀 무게가 없었다. 그는 2천만 달러로 부풀린 몰수 아편 대금을 600만 달러로 깎은 것을 거물 장사치다운 자신의 능력이라고 생각하는 인물이었다.

영국이 제시한 요구를 청 정부가 받아들일 리 없었다. 그것을 받아들이도록 하기 위해 대함대를 동원해 온 것이다. 그런데 청나라와의 교섭 자세를 둘러싸고 특명대사인 존 엘리엇 소장과 그의 사촌동생인 부사 찰스 엘리엇 대령 사이에 대립이 생겼다. 소장은 말은 필요 없고 오로지 응징주의로 대해야 한다는 의견이었다. 그러나 6년이나 상인들에게 둘러싸여 살았던 대령은 전후의 통상관계를 원활하게 하기 위해서라도, 지나치게 고압적인 태도를 취하지 말고 상대방의 체면을 세워 주는 방법을 택하는 편이 좋다고 생각했다.

사촌 형제간에 큰 싸움이 벌어진 듯, 조지 엘리엇 소장이 병을 이유로 귀국하고 말았다. 1840년 11월 29일의 일이었다. 후임으로 온 특명 전권 대사 헨리 포틴저(Henry Pottinger, 1789~1856)가 광동에 부임한 것은 이듬 해 8월 11일이었다.

영국의 요구 가운데 마지막 항은 원래 주산과 홍콩의 할양이었으나, 주산을 점령한 영국군이 조사해 보니 그곳은 무역기지로서 쓸 만한 곳이 아니었다. 그래서 할양 요구는 홍콩 한 군데로 좁혀졌다.

홍콩 섬의 할양에 북경이 찬성한다는 것은 상상하기조차 어려운 일이다. '할지(割地)'라는 것은 커다란 굴욕이었다. 송나라와 금나라의 관계에서도 보았지만, '세폐(歲幣)'라 해서 금전이나 재물을 보내는 일은 참아도 '할지'만은 민족의 자존심이 허락하지 않는 일이었다. 기선도 물론 그것을 알고 있었다. 그러나 할양 요구가 매우 강경해서 그것 없이는 회담이 성사되지 않는다는 것도 알고 있었다. 기선이 제시한 방식은 '암할(暗割)' 이었다. '암(暗)'이란 '비밀리에'라는 의미다. 북경 조정에는 비밀로 하고 실질적으로 영국에 할양한다는 뜻이다. 이것은 마카오를 둘러싼 포르투갈과의 관계와 같았다. 포르투갈은 마카오를 식민지로 간주하고 총독을 파견하지만, 청조에서는 할양한 적이 없으므로 마카오에 장관, 곧 오문동지를 내려보낸다. 청나라 장관과 포르투갈 총독이 함께 있지만, 어느 쪽이나 별다른 소란을 벌이지 않고 적당하게 일을 해 왔다.

기선의 생각은 홍콩을 제2의 마카오를 만드는 것이었다. 청나라에서 파견된 장관에게는 이쪽에서 살짝 귀띔을 하고 영국 총독에게는 그다지 나서지 말라고 주의를 주면 될 것이다. 마카오는 그렇게 200년이나 속여 왔으므로, 홍콩도 적어도 자기가 살아 있는 동안에는 속일 수 있으리라 생각했을 것이다.

할양을 명문화하지 않는 것이 '암할'인데, 영국은 암묵의 양해를 구하는 이 제안을 거들떠보지도 않고 근대적인 명문 조약에 의한 관계를 수립하려고 했다. 특히 파머스톤 외무부장관의 뜻이 그러했다. 영국은 무슨 일이 있어도 '명할(明割)', 즉 명문화에 의한 확실한 할양을 요구했다. 이래서야 두 나라의 엇갈린 시선을 하나로 좁힐 방법이 없다.

천진 앞바다에 영국 함대가 나타나고 공황에 빠졌던 북경 조정에서도 함대가 남하하자, 다시 말해 외국의 무력이 눈앞에서 멀어지자, 질릴 줄도 모르고 다시 강경노선이 부활했다.

시대가 시대인 만큼 교통 사정이 좋지 않아서 기선은 북경의 그러한 변화를 알아채지 못했다. '암할'이냐 '명할'이냐로 다투고 있던 홍콩에 대해서는,

> 영국이 홍콩 할양을 요구해 왔지만 그 요구를 거절했다.

라고 보고하면서,

> 영국은 광주 이외에 복주와 하문(厦門, 아모이) 등 복건의 두 항구를 개방하라고 요구하고 있으나, 이것은 고려해 보아도 좋을 것이다.

라는 의견을 덧붙였다.

북경에서는 영국이 홍콩 할양을 요구했다는 것을 알고, 그것만으로도 노발대발했다. 도광제는 광동의 기선에게,

> 분하고 한스러움은 말할 필요조차 없다. 그러한 상대와는 더 이상 교섭하는 것이 아니다.

라고 교섭 중단을 명령했다.

기선은 어쩔 수 없이 영국과 교섭을 중단했다. 영국 측은 모든 요구가 거부되었다는 이유로 무력행사를 단행했다. 영국군의 광동 공격은 1841년

1월 7일에 시작되었다.

중국이 내하(內河)로 여기는 호문의 제1관문인 수도(水道)는 동쪽의 사각포대(沙角砲臺)와 서쪽의 대각요새(大角要塞) 사이에 있었다. 영국군의 공격이 이 두 요새를 목표로 한 것은 당연한 일이었다.

사각에는 원래 2천 명의 수비병이 있었는데, 교섭을 유리하게 이끌기 위해 영국의 환심을 사려고 기선이 병력을 600명으로 줄였다. 브래드 소령이 이끄는 1천 461명의 상륙군에 왕국 포병대도 가세했으므로 전혀 승부가 되지 않았다. 부장(副將) 진영승(陳連陞)은 영국군의 공격으로 전사했다. 청군은 전사자만 292명이었지만, 영국군은 전사자 없이 부상자만 38명이었다. 부상자로 말하자면 청군 쪽은 엄청난 숫자였다.

엘리엇 대령은 중국에 오래 체재했던 만큼, 청나라를 굴복시키는 데도 체면을 고려해 주어야 한다는 생각을 하고 있었다.

그래서 군사행동을 일으켜 상대를 위협한 뒤에 빠져나갈 구멍을 제공했다. 기선이 보기에는 이대로 가다가는 영국군이 광주까지 쳐들어 올 것이 뻔하다. 어떻게든 해서 영국군의 요구를 모양 좋게 받아들여서 일을 수습하고 싶은 심정이었다. 사각 등의 포대를 공격해서 점령한 뒤, 엘리엇 대령은,

주산열도를 반환한다.

사각요새에서 철수한다.

라는 조건을 내세워 앞서 말한 요구를 재고하라고 몰아붙였다.

지금은 영국군이 점령하고 있지만 주산열도가 무역기지로서 결함이 있다는 사실이 판명되었다. 어차피 포기할 땅이므로 애초의 요구를 받아들이기 쉽도록 경품으로 내건 것이다. 그렇게 하면 기선의 입장도 다소

나아져서 북경에 보고하기도 쉬울 것이라고 배려한 셈이었다.

주산을 되찾았다는 것으로 기선은 일단 체면이 서고, 조심스럽게나마 북경 조정에 이야기를 해볼 만한 분위기가 만들어질 것이라고 생각한 것이다. '세폐는 가능하나 할지는 불가능하다'라는 중국의 전통적인 관념이 있다. 배상이라면 참을 수 있지만 할양은 절대로 허락하지 않는다는 뜻이다. 따라서 문제는 오로지 홍콩섬 할양 하나로 좁혀졌다고 해도 과언이 아니다.

여자 오줌으로 영국 함포를 깨부셔라

마카오라는 애매한 전례가 있으므로, 기선은 주산열도 반환이라는 반대급부를 내세우고 홍콩의 마카오화라는 표현으로 북경에 할양을 타진해 보았다.

> …… 영국은 여기서 수만 리 떨어져 있어, 항해해서 오는 동안 으레 해를 넘기고, 여러 해 동안 고향을 떠나 가족과 떨어져 있으니 인정으로 가련하게 여겨야 할 것입니다. 은밀히 살펴보니, 서양이인(포르투갈인)은 오래도록 천조의 크나큰 은혜를 입어 가족을 데리고 오문(마카오)에서 거주하고 있습니다. 지금 이 일을 똑같이 다루어, 그들이 바라는 은혜를 내려 주시기를 바랍니다. 도광 21년(1841)부터 서양이인이 오문에 기거하는 예에 비추어 광동 외양의 홍콩 지방에 배를 정박하고 머물러 살 수 있도록 허락해 주시기 바랍니다.

인용한 기선의 글을 보면 아무래도 궁색하다. '저 멀리 타국에서 온 사람들이니 정을 베풀어야 하지 않겠는가, 포르투갈인에게도 그렇게 해왔다…… 이것은 영국인이 간청하고 있는 것이다'라고 번지르르하게 말을 늘어놓고 있다. 영국이 머리를 숙이고 부탁하는 것이 아니라, 함대의 무력을 배경으로 강요하고 있다는 사실은 내색도 하지 않고 있다.

북경에서는 이미 영국군의 군사행동을 알고 있었고, 도광제는 '발지(髮指, 화가 나서 머리칼이 곤두섬)'하여 각지의 군대에 출동을 명했다.

기선은 '암할'이라면 좋다고 하여 이미 홍콩 섬 할양에 동의했다. 그래서 영국군은 진격을 멈추고 주산 반환, 사각 철수라는 경품을 내건 것이다. 엘리엇 대령은 어디까지나 '명할'을 주장했고, 기선은 시간을 끌었다. 2월 22일에 기선은 열흘 후 정식 조인을 하겠다고 약속했다. 그러나 북경에서는 허가가 떨어지지 않았다. 허가할 리가 없었다.

엘리엇 대령도 청나라 측의 이런 속사정을 훤히 알고 있었다. 조인이 없을 것이라는 전제로 전투준비를 착착 진행시킨 것이다. 기한이 끝나고 3일 후인 2월 25일에 영국군은 다시 군사행동을 일으켜 정원(靖遠) 포대를 공격했다.

정원 포대에는 광동해군 총사령관인 수사제독 관천배가 있었다. 그러나 총사령관 밑에는 병사가 200명밖에 없었다. 말할 것도 없이 흠차대신 기선이 영국의 환심을 사기 위해 많은 수비병을 후방으로 이동시켰기 때문이다. 영국군의 공격에 수비병은 도주했고 전사자는 10여 명 남짓했다. 그중에 맹장 관천배가 있었다. 정원 전투가 끝나고 관천배의 하인이 수사제독의 유해를 수습해 돌아갔다. 이때 영국 전함 블렌하임호는 조포를 쏘아 애도의 뜻을 나타냈다고 한다.

영국군도 그대로 광주로 쳐들어가기에는 조금 숨이 찼다. 며칠 동안 정전협정이 맺어지고, 다음 전투를 준비하기 위해 전선은 교착 상태에 놓였다.

그러는 사이에 기선이 파면되었다. 광동 순무 흡량(恰良)이 영국군이 홍콩 주민에게 포고한 전단을 입수해, 그것을 북경 조정에 보내서 기선을 탄핵한 것이다. 그 포고문에는

천조(天朝, 청조) 및 영국 정부 쌍방의 고급관원이 분명히 의논해서 결정한 정식협정에 따라, 현재 홍콩 섬은 이미 영국 여왕 폐하가 다스리는 영토의 일부가 되었다.

라고 적혀 있었다. 기선은 정식 조인을 하지 않고 시간을 끌었지만, 엘리엇 대령은 그와 회담한 직후 웰즐리호에서 재빨리 홍콩 영유를 선언했다.

본관은 모든 직권을 가지고 이에 선포한다. 홍콩 전도의 소유권, 특허권, 조차권, 각종 특권에 관한 일체의 것은, 그것이 토지, 항만, 재산, 노역의 어떤 것을 막론하고 여왕 폐하에게 바쳐졌다.

주민에게 포고한 것은 그 3일 후의 일이었다. 기선은 구두로 조인을 약속하고 그것을 연기했기 때문에 조인은 하지 않았다고 변명을 했을 것이다. 엘리엇 대령은 흠차대신인 자가 이미 약속한 것이므로 명할이든 암할이든 할양은 기정사실이라고 해석했다.

임칙서는 파면 후에도 광주에서 명령을 기다렸고, 조정으로부터도 현

지 군무를 지원하라는 지시를 받았다. 그러나 후임 흠차대신 기선의 파면에 따른 처분은 그렇게 가볍지 않았다.

쇄나해경(鎖拿解京, 쇠사슬로 묶어 북경에 호송하는 것), 가산몰수.

라는 가장 가혹한 처벌이었다. 북경으로 돌아가서 재판을 받아야 하니 목숨도 위태로웠다. 다만 기선은 이때는 간신히 처형을 면하고 절강에서 군무에 종사한 뒤, 신강(新疆)의 야르칸드로 좌천되었다가 훗날 조정에 복귀할 수 있었다.

기선이 체포되어 북경으로 압송된 것은 3월 13일의 일이었다. 영국군의 광주 총공격은 일찍부터 5월 24일로 결정되어 있었던 듯하다. 이날은 바로 빅토리아 여왕의 생일이었다. 그때까지는 인도에서 무기와 탄약, 그리고 인원이 보충되고 있었다.

그러면 청나라 측에서는 무엇을 하고 있었는가? 기선의 후임으로 광동에 파견된 고관도 무능한 사람들뿐이었다. 정역(靖逆)장군 혁산(奕山)은 강희제(康熙帝)계의 황족이고, 참찬(參贊)대신 양방(楊芳)은 20년 전부터 제독 자리에 있어 그 경험을 높게 평가받았을 것이다. 그러나 이 노장군은 정신이 약간 이상했는지 주술에 빠져 있었다. 그리고 주술로 영국군을 압도하려고 했다. 그는 영국군의 포격이 정확한 까닭은 적에게 주술사가 있기 때문이라고 믿었다. 적의 주술사가 가진 힘을 약하게 할 수 있는 것은 무엇인가? 그는 신뢰하는 점쟁이에게서 "외이의 요술이 금기로 여기는 것은 여자의 오줌이므로, 여자가 쓰는 요강의 뚜껑을 벗겨 그 입구를 적이 있는 쪽으로 향하게 하면 요술은 금세 깨질 것이다"라는 말을 듣고, 광주에 있는 요강이란 요강은 전부 모으게 했다. 양방 장군이 부임하자마자 내린 첫 명령이 요강을 모으라는 것이었으니 달리 무슨 말이 필요할까.

임칙서는 5월 1일에 절강으로 가라는 명령을 받고 광주를 떠났다. 맹장 관천배는 죽었고, 뛰어난 지도력을 갖춘 임칙서도 이제 없다. 동원된 외성병(外省兵) 4만 명이 광주로 들어왔는데, 이들은 질 나쁘기로 악평이 자자한 무리들로 도처에서 약탈과 폭행을 일삼았다. 마침내 분노한 주민들이 들고 일어서 외성병을 습격하기에 이르렀다. 이래서야 영국군과 싸울 수가 없었다.

영국군에 당하고도 보상해 준 광동화약

1841년 5월 24일, 빅토리아 여왕의 생일에 영국군은 광주성 서쪽에 있는 13행가에 상륙했다. 그리고 이성(泥城)에서 사방포대로 진격해 광주성을 포위할 태세를 갖추었다. 이 상륙군은 온갖 흉악한 짓을 저질렀다.

성 밖에도 청군은 있었을 터인데, 영국군의 모습을 보자마자 어디론가 사라져 버리고 소총 한 발 쏘는 자가 없었다. 도찰원어사(都察院御史) 조이태(曺履泰)는 이 일로 군 당국을 탄핵했다. 군대는 재빠르게 도망쳤지만 주민은 도망치지 못했다. 영국군의 약탈, 폭행에 고스란히 노출되어 있었다. 여러 책에 실린 영국군의 만행 중에서 『광동군무기(廣東軍務記)』의 일부를 인용한다.

> 남편은 화를 당하고, 아내는 능욕을 당하여, 두 목숨이 모두 사라졌다. 자식은 묶이고, 어미는 고생하고, 몸과 집은 모두 망가졌다. 또한 논밭은 모두 짓밟히고, 집은 헐리고, 무덤은 파헤쳐지고, 노소를

불문하고 범해졌다. 가난한 자의 집은 경(磬, 타악기의 일종-옮긴이)을 매단 듯하고, 부자의 집은 벽만이 헛되이 서 있다. 참으로 귀신이 분노할 일이며, 초목도 한탄할 일이다.

성 밖 주민이 견디다 못해 괭이니 삽이니 몽둥이 따위를 손에 들고 영국군에게 대항한 것도 당연한 일이었다. 삼원리(三元里) 서촌, 남해안의 90여 고을의 백성 2만 명이 모여 '평영단(平英團, 영국을 평정한다)'이라고 크게 쓴 기치를 내걸고, 마드라스 제37보병단 소속의 영국군 1천 명을 포위한 것은 5월 30일의 일이었다. 평영단의 격문에는 다음과 같은 구절이 있다.

> ……(그들은) 작은 것을 주니 더 큰 것을 달라고 하면서, 병졸을 풀어 마을을 허물고, 우리 소를 빼앗고, 우리 곡식을 짓밟고, 부녀자를 능욕하고, 조상의 무덤을 파헤쳤다. 귀신이 함께 노할 일이며, 하늘과 땅이 용서치 않을 일이다. 우리는 이에 떨치고 일어서 제 몸을 돌보지 않고, 의율(義律, 엘리엇)을 북문에 가두고, 백맥(伯麥, 브레머)을 남해 바다에서 참수코자 한다.

마드라스 병단은 플린트록 총(부싯돌식 점화 장치가 장착된 총의 일종-옮긴이)을 사용하고 있었는데, 이날은 비 때문에 총을 쏘는 것이 불가능한 상태였다. 상대가 총을 쏘지 못한다는 것을 알고 사람들은 더욱 모여들어, 영국 부대의 운명은 바야흐로 바람 앞의 등불 같았다.

사실은 이 사건이 일어나기 3일 전인 5월 27일, 광주성에 백기가 내걸리고 이른바 '광동화약(廣東和約)'이 성립되었다.

　주술의 효과가 없다는 것을 안 양방 장군 이하 광주 수뇌진도 이래 서는 전쟁이 되지 않는다고 포기했다. 북경은 멀어서 정보가 도착하려면 시간이 걸린다. 할양을 마카오화(化)라고 했듯이 조정에는 어떻게든 얼버 무릴 수 있을 듯했다. '광동화약'의 내용은 다음과 같다.

1. 대신과 장군 및 외성병은 깃발을 들지 않고 광주성을 나와 6일 이 내에 성 밖 60마일 지점까지 물러날 것.
2. 청 당국은 영국군에게 600만 달러를 지불할 것. 100만 달러는 27일 해가 지기 전에 지불하고, 잔액은 1주일 이내에 지불할 것.
3. 전액이 지불되면 영국군은 호문 밖으로 철수하고, 점령한 요새들을 모두 반환하나, 양국 간 문제가 완전히 해결될 때까지 청나라는 이 들 요새의 방비를 강화해서는 안 된다.
4. 청나라 측은 외국 상관의 약탈 및 스페인 선박 빌바이노호 공격에 대한 배상금을 지불할 것.
5. 광주지부(廣州知府)에 전권을 위임할 것.

　영국군이 호문에 침입했다는 소식에 격앙된 민중이 13행가의 외국 상 관에 난입해 약탈을 저지른 것은 사실이었다. 빌바이노호는 청나라 병선 이 아편 모선으로 오인해서 화염통을 던진 상선이었다.

　광주지부 여보순(余保純)은 어떤 이유에서인지 영국 측으로부터 상당 한 신임을 받고 있었다. 아마도 실무적인 재능을 갖춘 고관이 달리 없었 기 때문일 것이다.

삼원리에서 영국군이 빗속에 '평영단'에게 포위되어 있을 때도 한달음에 달려온 사람이 이 여보순이었다. 여보순은 민중에게 해산을 명령했는데 이때 효과를 본 것이,

> 만약 평영단이 포위를 풀지 않으면, 600만 달러의 배상금을 삼원리 주민에게 물리겠다.

라는 위협의 말이었다. 600만 달러라면 삼원리 사람들이 100년이 걸려도 마련하지 못할 액수였다. 이렇게 해서 평영단은 해산되었다.

광동 수뇌는 북경 조정에,

> 광동의 날씨가 찌는 듯 무더워 병으로 쓰러지는 병사가 많기 때문에, 광주성 밖 십여 리에 있는 백운산으로 군대를 이동시켜 높은 데서 아래를 감시하게 하였다.

라고 성 안에서 병사를 물린 이유를 설명했다. 오늘날 광주 공항이 자리한 곳이 백운산 언저리다.

공행의 대표인 오소영이 은 200만 냥을 조달하고, 나머지는 포정사, 염운사, 해관의 세 공고(公庫)에서 지출해 600만 달러를 마련했다. 또 북경에는 영국군이 두 차례에 걸쳐 격퇴되고 이목이 고충을 호소하며 무역 허가를 간청하고 있으므로, 허락해 주는 편이 낫다는 의견을 전하는 한편, 성 밖 주민 가운데 가옥이 불탄 자가 많으므로 그들을 구제할 필요가 있다고 덧붙였다. 공고에서 영국 측에 지불한 돈을 주민 구제금 등으로 칭해서 장부의 아귀를 맞추려고 한 것이다.

북경 조정도 결코 속고만 있지는 않았을 것이다. 감찰원과 그 밖의 정보원이 따로 있었기 때문에 영국군이 얼마나 강하고 청나라 군대가 얼마나 약체인지를 파악하고 있었음에 틀림없다. 그러나 일이 꼬이면 더 번거로워

지므로, 광동이라는 지방의 국지적인 사건으로 결말을 지을 작정이었다.

광동의 양국 수뇌, 그리고 북경 조정까지 그렇게 할 작정이었지만, 런던이 그렇게 내버려 두지 않았다.

파머스톤 외무부 장관은 찰스 엘리엇의 월권행위를 문제 삼았다. 일단 점령한 주산열도를 청나라에 반환한 것은 엘리엇 대령의 독단이며, 파머스톤은 그것을 허락하지 않았다. 엘리엇 대령은 6년 동안 상인들 틈에서 살아서인지, 상인 같은 발상이 다소 지나치게 몸에 밴 듯했다. 무용지물인 주산열도를 흥정의 도구로 잘 써먹은 셈이지만, 외교관인 파머스톤의 감각으로는 주산열도는 무용지물이 아니었다. 하물며 점령한 땅에서 철수한다는 것은 대영제국의 위엄을 떨어뜨리는 짓이었다.

광동화약이 성립될 무렵, 런던에서는 찰스 엘리엇 대령의 파면이 결정되었다. 그 후임으로 인도에서 오래 근무했으며 제1차 아프간전쟁(1838~1842)에서 세운 전공으로 남작 작위를 받은 헨리 포틴저가 임명되었다.

싸워 보지도 않고 지레 항복한 장군들

특명 전권대사의 경질은 지금까지 엘리엇이 추진해온 노선의 부정을 의미한다. 상업적인 이익뿐만 아니라 국가의 위엄을 그 이상으로 중시하는 정책을 펼치겠다는 것이다. 영국의 위엄은 청나라를 때려눕혀 청나라의 위엄을 흙투성이로 만듦으로써 높여질 수 있는 것이었다.

청·영 양국의 분쟁을 국지에 한정하는 것도 파머스톤 외교의 뜻을 어기는 것이었다. 신임 전권대사에게 부여된 첫 임무는 일단 포기했던 주산열도를 다시 점령하는 일이었다. 포틴저는 8월 10일에 광주에 도착하자마자, 광동은 그대로 두고 함대를 동북 방향으로 항진시켰다. 도중에 하문을 공격해서 열흘 동안 점령했다가 다시 북상해서 주산열도에 다다랐다.

주산의 재점령은 마치 어린 아이 손을 비트는 일처럼 간단했다. 영국의 목표는 주산만이 아니었다. 주산은 첫 번째 목표에 지나지 않았다. 다음 목표는 그 맞은편에 있는 진해(鎭海)였다. 진해는 몽골족 출신의 맹장 유겸(裕謙)이 양강 총독 겸 흠차대신으로 지키고 있었다.

진해가 함락되었을 때, 유겸은 성 밖에 있는 학궁(學宮) 연못에 몸을 던졌으나 일단 구출되어 들것에 실려 패주하던 중에 숨을 거두었다.

동인도회사는 중국 연안에 자주 정찰선을 보내어 수심, 연안의 지형부터 무역 상황까지 조사해 두고 있었다. 1834년의 애머스트호 등이 그 대표적인 배였다. 그래서 영국은 청나라에 관한 정보를 많이 가지고 있었다. 무역의 관점에서 볼 때 가장 유망한 곳은 장강(長江, 양자강)의 하류와 남경에서 상해에 걸친 지역임을 알고 있었다. 또 북경을 중심으로 하는 청나라의 정치적 심장부가 식량과 기타 물자를 장강에 의존하지 않을 수 없다는 사정도 파악하고 있었다.

영국 함대는 절강에서 장강으로 침입해서 중국의 동맥에 중대한 위협을 가함으로써 청 정부를 굴복시키고자 했다. 파머스톤의 전략은 영국으로서는 옳은 선택이었다. 엘리엇이 아무리 광동에서 날뛰어 본들 북경은 조금 당황할 뿐이었다.

이어서 영국은 영파(寧波)를 함락했다. 영파를 지키던 제독 여보운(余步雲)은 성을 버리고 도망쳤다. 일개 병졸에서 제독의 자리에까지 오른 여보운은 수많은 전장을 누빈 장군이었을 터이나, 아무래도 상대가 되지 않는다고 보고 포기한 것이다.

아편전쟁에서 패주한 장군은 적지 않다. 광주의 장군들은 싸워 보지도 않고 백기를 들었다. 공정하게 말하자면, 청국군 수뇌부는 모두 책임이 있다고 할 수 있을 것이다. 그런데도 패장으로서 사형에 처해진 것은 절강 제독 여보운 오직 한 사람뿐이었다.

이 일은 나중에 큰 문제를 남겼다. 광주성에 백기를 내걸어 싸우지도 않고 패한 혁산(奕山)은 책임을 면했다. 황족의 일원이기 때문이라느니, 만주족이기 때문이라느니 여러 가지 말이 오갔다. 가장 큰 책임은 기선에게 있다고 하겠다. 여보운이 버리고 간 영파성은 얼마 후 되찾을 수 있었다. 그러나 기선이 영국에게 넘겨 준 홍콩은 아직도 중국에 반환되지 않고 있다(1997년에 홍콩은 정식으로 중국에 반환되었다–옮긴이). 이렇게 보면 여보운의 처형은 매우 불공평했다고 할 수 있다.

여보운은 한족(漢族)이었기 때문이다.

그의 처형은 청나라에서 민족 불화의 한 원인이 되었고, 한족의 민족의식을 강하게 자극했다.

영국군은 본토에 상륙해서 진해와 영파, 두 거점을 함락한 뒤 얼마 후, 거기서 철수하고 군을 재편제해서 사포(乍浦)를 공격했다. 사포 공략은 전략 거점을 손에 넣었다는 사실 이외에 중국 국민에게 공포정책이 무엇인지 보여 준 사례라고 할 수 있다.

영국군은 사포를 5일간 점령했는데, 그동안에 살인, 약탈, 강간 등 온갖 악행을 저질렀다. 『임인사포순난록(壬寅乍浦殉難錄)』에는 영국군의 만행에 희생된 사람들의 명단이 길게 적혀 있다.

영국군은 사포에서 오송(吳淞)으로 공격 목표를 바꾸었다. 이곳은 강남 제독이며 정도의 난 시절부터 해군에 몸담은 맹장 진화성(陳化成)이 지키고 있었다. 그러나 아무리 용맹한 장수인들 당시 청군의 무기로는 영국의 견고한 함대와 거포를 막아낼 수 없었다. 진화성도 오송 요새와 운명을 함께하며 장렬히 전사하고 말았다.

후일담이지만, 강남의 화가들은 군복을 입은 진화성의 초상화를 그려서 그 그림에 '오송 순절도'라는 제목을 붙였다. 이 그림은 목판에 찍혀 팔려 나갔는데, 강남 어느 집에서나 진화성의 이 초상화를 모셔 두었다고 한다. 그중에는,

한번 용강구에서 싸우니 독신(督臣)은 죽고 제신(提臣)은 도망치다.

다시 오송구에서 싸우니 제신은 죽고 독신은 도망치다.

라고 새겨진 것도 있었다. 용강구에서 죽은 독신(총독)은 유겸이고, 도망친 제신(제독)은 여보운을 가리킨다. 오송구에서는 제독인 진화성이 전사하고, 양강 총독 우감(牛鑑)이 패잔병을 추슬러서 후퇴했다. 상해에는 기댈 만한 곳이 없어서 더욱 후퇴한 것이다.

이렇게 해서 영국의 원정 함대는 장강으로 들어가 강을 거슬러 올라가기 시작했다. 중국의 대동맥에서 적의 군함은 별다른 저항을 받지 않고 유유히 나아갔다. 함대는 마침내 진강(鎭江)에 다다랐다.

진강의 다른 이름은 경구(京口)라고 한다. 옛 도읍 남경의 출입구여서 그렇게 불리었다. 남경의 수비는 경구에 달려 있어 군사적으로도 매우 중요한 성시였다. 장안의 남쪽 기슭에 있으며, 건너편은 과주(瓜州)이고, 그 끝에 지난날 강도(江都)라고 불리던 양주(揚州)가 있다. 그곳은 북쪽과 이어지는 대운하의 기점이기도 했다.

진강(경구)을 제압하면 장강뿐만 아니라 남북의 운하까지 제압할 수

있다. 영국군은 7천 명의 병력으로 진강을 공격했다.

이와 같은 군사적 요충지인데도 청 정부는 주방기병 1천 200명과 청주병 200명밖에 두지 않았다. 자국 영토의 요지에서 싸우는데, 공격군이 수비군보다 병력이 많은 것이다. 영국 원정군은 진강 공략전으로 끝장을 낼 생각이었다. 아무리 북경의 청 정권이 어리석고 미련해도 진강 함락이 무엇을 의미하는지 모를 만큼 어리석지는 않을 터였다.

여기서 확실히 끝장을 내려면, 압승을 거두어야 할 뿐만 아니라 공포를 이 땅에 새겨 넣어야 한다. 영국군은 먼저 사포에서 펼친 공포정책을 여기에서도 실행했다. 사포에서는 거기서부터의 진로에 해당하는 지방의 저항을 약화시키는 것이 목적이었다. 진강에서는 여기서 손을 들게 하는 것이 목적이었으므로 더욱 처참했던 것도 당연했다. 영국군이 돌입한 진강은 아비규환의 지옥이 되었다.

사실은 아편전쟁 중에 영국군이 공성전에서 가장 격렬한 저항을 받은 곳이 이 진강이었다. 이것은 주방만주기영(駐防滿洲旗營) 부도통(副都統)인 해령(海齡)의 성격과도 관련이 있을 것이다. 해령은 괴팍한 인물로 영국군이 침공하기 전에 내부를 깨끗하게 한다면서 매국노를 색출한다는 명목으로 보증인이 없는 승려, 도사, 걸인, 부랑자 등을 대량으로 체포해 참살했다고 한다. 성문을 닫아걸고 사람들의 출입을 금지했기 때문에 성내는 이미 이상한 분위기에 휩싸여 있었다. 해령은 죽음을 각오하고 영국군에 맞서 싸우려고 했으며, 시민까지 거기에 끌어들이려고 했다. 영국 측 기록에도,

> 지금까지 청나라에서 겪은 가장 처참한 전투였다.

라고 적혀 있다.

저항이 격렬하면 공격도 광적으로 치닫는다. 영국 병사는 진강에서 여자만 보면 강간하고 죽였다. 소암도인(甦庵道人)이 지은 『출위성기(出圍城記)』에는 영국 병사에게 능욕을 당하느니, 죽음을 택한 여자들의 이름이 길게 나열되어 있다. 그 수가 75명에 이르지만, 자살한 여자까지 모두 망라한 것은 아닐 것이다. 능욕을 피해 몸을 숨겼다가 굶어 죽은 여자도 많았다고 한다.

주방기병은 거의 전원이 장렬히 전사했다. 청주병도 절반이 죽었다고 한다. 해령은 집에 불을 지르고 스스로 목을 매었다.

요충지 진강이 함락되면서 남경은 이제 바람 앞의 등불이었다. 영국은 한편으로는 계속 진격해 북경을 칠 듯한 자세를 보였다. 양강 총독 우감, 기영(耆英), 이리포(伊里布)와 같은 중신들도 영이가 천진을 노린다는 거짓말을 하고 있다는 정보를 북경에 보냈다.

영국 함대를 막기 위한 전비는 이미 어마어마한 액수에 이르고 있었다. 은 유출도 큰 문제지만 전비도 큰일이어서, 더 이상 싸우다가는 국가 재정이 파탄 날 지경이었다. 마침내 도광제는 굴복하기로 결심했다.

> 짐이 어찌 연해 신민의 목숨을 보전하기 위해 외이를 다소 회유할
> 방도를 생각해 보지 않았겠는가.

국민의 생명과는 바꿀 수 없으므로 내키지는 않지만, 영국과 화의를 맺는 데 동의한다는 뜻의 상유가 내려졌다. 이렇게 해서 영국 함대는 남경에 육박하고, 청조는 상대방의 요구를 대부분 받아들이는 조약을 맺었다.

영국에 대박 안긴 남경조약

남경은 그 당시에 정식으로는 강녕(江寧)이라고 불렸다. 아편전쟁의 종결을 알리는 남경조약을 때로는 강녕조약이라고 부르기도 한다.

남경조약은 1842년 8월 29일(도광 22년 음력 7월 24일), 남경에 정박한 영국 군함 콘월리스호에서 조인되었다. 그리고 비준서를 교환한 것은 이듬해 6월 26일 홍콩에서였다. 영국의 특명 전권대사는 헨리 포틴저였고, 청나라 측 대표는 종실(宗室, 넓은 의미의 황족)의 일원인 기영(耆英)으로 당시 광주 장군의 자리에 있던 사람이다. 또 한 사람은 사포 부도통인 이리포였다. 두 사람 모두 만주족이었다. 기영은 공부상서(건설부 장관)와 호부상서(재무부 장관)를 역임했고, 아편전쟁이 일어나자 광주 장군 겸 흠차대신으로 제수되었다. 그는 진강이 함락된 후 조정에 화의책을 가장 열심히 상주했다. 이리포는 전임 양강 총독으로 엘리엇의 주산 반환 등에서 영국 측과 교섭한 경험이 있는 인물이다.

남경조약은 14개조로 이루어져 있다. 엘리엇이 광동에서 기선에게 내민 요구를 거의 토대로 삼은 것이다.

전비 배상금 1천 200만 달러, 몰수한 아편 대금은 600만 달러, 이 밖에 공행 채무 300만 달러, 도합 2천 100만 달러가 청구되었다. 이 중에서 공행 채무는 상당히 문제가 되기는 하였으나, 상거래에서 생긴 것이므로 어쩔 수 없는 부분인지도 모른다. 공행 상인의 파산 등으로 영국 상인이 받지 못하게 된 금액의 누계다. 청나라에는 근대적인 파산에 관한 법률이 없었지만, 영국에서는 장부에 회수 불능으로 처리해야 할 성질의 것이었다. 받아낼 수 없게 된 것을 청 정부로부터 탈취했다고 해석할 수도 있다. 또 남경조약에 따라 공행은 폐지되고, 영국 상인은 청나라 누구와도 자유롭게 통상할 수 있게 되었다.

문제는 제4조 몰수 아편 대금 조항이다. 영국은 이 조항을 상당히 신경 써서 작성했다.

청국 황제는 1839년 3월, 영국 신민이 청국 고관에게 감금되어 사형의 위협을 받고 목숨을 부지하기 위해 광동에서 인도한 아편의 배상금으로 양은 600만 달러를 지불할 것을 약속한다.

청나라는 '광동화약'에서도 600만 달러를 지불했다. 광동에서 엘리엇이 제시한 요구에도 몰수한 아편의 배상금이 포함되어 있었다. 『중서기사(中西紀事)』에 따르면, 엘리엇은 처음에 1천 200만 달러를 요구했으나, 미국인의 조정에 의해 반액으로 줄었다고 한다. 그런데 영국은 광동에서 받은 것은 아편 대금이 아니라 '속성금(贖城金, ransom)'이었다고 말을 슬쩍 바꿔치기했다. 속성금이란 그때 영국이 광주를 포위해서 거의 함락 직전에 있었는데, 함락되면 약탈로 거액의 전리품을 손에 넣을 수 있었지만, 그렇지 않았으니 그 대신 그만한 금액을 내놓으라고 했던 듯하다. 그러나 남경조약을 맺을 때, 청나라 측이 아편 대금은 광동에서 이미 지불했다고 말하자, 영국의 모리슨이 광동에서 받은 금액으로는 몰수 아편 대금에 미치지 못하므로 추가 금액을 청구한 것이라고 대답했다.

호문에서 처분된 아편의 원가가 운임을 포함해서 500만 달러 정도였다는 것은 앞에서 이야기했다. 영국이 청나라에게서 받은 배상금으로 아편을 몰수당한 상인에게 지불한 금액도 600만 달러를 넘지 않았다고 한다. 영국은 아편 대금을 이중으로 받아 내었는데, 이것을 얼버무리기 위해 도중에 광동에서 받은 돈을 '속성금'이었다고 말을 바꾼 것이다. 이 말 바꾸기가 영국의 말단 관리에게까지 전해지지 않았기 때문에, 모리슨이 남경조약의 배상금은 광동 배상금의 추가분이라고 대답했음에 틀림없다.

남경조약 제4조는 몰수 아편의 배상금이라고만 해도 충분했을 텐데, 일부러 쓸데없는 말을 앞에 덧붙인 것이다. 영국인 임스는 남경조약은 이 조항을 넣었기 때문에 전체가 추악한 것이 되고 말았다고 비판했다. 아편이 중국에서 금제품이었다는 엄연한 사실을 이 조항은 무시하고 있다. 조항을 읽어 보면 아편은 영국인이 '목숨을 부지하기 위해' 인도했다고 되어 있지만, 이것은 사실에 어긋나는 말이다. 중국 근대 외교사의 권위자인 야노 진이치(矢野仁一)는

아편을 중국 측에 인도해도 다시 감금되고 사형 위협을 당했다는 이유로 몸값을 냈다면, 그것의 반환을 요구해도 될지 모른다. 그러나 처음부터 중국에서는 소지해서 안 되며, 따라서 중국에 인도해야만 하는 아편을 인도해서 감금이 풀리고 죽음의 위협이 멎고 생명을 건졌는데, 그 대금을 몸값이라고 해서 정당하게 요구할 수 있을까.

라고 제4조에 쓰인 표현의 부당함을 지적하고 있다.

또 제3조는 홍콩 할양을 약속한 것인데, 여기에도 군더더기 같은 말이 앞머리에 붙어 있다.

영국 국민이 필요한 경우에 선박의 손상을 수리하고 이에 필요한

재료를 저장할 항구를 갖는 것은 매우 바람직한 일임에 비추어, 청국 황제는 영국 여왕에게 홍콩섬을 양여하여, 영국 여왕과 그 후계자가 영구히 이것을 점유하게 하며, 영국 여왕이 적당하다고 인정하는 법률과 규칙으로써 이를 통치한다.

이 밖에 남경조약은 제2조에서 광주 이외에 하문, 복주, 영파, 상해를 개항장으로 할 것을 정하고 있다. 개항장이란 외국인이 제한 없이, 장애를 받지 않고 거주하며 무역을 할 수 있는 땅을 말한다. 지금까지 광주에서는 부녀자의 거주가 허용되지 않았지만, 남경조약 이후 이 다섯 항구에서는 그러한 제한이 없어졌다.

제11조에서는 영국 고관이 청나라 고관과 문서를 주고받을 때, '조회(照會, Communication)'라는 용어를 사용한다는 것과 그 밖의 형식을 정하고 있다. 지금까지는 '품(稟)' 형식으로 공행을 통해 문서를 제출해야 했지만, 이제는 직접적으로 대등하게 문서를 주고받을 수 있게 되었다. 공행이라는 것 자체가 이 조약으로 소멸되었다.

지금까지 청나라가 무역을 '은혜'라고 생각하던 사고방식이 근본적으로 바뀌게 되었다. 물론 조약이 체결된 것만으로 오랫동안 지녀 온 사고방식이 단숨에 바뀌지는 않지만, 이것이 시대의 전환을 알리는 길고 진한 한 줄이 된 것만은 사실이다.

국제무대에 끌려나온 '천자의 나라'

지금까지 아편전쟁에 대해서 다소 지나치다 싶을 만큼 깊게 파고들었다. 그 까닭은 이것이 중국사의 근대 진입을 알리는 사건이기 때문이다.

청나라 왕조는 천조(天朝)이고, 그 이외에는 외번(外蕃), 조공국(朝貢國), 만이(蠻夷)로 간주해 대등한 나라가 아니라던 대의가 허구에 지나지 않는다는 사실이 이 싸움으로 폭로되었다. 천조가 세계의 중심이며 당연히 세계에서 가장 강력한 국가라고 누구나 믿어 의심치 않았지만, 영국과 싸워 보고 나니 그런 믿음이 하루아침에 무너지고 말았다. 바다에서건 육지에서건 어떤 싸움에서도 만이인 영국이 천조를 압도했다. 대등하기는 커녕, 힘으로 말하면 상대방이 훨씬 강하다는 것이 사실로써 증명되었다.

남경조약이 이듬해 비준된 뒤, 광동 호문에서 상세한 추가 조약이 덧붙여지고, 또 같은 무렵에 오항(五港, 광주, 복주, 하문, 영파, 상해)통상장정도 공포되었다. 중국 근대사에서 자주 문제가 되는 '치외법권'은 사실 남경조약에는 포함되어 있지 않다. 치외법권은 오항통상장정 안에,

만일 불행하게도 중국인과 영국인 사이에 영사가 화해시키지 못하는 쟁송이 일어날 경우에는, 영사는 중국 관헌의 지원을 요청하고 협력해 사건의 곡직을 밝히고 공평하게 재판하며, 영국인 범죄자는 영국 정부가 그 목적을 이루는 데 필요한 법률을 제정해서 영사에게 이것을 집행하게 하며, 중국인 범죄자는 중국 법률에 따라 재판하고 처형해야 한다.

라고 한 데서 근거한다. 사실 중국에는 그 이전에도 만이의 일은 만이에게 맡기자는 일종의 천조의식, 차별의식에서 외국인의 치외법권을 인정한 일이 있다. 그러나 그것을 외국인의 특권으로 인정한 것은 이 오항통

상장정이 처음이었다.

1884년에는 미국 정부가 전권위원 쿠싱(Caleb Cushing, 1800~1879)을 파견해, 마카오 교외의 망하촌에서 중미조약을 체결했다. 남경조약과 그 추가 조약은, 오항통상장정과 내용이 거의 같다. 다만 치외법권에 관해서는 차이가 있다. 영국은 재판을 중·영 양국 관헌이 합동 심리하고 그 처벌만을 피고의 소속 국가에 맡겼는데, 미국은 민사상의 분쟁은 마찬가지지만, 형사사건일 때는 재판과 처벌 모두 피고의 소속 국가 법률에 따르기로 했다.

남경조약은 아편무역에 대해 아무런 규정도 하지 않았으나, 미국과 체결한 망하조약에는 미국 정부는 아편 등의 불법무역을 하는 미국 시민을 보호하지 않는다는 항목이 덧붙여져 있다. 이것은 미국식 이상주의의 발로라고 볼 수 있을 것이다. 그러나 실제로 미국 상인은 그 후에도 왕성하게 아편무역에 종사했다.

남경조약에서는 아편무역에 대해 아무런 언급을 하지 않았다고 했다. 그것이 합법이라고는 쓰여 있지 않지만, 분명하게 합법이 아니라고도 하지 않았다. 하지만 몰수한 아편의 대금을 배상하게 했으므로, 아편무역을 공인했다는 인상을 준다는 것은 부정하기 어렵다.

또 홍콩을 할양하게 한 것은, 그곳을 자유항으로 만들어 선박에 과세하지 않고, 영국 국기의 보호 아래 아편무역을 활발하게 하고자 하는 목적에서 나온 것이다. 실제로 남경조약 이후 아편무역은 더욱 활발해졌다.

프랑스가 청나라와 광동의 황포에서 체결한 통상조약은 미국의 망하조약보다 3개월 남짓 늦다. 황포조약에는 프랑스인은 중국 법률에 따라 명령된 어떠한 의무도 지지 않는다고 해석할 수 있는 항목이 하나 있었다. 이것은 최혜국민 대우 조항에 따라 프랑스인 이외의 외국인도 똑같이 누릴 수 있는 권리였다. 중국에 거주하는 외국인이 중국에 세금을 납부할 의무를 면제받은 것도 바로 이 황포조약이 근거가 되었기 때문이다. 또 황포조약은 중국어 문장과 프랑스어 문장 사이에 일치하지 않는 부분이 있어 결코 모범적인 조약이라고 할 수 없다.

황포조약에는 한 가지 더 문제가 되는 조항이 포함되어 있었다. 청나라는 남경조약에 따라 다섯 항구를 개항했지만, 그 추가 조약의 상세한 규정에도 영국인은 시골로 놀러 가서는 안 되며 멀리 내지에서 무역을 해서는 안 된다는 금지 사항이 있었다. 그런데 황포조약은 금지 사항은 그대로 남겨 두면서도, 그 금지를 어기고 경계를 넘는 프랑스인이 있어도 중국인은 그를 구타하거나 상해를 입히거나 학대를 가해서는 안 되며, 가까운 영사에게 인도하라고 되어 있다. 금지 조항은 있지만, 그것을 어겨도 별다른 처벌을 받지 않게끔 되어 있다. 이것은 아마도 가톨릭의 전도를 용이하게 하려는 것을 염두에 두었기 때문일 것이다. 이 조항이 프랑스인 이외의 외국인에게도 적용된 것은 말할 나위도 없다.

아편전쟁의 결과로서 청나라는 유아독존인 '천조'에서 국제무대로 끌려나왔다. 거기에는 수많은 대등한 국가가 있고, 그들이 가진 함대와 거포는 대개 청나라의 것보다 월등했다. 중국에 의식 개혁이 요청되면서 근대를 향한 움직임이 시작되었다.

서구 열강도 남경조약, 망하조약, 황포조약을 내세워 차츰 자기에게 유리한 자리를 차지하기 위해 다투기 시작했다. 중국에 대한 열강의 권익 획득 경쟁의 싹이 이미 통상조약 체결 시기에 자라고 있었다.

모반의 무리

서양 충격에 눈뜬 한족

아편전쟁이 끝나고 발화점이었던 광동 지방의 치안이 악화된 것은 말할 나위도 없다. 지금까지 마구 거들먹대던 관헌이 백성이 보는 앞에서 영국에게 진 것이다. 백기를 내걸고 영국이 하라는 대로 했다. 흠차대신인 기선이 엘리엇에게 아첨한 이야기는 상당히 과장되어 사람들 귀에 전해졌다. 광주성을 영국군에게 비워 주고 군대는 백운산까지 물러났다. 이래서야 관헌의 권위가 설 리 없다. 사람들은 예전과 달리 관헌을 두려워하지 않게 되었다.

영국인의 비위를 맞추기 위해 기선이 수용(水勇, 임칙서가 조직한 수상의 용군)을 해산했다는 것은 앞에서 이야기했다. 당연하게도 해산할 때도 규율은 지켜지지 않았다. 그들은 무기를 지닌 채 민간으로 흩어졌다. 그 후 그들은 어떻게 되었을까? 생활은 점점 어려워지고 있었다. 수용에 참가한 젊은이들은 유복한 계층에 속해 있지 않았다. 그들은 어떻게든 먹고

살 방법을 찾아야만 했다.

그들의 일부는 한간(漢奸)이 되었다. 한간이란 당시 영국군에게 고용되어 일하던 중국인을 가리키는 말이다. 나라를 위해 일하고자 수용에 참가했던 사람이 하루아침에 중국의 포대를 공격하는 영국군에게 고용되어 대포를 끌거나 보루를 쌓았다. 임스(James Bromley Eames) 등의 영국인은 그 심리를 이해하지 못하고 중국인에게는 애국심이 없다고 결론을 내렸다.

가족을 부양하고 자기도 먹고살기 위해 그들은 영국군에게 고용된 것이다. 그 시절에 영국군 외에 사람을 고용할 여유가 있는 사람이 거의 없었다는 것은 말할 필요도 없다. 다음에 애국심 문제인데, 청조라는 정권이 만주족의 무력에 의해 성립되었고, 문자옥에서 살펴보았듯이 한족을 가혹하게 탄압했다는 사실은 누구나 알고 있었다. 과연 목숨을 걸고 지킬 가치가 있는 정권이었을까? 언론 탄압이 심해서 감히 입에 담지는 못했지만, 이 나라는 사랑해도 이 정권은 사랑할 수 없다고 생각하는 사람이 적지 않았을 터였다. 청 왕조라는 정권에 적의, 또는 증오를 품은 사람들이 영국의 공격에 진심으로 분노할 리가 없었다.

앞의 6권에서도 그 시를 인용한, 선남시사 동인 공자진(龔自珍)의 『기해잡시(己亥雜詩)』에 다음과 같은 시가 있다.

구주(九州)의 생기, 풍뢰(風雷)를 의지하고,
만마(萬馬)가 똑같이 입을 다무니, 어찌 아니 슬프랴.
나는 바라노니, 천공(天公)이여, 거듭 두수(抖擻)하여,
틀에 얽매이지 않는 인재를 내려 주시기를.

九州生氣恃風雷 萬馬齊瘖究可哀 我勸天公重抖擻 不拘一格降人才

　　기해는 1839년이므로 아편전쟁이 일어나기 전해에 해당한다. 북경에서 고향인 진강으로 돌아가는 도중에 진강의 사당에 들렀을 때 지은 시다. 구주(九州)는 중국을 뜻한다. 풍신과 뇌신을 모신 그 사당에는 수많은 사람들이 참배하고 있었을 것이다. 도대체 이 땅에 살아 있는 모든 자는 그저 풍신과 뇌신에만 매달리는 무기력한 존재가 되고 말았는가 하고 깊이 한탄하고 있다. '만마가 모두 입을 다문다'라는 구절은 소식(蘇軾)의 시나 진유숭(陳維崧)의 사(詞)에서도 볼 수 있는 말인데, 조정의 신하(또는 정치가)가 모두 침묵을 지키고 있음을 형용하는 표현이다. 지금은 그렇게 슬퍼해야 마땅한 시대가 되고 말았다. 그래서 나는 천공에게 바란다, 좀 더 분발해서 파격적인 인재를 이 나라에 내려 달라고. '두수(抖擻)'는 특별히 분발한다는 의미다.

　　이 시에는 지은이의 우국충정이 넘쳐난다. 그래서 한 세기 반에 걸쳐 중국 사람들에게 애창되어 왔다. 오늘날에도 서예가들이 즐겨 이 시를 쓰므로, 중국을 여행하다 보면 족자나 액자에서 흔히 볼 수 있다. 애국 시인이라고 불린 공자진조차 친한 사람에게는 "만주족 대신에 외국 오랑캐가 들어선들 한족이 아니라는 데는 변함이 없다"라고 했다고 전한다. 물론 그 말이 기록될 리가 없어서 진위 여부는 알 길이 없다. 그러나 한족 지식인의 의식 밑바닥에는 똑같은 심정이 꿈틀댔을 것으로 생각된다.

　　나라를 사랑하는 것과 청조를 사랑하는 것은 별개의 일이다. 아편전쟁 후 청조에 대한 모반이 이어졌는데, 그들은 그들 나름대로 나라를 사랑했다고 할 수 있을 것이다.

아편전쟁이 낳은 또 하나의 산물은 기독교 포교가 공공연히 인정된 점이다. 길거리에서 외국인 전도사가 설교를 하거나 책자를 나누어 주는 모습을 볼 수 있게 되었다. 일찍이 백련교의 난에서 알 수 있듯이 종교라는 것은 민중을 모으고, 거기에 하나라는 정신적 유대감을 주어 반정부 운동을 일으키는 힘이 있다. 옛날에는 주로 미륵불이 속세에 내려와 세상을 바로잡는다는 식의 운동이었지만, 아편전쟁 후에는 새로운 얼굴로서 기독교가 등장했다.

기독교를 표방하는 반정부 운동은 아편전쟁이 끝나고 약 10년 후에 광동, 광서를 무대로 격렬히 불타올랐다. 청조를 뒤흔든 태평천국이 바로 그것이다. 이 지방에는 무기를 지닌 채 해산당한 수용 출신자들이 많아서 치안에 문제가 있었던 데다, 원래 광동, 광서는 혁명가의 산지라고 할 만큼 사람들의 기질이 열정적이었다.

게다가 아편전쟁의 결과, 남경조약에 따른 다섯 항구의 개항으로 말미암아 광동 지방에서는 실업자가 늘어났다. 광주에서만 이루어졌던 무역이 다른 네 항구에서도 이루어지게 되었으므로, 이른바 독점무역의 특권을 잃었다.

특히 상해의 개항은 광동 지방의 일부 업자에게 큰 타격을 주었다. 운수업자가 그 좋은 예일 것이다. 화남의 산물을 장강 연안으로 운반하는 업자는 수로와 육로를 이용해 내지를 거쳐 북상했다. 그런데 지금은 큰 범선이 대량의 화물을 싣고 화남에서 상해로 운반한다. 상해는 장강의 수계이므로 거기서 옮겨 실은 화물이 오지까지 침투하게 되었다.

근근이 내지를 거쳐 물자를 운반하던 업자는 하루아침에 일감을 잃었다. 피해는 숯을 굽는 업자에게도 미쳤다. 광동, 광서는 더운 지방이므로 거기서 사용되는 숯은 결코 난방용이 아니다. 풀무를 쓰는 대장간이 숯의 주요 소비자였다. 농기구나 그 밖의 물건을 만들던 대장간이 산업혁명 후의 영국 제철업자를 당해 낼 리 없다. 농기구에서 못에 이르기까지 온갖 철제품이 수입품에 추가되었다. 대장간이 활기를 잃자 숯막도 활기를 잃었다. 도처에서 이와 같은 연쇄반응이 일어나서 사회불안이 조성되었다.

민족의식으로 무장한 비밀결사

진사가 되어 북경에서 엘리트 과정을 밟아 고급관료가 된 증국번(曾國藩)은 후에 태평천국의 난을 진압한 인물이다. 그는 아편전쟁 후에 청나라 일반 서민이 겪는 '질고(疾苦)'의 원인을 상주문에서 다음 세 가지로 정리했다.

첫째는 '은가태앙(銀價太昂) 전량난납(錢糧難納)'이다. 은 유출에 대해서는 이미 여러 번 이야기했다. 은의 시세가 오르면 동전으로 납부하는 세금이 실질적으로 많아지고, 그것을 납부하지 못하는 사람이 늘어난다. 세금을 체납하면 처벌을 받으므로 처벌을 피해 도망가는데, 그들을 받아주는 곳은 비합법적인 집단밖에 없다.

둘째는 '도적태중(盜賊太衆) 양민난안(良民難安)'이다. 첫 번째 이유 때문에 도둑이 늘어나기 때문에 치안이 나빠진다. 안심하고 살 수가 없다.

셋째는 '원옥태다(冤獄太多) 민기난신(民氣難伸)'이다. 도둑이 많아지면 당국은 치안을 유지하기 위해 엄벌주의로 대처한다. 경찰에 검거율을 할당해 부과하면 죄 없이 끌려오는 사람이 많아진다. 이 시대의 소송은 돈이면 다 해결되었으므로 매우 불공평했다. 죄가 없어도 돈이 없으면 투옥된다. 그리하여 일반 민중은 점점 정부를 불신하게 된다.

증국번이 말하는 세 가지 질고가 해결되지 않았으므로, 모반이 일어나는 것도 무리가 아니었다.

태평천국의 주역인 홍수전(洪秀全)은 객가(客家) 출신이었다. 객가란 문자 그대로 그 땅에 나중에 들어 온 '객'을 말한다. 전쟁에서 지거나 그 밖에 다른 여러 가지 이유로 남하했지만, 살기 좋은 땅은 이미 먼저 사람이 들어와 농사를 지으며 살고 있다. 나중에 온 객가는 먼저 살고 있던 사람(先住民)이 내버려 둔 황무지를 일구어 살아야만 했다. 그렇기 때문에 여느 사람들보다 더 많은 노력과 지혜가 필요했다. 당시 중국 여자들에게는 전족(纏足) 풍습이 있었다. 어릴 때부터 발을 천으로 동여매어 두면 성장이 멎어서 다 큰 여자도 아장아장 걸을 수밖에 없다. 이런 발이 아니면 결혼도 하지 못했다. 그러나 객가 여자들에게는 전족하는 풍습이 거의 없었다. 조건이 좋지 못한 객가 사람들에게는 여자도 중요한 노동력이었다. 여자들의 발을 묶어 둘 수 없었다.

광동의 인구밀도가 높아지면, 아직 개간되지는 않았지만 땅이 넓은 광서로 이주하는 사람이 생기게 마련이다. 광서로 이주한 것은 주로 살림살이가 어려운 객가 사람들이었다. 광서에도 물론 먼저 와서 정착 생활을 하는 사람들이 있었는데, 그들은 새로 온 객가 사람들을 '내인(來人)'이라고 불렀다.

아편전쟁을 마무리한 남경조약이 아편무역에 관해 일절 언급을 하지 않은 것은 사실상 아편을 공인한 것이나 같았다. 홍콩이 자유무역항이 되자, 유니언잭(Union Jack, 영국 국기)에 의해 아편무역이 보호를 받게 되었다. 이것은 은의 유출이 점점 심해지고 은값이 오른다는 것을 뜻한다. 청 정부는 그 대책으로 은광 개발에 힘을 기울였다. 광서에는 은광이 많았고 비록 은을 캐는 일이 중노동이었지만, 주로 내인, 곧 객가 사람들이 그 일에 종사하고 있었다. 광부라고 하면 으레 객가였다고 해도 틀린 말이 아니었다.

태평천국의 난의 발화점은 광서였고, 그것을 추진한 간부들은 대부분 객가였다.

광동이나 광서에는 주강(珠江)을 비롯해서 많은 하천이 있다. 하천은 남쪽의 주요 교통로로서, 광서의 주요 산물인 목재를 뗏목으로 짜서 옮기거나 다른 물자를 운반하는 데 쓰였다. 다섯 항구의 개항이 하천에 의한 운반업에 종사하는 사람들에게서 적지 않은 일자리를 빼앗았다는 것은 말할 나위도 없다.

비밀결사를 설명한 부분에서도 이미 언급했지만, 뱃사람들은 동료와 운명을 같이한다는 의식이 강하기 때문에 서로 굳게 단결한다. 각지에 이동하기 때문에 연락망도 있다. 그들에게는 조직이 있었으며, 청방(靑帮)은 그중에서도 가장 큰 것이었다. 이자성(李自成)으로 대표되는 명나라 말기의 역졸(驛卒)들처럼 아편전쟁 이후 광동, 광서에서는 조직을 가진 사람들의 대량 실직이라는 현상이 나타났다.

이 무렵 문헌에는 '정비(艇匪)'라는 문자가 자주 등장한다. 한 시대 전에 베트남을 거점으로 삼았던 '정도(艇盜)'와 구별하기 위해 사용한 말이겠지만, 정도가 해적이면 이것은 하적(河賊)이라고 해야 할 것이다. 임칙서가 조직하고 기선이 해산을 명한 수용의 일부가 정비에 가담했다는 것은 상상하기 어렵지 않다. 그들은 무기를 지닌 채 해산했기 때문에 정비가 되기에 퍽 좋은 조건을 갖추었을 것이다. 배를 몰고 다니므로 기동력이 강하다는 장점이 있었다.

증국번이 상주했듯이 '도둑이 매우 많으므로' 가진 자들은 자구책을 세우지 않을 수 없었다. 각지의 호족, 부호들은 사병단을 조직했다. 아편전쟁 중에 영국군에 맞서 향토를 방어하기 위해 각지에서 '단련(團練)'이 장려되었다. 지방 유력자가 돈을 대서 장정에게 군사 훈련을 시키는 것이 단련인데, 그것이 그대로 돈을 댄 유력자들의 사병단이 된 예도 많았을 것이다. 비적이 많아지면 토호(土豪)라고 불리는 지방 유력자는 자신을 지키는 데에 힘을 기울이게 마련이다. 무기를 지닌 채 해산된 의용병 일부는 여기에도 끼어들었을 것이다.

비밀결사 중에서도 민족의식이 강렬한 천지회는 화남과 동남아시아의 화교 사이에 드러나지 않게 세력을 펼치고 있었다. 아편전쟁 후, 천지회는 다양한 분야에 침투한 듯하다. 상호부조 조직으로 의형제를 맺는 등 형식은 같았지만, 청방은 동업자 조직이라는 면이 강하고, 천지회는 '멸만복명(滅滿復明, 만주족을 멸하고 한족 천하를 다시 일으킨다)'이라는 민족주의적 경향이 강했다. 아편전쟁 무렵에는 양자의 중복이 상당히 진행된 것 같다. 거의 공인되었다고는 하나 아편은 일단 금제품이었기 때문에 그것을 취급하는 데는 비밀이라는 형식이 필요했다. 아편은 그 자체의 해독이외에도 사회 전반에 비밀결사적인 냄새를 퍼뜨리는 역할을 했다. 누구나 은밀한 곳에서 무언가를 꾸미는 느낌이어서 사회 분위기는 음침하기 짝이 없었다. 시대 풍조 속에서 썩은 냄새를 풍기는 퇴폐가 있었다.

염당의 출현

이와 같은 퇴폐의 시대에는 오히려 정신의 청렴함을 찾게 마련이다. 뜻있는 사람은 그것을 강하게 갈구했음에 틀림없다. 후한 말, 삼국 동란기 사람들은 태평도나 오두미도(五斗米道)와 같은 중국 고래의 도교에서 구원의 길을 찾았으며, 천축에서 들어온 부도(浮屠)의 가르침(불교)에도 마음이 끌렸다. 아편전쟁 후에는 마찬가지로 도교적인 분위기가 농후한 천지회나 다른 비밀결사에 의지하는 사람이 있는가 하면, 서양에서 건너온 기독교에 관심을 갖는 사람도 나타나기 시작했다.

어느 쪽이든 현실 생활에 만족하지 못하는 사람들은 조직의 일원으로서 안심하고 살 수 있는 자리를 마련하고자 했다. 지금까지 있던 비밀결사 계통의 조직은 그러한 요구에 어느 정도 부응했다. 새로이 들어온 기독교도 단지 개인적인 신앙만으로는 당시 사람들의 갈증을 채워주지 못했다. 아편전쟁에 의해 사람들 사이에 배외사상이 높아지고 있었으므로, 기독교 조직을 만들어도 외국인이 조직을 이끈다면 사람들이 외면하고 말 것이다. 중국인이 이끄는 중국적인 기독교단이라는 점에서 태평천국은 급속하게 팽창해서 강력한 힘을 갖게 되었다.

태평천국에 대해서는 나중에 상세히 언급하기로 하고, 잠시 눈을 화남에서 북쪽으로 돌려 보자. 하남과 섬서, 사천과 산동 등의 지방은 일찍이 백련교가 난을 일으킨 무대가 된 곳이다. 그러나 백련교의 난은 가경 연간에 거의 진압되었고, 청조는 가경 10년(1805)에 토벌군을 해산했다. 미륵 강하 신앙을 중심으로 하는 이 교단은 높은 윤리성을 지니고 있었다. 재산을 공유하고 악덕을 증오하며 채식주의를 원칙으로 하는 청교도였다. 그래서였을까, 지도자는 정치적인 수완이 모자랐던 것 같다. 반만(反滿) 사상은 강했지만, 그것을 정치적으로 유도해서 더욱 강렬한 힘을 발휘하게 하는 데는 실패했다. 또 청 정부가 채택한 견벽청야책(堅壁淸野策, 성벽을 굳게 지키고 곡식을 모조리 걷어 들여 적의 양식 조달을 차단하는 전술—옮긴이)이 성공해서 백련교도의 세력은 분단되어 게릴라화되었고, 말기에는 떠돌이 도둑이 되어 간신히 명맥만 유지하다 거의 소멸했다.

아편전쟁 후에 하남, 산동, 안휘 지방에 나타난 '염(捻)'이라고 칭하는 집단은 백련교 계통으로 보기에는 종교적 색채가 지나치게 엷다. 그런 의미에서 숨어 살던 백련교도에 의해 발생했다는 설은 그다지 설득력이 없는 것 같다.

'염'을 정부 측에서는 '염비(捻匪)'라고 불렀다. 염군, 또는 염당(捻黨)이라는 명칭도 있는데, 여기에서는 염당이라고 부르기로 한다. '염'이란 비틀어 짜듯 모아서 결사를 만든다는 뜻이다. 도당을 만든다는 의미다.

원래 중국의 농촌은 마을 자체가 하나의 결사였다. 같은 성씨만 모여 사는 마을도 있다. 어떤 성과 그것과 인척 관계에 있는 몇 개의 성이 모여서 마을을 이룬 예도 있다. 조상이 같은 종족(宗族)공동체라는 성격이 있었다. 이런 전통적인 결사에서 떨어져 나오는 사람의 예로서 백련교와 같은 조직에 참여하는 사람이 있다. 신앙을 따라 별개의 조직에 들어가는 것이다. 그 외에도 품행이 좋지 못해 농촌공동체에서 배척을 받은 사람도 있을 것이다. 일자리나 식량이 모자라서 입 하나 덜려고 내쳐진 사람도 있을 것이다. 어찌 되었건 염당은 이렇게 전통적인 공동체에서 떨어져 나온 사람들을 받아들인 집단이었을 것이다.

말하자면 추방자들의 집단이었다. 그중에는 성정이 난폭해서 추방된 사람도 있어서 시작부터 매우 살벌한 도당이었던 듯하다. 이러한 집단이 으레 그랬듯이 정부의 감시를 피해 사염을 운반하는 등 위험한 일을 떠맡아 먹고살았다. 정부가 금지하는 도박장을 열어서 자릿세를 챙기기도 했다. 이렇게 염당은 백련교와 달리 거칠고 사나운 기운이 강한 집단이었다. 사람을 납치해서 몸값을 요구하는 것도 그들의 돈벌이 수단이었다.

어느 세상이든 낙오자는 있게 마련이고, 그들은 그들끼리 모이지 않으면 살아갈 수가 없다. 염당은 결사를 유지시켜 주는 정신적인 지주가 없었으므로 위정자에게는 그다지 두려운 존재가 아니었을 것이다. 도박장을 열기 위해 지방 말단 관리에게 돈을 쥐어주는 일도 있었다.

염당이 문제가 되는 것은 그것이 강렬한 정치의식을 지닌 단체와 연결될 때다. 태평천국이 힘을 얻고 거기에 호응하는 움직임이 나타나자, 염당은 비로소 청 정부에게 위험한 존재가 되었다.

신개항장에서도 온갖 결사가 생겨났다. 거기에는 아편이라는 상품이 있다. 그것을 둘러싸고 청방적인 요소가 있는 것, 또는 염당적인 요소가 있는 것이 난립했다. 아마도 그러한 집단들의 이합집산도 있었을 것이다. 그 집단 가운데 역사상 가장 유명한 것은 상해의 소도회(小刀會)였다. 태평천국의 난 때의 일이지만, 소도회는 오랜 기간에 걸쳐 상해현성을 점령할 만큼 힘이 있었다.

무자격 기독교 전도사 홍수전

상당히 격렬한 민족의식, 정치의식을 가진 사람은 별개로 치고, 아무도 모반자가 되고 싶어서 된 것은 아니다. 쫓겨나거나 일자리를 잃어서 비합법적인 장사를 할 수밖에 없게 되자, 어쩔 수 없이 모반자가, 모반자라기보다 수배자가 된 것이다.

정부는 때때로 적발해서 처벌하는 등 위협을 가해서 그들의 비합법적인 행위가 적당한 선을 넘지 않도록 주의만 해도 괜찮았다.

위정자에게 두려운 것은 어쩔 수 없이 모반자가 된 무리가 아니라, 스스로 나아가 정부에 반기를 든 사람들이다. 그들은 밀수나 사염이나 도박 따위로 돈을 버는 짓은 하지 않았다. 신념을 가지고 정부에 반항하는 사람들의 집단이다. 일찍이 백련교가 그러했는데, 그것이 진압되고 반세기 만에 그런 종류의 집단, 진짜 모반자 무리가 나타났다. 그것이 기독교를 표방하는 '태평천국'이라는 형태를 취한 것은 청 정부로서도 상상 밖의 일이었을 것이다.

당나라 말기에 일어난 황소의 난을 이끈 황소가 과거 시험에 낙방한 서생이었던 것처럼, 태평천국을 이끈 지도자도 과거에 급제하지 못한 홍수전이었다.

홍수전은 광동 화현(花縣) 출신의 객가다. 화현은 광주시에서 아주 가까운 곳에 있다. 나는 광주시에서 자동차로 갔는데 약 39분 만에 화현에 도착했다. 홍수전이 태어난 집, 낙방 서생인 그가 생계를 위해 아이들을 가르친 서당, 홍씨의 종묘 등이 거기에 있었고 일부는 태평천국 기념관으로 꾸며져 있었다. 물론 태평천국의 난이 진압된 후, 반란의 수괴인 홍수전의 생가 등은 청 정부에 의해 파괴되었다. 우리가 화현에서 본 것 중 종묘를 제외한 나머지는 전부 나중에 복원된 것이다.

객가 생활은 주위 사람들에 비해 어려웠던 것 같다. 그래도 홍수전은 그럭저럭 교육을 받을 수 있었으므로 객가로서는 다소 여유 있는 가정이었을 것이다.

홍수전은 윤리 관념이 강하고 감수성이 매우 예민한 인물이었던 모양이다. 과거의 향시(鄕試, 과거의 제1차 시험)는 성도(省都)에서 치러진다. 홍수전은 두 번째로 시험을 치러 광주에 갔을 때, 길거리에서 기독교 전도사를 만나 『권세양언(勸世良言)』이라는 소책자를 받았다. 중국인 신도를 모으기 위해 기독교의 개요를 중국어로 해설한 것이다. 이때 홍수전은 그것을 훑어보기만 했을 뿐, 그다지 관심을 갖지는 않았던 것 같다. 이것이 도광 16년(1836)의 일로, 그때 홍수전의 나이 24세였다.

이듬해 그는 다시 향시에 도전했으나 또 낙방했다. 홍수전에게 이것은 세 번째의 낙방이었는데, 그는 슬프고 분한 나머지 병을 얻어 화현으로 돌아왔다. 어떤 병이었는지 알 수 없으나 40여 일이나 병상에 있었다고 하니, 어쨌든 생명이 위태로운 중병이었음에 틀림없다. 고열 때문에 환각 증상이 나타난 모양이다. 꿈에 한 노인이 나타나, 그에게 칼 한 자루를 주면서 요마가 이 세상을 어지럽히고 있으니 그 칼로 싸워서 몰아내라고 명령하며, '천왕대도군왕전(天王大道君王全)' 일곱 자를 하사했다.

이것이 이른바 홍수전의 승천(昇天)이다. 그는 훗날 이 일을 이야기했는데, 책에 따라 조금씩 차이가 있다. 꿈에서 깨어난 그는 꿈속 모습이 그 『권세양언』에 씌어 있는 장면과 흡사하다는 느낌이 들어, 책장에서 그 책자를 꺼내 다시 읽어 보았다. 꿈에서 본 노인이야말로 여호와 신이고, 역시 꿈에 나타난 중년 인물이야말로 예수다. 홍수전은 그렇게 확신했다고 한다.

홍수전의 본명은 홍인곤(洪仁坤)이며, 어릴 때 이름은 화수(火秀)였다. 이때부터 그는 여호와에게서 받은 '전(全)'자를 써서 홍수전이라고 칭했다. '전(全)'이라는 글자를 풀면 '사람(人)의 왕(王)'이 된다. 홍수전은 여호와가 천부(天父)이고 예수가 천형(天兄)이라고 생각했다. 이렇게 해서 그는 기독교에 빠져들었지만, 이 세상을 구하는 가르침을 내세워서 세상을 바로잡는 반란을 일으키겠다는 생각까지는 하지 않았던 것 같다. 아편전쟁 직후인 도광 23년(1843), 남경조약이 비준된 해에 그는 네 번째로 향시에 응시했다. 이번에도 낙방이었다. 그리고 그는 이것을 계기로 공맹의 가르침과 인연을 끊었다.

만약 이때 홍수전이 향시에 합격하고 다시 상급 시험에도 급제해서 관료가 되었다면 어떻게 할 생각이었을까? 기독교에 우호적인 관리로서 기독교의 포교를 지원할 뿐인 인생을 보냈을지도 모른다. 네 번째 낙방으로 홍수전은 삶의 방침을 바꾸었다.

홍수전은 왕윤우(王綸于)라는 학우와 함께 『권세양언』을 연구하고, 죽마고우인 풍운산(馮雲山)을 동료로 끌어들였다. 그러나 그 목적이 과연 기독교에 의한 혁명이었을까?

『권세양언』은 노(老) 로버트 모리슨의 제자이며 중국인 최초의 목사인 양발(梁發, 일명 양아발, 1789~1855)이 지은 것이다. 모리슨은 『성서』를 한역한 인물인데, 제자인 양발은 중국인이면서도 중국어 문장이 모리슨보다 서툴렀다. 『권세양언』에서 좋은 문장이라고 여겨지는 부분은 거의 모리슨의 『한역성서(漢譯聖書)』를 인용한 것이다. 양발이 기독교를 제대로 소화하지 못한 듯, 『권세양언』에는 지옥 부분이나 인과응보 등 불교 사상과 거의 같은 부분이 있다. 무엇보다도 문장력이 모자라서 해석하기 어려운 부분이 많았다. 홍수전은 이러한 책자로 기독교를 연구했기 때문에 곳곳에서 자기 나름대로 해석을 해야만 했다.

홍수전은 『권세양언』을 자기식대로 해석한 기독교를 전도하기 시작했다. 아직 『성서』도 읽지 않았으니 대담하기 짝이 없는 일이었다. 전도에는 자기가 쓴 문헌을 사용했다. 『원도성세훈(原道醒世訓)』, 『원도구세가(原道求世歌)』, 『원도각세훈(原道覺世訓)』, 『백정가(百正歌)』, 『개사귀정(改邪歸正)』 등의 제목이 붙은 문서가 그것이다. 그중에서는 '빈부는 하늘이 정하는 것'이라는 운명론적 성격이 짙은 사상도 엿보인다. 『원도구세가(原道求世歌)』에는,

황소, 이틈(李闖)은 어디에 있는가.

라는 구절도 있고,

당을 모아 횡행하는 것은 하늘이 돕지 않는다.

라는 부분도 있다. 황소와 이틈(이자성)은 모두 부패한 시대에 부패한 정권을 뒤엎기 위해 병사를 일으킨 인물이었다. '어디에 있는가'라는 말은 부정적인 평가를 나타내는 말이다. 운명은 처음부터 정해져 있으므로, 그것을 개혁하려고 도당을 모아도 하늘은 결코 은혜를 베풀지 않는다고 주장하고 있다. 이것은 혁명을 부정하는 것으로밖에 볼 수 없다.

홍수전이 혁명사상을 지니게 된 것은 훨씬 후의 일일 것이다. 기독교에 관심을 기울이기 시작한 무렵에는 새로운 외국 종교의 한 종파를 일으켜 자기 교단을 만들고 지도하겠다는 정도의 소망을 품은 데 지나지 않을 것이다.

도광 27년(1847)에 이르러 홍수전은 사촌인 홍인간(洪仁玕)과 함께 나효전(羅孝全)이라는 중국 이름으로 알려진 미국인 침례교 목사 로버츠(Issachar Jacox Roberts, 1802~1871)를 찾아갔다. 기독교를 좀 더 연구하기 위해서였다. 홍수전이 『구유조성서(舊遺詔聖書, 구약성서)』와 『전유조성서(前遺詔聖書, 신약성서)』를 본격적으로 읽은 것은 이때가 처음이었을 것이다. 몇 개월 동안 로버츠의 곁에 머물면서 홍수전은 세례를 받으려고 했지만 허락을 받지 못했다. 일설에 따르면, 홍수전은 그 교회에서 자리를 하나 얻으려는 욕심이 있었고, 로버츠가 그것을 불순한 동기로 여겨서 세례를 거부했다고 한다.

여호와 낙원을 꿈꾼 노동자들

홍수전은 자기 교단에 배상제회(拜上帝會)라는 이름을 붙였다. 상제 여호와를 받드는 결사라는 뜻이다. 홍수전과 풍운산은 광동과 광서를 오가며 회원 획득에 힘썼다. 홍수전이 로버츠에게서 유학(?)하고 광서로 돌아왔을 무렵, 동지인 풍운산은 이미 2천 명의 회원을 확보해 두었다. 태평천국의 간부가 된 광서의 양수청(楊秀淸), 소조귀(蕭朝貴), 위창휘(韋昌輝), 석달개(石達開) 등은 모두 이 기간에 입회한 사람들이다. 회원의 절반은 은광에서 일하는 광부였던 것 같다. 교단을 조직하는 데 뛰어난 수완을 발휘한 양수청은 읽고 쓰기도 배우지 못한 극빈한 집안 출신으로 한때는 숯을 구워 팔기도 했다. 또 한때는 운반부로 일한 적도 있었다.

배상제회의 거점이 된 곳은 광서성 계평현(桂平縣)에 있는 자형산(紫荊山) 일대의 지방이었다. 홍수전이 그 나름대로 해석한 기독교 교리 가운데 오류가 없었던 것은 우상을 부정하는 대목이다. 그는 일찍이 서당에 모셔 둔 공자의 위패를 철거해 말썽을 일으킨 적이 있다. 학부모들은 공맹의 가르침을 익히게 하려고 자식을 서당에 보냈는데, 서당 훈장이 이런 것 따위 한낱 나뭇조각에 불과하다며 소중한 공자의 위패를 내팽개친 것이다. 그런 이상한 훈장이 있는 곳에 아이들을 다니게 할 수 없다는 학부모의 성화에 못 이겨, 아이들이 하나둘씩 서당을 그만두면서 홍수전은 어쩔 수 없이 서당 훈장 자리를 잃고 말았다.

홍수전과 풍운산은 우상 파괴에 열심이어서 상주(象州) 감왕묘(甘王廟)에서 지방 관리가 바친 신상의 옷을 갈가리 찢고 우상을 파괴했으며, 사당 벽에 "하늘을 받들어 이 감요(甘妖, 감왕상)를 토벌한다"로 시작되는 비난의 시를 적어두었다. 무사안일주의인 관리는 보고도 못 본 체했다고 한다. 이 대담한 행위는 배상제회의 명성을 높여서 입회자가 점점 늘어났다.

보수적인 사람들이 이 일을 못마땅하게 여긴 것은 말할 나위도 없다. 계평현의 생원(生員) 왕작신(王作新)이라는 사람이 배상제회가 겉으로는 종교를 떠받들지만 속으로는 모반을 꾸미고 있다는 소장을 내어, 풍운산이 체포되는 사건이 일어났다. 생원이란 초보 관리 시험에는 합격했지만 관직은 맡지 않은 사람을 말한다. 지방에는 이러한 생원이 흔히 있어 마을의 풍기 감독관을 자처했다. 공자의 위패를 짓밟고 신상을 파괴하는 무리가 날뛰는 것을 왕작신은 도저히 보아 넘길 수 없었던 것이다.

체포된 풍운산을 구출하기 위해 홍수전은 광주로 향했다. 이 사건은 도광 28년(1848) 연초에 일어났는데, 남경조약 후 청 정부는 외국의 강요에 떠밀려 기독교를 해금한 상태였다. 광주에 있는 기독교 교회에는 양광 총독의 주장(奏章, 천자에게 올리는 문서)과 도광제의 어비(御批, 올린 문서에 대한 천자의 답)가 있는 문서가 여봐란 듯이 걸려 있었다. 기독교 반대 운동이 일어나면, 그것은 총독의 명령을 어길 뿐만 아니라 황제의 뜻에도 어긋나는 일임을 시위하고 있었다.

기독교를 믿는다는 이유로 함부로 사람을 체포하지는 못했다. 외국과 얽혀 있는 문제이므로 청나라 관원은 말썽이 생기는 것을 두려워했다. 풍운산은 체포되었지만, 당시 배상제회의 문서는 하늘을 공경하고 음욕을 경계하는 내용에 지나지 않았다. 얼마 후 그는 석방되었다. 석방 운동을 펼치려고 광주로 출발한 홍수전과 길이 어긋나고 말았다. 광서로 돌아와서 홍수전이 없다는 것을 안 풍운산은 광주까지 그를 맞으러 가기로 했다. 두 사람의 두터운 우정은 감동적이지만, 배상제회의 최고 간부 두 사람이 동시에 자리를 비움으로써 이 집단에 크나큰 불안을 안겨 주었다는 것은 말할 나위도 없다.

이미 수천 명의 무리를 거느린 대집단이 되어 있었는데, 지도자가 없는 것이다. 회원들은 동요했고 자칫하면 조직이 무너질 우려마저 있었다.

여기서 양수청이 등장한다. 그는 천부 여호와가 자신에게 씌워서 사람들에게 명령을 내린다는 형식을 만들어 냈다. 이것을 '천부하범(天父下凡)'이라고 한다. 그해 4월 6일(음력 3월 3일)의 일이었다. 여호와의 말에는 누구도 거역하지 못한다. 천부하범은 반드시 양수청을 통해 이루어지는 일이 되었다. 따라서 양수청은 교단의 지도자인 홍수전보다 실질적으로 더 강한 권력을 손에 쥐었다.

홍수전은 광동 화현으로 돌아갔는데, 아버지가 사망하는 일도 있어서 체제가 길어졌고, 그가 풍운산과 함께 광서 계평현의 배상제회 기지로 돌아온 것은 이듬해 6월이었다. 간부 두 사람은 1년 반 동안이나 기지를 떠나 있었던 것이다. 그동안에 양수청에 이어 소조귀에 구세주 예수가 씌어 교도를 이끄는 일이 벌어졌다. 이것을 '천형하범(天兄下凡)'이라고 한다. 1848년 10월 5일에 일어난 일로 음력으로는 9월 9일 중양절이었다. 후에 이 날은 '가강절(哥降節, 예수가 하강한 날)'로서 기념하게 되었다.

양수청이 여호와의 말을, 소조귀가 예수의 말을 전하게 되면서, 홍수전과 풍운산, 두 지도자가 돌아와도 교단을 완전히 장악할 수 없게 되었다. 그래서 배상제회는 양수청의 의사를 더욱 강하게 반영하는 집단이 되었다.

배상제회가 혁명적인 색채를 진하게 띠기 시작한 것은 이 무렵부터였다. 기껏해야 신상을 부수거나 위패를 내버리는 정도였던 신앙행위가 반역으로 방향을 틀었다.

홍수전과 풍운산이 광서에 돌아온 해, 광주는 대흉작 때문에 기근이 발생했고, 빈민은 집단을 이루어 '쌀을 달라'는 운동을 벌이기 시작했다. 시위의 대상이 된 부농이나 호족이 사병단을 강화한 것은 두말할 필요도 없다. 먹고살기 위해 빈민이 부자를 습격하는, 극히 명쾌한 도식의 소요가 각지에서 일어났다. 정부 측에서 보자면 굶어 죽지 않기 위해 벌이는 폭동도 모반임에 틀림없었다.

모반의 계절이 되면서 실직 운반부이자 실직 숯쟁이였던 양수청이 사실상 주도권을 쥔 배상제회도 모반으로 기울지 않을 수 없었다. 황소나 이자성 등 역사상 이름난 모반자에게 그다지 호의적이지 않았던 홍수전도 기독교가 이상으로 여기는 사회를 실현시키기 위해서는 그저 기도만 해서 될 일이 아니라고 모반을 단행할 결심을 굳혔다.

각지가 소란스러워졌다. 천지회 계통의 모반도 여기저기서 일어나고,
하천에서는 정비가 날뛰었다.

태평천국의 깃발

배상제회에 모여든 다양한 사람들

배상제회(拜上帝會)가 태평천국이라는 이름으로 군사를 일으킨 것은 도광 30년 12월 10일의 일이었다. 양력으로는 이미 다음 해에 들어선 1851년 1월 11일이었다. 물론 이날 갑자기 거병한 것이 아니라 상당히 오랜 준비기간이 있었다.

생활이 어려워지면 생활 기반을 둘러싼 쟁탈이 벌어지게 마련이다. 도광 30년에는 광서성에서 대규모 '계투(械鬪)'가 있었다. '계(械)'란 무기를 뜻한다. 집단 대 집단이 무기를 들고 싸우는 것이다. 마을과 마을이 싸우는 일도 있었는가 하면, 어떤 성씨가 다른 성씨와 싸우는 일, 예컨대 이씨 일족과 장씨 일족이 싸우는 일도 있었다. 계투는 중국에서도 남쪽에 많았으며 가장 빈번하게 일어난 곳은 대만이었다.

계투가 특히 남쪽에서 많았던 까닭은, 당시 화남이 아직 개척 중인 땅이었기 때문이다. 북쪽에서는 토지 소유권이 이미 굳어진 상태였다. 그러나 남쪽에서는 경작한 사람이 관습적으로 그 땅을 점유하는데 소유권은 매우 유동적이었다. 예컨대 8년 전에 A라는 사람이 경작하다가 그다지 좋지 않은 땅인 듯해서 포기했다고 하자. 8년 후에 B가 그 땅을 경작해서 상당한 수확을 올렸다. 그러자 A가 B에게 그 땅은 원래 자기 땅이었다고 이의를 제기한다. A에게는 A의 일족이 따라붙고 B에게는 B를 편드는 집단이 따라붙어 '계투'가 벌어지는 것이다.

도광 30년에 광서에서 일어난 계투는 선주민(先住民)과 객가(客家), 즉 내인(來人)의 싸움이었다. 전년에 기근이 들어 '쌀을 달라'는 운동이 벌어졌다는 사정은 앞에서 이야기했다. 이렇게 흉년이 들면 경작할 수 있는 땅이란 땅은 모두 구석구석까지 경작해야만 했다. 부지런한 객가 사람들은 선주민들이 버린 땅을 열심히 경작해 왔다. 그런데 흉년이 들자 선주민들이 "그 땅은 원래 내 땅이었다"라며 객가 사람들에게 반환을 요구했다. 피와 땀과 눈물로 일군 땅을 객가 사람들이 사수하려고 한 것은 당연한 일일 것이다. 이렇게 해서 계투가 벌어졌고, 수적으로 열세인 객가쪽은 결국 싸움에 지고 그 땅을 떠나야만 했다. 이때 계투에서 지고 지금까지 살던 땅에서 도망친 객가의 수는 남녀노소를 합해 3천 명이었다고 한다. 그들은 도대체 어디로 가야 했을까?

계평(桂平) 자형산(紫荊山)에 배상제회라는 것이 있다더라. 거기에
우리 같은 객가 사람들이 그럭저럭 잘 살아가고 있다고 한다. 거기에
가면 어떻게든 해 줄 것이다.

땅을 빼앗기고 무일푼이 된 객가 사람들이 소문으로 들은 배상제회를 찾아 속속 자형산으로 모여들었다. 그들은 딱히 기독교 신자는 아니었다. 같은 피압박 계층인 객가를 믿고 찾아왔을 뿐이다. 홍수전은 이러한

무리에게 배상제회의 정신을 불어넣었다. 농촌에서 순박하게 살던 사람들이어서 새로운 신앙을 비교적 순순하게 받아들였던 것 같다.

그런데 계평에 모반을 꾀하는 유력한 집단이 있다는 말을 듣고 천지회 계통의 사람들도 배상제회에 접근해 왔다. 그들의 경우는 다소 문제가 있었다.

천지회는 앞에서도 이야기했지만 민족주의 사상이 강한 사람이 많았다. 그들은 '반청복명(反淸復明)'을 부르짖고 있었다. 배상제회의 사상은 현재의 위정자 계층을 '요(妖)'로 간주한다. 거기에도 역시 민족의식은 있었다. 홍수전의 설교에도,

  우리 중국인은 진한(秦漢) 이래 염라(閻羅)와 요괴(妖怪)에 사로잡
  혀 고통 받고 있다.

라는 표현을 쓰고 있다. 상제의 사상에 어긋나는 자는 설령 한족 정권일지라도 요괴였다. 그러나 문맥으로 봐서 '요(妖)'는 한족이 아닌 만주족을 가리킨다. 배상제회도 그것을 뒤집어엎으려 했으므로, '반청'이라는 점에서는 천지회 사람들과 마찬가지 심정이었다. 천지회는 '반청' 바로 다음에 '복명'을 붙이고 있다. 명나라는 이미 200년 전에 멸망한 왕조다. 천지회의 이 구호는 명 왕조 자체의 부활이 아니라 한족이 황제가 되어서 중국을 지배하는 정권을 수립한다는 희망을 나타낸 것으로 보아야 할 것이다.

배상제회의 생각은 조금 달랐다. 한족 정권이라기보다 신앙을 더 중시하고 기독교 신앙을 정치 강령으로 삼는 정권을 목표로 한 것이다. 그들에게 '복명'은 터무니없는 말이었다.

생각은 서로 달랐지만 앞 단계인 '반청'에 공통점이 있어서, 배상제회

로서는 천지회와 제휴하는 데 그다지 저항감이 없었던 것 같다. 물론 여기에는 개인차가 있었다. 전략가인 양수청은 일단 모반을 일으키면 금세 박살나는 것이어서는 안 된다고 생각했다. 공유할 수 있는 연결 고리가 있다면 널리 연대해서 모반의 힘을 강화하는 것이 중요하다고 믿었다. 배상제회의 힘만으로 거병했다가 정부군에게 진압되어 소멸한다면 아무 소용이 없다.

홍수전의 생각은 조금 달랐다. 모반 집단 안에 신앙이라는 굵은 심지가 없으면 집단은 곧 부패하고 배상제회도 썩어 문드러지리라 우려했다. 홍수전이 보기에는 세력을 결집해 천하를 얻어도 신앙이 썩어 버린다면, 무엇을 위한 모반인지 알 수 없어진다. 그는 천지회를 받아들여도 좋지만, 착실히 종교 교육을 실시해 신자로 만들든지 적어도 신앙을 이해하게끔 해야 한다고 생각했다.

어찌 되었건 사람들이 모여들었다. 가난한 객가 사람들이 기층을 이루었지만, 그중에는 그 고장의 호족이라고 할 만한 사람들도 있었다. 태평천국의 고위 간부가 되어 북왕(北王)까지 오른 위창휘(韋昌輝)는 계평현 금전촌(金田村)의 대지주인 데다 전당포도 경영해서 지방에서 으뜸가는 부호로 일컬어지는 인물이었다. 석달개(石達開)도 계평에 이웃한 귀현(貴縣)에서는 손꼽히는 지주 집안 출신이었다. 그들이 배상제회의 모반에 가담한 것은 저마다 다른 이유가 있었다.

기근이 일어난 해, 위창휘는 자기 집 창고를 열어 굶주린 사람들에게 곡식을 나누어 주었다. 그 고장 사람들은 그를 씀씀이가 큰 어르신으로 섬겼다. 그에게는 '보량공비회(保良功匪會)'라는 사병 집단도 있었다. 배상제회 사람들은 위창휘가 거느린 사병 집단이 탐이 나서 그를 끌어들였는지도 모른다. 위창휘도 신도가 되었지만, 심정적으로는 배상제회보다 천지회에 가까웠을 듯하다. 배상제회에 들어간 것은 끈질긴 권유도 있었지만, 고장 관리나 경쟁 상대인 호족들에게서 괴롭힘을 당한 것이 동기가 되었다고 전해진다.

석달개의 집안도 사병단을 거느렸던 듯한데, 20대 전반인 그가 배상제회에 가담한 것은 그가 이상주의자였기 때문일 것이다. 기독교보다 중국 고대의 성인(聖人) 정치에 이끌렸고, 그것을 실현하는 수단으로서 신앙을 생각했는지도 모른다. 석달개도 객가 출신이기는 하나, 그 어머니가 소수민족인 동족(僮族)이었던 것이 모반에 가담한 동기 중 하나였으리라 생각된다. 다양한 생각을 지닌 사람들이 공통의 온기를 찾아 서로 가까이 다가섰고 그리하여 모반을 일으킨 것이다.

여호와를 앞세운 태평군

군사를 일으킨 거점이 아무리 광서 계평현의 금전촌이라는 외진 시골이라고 해도, 수천 명에 이르는 사람들이 모반을 준비하면 관헌이 눈치를 채지 못할 리가 없다. 모반에 쓸 무기도 만들어야 했고, 그것을 감추어 둘 필요도 있었다. 무기를 만드는 것도 대장장이가 짧은 시간 동안 대량으로 만들기 때문에 그 소리를 감추는 것도 큰일이었다. 위창휘의 넓은 저택 일부를 무기 공장으로 썼는데, 엄청난 수의 거위를 길러 그 울음 소리로 무기 만드는 소리를 숨기려고 했다는 일화도 있다.

각지의 배상제회 회원들은 거사하기 반년 전쯤부터 차차 금전촌 부근에 모여들었다. 거사 직전에는 정부군 수천 명이 배상제회에 합류했다.

그들은 모두 객가 출신의 병사들이었다. 이렇게 해서 홍수전의 생일에 맞추어 정한 거사일까지 약 1만 명의 병력이 집결한 것으로 생각된다.

거사에 가담한 동지들은 재산을 모두 성고(聖庫)에 바쳤다. 개인은 성고에서 균등하게 생활비를 분배받았다. 가족 단위의 참가자가 많았던 까닭은, 가족을 남겨 두면 청군의 보복 대상이 되는 것을 두려워했기 때문이다. 그래서 배상제회에서 '태평천국'이 된 거사군 안에는 부녀자들로 이루어진 부대도 있었다. '여영(女營)'이라고 하는 이 부대는 남자들의 부대와 격리되어 있었다. 설사 부부라도 함께 있을 수 없었다. 남자가 여영에 접근하거나 여자와 만나면, 비록 부부나 남매일지라도 그 죄를 죽음으로 논할 만큼 가혹하게 다스렸다. 군율은 모세의 십계명을 기초로 한 엄격한 것이어서 숨이 턱턱 막힐 지경이었다.

천지회의 분위기는 사뭇 달랐다. 마치 협객의 무리와 같은 분위기로 수호지에 나올 법한 대범함과 영웅주의가 있었다. 규율보다 의협의 질서를 중시했으며, 그런 만큼 무너지기 쉬운 위험성이 숨어 있었다. 그런 천지회와 행동을 같이하는 것이므로, 홍수전은 태평천국의 규율이 아무리 엄격해도 지나치지 않다고 생각했다. 천지회의 기풍에 물들어서는 안 된다. 천지회를 배상제회의 청교도적 기풍으로 물들이는 방법을 생각해야만 했다.

광서가 소란하다는 소식을 들은 청 정부는 아편전쟁의 영웅 임칙서를 다시 흠차대신으로 임명해서 진압에 나서게 했다. 임칙서는 운귀(雲貴) 총독 자리에서 물러나 고향에서 쉴 작정이었지만, 시국이 그것을 허락하지 않았다. 병을 앓던 임칙서는 고향인 복건을 떠나 광서로 향하던 중, 광동의 조주(潮州)에서 숨을 거두고 말았다. 도광 30년 10월 19일의 일이므로, 태평천국의 금전촌 거병(12월 10일)이 있기 바로 얼마 전이다. 태평천국이 거병하기 직전의 광서는 이미 혼란이 극에 달해 있었다.

임칙서가 부임 도중에 죽음으로써 청조의 광서 반란에 대한 대책은 첫 단계에서 좌절했다.

금전촌에서 거병한, 배상제회를 중심으로 하는 태평천국군을 토벌하려는 청군의 움직임에는 엉거주춤한 데가 있었다. 태평군에는 천지회 계통의 집단과 정비(艇匪)도 있었는데, 토벌군이 증원되어 전세가 불리해지면 그들 중에서 정부군 쪽으로 돌아서는 자도 있었다. 그저 전세가 유리하거나 불리하다는 문제를 떠나서, 태평군에 있으면 여호와에게 기도를 올리고 모세의 계율을 따르라고 강요해서 숨 막힐 듯 갑갑했다는 것도 무리를 떠나는 커다란 이유가 되었다. 전리품은 모두 성고에 넣을 뿐, 개인의 소유가 되지 않았다. 정비들이 보기에는 무엇을 위해 위험을 무릅쓴 것인지 모를 일이었다.

이탈자도 나왔지만 태평군이 이동할 때마다 새롭게 가담하는 사람도 있었다. 하층민인 객가 출신이 많았는데, 태평천국 말기의 지도자였던 이수성(李秀成) 등도 태평군이 등현(藤縣)을 통과할 때, 입대해 병졸로 들어온 인물이다.

태평군은 배상제회의 근거지였던 자형산을 빠져나와 양력 9월에는 영안주성(永安州城)을 점령했다. 영안(永安)은 오늘날의 몽산현(蒙山縣)으로 계평(桂平)과 계림(桂林)의 딱 중간에 해당한다. 태평군은 이 영안에서 약 반년 동안 주둔했다.

정부군 측에서는 임칙서의 병사로 양강 총독을 지낸 적 있는 이성원(李星沅)이 흠차대신으로 임명되었으나, 이 사람도 광서의 무선(武宣)까지

가서 병으로 죽었다. 두 사람 모두 고령이었으므로 병으로 죽은 것도 특별히 기이한 일은 아니었지만, 흠차대신이 잇따라 죽은 것은 청군에게는 불길한 일로 여겨져 사기에도 영향을 끼쳤을 것이다. 미신을 믿는 사람은 "태평군의 저주 때문이다"라고 두려워했는지도 모른다. 이성원의 후임은 새상아(賽尙阿)였다.

영안이 함락되고 새상아가 조정으로부터 견책을 받은 것은 말할 나위도 없다. 새상아는 광서의 제독(사단장) 향영(向榮)에게 지원에 나서도록 독촉했지만, 향영은 영안에서 50여 킬로미터 떨어진 평락부(平樂府)까지 갔다가 병을 칭하고 계림으로 물러났다. 또 북경에서 일부러 파견한 도통(都統) 파청덕(巴淸德)마저도 똑같이 와병을 이유로 전장에 나타나지 않았다.

태평군은 영안에 있는 동안 각종 제도를 정비하고 관직을 수여하는 등 정권으로서 체제를 거의 갖추었다. 태평천국 내의 질서가 확립된 곳도 이곳이며, 홍수전이 정식으로 태평천왕(太平天王)이라고 칭한 것도 이 시기다. 천왕 밑에 다섯 명의 지도자가 왕으로 봉해졌다.

동왕(東王) 양수청
서왕(西王) 소조귀
남왕(南王) 풍운산
북왕(北王) 위창휘
익왕(翼王) 석달개

이 서열에서 기이하게 생각되는 것은, 홍수전과 함께 배상제회를 만든 풍운산의 지위가 낮다는 점이다. 당연히 이인자이어야 할 그가 서열상으로 네 번째 자리에 있다. 이것은 양수청이 천부하범(天父下凡), 소조귀가 천형하범(天兄下凡)이라는 무기를 가지고 권력을 휘두를 수 있었기 때문이다. 여호와와 예수의 말은 절대적이었고, 양수청과 소조귀는 그것을 전달하는 인물이었다. 광서 지방에는 예로부터 신내림 풍습이 있었고, 두 사람은 그것을 이용했을 것이다.

영안에 있을 때, 주석능(周錫能)이라는 인물의 내통 사건이 일어났다. 그는 계평에서 150킬로미터 남쪽에 있는 박백현(博白顯) 출신이었다. 박백에는 배상제회의 회원이 제법 있었다. 금전촌에서 거병이 있을 때, 거리가 먼 탓도 있어 박백에서 참가한 사람은 그다지 많지 않았다. 금전촌에서 영안으로 향하던 도중, 주석능은 박백으로 돌아가 동지를 데리고 오겠다고 자청해 허락을 받았다. 그는 회원 몇 명을 데리고 영안으로 돌아왔다. 사실 그는 좀 더 많은 사람을 데리고 왔었다. 일자리를 잃은 사람이 매우 많은 시기였으므로, 사람을 모으는 것은 그다지 어려운 일이 아니었다. 그는 도중에 청군이 영안을 포위하는 태세를 착착 갖추어 가는 것을 보고, 태평천국의 장래를 비관적으로 판단한 것 같다. 그래서 그는 청군과 거래를 했다. 주석능은 이끌고 온 인원을 대부분 청나라 군대에 편입시키고, 동료 몇 사람과 함께 영안에 들어가 약속대로 박백의 동지들을 죄다 데려왔다고 속였다. 그는 또 청군이 영안을 포위, 공격할 때, 성내에서 호응할 것을 약속했다.

그런데 태평군 측에서도 청나라 군대 안에 밀정을 심어 두고 있었다. 또 영안에 들어간 주석능은 청나라와 내응할 사람을 늘리기 위해 사람들을 꾀었다. 거동도 수상하거니와 밀정이 보낸 정보로도 그가 내통 공작을 벌이고 있다는 것은 분명한 사실이었다. 혁명을 배반하는 행위이므로 가혹하게 처단해야만 했다. 동왕 양수청은 이 사건을 처리하는 데 천부하범을 사용했다.

> 주석능은 반골(反骨), 편심(偏心), 요인(妖人)과 결탁하고, 우리 쪽
> 으로 돌아와 내통 모반을 꾀했다. 즉시 체포해 처형하라.

이것이 여호와의 말이었다. 지금까지는 양수청의 천부하범도, 소조귀의 친형하범도 천명을 따르고 주를 공경하라든가 서로 마음을 모아 협력하라는 등의 일반적인 격려의 말뿐이었다. 그러던 것이 이번에는 어떤 인물을 지목해 비난하고 질책할 뿐 아니라 처형까지 명한 것이다. 태평천국의 생사여탈권이 양수청의 손아귀에 있었다고 해도 과언이 아니다. 주석능의 사건은 확실한 증거도 있어서 결코 억울한 누명을 쓴 것은 아니다. 그러나 그의 처형이 재판이 아니라 여호와의 신탁이라는 형식에 의해 이루어졌다는 사실은, 태평천국 내에서 권력 구조의 흐름이 차츰 크게 바뀌었다는 것을 의미한다.

오점으로 남은 전주성 싸움

청나라 군대는 영안성을 포위했다. 아무리 사기가 떨어졌다고 해도 여기서 정부군의 권위를 보여 주어야만 했다. 무엇보다 흠차대신 이하 제독 등이 조정의 명령에 의해 체포되어 처벌 받을 우려가 있었다. 지키는 태평군도 필사적이었지만, 공격하는 쪽도 가까스로 태세를 진지하게 가다듬었다.

1852년 4월, 태평군은 비를 틈타 포위망을 뚫고 출격했다. 태평군도 상당히 큰 손해를 입었지만, 청군의 손해는 차마 눈뜨고 보기 어려울 정도였다. 영안을 포위 공격한 청군은 광서 제독인 향영과 광주에서 화포

를 끌고 파견된 부도통(副都統) 오란태(烏蘭泰)가 지휘했다. 그 밑에 총병 몇 사람이 대군을 이끌고 있었는데, 천진 총병 장서(長瑞), 양주(涼州) 총병 장수(長壽), 하북 총병 동광갑(董光甲), 운양(隕陽) 총병 소학령(邵鶴齡) 등 네 명의 총병이 나란히 전사했다. 총병은 제독 다음에 오는 장성으로 소장인 여단장으로 이해하면 된다. 한꺼번에 총병 네 사람을 잃은 것은 대패한 아편전쟁에서도 없었던 일이다.

포위를 뚫고 나간 태평군은 결코 영안에서 도망친 것이 아니다. 광서 성성(廣西省城)인 계림을 향한 '출격'이었다. 오늘날 광서의 정치 중심은 남녕시(南寧市)지만 당시에는 계림이었다. 영안에서 포위되었던 태평군이 이번에는 계림을 포위했다. 계림성 밖의 장군교(將軍橋)라는 곳에서 청군 부도통 오란태가 태평군의 포격으로 전사했다. 지금까지 있었던 지방 민란과는 피부에 닿는 느낌부터 다르다는 것을 조정에서도 마침내 실감했던 것 같다. 호남 제독 여만청(余萬淸)과 양광 총독 서광진(徐廣縉)에게 군사를 이끌고 계림으로 향하도록 명령했다. 남북에서 계림을 구원하는 태세를 취한 것이다.

태평군도 계림을 공격하다 지쳤다. 상비산(象鼻山)에 대포를 설치하고 성내를 포격했지만, 청군은 사정거리 안에 있던 순무관서를 후퇴시키고 장기전에 돌입할 태세를 갖추었다. 장기전은 태평군에게 불리했다. 적은 각지에서 오는 증원군을 기대할 수 있으나 태평군은 가만히 있다가는 병사가 늘지 않는다. 이동하면 여기저기 마을에서 참가자가 나타나 병력이 늘어난다. 움직이는 편이 태평군에게는 유리했다.

포위를 풀고 후퇴하면 바로 추격군이 뒤따르므로 불리하다. 태평군은 포대에 약간의 병력을 남기고, 때때로 포문을 열어 전군이 아직 거기에 있는 것처럼 보이게 하고, 수륙 양로를 따라 조용히 계림을 떠났다. 태평군은 동북쪽으로 나아가 호남으로 향했다.

계림에서 동북쪽으로 약 130킬로미터 떨어진 전주성(全州城)을 태평군은 공격해 점령했다. 이것은 예정에 없던 일이었다. 지금까지는 저항이 없으면 그대로 통과했다. 전주 바로 앞의 흥안현성(興安縣城)에서도 저항이 없었기 때문에 하루만 머물렀을 뿐 갈 길을 서둘렀다. 사실은 전주성에서 포격이 있었고, 그 때문에 풍운산이 중상을 입었다. 태평군은 그 보복으로 전주성을 공격했다. 그리고 '도성(屠城)', 즉 성안 사람들을 몰살하라는 명령이 내려졌다. 사흘 동안 방화와 살육이 이어졌다. 이것은 양수청의 명령이었던 듯한데, 태평천국의 역사에 지울 수 없는 커다란 오점으로 남아 있다.

양수청은 보복이라는 목적 외에 이제부터 찾아갈 성시(城市)에 태평군에게 저항하면 심한 꼴을 당한다는 교훈을 주려고 했는지도 모른다. 이런 의미에서 그는 전략가였다.

태평군은 200여 척의 배를 얻어 상강(湘江)의 수로로 내려가, 광서성에서 호남성으로 들어가려고 했다. 광서의 전주에서 호남의 영주(永州)로 가는 도중에 사의도(簑衣渡)라는 곳이 있는데, 호남의 강충원(江忠源)이라는 사람이 거기에 숨어서 기다리고 있었다. 그는 의용군을 이끌고 영안성을 포위한 청군 진영에 있다가 병사를 더 모집하기 위해 일단 호남에 돌아갔다가 되돌아온 참이었다. 강충원이 이끄는 호남 의용군은 사의도에서 태평군을 대파했다. 전주에서 중상을 입은 남왕 풍운산은 이때 숨을 거두었다.

태평군이 전주를 '도성'하느라 시간을 들이고 있을 무렵, 포위군의 후퇴를 알고 계림에서 추격부대가 출발한 것은 말할 나위도 없다. 그러나 그들은 실로 천천히 전진했다. 전주에서 20킬로미터 못 마치는 곳까지 다다랐지만, 전주에서 구원을 요청하는 급사가 와도 거기서 움직이려고 하지 않았다. 청군은 싸울 생각이 없었다. 태평군이 광서 경계 밖으로 나가 버리면, 그 후는 호남성의 관할이므로 무리해서 싸울 필요가 없다고 생각했을 것이다. 청군의 부패는 손을 쓸 수 있는 지경이 아니었다. 태평군이 패전다운 패전을 경험한 것은 사의도 전투밖에 없었다. 게다가 그 상대는 정규군이 아니라 강충원이라는 개인이 모집한 의용군이었다. 사의도 전투는 정규군은 쓸모없지만 의용군은 쓸모가 있다는 사실을 증명한 것이나 같았다.

태평군은 호남에 들어서자마자 갑자기 진로를 남쪽으로 돌렸다. 성도 장사(長沙)를 노린다면 그대로 북상해야 했다. 이 남하는 상남확군(湘南擴軍)이라고 불린다. 태평군은 사의도에서 상당한 손실을 입었기 때문에 병력을 보충해서 증강해야만 했다. 호남성 남부는 천지회의 세력이 강한 고장이므로 거기서 병사를 모을 수 있으리라 기대한 것이다. 도주(道州)에서는 2만 명의 장정을 모았고, 침주(郴州)에서도 그 이상의 병력을 흡수했다. 침주에는 탄광이 있었는데, 1천여 명의 광부가 이때 태평군에 합류했다. 태평군에는 원래 광서 은광에서 일하던 광부가 많이 있었는데, 여기에 호남의 광부가 더해짐으로써 공병부대가 충실해졌다. 태평군에 '토영사수(土營師帥)'가 창설된 것이 바로 이때다. 이것은 공병부대를 가리키는 말로, 토영사수 창설 이후 공성전에서 땅굴을 파는 것은 태평군의 장기가 되었다. 병력을 보충하고 휴식을 취한 뒤, 서왕 소조귀를 총사령관으로 하는 태평군은 마침내 북상하기 시작해서 장사로 향했다.

사실은 호남 남부에 있을 때, 태평군 내에서는 광서로 돌아가서 지방 정권을 세우고 거기에 할거하자는 논의가 있었다고 한다. 또 호남은 광서보다 땅이 비옥하므로 여기에 눌러 앉자는 의견도 있었다고 한다. 이 시점에서는 태평천국도 아직 확실한 정권 구상을 갖지 않은 것으로 보인다.

남경에 세운 태평천국

장사의 공방전도 처참하기 이를 데 없었다. 호남 순무인 낙병장(駱秉章)은 당시의 관료 중에서는 출중한 인물이어서 전쟁을 훌륭하게 지휘했다. 사실은 이때 그는 어떤 사건으로 탄핵되어서 심문을 받기 위해 북경으로 출두하라는 명령을 받은 상태였다. 태평군이 장사를 공격했기 때문에 북경행이 유보되고 성을 지키게 되었다. 청군은 총병 복성(福誠)을 비롯해서 고위 장성이 잇따라 전사했으며, 태평군도 서왕 소조귀가 남문의 포격으로 중상을 입고 얼마 후 죽고 말았다. 이 무렵 천왕 홍수전과 동왕 양수청은 아직 상남의 침주에 있었는데, 서왕이 죽었다는 소식을 듣고 전군을 이끌고 장사로 향했다.

10월 13일, 장사에 도착한 태평군의 주력은 격렬한 복수전을 벌였으나, 청군이 성을 굳게 지켜서 도저히 함락할 수 없었다. 함락은커녕 유양문 밖 전투에서는 한꺼번에 500여 명의 병사를 잃었다. 태평군에게는 이것이 사의도와 더불어 2대 패전이었다. 더구나 이 유양문 밖에서 싸운 상대가 사의도와 마찬가지로 강충원이 이끄는 의용군이었다.

태평군은 장기인 땅굴을 파서 성벽과 성문을 폭파하려고 했으나, 청군은 장사성 안의 모든 맹인을 모아서 땅속을 엿듣게 했다. 맹인은 시력을 빼앗긴 대신, 청각이 예민해서 항아리같이 속이 빈 것을 땅에 대고 들으면 땅굴을 파는 방향을 알 수 있었다고 한다. 거꾸로 땅굴이 어디에 있는지만 알면 그곳을 파서 물을 퍼붓는 공격도 할 수 있었다.

앞에서 이야기했지만 태평군에게 장기전은 불리했다. 11월 30일, 태평군은 한 달여에 이른 포위를 풀고 비를 틈타 서쪽으로 물러났다. 12월 3일, 태평군은 익양(益陽)을 점령하고 거기서 민간인의 배 수천 척을 얻었다. 이로써 수로로 나아갈 수 있게 된 태평군은 계속해서 악주(岳州)로 향했다.

악주에 있던 호북 제독 박륵공무(博勒恭武)는 태평군이 다가온다는 소식을 듣고 성을 버리고 도주했다. 그래서 태평군은 피 한 방울 흘리지 않고 악주를 점령할 수 있었다. 12월 13일의 일이었는데 태평군의 악주 점령은 커다란 의미를 지닌다. 먼저 여기에는 5천 척이나 되는 민간인 배가 있었는데, 제독은 이것을 처분하지 않고 도망친 것이다. 여기에 왜 이렇게 많은 배가 있었는가 하면, 장사가 전장이 되었으므로 장강(양자강)에서 동정호를 거쳐 상강으로 향하는 배가 모두 여기에서 멈추라는 명령을 받았기 때문이다. 태평군은 여기에서 대규모 수군을 손에 넣었다. 악주에서 얻은 전리품은 배 5천 척만이 아니었다.

만주족을 관내로 끌어들인 오삼계(吳三桂)가 평서왕에 봉해져 운남(雲南)에 있다가 말년에 청조에 모반을 일으켰다는 사실은 앞에서 이야기했다. 이른바 삼번의 난이다. 오삼계는 이 악주까지 군대를 이끌고 왔다가 병사하고 난은 평정되었다. 태평군이 악주에 들어가기 170여 년 전의 일이다. 그때 오삼계의 군대가 끌고 온 대포, 탄약 등의 무기류가 그대로 악주에 남아 있었다. 오늘날 우리가 생각하기에는 170여 년 전의 무기 따위는 아무런 쓸모가 없을 것만 같지만, 당시에는 무기가 그다지 발달하지 않았기 때문에 그런 고물이라도 충분히 사용할 수 있었다.

태평군은 여세를 몰아 무창(武昌)을 공략했다. 무창은 호광 총독(임칙서도 흠차대신에 임명되기 전에 이 직위에 있었다)이 주재하는 요지였다. 무창은 1853년 1월 12일에 함락되었다. 호북 순무, 포정사, 안찰사, 제독, 총병 등 무창의 문무 고관은 이때 모조리 전사했다. 이와 반대로 태평군 간부 중에는 거의 전사자가 나오지 않았다. 태평군은 여기에서 압승을 거두었다.

태평군의 병력도 호남과 호북에서 수를 헤아리기 어려울 만큼 불어났다. 아마 태평군의 수뇌진도 정확한 수를 파악하지 못했을 것이다. 상남확군 때에도 물론이거니와 북상한 뒤에도 각지에서 참가자가 늘어났다. '이 세력이 다음 중국의 주인이 될지도 모른다'라고 생각해서 참가한 투기꾼 같은 사람도 있었을 것이다.

상남확군에서는 주로 천지회 계통의 사람들을 흡수했는데, 그러기 위해서는 태평군이 지니는 기독교적 색채를 옅게 하고, 민족주의를 전면에 내세울 필요가 있었다. 그렇지 않으면 체질적으로 배외의식을 지닌 사람들을 아군으로 끌어들일 수 없다. 호남에 들어와서 태평군은 민족의식이 매우 강렬한 격문을 몇 개 발표했다. 그 대표적인 것이 '봉천토호격(奉天討胡檄)'이다. 하늘을 받들어 호(胡, 만주족)를 치자는 격문이다. 이 격문은,

> 아아, 백성들이여, 내 말을 분명히 들어라. 생각건대, 천하는 상제
> 의 천하이지, 호로(胡虜, 만주족)의 천하가 아니다. 의식(衣食)은 상제
> 의 의식이지, 호로의 의식이 아니다. 자녀 백성은 상제의 자녀 백성이
> 지, 호로의 자녀 백성이 아니다.

라는 서두로 시작해서 점점 격렬해졌다.

> …… 무릇 중국에는 중국의 형상이 있는데, 지금 만주는 하나같이 삭발해서 금수가 되었다. 중국에는 중국의 의관이 있는데, 지금 만주는 따로 후관(猴冠, 원숭이의 관)을 주어서 우리 선대의 복식을 파괴했다. 이는 중국 사람에게 그 본분을 잊게 하려는 것이다. 중국에는 중국의 인륜이 있는데, 전에 요괴 강희(강희제를 가리킴—옮긴이)는 은밀히 달자(韃子, 오랑캐라는 뜻, 여기에서는 만주족을 가리킴—옮긴이) 한 사람에게 열 집을 관리케 하고, 중국의 여자를 간음했다. 이는 중국 사람으로 하여금 모두 만주족이 되게 하려는 것이다. 중국에는 중국의 배우자가 있는데, 지금 만주의 요마는 중국의 모든 미희를 거두어 종으로 삼고 첩으로 삼았다. 3천 명의 미녀가 모두 오랑캐에게 더럽혀졌고, 백만 명의 홍안(紅顔, 젊은 미녀)이 기어이 오랑캐와 동침했다. 이를 말하면 가슴이 아프고, 이를 이야기하면 혀가 더러워진다.

선동하는 문장이라고는 하나 상당히 노골적인데, 그런 만큼 읽는 사람의 피를 들끓게 했을 것이다.

문장만이 아니라 연설로도 태평군은 사람들을 흥분시켰다. 열마대(閱馬臺)라는 것이 연설 장소로 쓰였는데, 무창 사람들은 강제로 그곳으로 동원된 듯하다. 그리고 무창에서는 태평천국의 역사에서 전주 도성과 더불어 2대 오점인 '선비(選妣)'가 치러졌다. 무창의 젊은 여성을 모두 모으고, 거기서 미녀를 가려내어 간부들의 처첩으로 삼은 것이다. 뽑힐까 두려워 일부러 얼굴을 더럽히는 여자가 있어서 선비 전에 얼굴을 씻게 했다고 한다.

태평군에 여자로 이루어진 부대(여영, 또는 여관이라고 불렸다)가 있었다는 사실은 앞에서도 이야기했다. 무창에서는 성 밖 전투에서 여자부대가 분전해 9명의 전사자를 냈다. 오늘날 무창의 동호공원 한구석에 서 있는 '구녀돈(九女墩)'은 그 여자 열사들을 기리는 기념비다.

무창을 점령한 뒤, 태평군은 강물을 따라 장강을 내려가 남경으로 향했다. 출발은 2월 9일이었는데, 1만여 척의 배가 장강을 뒤덮은 듯하고 돛대가 마치 숲을 이룬 듯 보였다고 한다. 육로로 가는 부대도 있어서 수륙 양군을 합해 모두 50만 명에 이른다고 그들은 말했다. 언제나처럼 중간에 합류하는 사람도 끊이지 않아서 남경에 다다를 즈음에는 100만 명이라 칭할 정도였다.

3월 19일 오전, 태평군의 우수한 공병부대에 의해 남경의 의봉문(儀鳳門)이 지뢰로 파괴되고, 태평군이 성 안으로 쇄도했다. 성 안에는 태평군과 내응하는 자도 있어서 성 안은 단기간에 소탕되었다.

관병은 남기지 말라. 백성은 해치지 말라.

라는 태평군의 원칙에 따라, 만주족의 주방기병(駐防旗兵)은 모조리 살해되었다. 그 수는 2만이라고도 하고 3만이라고도 한다.

홍수전은 3월 29일에 남경에 입성하여 양광 총독의 관서를 천왕부(天王府)라고 고치고, 남경(강녕)을 '천경(天京)'이라고 부르기로 했다.

이렇게 해서 천경을 수도로 하는 태평천국의 새로운 역사가 시작되었다.

군벌의 탄생

태평군의 전략적 실패

태평천국이 남경을 수도로 정한 것을 두고 후세 사가 중에는 비판적인 설을 주장하는 사람도 있다. 그때의 압도적인 기세를 몰아 북벌을 감행했다면 북경을 제압하고 청 왕조를 쓰러뜨렸을지도 모른다는 설이다.

사실 남경을 점령했을 무렵, 태평천국 내부에서도 북벌 감행론과 남경 할거론으로 의견이 양분되어 있었다. 결국 남경에 거점을 두고, 우선 천하의 절반을 제패하고서 힘을 기르고, 북벌은 그런 연휴에 생각해야 한다고 주장한 쪽이 이겼다. 양쪽의 주장이 팽팽하게 맞서 우열을 가늠하기 어려웠지만, 북벌을 하면 이용할 하천이 적고, 하남 땅이 척박하여 군량 조달에도 문제가 있다고 주장한 수군 사령관 당정재(唐正財) 등의 주장을 양수청이 받아들였다고 한다.

태평천국은 실패로 끝난 혁명이었으므로 그들 측에서 작성한 문헌은 청 정부에 의해 대부분 인멸되었기 때문에 19세기 후반에 일어난 일이지만, 세부에 대해서는 아직 밝혀지지 않은 부분이 적지 않다.

당정재는 호남에서 배를 이용하여 목재를 매매하던 인물이다. 태평군이 장사(長沙) 공략을 포기하고 익양(益陽)을 공격하여 민간인의 배를 획득했을 때, 처음으로 태평군에 가담하여 수군을 조직한 경력이 있다. 간부로서는 신참이지만 태평천국의 수군을 만든 장본인인 까닭에 상당한 발언권을 가지고 있었다. 상인 출신이기도 해서 사고방식이 현실적이었다.

태평천국이 금전촌에서 거병했을 때, 기본적인 병력의 대부분은 광서 사람이었으며 일부분이 광동 사람이었다. 광서 사람이라고 해도 광동에서 이주한 객가가 많았으며, 통틀어 '월인(粵人)'이라고 불리는 사람들이었다. 정부에서는 그들을 '월비(粵匪)'라고 불렀다. 그들은 만주족의 풍습인 변발에 반대해 머리를 길게 기르고 변발을 잘랐기 때문에 '장모(長毛)', 또는 '장발(長髮)'이라고도 불렸으며, '발적(髮賊)', '발비(髮匪)'라고도 불렸다. 여하튼 거병 당시 병력은 모두 남방 출신이었으며, 상남확군(湘南擴軍)으로 가담한 사람들도 거의 추위를 모르는 사람들이었다. 무창 점령 이후 불어난 병력 50만 명도 강남 사람들이었다. 말하자면 태평천국은 남방인의 정권이었고, 그들은 대부분 물이 많은 고장에서 자란 사람들이었다. 확실히 당정재의 말처럼 북방의 기후와 관습에 익숙하지 않으므로 북벌을 감행하기에는 큰 문제가 있었다.

장사에서 벌어진 전투를 예로 들어 보자. 장사가 위태롭다는 소식을 듣고 정부는 섬서에서 원군을 남하시켰다. 원군은 북방인으로 이루어진 부대였다. 그들은 분식(粉食) 문화권에 사는 사람들로 만두를 주식으로 먹었다. 남하하여 호남으로 들어갔더니 쌀농사 지대여서 쌀은 얼마든지 있었지만, 그들은 그것을 먹을 수가 없었다. 곡창지대라고 할 땅을 지나면서 섬서의 병사들은 굶주리고 야위어서 쓸모가 없어졌다. 거짓말 같은 이야기지만, 당시 문헌에 어엿하게 기록되어 있다. 오늘날에 비해 폐쇄적인 지역사회에서 고립되어 생활하는 것이 일반적이었으므로, 개인의 식생활 폭도 매우 좁았을 것이다.

반대 현상이 태평군이 북벌할 때도 일어난 셈이다. 광서에서 남경까지 이르는 길은 중국에서도 풍요로운 지방이었다. 그러나 장강을 넘어 북쪽으로 가면 당정재의 말처럼 가난한 고장을 지나야만 한다. 또 지금까지 태평군의 빠른 진격은 수로에 의존하는 일이 많았다. 특히 마지막인 무창에서 남경에 이르는 압도적인 진격은 수륙 양로로 나뉘었다고는 하나 주력은 수로였다. 돛대가 숲을 이루어 장강을 뒤덮고 나아간 것이다. 북벌에는 그러한 수로가 없었다. 황하는 건너기에 녹록치 않은 강이다. 길이 되기보다는 방해가 되는 존재다. 하북 평야로 나가면 남쪽 사람들이 질색하는 건조한 땅이 펼쳐지고, 계절에 따라서는 그들이 겪어 보지 못한 혹독한 추위가 닥친다. 100만에 이르는 대군이라고 하나, 대부분 악주, 무창을 거치면서 갑자기 불어난 사람들이어서 충분한 훈련을 받았다고 할 수 없다. 태평천국의 이념에도 아직 익숙하지 않았으므로 군율에도 문제가 있었을 것이다.

이렇게 생각해 보면, 남경 점령에 이어서 바로 북벌을 감행한다는 것은 매우 위험한 일이었을 것이다.

이에 대해 남경 점령 당시 태평군의 사기가 하늘을 찔렀으므로, 그 기세를 몰아 북상하면 다소의 불리함은 극복할 수 있었을 것이라는 주장도 있다. 장강을 넘으면 청 정부군의 수비는 허술할 터이고, 황하를 건너면 북경 조정이 몹시 당황하여 저절로 붕괴했을지도 모른다. 이것은 극단에 치우친 주장이라고 치더라도 눈사태처럼 연쇄적인 현상이 일어날 가능성도 있었을 것이다.

태평군은 후에 북벌을 단행했고, 그것이 참담한 실패로 끝나면서 역시 북벌은 무리였다는 것이 증명되었다. 그러나 대승의 여세를 몰아간다는 중요한 요소가 빠져 있기 때문에 정확히 증명되었다고 보기는 어렵다.

어찌 되었건 태평천국은 남경에 머무르기로 결정을 내렸다. 지금까지 태평천국은 영안주성에 머무를 때, 여러 제도를 정비하기는 했으나 기본 적으로 '이동하는 정권'이었다. 더구나 악주와 무창을 점령한 후, 주둔군 을 남겨 두지 않고 전군이 이동했기 때문에, 그 직후 악주와 무창은 청 군에게 탈환되었다.

이동하는 정권이 남경에 자리를 잡은 것이다. 정권의 주인은 홍수전이 었지만, '천부하범(天父下凡)'의 무기를 지닌 양수청이 실권의 대부분을 쥐 고 있었다. 홍수전은 정권 내에서 고립되어 있었다.

사의도에서 남왕 풍운산을 잃은 것은 홍수전에게 커다란 불운이었 다. 불운은 잇따라 일어났다. 이번에는 장사에서 서왕 소조귀가 전사했 다. 소조귀는 아내를 잃은 뒤, 홍수전의 누이 홍선교(洪宣敎)와 재혼했다. 홍수전에게는 매제였고, 게다가 '천형하범(天兄下凡)'이라는 강력한 무기를 갖고 있었다. 천형(天兄) 예수 그리스도는 천부(天父) 여호와만큼은 아니 었지만, 그 탁선을 받는 사람의 힘이 상당히 컸다. 소조귀가 건재했다면, 처남인 천왕 홍수전을 위해 동왕 양수청의 전횡을 어느 정도 막아 주었 을지도 모른다. 지주 출신인 북왕 위창휘는 기회주의적인 인물이어서 양 수청이 절대적인 권력을 쥔 것을 보고 그쪽으로 기운 듯하다.

홍수전은 양강 총독의 관서를 천왕부로 삼았는데, 동왕과 북왕도 각각 집무처와 저택을 갖고 동왕부, 북왕부라고 이름을 붙였다. 간부가 한데 모여서 사안을 의논하는 일이 없어졌다. 왕부 사이에 사자나 문서를 주고받는 일은 있었으나, 거병 당시에 비해 결속력은 느슨해진 듯하다.

성격 차이도 있었다. 사색형인 홍수전은 천왕부에 틀어박혀 기독교 연구나 저작에 몰두하기를 즐겼다. 이에 비해 행동형인 양수청은 정치적인 면으로나 군사적인 면으로나 자신의 영향력을 발휘하려고 했다.

군벌 탄생의 아버지 증국번

청 정부가 남경을 잃었다는 소식에 크게 놀란 것은 말할 나위도 없다. 정부는 그제야 태평천국이 단순한 민란이 아니라는 것을 깨달았다. 북경 조정이 충격을 받은 것은 태평천국이 강하다는 것뿐만 아니라 정부군이 상상 이상으로 약하다는 사실이었다.

국군의 근간인 팔기(八旗)가 특권과 세습에 의해 완전히 약체가 되었다는 사실은 앞에서도 이야기했다. 만주족은 모두 기영(旗營)에 적을 두었으므로 전원이 군인인 것이 원칙이었다. 따라서 만주족에게는 문관의 등용문인 과거를 보는 것이 금지되어 있었다. 군인 민족의 군대인 그 팔기군이 전혀 쓸모없는 존재가 된 것이다. 말을 타지 못하는 기병도 드물지 않았다고 할 정도였다.

청조는 팔기 이외에 한족(漢族) 부대도 갖고 있었다. '녹영(綠營)'이라고 불리는 부대였다. 관내로 들어올 무렵에는 명나라의 군호제(軍戶制)를 본떠서 군호에 편입된 집에서 병사를 뽑았다. 군대를 조직하는 특별한 기반이 있었던 것이다. 그런데 그것이 어느덧 실질적으로는 모병제도로 바꿰었다. 병졸의 사회적 지위는 낮아서 '좋은 쇠는 못을 만들지 않고 좋은 사람은 병정으로 만들지 않는다'라는 속담까지 생겨났다. 아무리 살기 어려워도 병졸만은 되지 않겠다는 풍조가 있었다. 병졸은 인간쓰레기처럼 여겨졌다. 실제로도 그러해서 녹영의 태반이 폐인에 가까운 아편 중독자였다고 한다.

팔기와 녹영이 정규군인데, 그것이 아무런 쓸모가 없다는 사실은 이미 아편전쟁 때 폭로되었다. 태평군이 포위를 풀고 계림에서 물러난 뒤, 계림의 정부군이 느릿느릿 추격한 일도 있었다. 서둘러 추격하면 전투를 해야 하므로 추격에 늑장을 부린 것이다. 전주가 공격당하고 있는데도 20킬로미터 앞에서 움직이지 않고 전주가 함락되는 것을 지켜보기만 했다.

태평군이 남경을 점령할 때까지 큰 손실을 입은 것은 사의도와 장사의 유양문 밖에서 벌어진 두 번의 전투에서였다. 그리고 그때 맞서 싸운 적은 두 번 다 강충원(江忠源)이 이끄는 초용(楚勇)이라는 의용군이었지 정규군이 아니었다.

강충원은 호남 신녕(新寧) 출신의 거인(擧人)이다. 거인은 각 성에서 실시한 향시에 급제한 사람을 이르는 말인데, 거인에게는 3년마다 북경에서 치러지는 회시에 응시할 자격이 있었다. 그는 흠차대신 새상아(賽尙阿)의 부탁을 받아 현지에서 의용군을 모집하고, 호남의 옛 이름인 '초(楚)'를 따서 초용이라는 이름을 붙였다. 정규군이 참패를 하거나 싸움을 회피하고 있을 때, 비정규군인 초용이 종종 전과를 올렸다. 이 소식을 듣고 청 정부도 생각을 달리하게 되었다.

아편전쟁 무렵, 정부도 한때 힘을 기울였던 '단련(團練)'에 다시 한 번 힘을 쏟아 보자고 생각했다. 단련은 빈민의 폭동(아편전쟁 때는 영국군의 공격)을 막는 효과도 있지만, 지방 유력자의 사병이 될 우려도 있었다. 또 그것이 반정부 운동에 이용되지 않는다는 보장도 없다. 말하자면 양날의 검이었다. 그래서 정부도 단련 육성에 적극적인 태도를 취하지 않았다. 그러나 정규군이 아무런 쓸모가 없다는 사실이 판명된 이상, 단련을 강화하는 수밖에 달리 방도가 없었다.

거인에 불과한 강충원조차 강력한 초용을 조직했다. 더 높은 고위 관료가 본격적으로 손을 대면 더욱 강력한 군대가 만들어질 것이다. 청 정부는 그렇게 생각했다. 태평군이 호남에서 싸우고 있을 때, 호남 순무인 장량기(張亮基)에게 조정에서 보낸 한 통의 문서가 도착했다. 명령은 다음과 같았다.

귀향한 시랑(侍郞) 증국번(曾國藩)과 함께 호남성의 단련을 관할하라.

증국번은 호남성 상향(湘鄕) 출신으로 도광 18년(1838)에 진사에 급제했다. 가경 16년(1811)에 태어났으므로 만 27세 때의 일이다. 증국번이 태어난 해에 임칙서는 26세의 나이로 진사에 급제했다. 그리고 증국번이 진사가 된 해에 임칙서의 장남 임여주(林汝舟)가 23세로 진사에 급제했다. 임여주는 2갑(甲) 6명이라고 해서 전체에서 9등이라는 성적을 올렸기 때문에 증국번보다 훨씬 위였다. 증국번도 한림원(翰林院)에 들어갔으므로 역시 상위 그룹이었다. 같은 진사라도 성적이 우수한 사람은 북경에 남아 한림원에서 연수를 하고, 그 외의 사람은 지방의 지현(知縣, 종7품 벼슬)에서 출발하는 것이다. 한림원에 들어간 증국번이 고급 관료 과정을 밟은 것은 말할 나위도 없다. 도광 29년(1849), 증국번은 이미 예부시랑(교육부 차관에 해당)으로 승진해 있었다.

이듬해인 도광 30년 1월, 아편전쟁으로 고생한 도광제가 죽었을 때,

그 국상을 도맡아 지휘한 사람이 증국번이었다. 그해는 임칙서가 죽은 해이기도 하고 연말에 태평천국이 금전촌에서 병사를 일으킨 해이기도 하다.

함풍(咸豊) 2년(1852) 6월에 증국번은 어머니를 여의었다. 부모의 상을 당한 관료는 '정우(丁憂)'라고 해서 27개월 동안 자리에서 물러나 고향에서 상을 치르는 것이 원칙이었다. 원칙에 따라 증국번은 호남의 상향으로 돌아가게 되었다. 무창까지 왔을 때, 호북 순무인 상대순(常大淳)에게서 '발비(髮匪)'가 장사를 포위하고 있으므로, 수로를 피해 우회해서 귀향하는 것이 안전하다는 조언을 들었다. 조언을 한 상대순은 그 후 태평군이 무창을 점령했을 때 순직했다.

조언에 따라 증국번은 우회하여 상향으로 돌아갔다. 앞에서 이야기한 명령이 호남에 도착한 것은 음력 12월 중순의 일로, 증국번이 귀향한 지 3개월 정도 지났을 때였다. 복상(服喪) 중인 관료에게 임무를 명하는 것을 '탈정(奪情)'이라고 한다. 부모의 죽음을 슬퍼하는 자식의 '정'을 빼앗아 임무를 맡기는 것이므로, 어지간히 긴급한 일이 아니고서는 탈정의 명령을 내리지 않는다. 태평군은 장사 공략은 포기했지만 이미 무창을 점령하고 있었다. 그야말로 청 제국에게는 긴급한 때였다.

증국번은 그다지 마음이 내키지 않았지만, 친구와 아우인 증국전(曾國筌)과 의논한 끝에 명령대로 장사로 가서 순무 장량기를 만나 단련에 대해서 협의했다. 이때 장량기는 좌종당(左宗棠)이라는 거인(擧人)을 참모로 거느리고 있었는데, 이 인물이 훗날 중국 근대사를 연 주역의 한 사람이 되었다.

단련이라고는 하나 요컨대 쓸모 있는 군대를 만드는 것일 뿐이다. 지금까지 정규군이 거의 쓸모가 없으므로 완전히 새로운 군대를 만드는 것이다. 지금까지 하던 대로 모병을 하면 또 다시 인간쓰레기만 모일 뿐이다. 불량한 무리가 조금이라도 섞이면 세균처럼 전군을 부패하게 만들 것이다. 엄중한 선별이 필요했다.

박실(樸實)하고 농부토기(農夫土氣)가 있는 자를 으뜸으로 친다.

증국번은 이러한 기준을 세웠다. 흙냄새가 나는 순박하고 착실한 젊은이, 즉 시골 사람일수록 좋다는 것이다. 물론 체격도 좋아야 한다.

유두활면(油頭滑面, 머리에 기름을 바르고 얼굴이 매끈한 남자), 시정 (市井)에 흥미가 있는 자(한량 같은 도회지 사람), 아문(衙門, 관공서)에 뜻이 있는 자.

이것이 채용하지 않는 사람의 조건이었다.

증국번은 정규군의 결점 중 하나로 지휘관과 병졸 사이에 인간적인 유대가 전혀 없다는 점을 들고 그 점을 비판했다. 이 결점을 극복하기 위해 그는 먼저 총사령관인 자기 밑에서 일할 간부로 자신의 문하생을 채용하기로 했다. 그는 고급 관료인 동시에 송학 동성파(宋學桐城派, 안휘성 동성에서 생긴 고문작가의 한 유파-옮긴이)의 뛰어난 학자였기 때문에 따르는 제자가 많았다. 또 차관급이 되면 여러 사람이 저택을 드나들게 마련이다. 고향에서 가장 출세한 사람이라 하여 향리에 있는 그의 집에도 지난 3개월 동안 벗의 자제를 비롯해 많은 후배가 찾아왔다. 마음이 내키면 젊은이들을 상대로 경서를 강의하기도 했다. 사숙하며 다니는 사람도 적지 않았다. 증국번은 그들을 장교로 채용했다.

그런 간부들도 당연히 주위에 자기와 관련 있는 사람들이 있어서 그들을 부하로 삼았다. 학문을 가르친 제자이거나 집안에 드나들며 농사일이나 집안일을 거들어 주던 사람이었다. 여하튼 서로 속마음을 나눈 사람들이어서 인간적인 연결고리가 있었다. 증국번은 이와 같은 굳건한 연결고리가 강력한 군대를 만든다고 생각했으며, 그 사고방식은 옳았다.

이렇게 해서 증국번은 새로운 군대를 만들었다. 옛 정규군과는 그 색깔이 상당히 달랐다. 이 의용군은 호남의 다른 이름인 '상(湘)'을 따서 '상군(湘軍)' 또는 '상용(湘勇)'이라고 불리었다. 이것은 조직이나 기관의 구성체계로 움직이는 것이 아니라 인간의 유대로 움직이는 부대였다.

단적으로 말해서 상군은 '증국번의 군대'였다. 5년 후인 함풍 7년(1857)의 일인데, 아버지의 죽음으로 증국번은 다시 상을 입게 되었지만, 태평천국과 전쟁을 치르던 무렵이어서 복상은 3개월로 정해졌다. 정부는 증국번이 자리를 비울 동안, 그를 대신할 지휘관을 보냈으나, 상군이 명령을 따르지 않아 군대의 힘이 반감했다고 한다.

위로는 증국번의 예가 있지만 아래도 마찬가지였다. 소대장급에서도 전사하거나 어떤 사정으로 자리를 비우면 그 소대는 당장 움직임을 멈추고 만다. 후임 대장이 와도 부하들과 연결고리가 없으면 전투 단위로서의 힘이 훌쩍 떨어지는 것이다.

훗날 이홍장(李鴻章)이 증국번의 상군을 본떠서 자기 군대를 만들었다. 이홍장은 증국번의 부하라고 해도 좋을 인물이다. 이홍장은 안휘성 합비(合肥) 출신인데, 그곳을 흐르는 강을 회수(淮水)라고 한다. 그 강의 이름을 따서 그의 군대는 '회군' 또는 '회용'이라고 불리었다.

인간적인 결속이 느슨해진 정규군에 비해, 이 새로운 군대는 확실히 강력한 힘을 발휘했다. 태평천국을 진압한 것은 주로 상군과 회군의 힘이었다고 보아야 한다. 그러나 이 새로운 군대는 증국번의, 그리고 이홍장의 군대였다. 청 왕조를 위해 목숨을 걸고 싸운 군대가 아니었다. 내 스승, 또는 스승의 스승을 위하는 일이므로 싸우겠다는 군대다. 바로 군벌(軍閥)인 것이다.

이홍장은 훗날 북양대신(北洋大臣)을 겸했는데, 이때부터 '북양군벌'이라는 말이 쓰이게 되었다. 그러나 군벌 탄생의 아버지는 역시 증국번이었다고 보아야 할 것이다.

반체제 인사를 탄압한 심안국

청조 정권의 주적이 태평천국이었음은 말할 나위도 없다. 그런데 청조 당국이 태평천국 때문에 애를 먹으면서 권위가 땅에 떨어졌기 때문에, 각지에서 소규모 반란이나 민란, 비적의 약탈이 빈번히 일어났다.

증국번은 태평천국을 진압하려면, 아직 태평천국의 판도에 들어 있지 않은 지방을 먼저 안정시켜야 한다고 생각했다. 이것은 당연한 일일 것이다. 그 대책으로 그는 매우 강경한 방법을 채택했다. 그의 고향인 호남은 옛날부터 천지회 등의 지하세력이 많은 고장이었다. 강과 호수가 많아 뱃사람, 운송인 등 이동하는 직업에 종사하는 사람이 많은 땅에는 비밀결사가 창궐하게 마련이다. 증국번은 그러한 반체제 집단을 단호하게 탄압할 결심을 했다. 그리고 그 일을 처리할 기관으로 심안국(審案局)이라는 기구를 설치했다.

중국어로 '안(案)'은 사건을 뜻한다. 이름대로라면 사건을 심사하는 기관이라는 뜻이지만 실제로는 고문하는 장소였다. 한번 심안국 문턱을 넘은 사람은 살아서 나오지 못한다는 말까지 있었다. 상상을 초월하는 고문을 가해서 동지의 이름과 주소, 계획과 그 밖의 것을 실토하게 하는 공포 기관이었다. 비밀결사, 특히 천지회의 비밀결사는 회원의 입이 무거워서 어지간한 일로는 자백하지 않았다. 증국번은 이에 대해 철저한 공포정책으로 임했다. 심안국의 밀정을 곳곳에 파견해 반체제 분자를 적발하는 데 혈안이 되었다.

반년도 안 되는 사이 심안국에서 옥사한 사람은 3천여 명이고, 처형된 사람은 거의 다섯 배에 이른다고 전한다. 아마 그중에는 비밀결사와 관계없는 무고한 사람도 적지 않을 것이다.

청나라의 제도에서는 보통 재판은 부현(府縣)에서 하고, 중죄를 다루는 재판은 성(省)으로 보내진다. 사형의 경우, 성이 판결을 내려도 최종적으로는 북경의 재가를 기다린 뒤 형을 집행하게 되어 있었다. 증국번은 초비상 시국이므로 초법률적인 기관이 필요하다고 해서 심안국을 만든 것이다. 거기에서는 북경의 재가 없이 사람을 죽여도 되었다. 심안국은 말하자면 살인국이었다.

태평군의 상남확군으로 호남 천지회의 주요 간부들은 대부분 태평천국에 가담해 남경으로 떠났다. 호남에는 관자회(串子會) 등의 작은 당파만 남아 있었는데, 그들은 태평천국의 규율을 따르지 못하는 토비적(土匪的) 경향이 강한 사람들이었다. 그런 만큼 충동적인 약탈이나 폭행을 많이 저질렀을 것이다. 증국번은 그런 무리가 날뛰는 것을 용서하지 않았다. 태평천국과 정면으로 대결하기 위해 후환을 없애고자 했다.

태평군에 흡수된 천지회에 대해 조금 짚어보자. 서양 기독교를 혁명의 원동력으로 삼은 태평천국과 '멸만복명(滅滿復明)'이라는 고색창연한 민족주의적 경향이 강한 천지회는 아무래도 어울리지 않은 구석이 있었던 것 같다. 그중에는 나대강(羅大綱) 등과 같이 마지막까지 태평천국에 충성을 바친 천지회 출신 간부도 있었다. 그들은 신앙으로서 기독교를 받아들였을 것이다.

공통점이 '멸만' 밖에 없다면 유대가 그다지 굳건하지 않았을 것이다. 거병 당시부터 엄격한 규율이 싫어서 떠나거나 적에게 붙은 천지회계 사람들이 있었다는 점은 앞에서도 이미 이야기했다.

또 남경에 이르기까지 치른 전투에서 천지회계 사람들 쪽이 아무래도 희생이 컸던 것 같다. 이것은 태평천국의 작전이 천지회를 격전지로 내몰았다는 뜻이 아니다. 배상제회계의 군대는 규율이 바르고 상관의 지휘대로 움직였기 때문에 결과적으로 손해가 적었다고 보아야 할 것이다. 이에 비해서 의협적인 분위기를 지닌 천지회는 전투에서도 대범하게, 말하자면 시대물에 나오는 호걸처럼 싸움을 한 듯하다. 손해가 컸던 것은 그때문이 아닐까 생각된다.

이는 바꾸어 말하면 지도자다운 지도자가 없었다는 말이다. 지휘자는 모두 작은 당파의 우두머리일 뿐, 수많은 인원을 통솔할 인물이 없었다는 것도 영향을 미쳤을 것이다. 더구나 의협적인 자세를 앞세우다 보니 전투에서는 우두머리가 앞장을 섰고, 그래서 맨 먼저 전사하는 일이 많았다.

영안(永安)에서 청군의 포로가 되어 자기 이름을 홍대전(洪大全)이라고 밝힌 인물은 아무래도 천지회 사람인 듯한데, 본명이 초대(焦大), 또는 초량(焦亮)인 그는 제 입으로 말한 만큼 거물은 아니었던 듯하다. 청군은 그를 잡았을 때, 홍수전이라고 생각하고 몹시 흥분했다고 한다. 이 인물은 천지회의 나쁜 부분만 익힌 듯했다. 거물을 자칭한 것도 자신을 비싸게 팔려고 했기 때문인 듯, 그는 "태평군을 망하게 할 비책이 있다"라는 등의 말을 주워섬겼다. 청나라 왕조는 그렇게 호락호락하지 않아서 이 남자는 처형되고 말았다.

청군이 홍대전, 곧 초 아무개를 붙잡았을 때, 그는 희한하게도 쇠사슬에 묶여 있었다. 어쩌면 이 남자는 태평천국에서 규율을 위반하거나 그 밖의 죄를 범해 벌을 받고 있었는지도 모른다. 태평군에 투신한 사람들 중에는 한몫 보자고 뛰어든 투기꾼도 적지 않았다.

천지회가 모두 태평군에 흡수된 것이 아니고, 같은 시기 천지회 계열에서 큰 모반 계획이 있었는지도 모른다. 함풍 원년(1851) 6월경, 광주(廣州) 거리에,

　　　양광 총독 서광진(徐廣縉)을 체포한 자에게 현상금 1만 냥을 준다.

라는 포고가 나붙고, 그런 포고를 내린 자는,

　　　'하늘을 받들어 백성을 달래고 벌을 내리는 명실(明室) 세습 친왕

　　　(親王) 주(朱)'

이며, 날짜는 천덕(天德) 2년 6월 25일로 적혀 있었다. 이미 태평군이 거병한 뒤의 일이며 태평군은 한번도 천덕이라는 연호를 사용한 적이 없다. 그 후에는 청군이 점령한 무창에서 천덕 3년이라는 날짜로 된 괴문서가 발견되었다. 앞서 홍대전이라고 자칭한 인물은 자기가 천덕왕이라고도 했지만, 이 또한 아무렇게나 주워섬긴 말임은 말할 나위도 없다.

괴문서가 단순한 장난이나 심심풀이에서 나온 것인지, 또는 개인적인 반정부 운동에서 나온 것인지 규모는 알 수 없으나, 어떤 조직이 존재해서 그 선전활동으로 쓰였는지 현재로서는 알 수가 없다. 다만 화남(華南)의 분위기로 보아 비밀결사가 많았으므로, 어떤 조직이 만들어졌을 가능

성은 있다. 태평군의 거사가 빨랐기 때문에 조직하고 있던 반체제 정권의 구상이 불발로 끝났다고도 생각할 수도 있다. 비밀결사의 성격상, 조직을 대동단결하기 어려웠을지도 모르고, 조직이 만들어졌다고 한들, 그것을 이끌 통솔력 뛰어난 지도자가 나타나기도 어려웠을 것이다. 복건의 황위(黃威), 광동의 진개(陳開), 그리고 신개항장인 상해의 유여천(劉麗川) 등이 제법 뛰어난 지도자로 알려져 있었으나, 태평천국 정도의 규모를 이루지는 못했다. 그들이 이끄는 군소 모반 집단에는 이념과 규율이 결여되어 있었기 때문일 것이다. 또 태평천국의 모반에 자극을 받아서 북방의 염당(捻黨)이 세력을 얻은 것도 주목할 만한 일이다.

헛구호만 요란한 태평천국

증국번이 만든 상군이 새로운 군대라면 태평천국의 군대도 새로운 군대였다. 신앙으로 맺어지고 이상을 가진 집단이었다. 정부 측 기록에도,

적(태평군)이 다다르면 (백성이) 다투어 맞이하고, 관군이 다다르면
모두 도망가 문을 걸어 잠근다.

라고 적혀 있다. 사람들이 정부군을 얼마나 두려워했는지 알 수 있다. 살인, 폭행, 약탈, 방화 등은 정부군 군사가 저지르는 짓이었다. 태평군은 그 고장의 유력자로 지금까지 정부의 앞잡이 노릇을 한 이른바 '토호열신(土豪劣伸)'에게 제재를 가해 재산을 몰수하고, 그것을 빈민에게 나누어 주었다. 그리고 땅이나 금전의 대차증서를 불태우기는 했으나, 군율이 엄해서

전주(全州)에서 저지른 일을 제외하고는 포악한 행위를 전혀 하지 않았다. 일반 백성은 태평군을 두려워하지 않았다. 이러한 군대는 당시 사람들에게는 경이적인 존재였다. 다만 기독교적 관점에서 절이나 묘당을 눈엣가시로 여기고 신상, 불상, 위패 등을 파괴했기 때문에 보수적인 사람들은 눈살을 찌푸렸을 것이다. 여관(女館), 또는 여영(女營)이라고 불리는 여자 부대가 있었던 것도 태평군의 특징이라고 하겠다. 남자들은 서로 형제라고 부르고 여자들은 서로 자매라 불렀으니 평등사상도 짙었다.

이렇게 말하면 이상적인 군대처럼 들리겠지만, 태평군 내에서도 사실은 군벌화가 진행되고 있었다. 동왕계의 군대, 북왕계의 군대, 익왕계의 군대라는 식으로 계열화가 진행되었던 것이다. 계파 밖의 지휘관은 그 군대를 움직이기가 어려웠다. 태평군은 적대하는 상군과 비슷한 점을 상당히 갖고 있었다.

증국번은 연병(練兵) 제일주의였다. 북경에서 독촉이 빗발쳐도 훈련 부족을 이유로 좀처럼 출동하지 않았다. 장강에 면한 남경을 수도로 삼은 태평천국을 공격하는 것이므로 증국번은 수군을 중시했다. 출동하라는 재촉을 거스르는 이유로 그는 병선을 아직 갖추지 못했다는 것을 들었다. 실제로 증국번은 병선을 만드는 데 열심이었다.

만반의 준비를 갖추고 마침내 상군을 출발시킬 때, 증국번은 유명한 '월비(粵匪, 태평군)를 토벌하는 격문'을 발표했다. 이 격문의 특징은 당연히 내세워야 할 '근황(勤皇, 황제를 위해 충성을 다함- 옮긴이)'이라는 말을 신중하게 피한 데 있다. 황제는 만주족이므로 일반 한족은 '근황'이라는 말을 들어도 절대 일어서지 않는다. 그의 격문은 태평군이 중국 전통을 파괴하고 기독교를 강요하며 사람들의 자유를 구속하고 있음을 비난하는 데 중점을 두고 있었다.

> 역적 홍수전, 양수청이 반란을 일으킨 지 5년이 지났다. 생령 수백
> 만 명이 도륙당하고, 주현 5천여 리가 유린되었다. 지나는 곳마다 선
> 척(船隻)은 대소를 막론하고 백성은 빈부를 막론하여, 하나같이 약탈
> 을 당해 풀 한 포기조차 남아 있지 않다.

토벌 격문에 흔히 등장하는 상투어가 이어지지만, 역적의 수괴로 홍
수전뿐만 아니라 양수청의 이름도 나란히 든 것은 증국번의 정보기관이
태평천국의 내부 사정을 상당히 정확하게 파악하고 있음을 말해 준다.

> …… 농부는 자기가 땅을 갈아도 세금을 내지 못한다. 땅은 모두
> 천주(天主)의 땅이기 때문이다. 상인은 자기가 물건을 팔아도 이문을
> 챙기지 못한다. 재화는 모두 천주의 재화이기 때문이다. 선비는 공자
> 의 경서를 읽지 못하고, 대신에 이른바 예수의 설, 신약을 읽어야 한
> 다. 중국 수천 년의 예절과 인륜, 시서(詩書)와 전칙(典則)이 한꺼번에
> 땅에 내동댕이쳐졌다. 이것이 어찌 우리 대청나라의 변고이겠는가.
> 곧 개벽 이래, 명교(名敎, 유교)의 기변(奇變)이다. 우리의 공자, 맹자가
> 구천에서 통곡할 일이다.

태평천국의 난이 단지 이 청이라는 왕조의 '변고'가 아니라 한, 당에서
건 송, 명 등의 한족 정권에서건 명교(名敎)를 거스르는 기변으로서 진압
해야 하는 것임을 선언한 것이다. 태평천국이 발표했던 격문이 기독교를

겉으로 내세우지 않고, 호(胡, 만주족)가 한족을 지배하고 모욕하는 데 중점을 둔 것과 대조적이다. 증국번의 격문은 이 밖에도 광서와 광동의 월비가 '안부존영(安富尊榮)'하는 데 반해, 양호 삼강의 사람들은 강제로 참가해 '견돈우마(犬豚牛馬)'보다 못한 취급을 받는다면서 향당의식에 뿌리를 둔 적의를 부채질하려고 했다.

태평천국에 의한 전통문화의 파괴는 분명히 지나친 데가 있어서 나중에 부분적으로 노선을 수정하기도 했다. 또 사람들이 원하지 않는데도 억지로 시키는 것도 많았다. 지금까지 지상에 존재한 적 없는 완전히 새로운 이상향을 만들고자 하는 의욕이 앞서다 보니 아무래도 강압적으로 나가기 쉬웠다. 남녀평등을 주장했지만, 남경에서 여자를 가혹한 노동으로 내몰아 원성을 샀다. 준비가 부족한 데다 물밑 작업 없이 그저 '지도'한다는 자세였기 때문에 당연히 반발을 불러일으켰을 것이다.

태평천국은 남경을 점령한 직후 '천조전묘제도(天朝田畝制度)'라는 문서를 간행해 배포했다. 이 문서에 담긴 '천조전묘제도'란 천하의 토지는 천하의 사람들이 함께 경작해야 한다는 사상에서 만들어진 제도다. 토지는 수확량에 따라 차등을 두고 9등급으로 나누었다. 규정은 정연하게 세부까지 다루었지만, 이것이 어느 정도 실행되었는지 확실하지 않다. 현존하는 자료를 살펴 보면, 이 소박한 평등, 평균주의는 거의 실행되지 못한 것 같다. 남경에 도읍을 마련하고 멸망에 이르기까지 청나라 군대와 격렬한 전투를 벌이느라 밤낮을 지새웠으므로 이러한 획기적인 토지균분제도를 태평천국이 차분히 실행하는 것은 불가능했을 것이다.

균분 사상은 사회주의의 관점에서 보면 반동적이고 공상적이지만, 부르주아 민주주의 관점에서 보면 혁명적이다.

이 말은 레닌의 유명한 말인데, 태평천국의 사고방식은 지나치게 소박해서 사회주의 선까지는 미치지 못했다.

'천조전묘제도'는 정책의 포고라기보다 건국이념을 천명하는 문서라고 생각함이 마땅할 것이다.

증국번의 격문에는 태평천국이 여자의 전족 폐지를 주장하고, 거기에 반대하는 여자의 발을 잘라 본보기로 삼았다는 '포학(暴虐)' 행위를 거론하고 있다. 본보기의 진위는 분명하지 않지만, 전족은 전통이 아니라 악습에 지나지 않으므로, 그것의 폐지는 정론이었다고 해야 할 것이다. 전족 폐지는 여성해방과도 이어지는 일이지만 보수적인 사람들은 남녀평등을 유교적 예의범절에 어긋난다고 생각했다.

토지 문제가 이상적으로 풀리지 않은 것과 마찬가지로 태평천국은 여성문제에서도 모순을 안고 있었다. 무창에서 '선비(選妃)'를 하여 외모가 아름다운 여자 60명을 취한 일 등은 태평천국이 주장하는 남녀평등을 거스르는 행위가 아닐 수 없다. 태평천국의 간부들은 자신들의 일부다처에 '상제의 명령에 따르는' 일이라는 구실을 붙였다.

영광과 좌절

참패로 끝난 북벌군 원정

태평군은 계림이나 장사 등 저항이 격렬한 성시는 포위를 풀고 나아가고, 악주, 무창, 구강 등, 일단 점령한 땅도 모두 버려두고, 전군이 함께 남경으로 들어갔다. 남경이라는 '점(点)'을 얻고 그 이외에 '면(面)'은 없었다. 이래서는 결함 있는 정권이라고 할 수밖에 없다. 그렇기 때문에 태평천국은 '면'을 획득하기 위한 싸움을 계속해야만 했다.

양수청의 의사에 따라 남경을 수도로 정했으므로 여기서 한 단락이 지어졌다. 무창에서 그랬던 것처럼 지금까지 하던 방식으로 남경을 버리고 북쪽으로 진격해 즉시 북경을 치자는 의견은 받아들여지지 않았다. 즉 최종 거점을 북경으로 할 것인지 남경으로 할 것인지 하는 문제에서 후자로 결정이 난 것이다. 하지만 주적(主敵, 태평군의 용어로는 요적(妖賊))의 본거지는 북경이므로 북벌군을 일으켜야만 했다.

단숨에 북진하자는 주장은 철회되었다. 남경을 수도로 정한 뒤의 북벌

책에서도 작전을 둘러싸고 의견이 둘로 나뉘었다.

하나는 천왕, 또는 북왕이 친히 주력부대를 거느리고 북상해 개봉(開封, 북송시대의 수도)에 본부를 두고, 대규모 도하작전을 펼쳐 하북으로 향하자는 의견이었다. 이것은 천지회 출신의 나대강이 주장한 것이다.

다른 하나는 태평군의 일부를 동원해 바로 북경을 치자는 의견이었다. 남경에서 잠시 쉬었다가 바로 북벌을 하자는 주장이다. 동왕 양수청이 지지함으로써 이 의견이 채택되었다. 되도록 지름길을 택하고 도중에 공성 등으로 시간을 낭비하는 일 없이 북경까지 '질추(疾趨, 질주의 동의어)'하라는 것이었다.

이렇게 해서 이개방(李開芳), 임봉상(林鳳祥), 길문원(吉文元)의 세 사람을 사령관으로 하는 북벌군이 편제되었다. 이 북벌군은 크게 패해 태평천국의 수명을 단축하는 한 요인이 되었다. 양수청의 오산이었다.

태평군이 거의 단숨에 남경까지 공격할 수 있었던 것은 다분히 청조가 방심한 틈을 탔기 때문이다. 광서 지방이 소란스럽다는 것은 북경에서도 알고 있었지만, 설마 남경까지 진격하리라고는 생각지도 못한 듯하다. 아니, 태평군조차도 진격 도중에 광서로 돌아가 할거하자느니, 호남에 지방정권을 세우자느니 하는 의견이 나올 정도였다. 청조의 지방 관리는 자기들의 승진이 걸려 있기 때문에 지방 반란을 축소해 보고하는 경향이 있었다. 태평군이 무창에서 남경을 공격했을 때, 북경은 틀림없이 아닌 밤중에 홍두깨를 맞은 듯 놀랐을 것이다.

무창과 남경의 고급 관료가 모두 태평군에게 살해되었다는 소식을 듣고, 정부도 간신히 사태의 심각성을 깨달았다. 태평군이 남경에 들어선 직후 청조 당국은 동북의 군대를 북경 방어를 위해 이동시켰다. 성경(盛

京, 봉천)군 8천 명, 차하르(察哈爾)군 4천 명, 길림군 2천 명, 흑룡강군 2천 명, 도합 1만 6천 명이 이미 북경 근처에 배치되었다. 또 각지의 군대도 언제든지 증원을 위해 이동할 수 있도록 명령이 내려져 있었다.

태평천국의 북벌군은 5만 명이었다. 북경을 공략하는 병력으로서는 지나치게 적었다. 금전촌을 2만, 또는 수천이라는 적은 수로 출발해서 남경에서 100만을 칭한 경험이 있기에 병력은 진격 중에 불어난다는 선입견이 있었는지도 모른다. 그러나 이번에는 상황이 다르다. 화남에는 천지회의 여러 계파가 존재해 '확군(擴軍)'의 대상이 되었다. 그러나 장강을 건너 북쪽으로 가면 천지회의 세력은 급감한다.

북벌군이 향하는 하남이나 산동에는 염당(捻黨)이라고 불리는 집단이 있었다. 그러나 앞에서도 이야기했듯이 이것은 토비(土匪)적인 요소가 농후한 집단이었다. 천지회 같은 민족주의적 경향은 그다지 없었다. 농촌 공동체에서 떨어져 나온 자들이 먹고살기 위해 도당을 조직한 것이라 할 수 있다. 천지회조차도 태평천국의 배상제회적 분위기에 녹아들지 못하는데 염당은 말할 나위도 없다.

태평천국에서도 염당의 성격을 알고 있었기에 초기에는 제휴에도 적극적으로 나서지 않았다. 염당이 각지에서 소동을 일으켜서 청군을 견제하기를 기대하는 정도였을 뿐, 연합할 생각까지는 하지 않았다. 또 연합하려고 해도 염당은 오합지졸 같아서 종잡을 수가 없었다. 염당이 태평천국을 본떠서 변발을 자르고 머리를 길러 반체제적인 자세를 보이게 된 것은 좀 더 훗날의 일이다. 그러나 그때에도 청 정부는 염당을 태평천국과 같은 혁명세력으로는 인정하지 않았다.

광서와 양호(호남과 호북)는 풍속이나 관습에서도 공통점이 많고 사투

리도 크게 다르지 않다. 같은 생활양식을 가진 문화권에 속해 있었다고 할 수 있을 것이다. 그러나 장강을 건너서 회하(淮河)를 넘으면 양상은 완전히 달라진다. 앞에서도 이야기했지만 벼농사를 기반으로 하는 문화권에서 보리농사를 기반으로 하는 분식(粉食) 문화권으로 넘어간다. 언어도 크게 달라서 의사소통도 어려울 지경이다. 이런 조건에서는 지금까지와 달리 진격한다고 병사가 늘어날 리가 없다. 더구나 기후도 남방인의 체질에 맞지 않는다.

태평천국 북벌군은 5월에 안휘의 봉양(鳳陽)을 함락하고, 하남으로 들어가 6월에 개봉을 공격하고 7월에 황하를 건너 회경(懷慶)을 공격했다. 공성에 시간을 낭비하지 말라는 명령을 받았기 때문에 공격해 보고 수비가 두터우면 바로 진로를 바꾸었다. 그러나 북벌군은 지리에 어둡다는 약점이 있어서 "지름길을 택하라"는 명령을 받았지만, 어디가 지름길인지 알지 못했다. 회경이 함락되지 않아서 북벌군은 산서(山西)로 들어갔는데, 이때 병력은 2만으로 줄어 있었다. 진격하면 늘어나기는커녕 오히려 줄어들었다. 게다가 북경에 가까워질수록 청군의 수는 많아져서 북벌군은 고전을 면치 못했다. 남경에 어려움을 호소해서 간신히 증원군 2만 명을 얻었지만, 당연히 이것으로 충분하지 않았다. 남경도 괴롭기는 매한가지였다. 북벌군 외에 서정군(西征軍)도 살펴야 했기 때문이다. 서쪽에서는 증국번이 끊임없이 상군을 훈련시키고 있었다.

10월에 하북평야로 들어간 북벌군은 천진을 공격했다. 수도가 바로 가까이에 있어서 청군은 진을 몇 겹이나 치고 대비하고 있었다. 지형을 잘 아는 땅에서 태평군을 맞아 차분히 작전을 짤 여유가 있었다. 천진 공방전에서 청군은 제방을 무너뜨리는 수공 작전을 펼쳤다. 태평군은 정해(靜海)라는 곳까지 후퇴했고, 시간은 속절없이 흘렀다. 태평군에게는 가장 무시무시한 적, 바로 동장군이 덮쳐 왔다. 따뜻한 남쪽에서 나고 자란 북벌군은 눈과 추위에 시달렸고, 동상에 걸리는 사람이 속출했다. 식량도 부족해져서 이듬해 2월 정해를 버리고 남쪽으로 향했다. 패주나 다름없었다.

청군은 몽골족 맹장 산고린친(僧格林沁)이 참찬대신(參贊大臣)으로서 지휘하고 있었다. 휘하에는 추위에 익숙하고 말을 잘 타는 몽골족 장병이 많이 있었다. 북벌군은 몽골족 철기 집단의 기동력에 애를 먹었다. 정해에서 부성(阜城)으로 패주하는 사이, 북벌군은 사령관의 한 사람인 길문원을 잃었다. 청군은 북벌군을 분단하는 작전을 펼쳤다. 지리에 어두운 북벌군은 그 때문에 각개격파당하고 말았다.

임봉상의 부대는 연진(連鎭)에서 한 사람도 남김없이 전사했고, 풍관둔(馮官屯)에서 포위당한 이개방의 부대는 운하의 물을 퍼붓는 수공으로 전멸했다. 양수청이 계획한 북벌은 이렇게 해서 참담한 실패로 끝났다. 이개방이 이끌던 군대의 전멸은 함풍 5년(1855) 4월 16일(양력 5월 3일)의 일로, 북벌군이 양주(揚州)에서 출발한 날(1853년 5월 8일)부터 따지면, 25개월에 걸쳐 처참한 싸움이 끊이지 않았다. 연진 전투에서도 투항자는 한 사람도 나오지 않았다. '질주'를 명령받은 북벌군은 처음부터 무장이 가벼웠고 시간을 낭비하는 공성은 금지되어 있었다. 만일 제법 큰 성시를 함락해서, 그곳을 기지로 삼아 싸웠더라면 좀 더 유리했을 것이다. 북벌군이 기지도 없이 떠도는 군단이었던 것이 애처롭다.

'약한 중국'을 선택한 서구 열강의 속셈

태평천국은 북벌과 동시에 서정(西征)을 시작했다. 함풍 3년(1853)에 빗발 같은 북경의 독촉을 받고도 움직이려 하지 않던 증국번은 이듬해 여름, 마침내 상군을 출동시켰다. 앞에서 이야기한 '토월비격(討粤匪檄)'은 이때 발표한 것이다. 상군은 수륙 양로로 진격해서 악주, 무한을 공격하고 강서로 들어갔다. 태평군은 이들 여러 성시를 일단 점령한 뒤, 버려두었다가 다시 점령한 것이다. 태평천국 전쟁 중에 무한 등은 주인이 여러 번 바뀌었다.

강서에 들어간 상군이 목표로 삼은 것은 구강(九江)을 공략하는 일이었다. 그러나 이 작전은 안경(安慶)에 있던 태평천국의 익왕 석달개가 교묘하게 원군을 보내 상군을 격파함으로써 실패로 끝났다. 증국번은 낙담한 나머지 강에 몸을 던졌지만 곧 구조되었다. 패장 증국번은 강서의 성성(省城)인 남창(南昌)으로 도망쳐 들어갔다.

함풍 5년은 태평천국의 북벌군이 전멸한 해이지만, 서정군이 무창을 탈환한 해이기도 하다. 청군은 남경성 가까이에 '강남대영(江南大營)'을 설치해서 태평천국의 심장에 비수를 들이대는 태세를 보였다. 강남대영도 청군에게는 위험한 장소에 기지를 설치한 것이어서 자주 태평군의 습격을 받았다.

서쪽은 이와 같은 상황이었지만, 동쪽 상해에서는 천지회 계열의 '소도회(小刀會)'가 반란을 일으켜 상해지현을 죽이고 상해현성을 점령했다. 1853년 9월(이하 서력 날짜는 양력, 청나라 연호를 썼을 때는 음력을 쓴다)의 일이었다.

상해에는 개항 이후 복건이나 광동에서 이주해 온 사람이 많았는데, 고향을 떠난 그들은 상호부조 조직에 의지했으므로 비밀결사 활동이 특히 활발했다. 소도회, 청건회(靑巾會), 편전회(編錢會) 등 여러 조직이 있었으며, 소도회의 우두머리인 유여천이 지도자 자리에 있었다. 아무리 연합해도 모두 작은 조직이었으므로 현성 하나를 감당하기 어려웠다. 그들은 빈번히 남경의 태평천국과 연락을 취해서 원조를 얻으려고 했지만 성공하지 못했다.

천지회 계열이므로 반만적(反滿的)이고 민족주의적 경향을 지녔지만, 동시에 유협적(遊俠的)인 기풍도 있었다. 신개항장인 상해가 무대였던 만큼 아편의 매매가 성행했고, 소도회 회원도 대부분 아편 매매와 관련이 있었다. 태평천국에서는 아편 매매나 흡음을 모두 사형으로 다스렸다. 태평천국 쪽에서 보자면 소도회에는 깨끗하지 못한 자가 너무 많았다. 소도회 쪽에서 보자면 태평천국은 기독교와 그 규율을 억지로 밀어붙이므로 밀접한 유대를 갖기에는 저항이 적지 않았다. 상해에서 남경에 보낸 밀서를 청군이 빼돌렸다지만, 제휴에 실패한 까닭은 그것만이 아니었다. 이 시기에는 태평천국이나 청 정부는 정보 수집에 힘을 쏟았다. 상해와 남경 사이의 연결이 밀서 한 통에 의지할 만큼 어설프지는 않았을 것이다.

소도회는 상해현성을 17개월 동안 점령했지만, 식량 보급로가 끊겨서 1855년 2월에 성을 포기했다. 청군은 끊임없이 소도회를 공격했지만 상해에 거주하는 외국인은 중립 입장을 취하고 자위대를 조직했다. 청군과 이 외인부대가 이성(泥城)이라는 곳에서 충돌하는 사건도 일어났다. 영국에 비하면 프랑스는 청조 측에 더 밀착해 있었던 것 같다.

여기서 태평천국에 대한 외국인의 반응을 검토해 보자. 기독교를 받든다는 정권이었기 때문에 처음에는 기대를 하고 호의도 품은 것 같다.

태평천국이 남경을 점령하자, 영국은 누구보다도 빨리 홍콩 총독 본햄(Samuel George Bonham)에게 남경을 방문케 했다. 이어서 프랑스 공사 부르불롱(Alphonse de Bourboulon), 미국 특사 맥레인(Robert Milligan McLane)이 남경을 찾았다. 국가 외교는 자국의 이해득실을 저울질하는 것이 첫째다. 그들이 판단하고자 한 것은 중국의 주인으로 청조가 그대로 있는 것과 태평천국으로 바뀌는 것 중 어느 것이 자국의 이익에 좀 더 유리한가 하는 것이었다.

영국은 남경조약, 미국은 망하조약, 프랑스는 황포조약을 각각 청나라와 맺었다. 하나같이 자국에게는 매우 유리한 조약이었다. 바꾸어 말하면 중국 쪽에서 보면 매우 불평등한 조약이었다. 만약 정권이 교체되었을 때 태평천국은 과연 자기 나라에 불리한 이들 조약을 승계할 것인가? 외국 요인의 남경 방문 목적은 그것을 타진하는 데 있었다. 미국의 맥레인은 국무부에 '그것은 매우 어려운 문제다'라고 보고했다.

태평천국 수뇌부는 요적(妖賊) 정부가 외국인과 맺은 조약을 그대로 승계할 의사가 없는 듯했다. 개항장 문제만 해도 나중에 정하자는 대답이었다. 나중에 정한다는 것은 조약을 새로이 맺자는 말과 같다. 그리고 무역 문제에서도 분명하게 "사람을 해치는 것의 교역은 금지한다"라고 대답했다. 새삼스레 교역을 따로 금지할 필요도 없이, 태평천국은 일찍이 임칙서가 지지한 황작자(黃爵滋)의 아편 판매, 흡음자의 사형론을 그들이 지배하는 땅에서 이미 실행에 옮기고 있었다. 태평천국이 중국의 주인이 되면, 아편무역은 확실히 없어지게 된다고 예상했다. 각국의 대중(對中)

무역에서는 여전히 아편이 으뜸가는 돈벌이 수단이었다. 아편무역 금지가 각국의 대중 무역에 큰 타격을 주리라는 것은 말할 나위도 없다.

청 정부도 아편무역을 합법화한 것은 아니었지만, 여러 조약의 적용에 의해 아편을 근절시키지 못했다. 홍콩에 선적을 등록하고 영국기를 내걸면, 청 정부로서는 손을 대지 못했다. 국내에서 판매하거나 흡음하는 것도 청 정부의 힘으로는 막기 어려웠다. 그만큼 청 정부는 약체 정권이었다.

여러 외국으로서는 중국의 주인이 약체 정권인 편이 유리했다. 태평천국은, 증국번의 격문에도 있듯이, 사람들을 지도하는 데 지나치게 엄격한 자세를 취했다. 태평천국은 강력한 정권이었다.

영국 등은 겉으로는 중립을 내세웠지만, 내심 청조가 지속되기를 바랐다. 프랑스가 상당히 노골적으로 청조를 편든 데는 종교 문제가 얽혀 있었다. 프랑스가 청나라와 맺은 황포조약의 특색은 프랑스인이 내륙에 쉽게 들어갈 수 있게 한 데 있다는 점은 앞에서도 이야기한 대로다. 그것은 가톨릭 신부의 편의를 생각해서 나온 조항이다. 프랑스인 신부는 장강 연안에서 열정적으로 전도 활동을 펼쳐 신도를 상당히 확보하고 있었다. 그런데 태평천국이 그 지방을 지배하면서부터 태평천국과 중국인 가톨릭 신도 사이에 문제가 발생했다. 같은 기독교 신도인 만큼 친밀하게 지낼 법도 한데, 사실은 그 반대였다. 남경이나 양주의 가톨릭 신도는 자기네 종교가 프랑스 신부에게서 전수한 이른바 정통파고, 태평천국의 종교는 이단이라고 생각했다. 실제로 홍수전은 로버츠에게 세례를 거부당했으며, 배상제회의 신앙은 홍수전이 자기 나름대로 기독교에 독특한 해석을 더한 것이었다. 신앙의 정통·이단 싸움은 심각했다. 가톨릭 신도

들은 태평천국이 자기네들을 탄압한다고 생각했다.

태평천국이 중국을 지배하면 프랑스 신부가 애써 전도한 성과가 하루 아침에 뒤집힐 것이다. 프랑스 공사 부르블롱은 이렇게 판단했다. 이러한 정권의 출현을 막기 위해서도 청 정부를 원조할 필요가 있었다.

불평등조약 문제, 아편 문제, 종교 문제, 어느 것 하나를 보더라도 여러 외국은 태평천국의 중국 지배를 환영할 수 없었다. 상해의 외인부대는 훗날 이홍장에게 고용되어 태평천국과 치르는 전쟁의 제일선에 섰는데, 여기에는 이와 같은 배경이 있었다.

홍수전에게 내려진 곤장 40대

서쪽으로 간 태평천국 부대는 우세를 보이며 강충원을 전사케 하고 증국번을 남창에 몰아넣었지만, 북벌을 떠난 부대는 참패를 겪었다. 태평천국의 결벽성 때문에 소도회와 제휴하지 못해 상해를 얻을 기회도 아깝게 놓치고 말았다. 여러 외국 사절의 방문이 잇따랐지만, 그들은 국익을 따져보고 태평천국의 적인 청조를 도와야 한다고 판단했다. 이와 같이 중대한 시기에 태평천국에서는 내분이 일어났다. 어쩌면 올 것이 왔다고도 할 수 있을 것이다.

증국번의 격문에 홍수전과 양수청의 이름이 나란히 있지만, 역시 '양웅불구립(兩雄不俱立, 두 영웅이 함께 설 수 없으며 반드시 싸워서 어느 한쪽이 쓰러지거나 둘 다 쓰러진다는 뜻-옮긴이)'인 법이었다. 양수청은 야심가여서 언젠가는 홍수전을 대신하려고 생각했던 것 같다. 그의 언동을 보면 그 준비를 착착 해 나간 것으로 보인다.

1853년 12월의 일이므로 북벌군이 하북에서 악전고투를 거듭하고 있을 무렵, 양수청은 '천부하범'을 행했다. 천부 여호와가 천왕 홍수전을 질책한다는 이례적인 내용을 담은 것이었다.

천부하범은 배상제회가 최고 간부 자리를 비웠을 때, 결속을 다지기 위해 만들어낸 수단이었다. 양수청은 천부하범에 의해 여호와의 대변자가 되었는데, 영안(永安)에서 반란을 꾸민 자를 색출할 때, 일종의 속임수로 쓰기 전에는 오직 정신적인 격려를 위해 쓰던 것에 지나지 않았다. 양수청은 이제 그것을 자신의 권력을 과시하기 위해 사용하게 되었다. 태평천국의 이인자인 그가 권력을 과시하는 가장 효과적인 방법은 일인자인 홍수전의 권위를 떨어뜨리는 일밖에 없었다.

천왕부에는 양수청의 고모인 양장매(梁長妹)나 석달개의 친척인 석정란(石汀蘭)과 같이 나이든 여자가 근무하고 있었다. 홍수전은 그녀들을 그다지 배려 있게 대하지 않은 듯하다. 아마 고모가 불만을 털어놓았겠지만, 양수청은 이것을 빌미로 홍수전에게 창피를 주려고 했다. 천부 여호와의 의사를 전달하는 천부하범에는 "여관(女官)에게 관대하라"라는 구체적인 질책이 담겨 있었다.

천부하범 때는 천왕 홍수전이라고 할지라도 무릎을 꿇고 있어야 했다. 여호와는 홍수전의 잘못을 곧장 40대로 다스리라고 명령했다.

천왕을 장형(杖刑)에 처한다니 그야말로 이례적인 일이었다. 그것도 신앙 문제가 아니라 여관을 대하는 태도라는 사소한 문제였으니, 더욱 이상하게 느껴졌을 것이다. 보다 못한 북왕 위창휘가 앞으로 나아가 천왕을 대신해 자신이 벌을 받겠다고 말했다. 양수청은 이 천부하범에 대한 반응을 살피고 있었을 것이다. 거기에 있는 간부들이 모두 천왕의 수난에 동정하고 있다는 것을 알아챈 양수청은 즉시 "특별한 배려로 용서하겠노라"라는 천부의 의사를 전달했다. 천부의 장형을 강행하면 자기가 악역이 되어 불리하다는 것을 감지했을 것이다. 이런 일에는 양수청의 감이 날카로웠다.

천부의 특별한 배려로 사건은 마무리되었지만, 홍수전은 이때 양수청이 자신을 몰아내려한다는 사실을 분명히 깨달았다. 천왕부의 깊숙한 곳에서 사색과 저작에 몰두해서 권력에는 관심이 없는 것처럼 보였지만, 홍수전 또한 살아 있는 인간이었다. 지식인인 그는 글도 모르는 숯쟁이 출신의 양수청과 기질적으로도 맞지 않는 면이 있었다. 홍수전은 이때부터 양수청에 대한 반격을 생각했는지도 모른다.

실천형인 양수청은 자신의 야심을 실현하기 위해 여러모로 손을 썼다. 그는 일인자를 압박하는 한편, 서열 3위인 위창휘를 멀찍이 떼어 놓아야 했다. 뒤에서 쫓아오는 자에게도 경계를 늦추어서는 안 되었다. 힘의 신봉자인 양수청은 위창휘가 무력을 갖는 것을 경계했다. 그래서 위창휘를 일선에 보내는 것을 되도록 막으려 했다. 그래도 북왕이라는 자가 싸움터에 나가지 않는 것은 자연스러운 일이 아니었다. 그래서 출정 명령을 내렸다가 바로 다시 불러들이곤 했다. 그리고 천왕이 북왕의 출정을 허락하지 않는다는 이유를 달아서 마치 천왕이 북왕을 경계하고 있는 듯이 꾸몄다.

아무리 연출을 교묘해도 연극의 줄거리는 밝혀지게 마련이다. 동왕 양수청은 지나치게 자신만만해서 치밀한 구석이 있는가 하면 허술한 구석도 있었다. 북왕도 평범한 사람은 아니었다. 양수청이 자신을 경계하고 있으며, 자칫하다가는 숙청될 위험이 있다는 사실도 알고 있었다.

이렇게 되면 천왕 홍수전과 북왕 위청휘가 손을 잡고 동왕 양수청에게 대항하는 것은 자연스러운 흐름이었다.

익왕 석달개는 일선에 나가 있는 일이 많았는데, 안경(安慶)에서 그가 인망을 얻고 있다는 소식을 듣고 양수청은 그를 남경으로 불러들여 위청휘와 함께 수도 방위를 분담하게끔 했다. 이 인사 이동은 수도에서 자칫 강해질지도 모를 위청휘의 권한을 축소하는 효과도 노린 것이다. 양수청은 모든 것이 자신의 뜻대로 진행되고 있다고 생각해 만족했던 것 같다. 한편으로는 중견 간부를 위압했다. 자신의 친척에게 인사를 하지 않은 마부를 처벌하는 문제를 두고, 진일강(秦日綱)과 황옥곤(黃玉崑) 같은 수뇌부의 일원이라고 할 인물까지 장형을 받고 직위를 박탈당했다. 누구나 양수청을 두려워한 것은 당연한 일이었다. 천왕 이하 태평천국의 모든 간부가 꼼짝 못하는 것처럼 보였다. 적어도 동왕 양수청은 그렇게 생각했다.

북벌군이 전멸한 것을 제외하면, 전세는 태평천국에게 유리하게 진행되었다. 청군의 대기지인 강남대영과 강북대영이 태평군에 의해 궤멸되었다. 흠차대신인 향영(向榮)은 단양(丹陽)까지 패주했다가 거기서 죽었는데, 이것은 청조에게 뼈아픈 타격이었다. 강남대영의 정식 명칭은 효릉위중군대영(孝陵衛中軍大營)인데, 명나라 태조가 잠든 효릉 근처에 있었다. 남경성의 바로 코앞에 있었으므로 태평천국의 수도는 그때까지 포위된 것이나 마찬가지인 상황이었다. 강남대영의 궤멸은 1856년 6월의 일로, 태평천국은 이것을 '천경해위(天京解圍)'라고 표현했다.

강남대영을 공격하라는 명령을 내린 것은 동왕 양수청인데, 그는 '천경해위'의 으뜸가는 공로자가 자신이라고 생각했다. 그는 천왕을 몰아낼 때가 다가왔다고 판단하고, 그 첫 번째 단계로서 다시 '천부하범'을 행했다. 홍수전은 불려 나가 무릎을 꿇고 여호와의 말을 들었다.

너와 양수청은 똑같이 내 아들이며, 이번에 양수청이 큰 공을 세웠

다. 왜 '천왕 만세'라고 부르면서 '동왕 구천세'밖에 부르지 않는가?

이것은 여호와의 홍수전에 대한 힐문이었다. 태평천국에서는 천왕이 만세, 동왕이 구천세로 한 단계에 천세씩 줄여서 왕을 부르는 관례가 있었다.

동왕은 천하를 평정했습니다. 그도 동왕 만세라고 불러야 마땅합

니다.

홍수전은 여호와에게 이렇게 대답했다. 이렇게 대답할 수밖에 없었다. 천왕의 세자는 아버지와 마찬가지로 만세라고 불리는데, 동왕의 세자는 그저 천세였다. 양수청은 이것도 불만이었던 듯, 여호와의 말을 빌려 홍수전을 힐문했다.

동왕 만세인 이상, 그 세자도 당연히 만세입니다. 대대손손 만세라

고 불러야 할 것입니다.

홍수전은 달리 대답할 말이 없었다.

나는 만족한다. 그러면 하늘로 돌아가겠다.

여호와는 이렇게 말했다. 물론 양수청의 입을 통해서였다. 천부하범은 이렇게 해서 끝이 났다. 양수청이 만족했음은 말할 나위도 없다.

칭호에 관한 한 이날 이후 천왕과 동왕은 어깨를 나란히 했다. 머지않아 지위도 바꾸겠다고 마음먹고 양수청은 장기인 계략을 꾸몄다. 그러나 계략은 양수청의 독점물이 아니었다. 이번 천부하범으로 홍수전은 양수청을 숙청하기로 결심한 것이다. 천왕부 깊숙한 곳에서 그 또한 계략을

꾸미고 있었다.

숙청당한 양수청 일파

중국번의 첩보주임인 장덕견(張德堅)의 보고를 나중에 편찬한 『적정회찬(賊情滙纂)』이라는 문서가 있다. 이 문서에 따르면, 1855년 8월, 즉 태평천국의 내분이 일어나기 1년 이상이나 앞서 청조의 첩보원은 내분이 반드시 일어난다고 관측하고 있다.

1856년에 일어난 유혈이 낭자한 내분에 대해서는 아직 밝혀지지 않은 부분이 많다. 뒤에 청군의 포로가 된 이수성(李秀成)의 진술에 따르면, 만세 사건으로 분개한 위창휘와 석달개가 모의해서 양수청 일당을 살해했으며, 천왕 홍수전은 이 일에 관여하지 않았다고 한다. 그러나 이것은 홍수전을 성역에 두기 위한 주장으로 믿을 만하지 않다. 내분 당시 석달개는 호북에 있었고, 위창휘는 강서에 파견되어 있었으므로 두 사람이 만나 협의하는 일조차 어려웠을 것이다.

천왕 홍수전이 강서에 있던 위창휘에게 양수청을 주살하라는 명령을 내렸다고 보는 편이 앞뒤가 맞을 것이다. 강서에 출진 중이었던 위창휘가 은밀히 남경으로 돌아온 것은 양력 9월 1일 심야에서 이튿날에 걸친 일이었다. 그는 3천 명의 친위병을 이끌고 9월 2일 새벽에 동왕부를 급습했다. 자신만만한 양수청은 강서로 파견한 위창휘의 동향을 그다지 경계하지 않았을 것이다. 동왕은 허를 찔렸다.

위창휘는 잔인한 사람이었다. 그리고 겉과 속이 다른 사람이기도 했다. 겉으로는 양수청을 추종하며 "오늘의 제가 있는 것은 오로지 동왕

덕분입니다"라고 무릎을 꿇고 절까지 했다. 양수청은 그의 힘이 그리 강해지지 않도록 경계는 했지만, 설마 쿠데타를 일으켜 자신을 죽이리라고는 꿈에도 생각하지 못했을 것이다.

처참하기 짝이 없는 쿠데타였다. 양수청과 그의 일족, 친척, 부하 등 동왕부에서 수천 명이 학살되었다. 앞에서 이야기한 이수성의 진술에 따르면, 위창휘와 석달개가 모의를 할 때, 동왕과 그의 형제 세 사람만 죽이고 그 외 사람들은 죽이지 않기로 정했다고 한다. 위창휘와 석달개의 모의라고 되어 있으나 아마 그것은 천왕의 의사였을 것이다. 위창휘가 홍수전의 명령을 받았고, 그 명령을 지나치게 수행한 것이 사건의 진상일 것이다.

동왕과 그의 형제 세 사람만 죽인다는 것은 사실상 불가능한 일이다. 동왕부를 습격하면 그곳을 지키는 수천 명의 동왕계 군사와 싸워야만 한다. 지나친 행동이었다고 해도, 이렇게 먹느냐 먹히느냐 하는 싸움에서 사정을 봐줄 수는 없다.

태평천국 내부에서는 이 쿠데타에 천왕이 관여하지 않은 것으로 해야 했다. 동왕부에서 수천 명의 병사가 살해당했지만, 동왕계 군대는 아직 많이 있었으므로 그들을 달랠 필요가 있었다. 천왕은 동왕의 죽음을 애도하고, 그날을 '동왕승천절(東王昇天節)'로 정했다. 그러나 이것은 천왕이 사건과 관계없다는 증명이 되지 못한다.

북왕은 견책을 받고 쿠데타를 도운 진일강과 함께 태형 400대를 맞게 되었다. 동왕의 부하 약 5천 명이 자기들의 주군과 동료를 죽인 북왕의 태형을 구경하기 위해 형장 가까이, 조방(朝房)이라고 불리는 커다란 건물 두 채에 들어갔다. 국가의 최고 간부를 죽인 위창휘의 죄가 태형 400대로 무마된다는 것도 우스운 일이지만, 동왕의 부하들은 북왕이 매를 맞으며 고통스러워하는 모습을 보려고 했다. 어쩌면 거듭되는 매질에 신음하다가 죽을지도 모른다고 기대했을 것이다.

그런데 이것은 북왕 위창휘의 계략이었다. 조방이라는 것은 국가행사를 보기 위한 시설이다. 형장이 된 광장에서는 종교 행사나 열병식이 치러졌을 것이다. 그것을 구경하는 사람은 당연히 무기를 휴대하지 못한다. 국가 행사에는 국가 지도자도 참석하므로 암살의 우려를 덜기 위해 마련한 규정이었다. 동왕의 옛 부하 5천 명은 규정대로 무기를 지니지 않고 조방에 들어갔다. 그곳을 북왕 위창휘의 부하들이 포위해 그들을 모두 죽였다. 이로써 동왕 직속의 주력부대는 소멸했다.

이 무렵, 태평천국의 서열 4위(동왕의 죽음으로 3위가 되었다)인 석달개는 무창의 홍산(洪山)에서 전투를 지휘하고 있었다. 쿠데타 이전에 군을 되돌리는 움직임은 없었으므로, 위창휘와는 그다지 밀접하게 제휴를 맺지 않은 것 같다. 대학살 소식을 듣고 그는 서둘러 남경으로 돌아갔다.

석달개는 태평천국 간부 중에서 가장 문장이 빼어나고 유서(儒書)에 밝은, 또 나이도 젊은 20대의 장군으로 유장(儒將)이라고도 불리었다. 그도 양수청의 전횡을 마뜩찮게 생각했으나, 처참한 학살은 용인하지 못해서 북왕과 진일강에게 따지려고 남경으로 돌아갔던 모양이다. 이러한 정의감은 그러나 현실 앞에서는 무력한 법이다.

남경에 돌아온 석달개는 자기 입장이 매우 위태롭다는 사실을 깨달았다. 위창휘는 양수청과 마찬가지로 위로는 천왕을 압박하고, 아래로는 다음 실력자인 석달개를 경계했다. 양수청은 자신감이 넘쳐서 여유가 있었지만, 위창휘는 자신감이 부족해서 성급하게 일을 추진하려고 했다. 그는 양수청처럼 인사이동 등의 책략으로 경쟁자를 억누르는 등의 우회적인 방법을 쓰지 못했다. 그는 바로 석달개를 숙청하려고 했던 것 같다. 석달개도 마침내 그 사실을 깨닫고 아슬아슬하게 빠져나와 도망쳤다. 그는 소남문(小南門) 가까이에 있는 성벽을 기어올라 성 밖으로 탈출해, 옛 보금자리인 안경(安慶)으로 돌아갔다. 이때 남경의 각 성문은 위창휘가 미리 손을 다 써 두었다고 한다.

위창휘는 익왕부를 포위했다. 석달개는 간신히 도망칠 수 있었지만, 가족은 모두 거기에 남아 있었다. 석달개의 젊은 아내와 젖먹이도 살해되었다. 그뿐만이 아니었다. 석달개 휘하의 주요 간부의 가족도 익왕부에 있었는데, 한 사람도 남김없이 살해되고 말았다. 위창휘는 양수청의 공포 정책을 그대로 따라서 자기 계열 이외의 간부들을 잇달아 숙청했다. 이때 숙청된 혁명 간부는 2만 명에서 3만 명에 이른다고 한다. 이제 남경에는 북왕 위창휘를 따르는 간부밖에 남지 않았다.

그동안 천왕 홍수전은 무엇을 하고 있었을까? 자기와 똑같은 만세 칭호를 요구한, 그 불손하고 무식한 양수청은 살해되었다. 조금은 학문을 익힌 지주 출신의 위창휘라면 그나마 낫겠거니 생각하고 있었는데, 사실은 양수청보다 훨씬 잔혹한 인물임이 밝혀졌다. 피를 피로 씻어 내는 이 내분을 제지하지 못한 홍수전은 이미 통솔력을 잃었다고 해야 할 것이다.

남경의 태평천국에서 유혈사건이 일어났을 무렵, 광동에서는 애로호 사건이 일어났다. 이 사건에 대해서는 나중에 설명하기로 한다.

사지가 찢겨 죽은 위창휘

석달개가 남경을 탈출했음을 안 위창휘는 진일강에게 성을 나가 추격할 것을 명령했다.

처자와 일족이 몰살된 25세의 석달개가 비통한 눈물을 흘리며 복수를 맹세한 것은 당연한 일일 것이다. 휘하의 대군이 집결한 안경에서 그는,

> 군대를 돌려 천왕 곁의 부정을 씻어 내자.

라는 격문을 발표했다.

전선(前線)에 있던 동왕계의 여러 부대는 지도자의 죽음에 동요해서 어찌할 바를 모르다가, 익왕의 격문을 듣고 차례차례 익왕군에 합류했다. 익왕과 가장 친했던 천지회계의 나대강은 이때 이미 죽고 없었지만, 그 부하들은 당연한 일처럼 석달개 밑으로 모여들었다.

익왕을 추격하기 위해 남경을 나온 진일강은 북왕의 평판이 지나치게 나쁘다는 것을 알고, 익왕군과 싸우라는 명령을 잊고 오로지 청군과 싸우기로 했다. 뭐니 뭐니 해도 태평천국의 주적은 청군이었다. 청군과 만나면 싸워야만 했다. 청군과 싸우고 있으면 어느 누구에게서도 불만이 나올 리 없다. 진일강의 군대는 되도록 청군이 있을 만한 곳을 향해 나아갔다. 이것은 안경에서 군사를 모아 천경(天京, 남경)으로 돌아가 임금 곁의 간신(북왕)을 치겠다는 석달개를 위해 진로를 터준 것이나 다름없었다.

남경을 노린 것은 석달개의 대군만이 아니었다. 남경의 출입구라고 해서 경구(京口)라는 별명이 있는 진강(鎭江)에는 석달개의 일족인 석진길(石鎭吉)이 있었다. 남경에 있던 그의 가족도 살해되었다. 강서에는 동왕의 사촌동생 양보청(梁輔淸)이 있었다. 물론 그도 사촌형의 복수를 생각하고

있었다. 이와 같은 남경 근방의 태평군이 남경을 향해 가고 있었다.

북왕 위창휘는 막다른 길로 내몰리고 있었다. 병사 1만 5천 명을 진일강에게 내준 것이 후회스러웠다. 진일강이 정적과 싸우지 않고 오로지 청군과 싸우고 있다는 소식은 이미 북왕의 귀에도 들어와 있었다. 적이 남경에 육박해 오는 지금, 그 1만 5천 명의 병사가 있다면 얼마나 마음 든든할 것인가.

동왕부 대학살의 시점부터 북왕 위창휘는 광기에 사로잡혀 있었는지도 모른다. 어쩌면 그전부터 그는 미쳐 있었는지도 모른다. 여러 군대가 남경에 다가오고 있다는 말을 듣고 그는 다시 한 번 광기 어린 행동을 취했다.

남경성의 남문인 취보문(聚宝門) 밖에 대보은사(大報恩寺)의 탑이 있다. 사람들은 이것을 천하제일탑이라고 불렀다. 높이 약 80미터이므로 현장 삼장(玄奘 三藏)과 인연이 있는 서안(西安)의 상징 대안탑(大雁塔)보다 20미터나 높다. 어떤 책에는 32장 9척이라고 되어 있는데, 그렇다면 100미터가 넘는다. 외국인들도 이 거대한 탑을 보고 경탄했다. 일본의 상징은 후지산과 나라(奈良)의 대불(大佛)이지만, 19세기 후반까지 외국인에게 중국의 상징은 이 천하제일탑이었다. 따라서 이 탑에 대해서는 갖가지 기록이 남아 있다. 80미터라고 한 것은 『대영백과사전(브리태니커)』의 실측 250피트를 따른 것이다.

북왕 위창휘는 이 탑이 석달개의 군대에게 점령되어서 그 높이를 이용해 성 안에 폭격이 가해지는 것을 두려워해 탑을 파괴하고 말았다. 천하제일탑은 지붕에 오색 유리기와를 얹고 흰 유리 타일로 탑신을 덮은 멋들어진 건조물이었다고 한다. 기독교를 국시로 삼고 절과 묘당을 가차 없이 훼손하던 태평천국도 이 천하제일탑을 파괴할 생각은 하지 못했다. 그런 탑을 북왕은 제 몸을 지키기 위해 파괴한 것이다. 그야말로 광기에 사로잡힌 행동이었다.

초조해진 위창휘는 석달개를 우두머리로 하는 반북왕군이 남경을 공격하기 전에 천왕부를 공격해서 태평천국을 제 것으로 만들 생각을 했다. 천하제일탑이 완전히 파괴된 것은 1856년 11월의 일이었다고 한다. 위창휘는 이 무렵 천왕부를 공격했다.

천왕부를 공격할 때 위창휘는 두 가지 큰 오산을 했다. 첫 번째는 천왕부의 저항이 그토록 격렬할 줄 몰랐다는 점이다. 천왕부에는 여관(女官)이 많았는데, 광서 객가 출신의 그녀들은 전족도 하지 않고 남자 못지 않게 일을 했다. 전투가 벌어지면 무장을 하고 남자들과 어깨를 나란히 하고 싸웠다. 두 번째는 북왕 위창휘의 군대의 사기가 저조해서 탈주병이 잇따라 생기리라고 생각하지 못했다는 점이다.

위세를 뽐내며 동왕을 공격할 때, 북왕의 군대는 실로 용감했다. 지나치게 용맹해서 지나치게 죽었을 정도였다. 그러나 북왕 휘하의 군대는 천왕에게는 아무런 원한이 없었다. 포악하지도 않고 잔인하지도 않았으며, 신앙의 지도자로서 경의를 품을망정 미워할 까닭이 없었다. 그런 사람을 공격하라니 마음이 내킬 리 없었다. 마음속으로 이래도 되는 일인지 망설이며 공격하다 보니 천왕부 안으로 쳐들어갈 수 없었다. 그래서 포위한 채 다음날 다시 공격하기로 했다.

그런데 이튿날 정오 전에 천왕부를 포위한 위창휘의 군대를 뒤에서 습격한 군대가 있었다. 멀리서 달려온 부대가 아니었다. 위창휘의 집요하고 무자비한 숙청에서 용케 몸을 숨긴 동왕계 간부 몇 사람이 아직 남경 성

안에 잠복해 있었다. 그중에 부학현(傅學賢)이라는 인물이 있었다. 그는 동왕계의 잔당을 은밀히 모아 위창휘의 주살을 꾀하고 있었다. 위창휘는 자기 계열 이외의 사람은 전부 탄압했기 때문에 그에게 원한을 품은 사람이 적지 않았다. 동왕계 잔당만이 아니라 그런 사람들도 부학현의 밑으로 모여들었다. 이러한 움직임이 위창휘의 귀에 들어가지 않은 것은 그가 어지간히 인망이 없었기 때문일 것이다.

부학현의 군대가 뒤에서 덮치자, 천왕부의 문이 열리고 위병이 돌격해 나왔다. 위창휘의 군대는 협공을 당했다. 그렇지 않아도 사기가 떨어진 군대였던 만큼, 앞뒤로 적의 공격을 받자 금세 전의를 상실하고 흩어지고 말았다. 누구 하나 우두머리인 위창휘를 도와서 도망치게 하려는 사람이 없었다. 어이없게도 위창휘는 그 자리에 맥없이 주저앉고 말았다. 이렇게 해서 그는 체포되어 '지해(支解)'라는 극형을 받았다.

전횡을 휘두른 동왕 양수청조차 천왕과 동등한 만세 칭호를 요구했을 뿐, 천왕을 무력으로 공격하지 않았다. 태평천국에서는 천왕을 공격하는 것을 대역무도한 죄로 여겨서 지해의 형으로 다스린다. 지해란 사지를 조각조각 찢어서 죽이는 것을 말한다. 찢겨나간 그의 사지는 남경성 안 여기저기에 내걸리고,

　　　　북간(北奸, 곧 위창휘)의 살이다. 그저 보기만 하라. 가져가서는 안

　　되다.

라는 팻말이 그 곁에 서 있었다.

위창휘에게 가장 원한을 품은 사람은 가족을 몰살당한 석달개였다. 그 석달개가 남경으로 다가오고 있었다. 태평천국은 동, 남, 서, 북의 네 왕을 모두 잃고 이제 익왕 석달개에게 의지할 수밖에 없었다.

귀경하여 태평천국의 정치를 보좌하라.

이러한 조서와 함께 위창휘와 진일강의 목이 석달개 앞으로 보내졌다. 병사 1만 5천 명을 이끌고 주로 청군과 싸우던 진일강도 남경의 상황을 안 부하들의 손에 의해 천왕이 파견한 군대에 인도되어 목이 잘렸다.

석달개는 즉시 남경으로 들어갔다.

남경을 떠난 석달개

새로운 시대가 시작되자 남경 사람들은 큰 기대를 품었다. 그동안 홍수전은 장식물이 되었고, 양수청은 '천부하범'을 이용해서 전횡을 일삼았다. 벌은 준엄했고 사람들은 숨을 죽이며 살아왔다. 위창휘는 한술 더 떠 공포정치를 펼쳤다. 남경 사람들은 이러한 과격함에 진저리를 쳤다. 그러던 차에 석달개가 등장한 것이다.

젊은 유장이라고 불리는, 태평천국 내에서도 가장 학식이 높은 인물이었다. 각지의 사당에서 불상, 신상, 위패를 불태우는 일이 성행했지만, 석달개의 군대는 그런 일을 거의 하지 않았다. 그런 점 때문에도 그는 인기가 높았다. 사람들 사이에서는 석달개의 치하에서 온건한 정치가 펼쳐질 것이라고 기대하는 분위기가 고조되었다. 어디를 가나 석달개의 이야기가 꽃을 피웠다.

이러한 분위기를 홍수전이 그다지 달갑지 않게 생각한 것도 당연한 일일 것이다. 태평천국의 주인은 말할 나위도 없이 천왕 홍수전이다. 그러나 남경 시민이 양수청의 꼭두각시 노릇을 하고, 위창휘의 폭정을 제지하지 못한 홍수전에게 이미 아무런 환상도 품지 않고 있다는 것도 사실이다. 홍수전에게 기대를 거는 사람들은 별로 없었다.

홍수전의 측근도 당연히 불만을 품었다. 홍수전에게는 친형이 두 사람 있었는데, 홍인발(洪仁發)과 홍인달(洪仁達)이다. 천왕의 친형이면서도 지금까지 태평천국 안에서 이렇다 할 직책도 맡지 않고 공적다운 공적도 세우지 못한 것은 한마디로 무능했기 때문이다.

금전촌 거병 이후 줄곧 고락을 함께 해 온 동지인 양수청과 위창휘에게 배신을 당하고 천왕 홍수전은 인간불신에 빠지고 말았다. 석달개가 동왕이나 북왕과는 다르다는 것을 알면서도 역시 마음 깊숙한 곳에서는 신뢰하지 않았다. 그것은 두 친형이,

　　　역시 육친밖에 믿을 수 있는 사람은 없다.

라고 부추겼기 때문이다.

양수청이 죽고 난 후, 그 무시무시한 '천부하범'도 없어졌다. 지금까지는 무능한 두 형, 인발과 인달을 요직에 앉히려고 하면 '천부하범'에서 어떤 질책을 받게 될지 알 수 없었다. 이제 홍수전은 제 뜻대로 할 수 있었다.

그해, 즉 1856년 12월 19일, 태평군이 점거하고 있던 무창이 호북 순무 호림익(胡林翼)이 이끄는 청군에 포위되어 마침내 함락되었다. 천왕의 측근파인 두 친형과 그 추종자들은 무창 함락의 책임을 익왕 석달개에게 돌렸다. 최고사령관이면서 제멋대로 자리를 이탈했기 때문이라고 비난했다. 이 비난은 이치에 맞지 않을 수밖에 없다. 왜냐하면 귀경하여 자신을 보좌하라는 조서를 내린 사람이 다름아닌 천왕 홍수전이었기 때문이다.

해가 바뀌자 홍인발은 안왕(安王)에, 홍인달은 복왕(福王)에 봉해졌다. 왕작을 줌으로써 익왕 석달개에게 대항할 수 있게끔 한 것이다. 이렇게

해서 측근파와 익왕파의 대립이 시작되었다.

남경 시민은 파벌 항쟁에 질려 있었다. 누구보다도 유장 석달개가 파벌 싸움에 절망했다. 인발, 인달 형제는 무능하다기보다 탐욕스러웠다. 그들은 측근이라는 신분을 이용해서 이권의 주변을 맴돌며 뇌물을 챙기기 바빴다. '천부하범'이 없으므로 그들은 공공연히 뇌물을 받았고, 남경 시민 중에 그 사실을 모르는 사람이 없을 정도였다. 그들은 가는 곳마다 석달개의 험담을 하고 다녔다. 석달개의 인기를 떨어뜨리려고 한 짓이지만, 공공연히 뇌물을 받는 사람의 말 따위를 믿는 사람은 없었다.

석달개가 조금 더 나이를 먹었다면 여기서 좀 참았을지도 모른다. 젊은 그에게는 참을성이 없었다. 태평천국에 참가한 것은 청년다운 이상에 불타서였지만, 남경의 상황은 그의 이상에서 멀기만 했다. 이상향은 남에게 의지하지 않고 스스로 만드는 것이 아닐까. 어디까지나 나의 추측이지만, 석달개는 그렇게 생각했는지도 모른다. 친귀(親貴, 육친의 중용) 정치를 허용한 홍수전에게도 젊은 석달개는 실망했을 것이다.

귀경하여 재상으로서 천왕을 보필한 지 불과 반년 만에, 석달개는 20만 명의 대군을 이끌고 천경(남경)에서 물러났다. 물론 홍수전의 명령을 받은 것은 아니다. 정나미가 떨어져서 뛰쳐나온 것이다. 그리고 자기 계열 외의 우군에게도 동조를 호소했다. 이 무렵, 안휘 북부에서 작전 중이었던 합천후(合天候) 이수성과 예천후(豫天候) 진옥성(陳玉成)은 그의 부름에 응하지 않았다. 이 두 사람은 각각 충왕(忠王), 영왕(英王)에 봉해져 후기 태평천국을 지탱하는 두 기둥이 되었다.

외인 용병부대에게 무너진 태평천국

석달개의 퇴거로 궤멸한 태평천국의 군대를 보충하고 재건한 것은 이수성과 진옥성 두 사람이었다. 그러나 석달개가 물러나면서 태평천국이 곤경에 빠진 것은 말할 나위도 없었다. 한번 격멸했던 청군의 강남대영이 다시 설치된 것이다.

그 후 안왕과 복왕은 왕작을 삭탈당했다. 평판이 너무나도 나빠서 사람들의 원성이 천왕에게 향할 것을 우려해서 몽득은(蒙得恩)이 진언했기 때문이다. 몽득은은 홍수전이 육친을 제외하고 가장 신뢰하는 인물이었다. 그다지 전공은 없지만 여영의 사무를 관할하던 인물이다. 역대 황제는 내전의 일을 환관에게 맡겼는데, 태평천국에는 환관이 없었다. 환관과 같은 역할을 맡고 있었으므로 몽득은이라는 인물을 대충 짐작할 수 있을 것이다.

그 후 태평천국은 몽득은, 진옥성, 이수성 세 사람에 의해 운영되었다. 재상에 해당하는 정장졸(正掌率)의 우두머리는 몽득은이었다. 몽득은은 안왕과 복왕을 전략적으로 물러나게 하고 자신의 배후에 숨겨 두었다. 안왕과 복왕이 천왕의 육친이었으므로, 몽득은은 그것을 자신의 버팀목으로 생각했다.

드디어 태평천국의 말로를 이야기해야 할 때다. 유혈이 낭자한 내분사건이 일어난 시기에 애로호 사건이 일어나서 청조 정부도 다사다난했다. 그 때문에 태평천국의 수명도 조금은 연장되었는지도 모른다.

익왕 석달개는 대군을 이끌고 천경을 떠났지만, 지난날 북벌군처럼 그도 근거지를 두지 않고 방랑하는 군단의 장군이 되었다. 태평천국에서 복귀하라는 권고도 있었지만 그는 그것을 물리쳤다. 1859년에는 스스로 관제와 예제를 제정했다. 이로써 태평천국과 별개의 정권을 만들 의사를 표명한 것이다. 그러나 이 일로 말미암아 부하들 중에서 많은 이탈자가 나왔다. 길경원(吉慶元)을 비롯한 많은 간부가 태평천국으로 복귀했다.

1861년, 이영리(李永利)라는 사람이 사천에서 봉기했다. 이에 석달개가 호응하여 사천에서 20만 명의 대군을 얻었으나 대도하(大渡河)에서 끝내 좌절하고 말았다. 청군의 공격과 불어난 물 때문에 사상자가 속출하자, 그는 부하 장병을 구하기 위해 청에 투항했고 성도(成都)에서 책형에 처해졌다. 1863년의 일이다. 대도하라는 강은 석달개의 전진을 저지한 천험(天險)의 요새였다. 약 70년 뒤 홍군(紅軍, 중국 공산당군)도 장정(長征) 때 여기를 지났는데, 그때는 격전 끝에 대도하를 건너는 데 성공했다.

석달개가 패전하기 2년 전, 1861년에 함풍제가 26세의 나이로 피서궁인 열하(熱河)에서 죽었다. 황후에게는 자식이 없었기 때문에 의귀비(懿貴妃) 예혜나라씨(葉赫那拉氏)가 낳은 6세의 재순(載淳)이 황제로 즉위했다. 이듬해 동치(同治)라고 연호를 바꾸었으므로 이 소년은 후에 동치제라고 불리었다. 자식이 없던 황후를 동태후, 황제의 생모를 서태후라고 부르고, 어린 황제를 이 두 사람의 태후가 후견하게 되었다.

태조 누르하치의 부족 통일에 마지막까지 저항한 것이 예혜부(葉赫部)였다는 사실은 앞의 책에서 이야기했다. 예혜부는 명나라의 원조를 빌려서까지 누르하치의 패권을 거부하고자 한 부족이다. 그렇기 때문에 항간에서는 예혜부의 여자가 황후가 되면 청이 멸망한다는 말이 떠돌았다. 실제로 입관 후 예혜부 출신의 여자가 황후가 된 예는 없다. 동치제의 생모는 예혜부 출신이지만 함풍제의 귀비에 지나지 않았다. 친아들이 황제가 되었기 때문에 선대의 정식 황후와 더불어 동서 태후로서 받들어지게 되었다. 이것으로 청나라도 끝났다는 말이 떠돌았다고 야사는 전한다. 어찌되었건 서태후의 시대가 밝았다.

천경에서는 1859년 4월 홍콩에서 온 홍수전의 사촌 홍인간(洪仁玕)이 정치를 보좌했다. 같은 육친이지만 인간은 인발이나 인달과 달리 유능한 인물로서 간왕(干王)에 봉해져서 정무를 총괄했다. 내분의 상처를 딛고 일어선 태평천국은 새로운 지도자 진옥성과 이수성의 분전에 힘입어 항주와 소주 등의 요지를 점령했다. 이것이 1860년의 일인데, 같은 해에 애로호 사건에 따른 천진조약의 비준을 강요하며 영·불 연합군이 북경을 점령하고 원명원(圓明園)을 파괴했다. 그 이듬해 남하한 영국 함대 제독 호프는 남경을 방문했고, 태평천국은 그에게 연내에 상해를 공격하지 않으며 장강에서 이루어지는 무역을 방해하지 않겠다고 약속했다.

그러나 1861년 9월, 석달개 이래 태평천국의 주요 거점이었던 안경을 청군에게 빼앗기고 말았다. 천왕 홍수전은 그 책임을 물어 홍인간과 진옥성을 해임하고 다시 무능하고 문제가 많은 두 친형, 인발과 인달을 기용해서 각각 신왕(信王)과 용왕(勇王)으로 봉했다. 이렇게 해서 태평천국의 정치는 다시 혼란에 빠지게 되었다.

이듬해인 1862년 1월, 약속 기한이 지났으므로 태평군은 상해를 공격하기 시작했다. 그러나 그곳에는 워드(Frederick Townsend Ward, 1831~1862)를 대장으로 하는 '양창대(洋槍隊)'가 조직되어 있었다. 이것은 소도회가 상해현성을 점령한 당시의 외인부대와는 성격이 다른 부대였다. 그 당시의 외인부대는 중립적인 입장을 취했지만, 이번에는 분명히 청 정부의 편이었다. 정부가 고용한 외인부대인 것이다. 청 정부는 이 외인부대에 '상승군(常勝軍)'이라는 이름을 붙였다.

태평군은 매우 치열하게 상해를 공격했다. 약체인 청 왕조 편에 서는 것이 자국의 이익에 유리하다고 판단한 각국은 태평천국의 공격을 막으려고 했다. 프랑스 제독 프로토는 전사하고 영국 제독 호프는 부상을 입었다. '상승군' 부대장(副隊長) 포레스터는 포로가 되었다가 뒤에 무기 탄약과 교환해서 석방되었다. 태평군 측에서도 석달개 휘하에 있다가 나중에 태평천국으로 복귀한 길경원이 전사했다.

이해 6월 2일, 일본의 기선 지토세마루(千歲丸)가 상해에 입항했다. 일본사에서 유명한 문구(文久) 2년(1862)의 무역실습선이다. 조슈 번(長州藩)의 다카스기 신사쿠(高杉晉作, 1839~1867, 에도 막부 말기 지사)나 사쓰마 번(薩摩藩)의 고다이 사이스케(五代才助, 1836~1885, 사쓰마 번의 무사·실업가-옮긴이) 등도 종자(從子)라는 명목으로 승선해 있었다. 그들의 일기를 보면, 서쪽 하늘에 화염이 타오른다든가 이튿날 포성이 들렸다든가 하는 내용이 있는데, 이 무렵 이수성이 송강(松江) 근방에서 몽골메리 대령이 이끄는 영국군을 공격하고 있었다. 이 전투에서 태평군이 승리를 거두고 소총 500자루, 화약 36상자를 전리품으로 얻었다.

태평군은 이제 한 발자국만 더 가면 남경을 점령할 수 있었다. 그런데 이때 남경이 청군에게 포위된 것이다.

일일삼조(一日三詔)

라고 해서 천왕 홍수전은 하루에 세 번이나 이수성에게 남경의 포위를 허무는 작전에 참가하라고 재촉했다. 홍수전에게는 전세를 전반적으로 파악하는 능력이 없었을 것이다. 상해를 점령했을 때의 이득 따위는 알지 못했음에 틀림없다. 이수성은 눈물을 삼키며 상해 공략을 포기했고,

그 후 소주와 남경을 오가며 천경의 포위를 풀기 위해 분투하는 나날이 이어졌다.

'상승군' 대장 워드는 절강에서 태평군과 전투를 벌이다가 중상을 입어 죽고, 후임으로 고든(Charles George Gordon, 1833~1885)이 대장으로 임명되었다. 워드는 돈 때문에 싸움에 뛰어든 용병이었지만, 고든은 어엿한 영국 정규군이었다. 워드의 죽음으로 '상승군'은 개편되었는데, 이홍장은 이 개편된 상승군을 견본으로 자신의 '회군'을 만들었다고 한다.

전세는 태평천국에게 점점 불리해졌다. 1863년 12월에 소주를 잃고 이듬해인 1864년, 항주마저 청군에게 도로 빼앗겼다. 소주를 공격한 것은 새로운 '상승군'을 주력으로 하는 부대였다.

1864년 7월 19일, 태평천국의 수도 천경이 마침내 함락되었다. 홍수전은 그전에 병사했다고도 하고, 음독자살을 했다고도 한다. 그가 죽은 것이 6월 1일이었다고 하므로 함락되기 48일 전의 일이었다.

천경이 함락될 때, 태평군 장교 중에서 포로가 된 자는 있어도 항복한 자는 없었다. 수천 명의 궁녀가 자살했다는 이야기도 전한다. 이수성은 홍수전의 아들 홍천귀(洪天貴)를 보호하며 탈출을 시도했지만 붙잡혀 살해되었다. 증국번은 이수성에게 종이와 붓을 주어 자술서를 쓰게 하고 그것을 간행했다. 몇 년 전, 그 원문이 증국번의 옛 저택에서 발견되어 화제가 되었다. 기존 자술서를 보면 비굴한 언사가 있고, 청조에 아첨하는 부분도 보였다. 그렇기 때문에 증국번이 위조, 또는 개작했다고 생각되었지만, 원문이 나옴으로써 개작설에 마침표가 찍혔다. 그래도 재기를 기약하기 위해 치욕을 무릅쓰고 그러한 것을 적었다는 변호론도 있다. 2년 전에 이미 순직한 진옥성과 비교해서 이수성의 평가에는 상당한 차이가 있다. 문화혁명 시대에 이수성은 투항분자, 석달개는 투기적 분열분자라고 해서 매우 평판이 나빴다.

다만, 내분 끝에 석달개가 떠난 뒤, 태평천국이 유지될 수 있었던 것은 진옥성과 더불어 이수성의 힘이 컸음은 사실이다. 석달개도 자신의 감정과 사상에 충실했을 것이다. 석달개에 관한 전설 같은 이야기는 각지에서 전해 내려오는데, 그만큼 민중에게는 친숙한 인물이었던 것 같다.

홍인간, 인발, 인달, 그 밖의 홍씨 일족은 모두 살해되었다.

태평천국의 본거지를 공격한 상군(湘軍)은 증국번의 동생 증국전(曾國筌)이 일선에서 지휘했다. 형이 일선에 서면 진다는 징크스가 있었다고 한다. 천경이 함락하자 각지의 태평군은 고립되어 각개격파당했다. 강북의 태평군은 뇌문광(賴文光)의 지휘를 받으며 염당으로서 반체제 무장투쟁을 이어갔다. 태평천국의 양왕(梁王)이었던 장종우(張宗禹)가 이끄는 서염군이 가장 오래 저항했다. 1868년, 황하 주변에서 정부군에게 포위되어 궤멸되었지만, 그의 생사는 알 길이 없었다고 한다. 그해는 일본에서 왕정복고가 이루어져서 메이지(明治)로 개원된 해이기도 하다.

아편전쟁에 이어서 태평천국의 이야기도 상당히 자세히 설명했는데, 이것이 중국 혁명의 하나의 전형이라고 생각되기 때문이다.

원명원 불타다

애로호 사건

태평천국 전쟁이 한창일 때 일어난 애로(Arrow)호 사건을 중국에서는 제2차 아편전쟁이라고 부른다. 열강이 15년 전 아편전쟁에서 얻은 성과를 충족시키기 위해 일으킨 전쟁이고 아편 밀수선의 임검(臨檢)에서 비롯된 사건이므로, 제2차 또는 속(續) 아편전쟁이라고 부르는 편이 맞을 것이다.

애로호는 중국인이 소유한 아편 밀수선이었다. 이 시대의 아편 밀수는 홍콩에서 영국 선적에 등기를 해서 영국 국기의 보호 아래 거리낌 없이 이루어졌다. 애로호는 '로차(Lorcha)'형이라고 불리는 '서양형 중국 배'였다. 선주는 방아명(方亞明), 승무원 15명은 모두 중국인이었고, 선장만이 아일랜드계 영국인인 토머스 케네디였다. 1856년 10월 8일, 광주의 해주도(海珠島) 강가에 정박하고 있던 애로호는 광동 수사의 순라선에 임검을 당했다. 이유는 해적 혐의였다. 약 한 달 전, 해적에게 약탈당한 사람이 항해 중인 애로호에 그때의 해적이 있는 것을 발견하고 수사의 순라선에 제소한 것이다. 순라선은 애로호를 임검해서 해적 용의자로 이명태(李明太)를 체포하고 그 외 11명을 연행했다.

당시 광주 주재 영국 영사는 후에 주일 공사를 지낸 파크스(Harry Smith Parkes, 1825~1885)였다. 일본 재임 중에는 메이지 정부를 원조해서 점수를 땄지만, 외국인 치외법권과 불평등조약의 엄수를 강요해서 평가가 양분되는 외교관이었다. 중국에서는 이 인물을 철저히 악인으로 치부한다. 그는 양광 총독 섭명침(葉名琛)에게,

> 영국 국기를 건 영국 선적의 배를 청국 관헌이 임검해서 인원을 체포하는 일은 명백히 조약 위반이다. 게다가 청국의 병사가 영국 국기를 끌어내렸는데, 이것은 중대한 모욕이다. 즉시 체포된 인원을 석방하고 보상을 함과 동시에 석방을 해야 한다.

라고 항의했다.

임검 때 케네디 선장은 자리에 없었다. 과연 애로호가 영국 국기를 내걸었고 순라 당국이 그것을 끌어내렸는가. 청국 측은 깃발 따위는 내걸지 않았다고 주장함으로써 양측의 주장이 팽팽히 맞서 결론이 나지 않았다. 그러나 그 무렵 광동의 청나라 관헌은 외국 기를 모욕하면 큰 문제가 된다는 사실을 알고 신중히 행동했다. 일부러 도발하는 행동을 했다고는 생각하기 어렵다. 멀리 항해하는 보트의 미국 국기를 보지 못하고 청나라의 포대가 발포하여 총독이 사죄하는 사건도 일어났다. 앞의 항의는 파크스의 트집이라고 봐도 될 것이다.

설령 영국기를 내걸었다 하더라도 애로호는 그렇게 할 자격이 없었다. 왜냐하면 애로호는 1855년 9월 27일에 등기를 마쳤지만, 유효 기한이 만 1년이므로 열흘 전에 기한이 끝나 있었다. 10달러를 내면 갱신할 수 있었으나, 애로호는 그 절차를 밟지 않았다. 애로호는 이미 영국 국적의 배가 아니었으므로 파크스의 요구에는 아무런 근거가 없었다. 그러나 청당국은 등기증을 조사하는 기본적인 일을 하지 않았기 때문에 끝까지 애로호를 영국 국적의 배라고 믿었다. 주청 영국 공사 보링(John Bowring)이 파머스톤 외무부 장관에게 보낸 보고서에,

> 배는 그 당시 우리 보호 하에 없었지만 청국인은 이것을 모른다. 신에 맹세코, 절대로 이 사실을 그들이 알아서는 안 된다.

라는 대목이 있다.

여러 가지 곡절이 있었지만, 이 사건이 영국·프랑스 연합군의 청 원정을 야기한 계기가 되었다. 사실 여러 외국은 다시 한 번 청나라를 공격해서 더욱 유리한 조약을 맺고자 하는 의도를 품고 있었다. 애로호 사건이 일어나지 않았더라도, 다른 문제가 계기가 되어 똑같은 전쟁이 일어났을 것이다.

프랑스는 가톨릭 신부 샤프들레느(Auguste Chapdelaine)가 중국인 신도를 선동해서 모반을 꾀했다는 죄로 사형당한 것에 대해 청나라의 책임을 묻고 배상을 요구하고 있었다. 이 사건도 샤프들레느라는 신부가 중국의 법률을 무시하고 들어가서는 안 될 곳에 들어갔기 때문에 일어난 것이다. 선교사나 신부 중에는 영사 재판권을 확대 해석해서 죄를 범한 자를 숨

겨 주거나 소송에 간섭하는 사람이 있어서 중국인의 반감을 사는 일이 많았다. 샤프들레느의 태도에는 중국인으로서는 묵과할 수 없는 것이 많은 듯, 중국 측의 자료에는 그가 온갖 악행을 저질렀다고 되어 있다.

영국은 애로호 사건을, 프랑스는 샤프들레느 사건(Father Chapdelaine Incident)을 빌미로 서로 연합해서 청나라에 출병하려고 했다. 영국 의회에서는 파크스가 취한 폭력 수단을 잘못으로 보아 조사위원을 선임하라는 동의안을 제출했고, 동의안은 하원에서 통과되었다. 파머스톤 수상은 의회를 해산하고 총선거에서 승리한 뒤, 간신히 엘긴(James Bruce Elgin, 1811~1863) 백작을 특명전권대사로 청에 파견하기로 결정했다. 프랑스에서는 그로(Jean-Baptiste Louis Gros) 남작이 특명전권대사에 임명되었다.

영불 연합군 5천 600명이 광주(廣州)를 공격한 것은 1857년 12월의 일이며 29일에 광주가 함락되었다. 양광 총독 섭명침은 영불 연합군의 포로가 되어 캘커타로 호송되었다가 2년 후에 그곳에서 죽는 불행을 겪는다. 섭명침은 영불 연합군의 포진을 보고 위협에 지나지 않는다고 판단하고 무저항주의를 택했다가 큰 실패를 자초했다. 상대를 신사적이라고 본 것이 잘못이었다.

총독은 무저항주의였지만, 대영(對英) 투쟁의 경험이 있는 삼원리(三元里) 주민들은 화염병과 함정 등 온갖 방법을 동원해 싸웠다. 홍콩 사람들은 파업 작전으로 상업 활동을 마비시켰다.

영불 연합군은 광주를 점령하고 약탈과 폭행을 일삼았다. 점령된 지 반 시간 후에 광주에 들어간 미국 영사는 연합군 장병이 한창 약탈을 하고 있었으며, 영국 제독 시모어로부터 "당신도 기념 삼아 무엇이든 가져가면 어떤가"라는 권유를 받았다고 보고했다.

광주에서 아무리 날뛰어도 청조는 일개 지방에 국한된 사건으로 그다지 개의치 않는다. 이 사실을 앞서 아편전쟁의 경험으로도 잘 알고 있었기 때문에 영불 연합군은 북상했다. 영불 연합군이 요구하는 조약의 개정은 전투에 참가하지 않은 미국과 러시아 두 나라도 바라는 일이었으므로 상해에서는 참관인으로서 교섭에 참가했다. 상해에서도 결론이 나지 않았다. 상해의 관리는 광주로 돌아가서 신임 양광 총독 황종한(黃宗漢)과 이야기하라고 거듭 권유했다. 광주에 돌아가 봐야 어쩔 도리가 없다는 것은 예상할 수 있는 일이었다. 영불 연합군은 그 권고를 무시하고 다시 북상했다. 북경에 가까이 가지 않으면 조약을 개정하기가 지극히 어렵다는 것을 그들은 알고 있었다.

4개국 사절은 북상을 계속했다. 영국 함선 10여 척, 프랑스 함선 6척 외에 어떤 이유에서인지 교전국이 아닌 러시아의 군함 한 척이 섞여 들어와 있었다.

불평등 조약 체결에 편승한 미국

1858년 4월, 함대는 천진의 백하(白河) 어귀에 다다랐다. 그리고 북경 조정을 향해 교섭에 임할 전권대사를 대고(大沽, 천진의 외항)에 파견할 것을 요구하고, 요구가 받아들여지지 않으면 단호한 행동을 취하겠다고 협박했다.

이적(夷狄)이 황도(皇都)에 접근하면 조정은 으레 놀라고 당황하게 마련이었다. 북경은 담정양(譚廷襄)을 흠차대신에 임명했는데, 그에게 주어진 임무는,

정리(情理, 인정과 도리)를 헤아려서 법을 만들어 설득하라.

라는 것으로 조약 체결과 관련한 전권은 전혀 포함하고 있지 않았다. 각국 사절에게 보낸 문서는 위에서 아래로 내리는 '유(諭)'라는 형식이었으므로 수령을 거부당했다. 여기서 교전국이 아닌 러시아 공사 푸차친(Euphimus Putiatin)이 점수를 따기 위해 담정양과 회담하고, 각국의 요구를 거부하면 중대한 결과를 초래한다고 조언했다. 미국도 중립이라는 입장을 이용해서 조언자로서 흠차대신과 만났다. 대수로운 만남은 아니었다. 영불 연합군은 미국과 러시아를 조정자와 설명자로 데리고 온 데 지나지 않았다.

청 정부는 현실 인식이 부족했다. 북경에 가까운 천진에 어떻게든 이적을 들여놓고 싶지 않았다. 대고에서 빨리 물러나 주기를 바랐지만, 상대를 빈손으로 돌려보낼 수 없다고 생각해서 약간의 선물을 준비했다.

광동, 복건의 두 항구를 추가로 개항하고, 세액의 절감도 인정한다.

천진 등 북쪽 항구의 개항, 내하(內河) 항행권, 영사 재판권 확대, 배상금 등에 대해서는 아무런 언급이 없었다. 영국과 프랑스의 전권대사는 이러한 하찮은 제안을 무시하고,

이 이상 대고에서 담판을 해도 소용없다는 것을 믿게 되었다. 따라서 백하를 거슬러 천진으로 나아가기로 했다. 대고 포대를 연합군에게 넘겨주기 바란다.

라고 통고했다. 청나라는 물론 대고 포대를 넘겨주지 않았다. 통고는 '공격한다'라는 말을 달리 말한 것일 뿐이었다. 두 시간의 공방전 끝에 대고 포대는 함락되었다. 소규모 전투였지만 앞으로 있을 대외 전쟁의 형태가 잘 드러나 있다. 하급 장교는 필사적으로 싸웠지만, 상부는 어이없을 만큼 허둥대기만 하고 아무런 계책도 마련하지 못했다. 가장 먼저 도망간 사람은 최고 책임자인 직례 총독 겸 흠차대신인 담정양이었다.

포대를 침묵시킨 뒤, 함대는 백하를 거슬러 올라가 5월 30일에 천진에 도착했다. 영불 연합군이라고는 하나 미국과 러시아의 전권대사도 동행하고 있으므로 '4개국 전권대사'가 천진에 들어갔다고 보면 된다.

청조도 어쩔 수 없이 대학사(大學士)인 계량(桂良)과 이부상서(吏部尚書, 내무부 장관) 화사납(花沙納)을 흠차대신으로 파견했다. 두 명의 흠차대신은 엘긴과 천진성 밖 해광사(海光寺)에서 6월 4일에 회담을 했다.

함풍제는 두 명의 흠차대신을 임명한 다음날, 실각했던 기영(耆英)을 흠차대신으로 기용했다. 기영은 말할 나위도 없이 남경조약 당시 조인한 청나라 측 최고 관리다. 그래서 영국 측이 신임을 받는 인물이라고 생각했을 것이다. 젊은 함풍제의 생각은 미숙했다. 남경조약은 무력에 의해 체결된 것이므로 청조는 조인하지 않을 수 없었으며, 조인 당사자가 기영이든 다른 사람이든 아무래도 상관없었다. 게다가 영불 연합군은 광주를 공략해서 총독을 포로로 잡았을 때, 양광 총독 관서의 기밀문서 중에서 기영이 황제에게 상주한 '제외이사신접우변법(諸外夷使臣接遇弁法)'의 사본을 발견해서 압수한 적이 있었다. 여러 외이의 사신을 조종, 제어하는 다양한 방법이 거기에 적혀 있었다. 외국인을 오랑캐로 보는 사고방식이 바탕에 깔려 있는데, 예를 들면,

때로는 이유를 설명하지 않고 즉시 엄명을 내리고……, 때로는 평
등한 예로써 교제를 허락하여 감동시키고…….

등의 방법이 구체적으로 적혀 있다. 이것의 번역문을 읽고 영불 연합군
의 수뇌부는 바보 취급을 한다고 몹시 화를 냈다. 기영이 외국인에게 환
영받으리라고 여긴 함풍제의 생각은 허술하기 짝이 없었다. 함풍제는 2
단계 책략을 구상하고 있었다. 첫 번째 단계인 계량, 화사납이 성공하지
못하면 외국인과 친숙한 기영을 내세운다는 계획이었다. 함풍제는 이를
위해 기영에게 계량 등과 미리 협의할 필요가 없다고 훈시했다.

계량 등의 의례적인 방문이 끝나자, 영국과 프랑스의 전권대사는 뒷
일을 통역관 토머스 웨이드와 호레이쇼 레이에게 맡겨 버렸다. 요구를 밀
어붙일 뿐, 회담을 할 의사가 없음을 분명하게 표명한 것이다. 레이라는
인물은 중국식 이름이 이태국(李泰國)이라고 하는데, 청나라의 문헌에는
'관서를 오가며 목청나라를 높이고……'라고 묘사되어 있다. 일개 통역관
이면서 흠차대신에게 고함을 지르는, 그야말로 제국주의 세력을 등에 업
은 하급 관리의 전형적인 인물이다. 계량 등도 그를 일러 '무례하기 짝이
없다'고 이를 갈았다. 중국은 이제부터 이러한 난폭한 외국인에게 시달리
게 된 것이다. 레이를 통해 제출된 영국의 요구는 다음의 7개항이었다.

1. 사신을 북경에 상주시킬 것.
2. 원정군의 비용 및 광주 양관(洋館) 방화의 손해를 배상할 것.
3. 중국 내륙의 통상, 여행, 장강의 통상을 개방할 것.
4. 기독교 선교사 및 신도의 보호, 포교와 신교를 금지하지 않겠다고

서약할 것.

5. 세율표 개정을 위한 위원을 임명할 것.

6. 해적 진압을 위해 협력과 원조를 할 것.

7. 청국에 보내는 영국 공문서에 영문을 채택하고 조약은 영문으로
   된 것을 정식 문서로 할 것.

함풍제는 이적을 몹시 혐오했기 때문에 제1조가 가장 큰 난관이었다.
일본에도 고메이(孝明, 1831~1867) 일왕이 외국인이 접근하는 것을 싫어해
서 효고(兵庫)의 개항이 가나가와(神奈川)의 다른 지방보다 늦어진 예가
있다. 천자의 자리에 있는 사람은 털색이 다른 무리에게 거부반응을 일
으키는 모양이다. 계량과 화사납은 상주는 어렵지만, 중대한 용건이 있으
면 북경으로 가는 신청을 할 수 있게 하겠다며 끈질기게 버텼다. 제2조
는 금액의 사정 문제가 있으므로 광주에서 이야기하자고 저항했다. 나머
지 5개 조항은 별로 문제가 없었다. 장강의 통상 개방이라고는 하나 아
직 태평천국과 전쟁이 한창이어서 천진에서 이 협의가 이루어지고 있을
때, 청군은 간신히 강남대영을 재건한 참이었다. 실제적으로 전쟁의 불길
속에 있는 장강에서 안전하게 무역을 할 수 없었을 것이다.

그러면 제1조와 제2조를 제외한 나머지 5개조를 청나라가 승인했다
는 것을 문서로 작성하자고 결론이 났다. 현안을 제외한 사항을 각서로
만드는 것은 외교상 흔히 있는 일이어서 계량도 동의했는데, 거기에 나타
난 사람이 기영이었다. 그는 문서로 해서는 안 된다고 참견을 했다.

난폭한 통역관 레이는 화가 머리끝까지 나서 기어이 예전에 압수한 기
영의 기밀문서를 꺼내 들고, 이적을 인간 취급해서는 안 된다는 기영의

철학을 폭로하고 공격했다. 기밀문서의 출현에 기영이 크게 놀란 것은 말할 나위도 없다. 영국은 철저하게 기영을 기피하고 제2의 흠차대신 따위는 인정하지 않겠다는 태도를 취했다. 기영을 상대해 주는 이는 아무도 없었고, 통역관 레이와 접촉하는 것마저 거절당했다. 그는 어쩔 수 없이 북경으로 돌아왔는데, 임무에 손도 대보지 못한 것에 격노한 함풍제가 그에게 죽음을 명령했다. 원칙대로라면 처형되었겠지만, 기영이 황실과 연이 있는 종실이어서 특별히 자살이 허락되었다.

이렇게 해서 남경조약 조인 문서에 첫 번째로 이름을 올린 기영은 자살로 생을 마감하고 말았다.

계량을 비롯한 흠차대신들은 간신히 교섭 상대를 통역관에서 서기관 브루스(Frederick Burce)로 격상시킬 수 있었다. 브루스는 전권대사 엘긴의 동생이었다. 그러나 영국의 기본 태도는 어디까지나 7개항의 요구 조건을 모두 승인해서 조인하는 것 외에 해결책이 없다는 것이었다. 흠차대신이 영국과 프랑스를 상대로 담판을 벌이고 있는 동안, 러시아와 미국은 제1조를 제쳐두고 일찌감치 조인하고 말았다. 미국과 러시아 양국은 전쟁 비용이나 배상 문제가 없으므로 제2조와는 관계가 없었다. 사신의 북경 상주를 취소했기 때문에 조인이 빨리 이루어졌지만, '최혜국대우'라는 항목이 있으므로 영국과 프랑스가 더욱 분발하기를 바랐다. 영국과 프랑스가 북경에 사신을 두는 것을 청나라가 인정한다면 미국과 러시아 양국도 '최혜국대우'에 의해 자동적으로 자국의 사신을 북경에 둘 수 있다. 미국의 역사가 데네트(Tyler Dennet, 1883~1949, 『동아시아 속의 미국인』 저자-옮긴이)는 이때 미국의 자세를 일러,

바구니를 손에 들고, 나무 위에 있는 동료가 나무를 흔들어 과일을 떨어뜨려 주기를 조용히 기다리고 있다.

라고 평했다.

이렇게 해서 청 정부는 영국과 프랑스가 요구한 모든 조항을 수락하고 조약을 맺었다. 영국이 1858년 6월 26일에, 프랑스가 그 다음날에 조인했다.

이 천진조약의 제5조는 사무적인 것으로 간과하기 쉽지만, 세율표 개정에는 중요한 의미가 있다. 그것은 세율표 안에 지금까지 없던 '양약(洋藥)'이라는 품명이 더해진 것이다. 양약이란 문자 그래도 서양의 약이지만, 사실은 주로 아편을 가리키는 것이었다.

천진조약이 청나라로 하여금 아편을 공인시키려는 목적을 지니고 있었음을 잊어서는 안 된다.

영·불 함대의 무력 시위

1년 후인 1859년 6월 17일, 천진조약의 비준을 위해 영·불 함대는 대고의 앞바다에 모습을 드러내었다. 특명전권대사는 영국이 브루스, 프랑스가 부르블롱으로 양국이 모두 지난해와 달랐다. 영국 함대의 제독은 호프 대장이었으며 16척의 군함을 이끌고 있었다. 조약은 이미 조인되었고 비준서를 교환하는 것이 이번의 목적이었다. 비준서를 교환하는데 도대체 군함이 왜 필요했을까?

오늘날 지도에는 '해하(海河)'라고 되어 있지만, 당시에는 흔히 '백하(白

河)'라고 불렀던 것 같다. 대고는 백하 하구에 있고 천진은 거기서 50킬로미터 거슬러 올라간 곳에 있다. 청 정부는 북당(北塘)에 직례 총독 항복(恒福)을 파견해서 영국과 프랑스의 대표를 맞이하도록 했다. 백하 하구에는 대고, 당고(塘沽), 북당의 세 마을이 있었다.

백하 하구에 뗏목과 철조망 등으로 지난해에는 없던 장애물이 설치되고 포대 수가 늘어난 것은 분명한 사실이었다. 그런데 브루스는 이것을 보고 청에 비준 의사가 없다는 증거로 여겼다. 그러나 이것은 지나치게 비약적인 논법이 아닐 수 없다.

청 조정에 비준 의사가 있었음은 확실하다.

직례 총독이라는, 영국으로 치면 수상에 해당하는 인물을 영접하기 위해 북당에 파견했다. 비준 의사가 없었다면 그런 일은 하지 않았을 것이다.

당시 순천부윤(順天府尹, 북경 시장)은 외국인이 살기에 걸맞은 쾌적한 가옥을 찾고 있었다. 외국인의 거주를 위한 준비를 진행하고 있다는 것은 비준을 전제로 한 것이다. 또 왕유례(王有禮) 등 외국의 문물이나 외교에 밝은 전문가를 북경에 불러들였다. 이것은 모두 북경으로 외국 사신을 맞아들이기 위한 준비였다. 함풍제는 외국 사신의 '파원주경(派員駐京)'에 끝까지 반대했으나, 태평천국군에 의해 강북대영을 격파되고, 전세가 불리한 시기였기 때문에, 외국과 되도록 우호관계를 유지하려고 북경 주재도 인정했던 것이다. 백하 하구의 군대에도,

외이의 도발에 응하지 말라.

라는 명령이 내려져 있었다.

영국 함대는 도발을 저질렀다. 백하 하구의 장애물을 제거하는 작업을 시작한 것이다. 다른 나라 영토 안에서 허가 없이 이런 일을 하는 것은 분명히 '침범'이었다. 청군은 명령받은 대로 이에 대한 공격을 삼가고 있었다.

영국 측 문헌에는 청군이 먼저 포격했다고 되어 있고, 청나라 측 문헌에는 반대로 되어 있어서 이 또한 결론을 내리기 어렵다. 청나라 측에는 정규군 외에도 민용(民勇, 민간 의용군)이 있어서 정부의 명령이 미치지 않는 부분도 있었다. 설사 민용이 포격을 했다 하더라도 영국이 분명한 침범 행위를 했기 때문에 그것은 극히 정당한 행위였다.

6월 25일 오후 2시 반부터 시작된 포격전은 하루 꼬박 이어지다 영국 함대의 참패로 끝이 났다. 청군이 이런 종류의 전투에서 승리를 거둔 일은 드문 일인데, 이때는 민용이 크게 분전한 것이다. 영국군은 군함 네 척이 격침되었고, 두 척이 나포되었으며 사상자 수가 500명에 이르렀다고 한다. 총병력이 1천 200명이었으므로 얼마나 대패했는지 알 수 있을 것이다. 제독 호프 대장도 이때 중상을 입었다. 영국 함대는 항행이 불가능한 군함과 총포, 탄약을 버리고 상해로 도망쳤다.

체면을 생각해서라도 이대로 끝낼 수 없었다. 영국과 프랑스 양국은 세 번째 원정군을 보내기로 하고 이듬해인 1860년, 영국이 군함 173척, 병력 1만 8천여 명, 프랑스가 군함 33척, 병력 6천 300명을 동원해 7월 말에 백하 하구에 다시 모습을 드러내었다.

존. W. 포스터(John Watson Foster, 1836~1917, 미국 언론인·외교관-옮긴이)는 그의 외교 평론에서,

이때 중국인의 입장은 학리상으로도 정당했으며, 영국의 제3차 원
정은 부정한 논점에 의해 개시되었다.

라고 지적했다. 카를 마르크스는 『새로운 중국 전쟁』이라는 평론에서, 다
음과 같이 말했다.

　　중국 당국이 이의를 제기한 것은 영국 외교 사절이 북경으로 오는
　것이 아니라, 영국 군함이 백하를 유익(遊弋, 바다 위를 떠다니며 경계함)
　하는 일이었다. 중국 당국은 브루스가 육로로 입경할 것을 요구했지,
　군함의 호위를 요구한 것이 아니다. …… 프랑스 공사에게 런던에 주
　재하는 권리를 인정할 때, 설마 프랑스 공사에게 프랑스 원정대가 템
　스 강에 침입을 권리까지 주지는 않을 것이다. …… 영국의 무장 원정
　대에 대한 중국인의 저항에 이유가 있다는 것은 의문의 여지가 없다.

누가 보아도 대고 앞바다에서 벌어진 사건은 영국에 잘못이 있지만, 대
영제국의 여론은 이 패전에 대한 보복을 부르짖었다. 아편전쟁을 일으킨
최고책임자였던 파머스톤 외무부 장관은 이때 수상의 자리에 있었는데,
　　북경을 공격, 점령해서 청국 황제를 몰아내고, 우리 전권대사를 그
　곳에 주재시켜야 한다.
라고 감정적인 연설을 했다.
　수상도 감정적이었고, 제3차 원정군도 보복을 의도한 감정적인 것이었
다는 점은 이 전쟁이 왜 문명사에 부끄러워야 할 사건을 일으켰는지 확
실히 설명해 주고 있다.

영국과 프랑스의 보복집단은 4월에 주산열도를 점령하고, 6월 말에 상해에 도착한 뒤, 북상을 계속해서 7월 30일에 북당의 앞바다에 다다르고 8월 1일에 상륙했다. 그 방면을 지키고 있던 사람은 몽골족 용장으로 태평천국의 북벌군에게 좌절을 안긴 산고린친(僧格林沁)이었다. 그의 용맹함은 전설이 될 정도였지만, 영불 연합군의 포화 앞에서는 통하지 않았다.

천진을 도저히 지켜 낼 수 없다고 판단한 산고린친은 천진 포대의 대포를 북경으로 보내고, 작은 대포와 관병을 통주(通州)까지 후퇴시켰다. 천진 시민은 버려진 것이다. 천진은 영불 연합군의 군정 하에 놓이고, 파크스가 민정주임에 임명되었다.

아편전쟁에서 영국의 주산 점령 등에 협력한 악명 높은 제국주의자 귀츨라프 목사의 사촌남이 파크스였다. 파크스는 어릴 때 고아가 되어 귀츨라프 부인이 된 사촌누이를 찾아 마카오로 갔고, 모리슨에게서 중국어를 배웠다. 귀츨라프는 백인우월주의를 신앙처럼 신봉하며 동양인을 경멸하던 인물로, 목사이면서 철저한 차별관을 가지고 있었다. 아편전쟁이 일어나기 전에,

　　　영국의 소형구축함 1척은 청 해군의 전함 1천 척을 격파할 수 있다.

라는, 다분히 문학적인 보고를 보내 주전론자들을 고무했다. 부인의 사촌동생인 파크스는 귀츨라프를 그대로 복제한 듯한 인물이었는데, 상상을 초월하는 멸시관을 갖고 몹시 거만한 태도로 중국인을 대했다. 영국 정부조차 후에 그를 지명해서,

　　　좀 더 온건하게 청국인을 대하라.

라는 훈련을 내렸다. 제국주의가 한창 꽃을 피웠던 영국에서도 파크스의 태도를 그저 보아 넘길 수 없었던 모양이다. 이러한 인물이 영불 연합군

의 섭외를 담당하고 있었으니 일방적인 밀어붙임으로 끝난 것도 당연한 일이었다.

천진조약에는 포함되지 않았던 천진의 개항이 삽입되었다. 새로운 원정군이 편제되었으므로 영국과 프랑스에게는 배상금의 증액이 당연한 일이었을 것이다. 또 비준서를 교환할 때, 전권대사가 군대를 이끌고 북경으로 향한다는 항목이 추가되었다. 이 항목의 추가는 지난해 백하를 침범한 일이 법적으로 부당한 일이었음을 자백한 것이나 다름없다.

연합군의 싹쓸이로 폐허로 변한 원명원

영불 연합군이 압도적인 무력을 준비해 왔다는 것은 청 조정의 수뇌부도 잘 알고 있었다. 청국 최강이라는 산고린친의 몽골 철기단도 영불 연합군에 의해 궤멸되고 말았다. 태평천국의 싸움도 치열한 이때, 황제가 있는 북경 주변에 전쟁의 불길이 치솟는 것은 어떻게 해서든 막아야 했다. 눈물을 머금고 모든 요구를 받아들이는 수밖에 달리 방도가 없었다.

청나라는 이미 굴복할 것을 각오하고 있었는데, 9월 17일에 파크스가 마지막 마무리를 위해 통주에 왔을 때, 이야기는 다시 뒤집히고 만다. 모든 요구가 받아들여졌지만 '국서친정(國書親呈)'이 큰 문제가 되었다.

국서는 빅토리아 여왕을 대리하는 엘긴(제2차 때의 브루스는 경질되어 제1차 때의 엘긴이 다시 등장한다. 프랑스도 마찬가지다)이 청 황제에게 직접 건네게 되었는데, 청나라 측에서는 이때 궤배(跪拜, 무릎을 꿇고 절을 함)를 요구했다. 이것이 '국체(國體)'라는 것이었다.

엘긴이 거부한 것은 말할 나위도 없다. 그렇게 하면 빅토리아 여왕이 함풍제에게 무릎을 꿇는 것이 된다. 청나라에서는 누구를 가릴 것 없이 삼궤구고두(三跪九叩頭)의 예 없이는 황제를 만날 수 없었다.

미국 공사가 지난해 비준서를 교환하러 왔는데, 그도 삼궤구고두를 거부하고, 국서를 흠차대신 계량에게 건네고, 계량이 황제에게 전달하는 형식을 취했다. 미국의 수장인 대통령의 대리가 청나라 황제 앞에 무릎을 꿇을 수는 없는 노릇이었다. 그러면 영국도 미국의 예를 따르면 되었지만 파크스는 그것을 거부했다. 청나라 측의 수석대표는 황족인 이친왕(怡親王) 재원(載垣)이었는데, 파크스는 삿대질을 하며 호되게 욕을 퍼부었다고 한다.

군대를 이끌고 북경에 들어오는 것을 허락했으니 삼궤구고두쯤은 면제해 주어도 좋았을 법한데, 중요한 것은 '국체'에 관한 문제였다. 청조로서는 이것이 양보할 수 없는 마지막 선이라고 느꼈을 것이다. 이렇게 해서 교섭은 결렬되었다.

　　짐은 이제 친히 육사(六師)를 이끌고 즉시 통주로 가서, 짐의 군대
　로 오랑캐를 토벌하겠다.

함풍제는 당장 통주로 친정(親征)을 떠나겠노라 말했지만, 침이 마르기도 전에 동생인 공친왕(恭親王) 혁흔(奕訢)에게 뒷일을 맡기고 재빨리 열하로 도망치고 말았다. 공친왕은 예전부터 대외강경론을 주창하던 인물인데, 막상 적이 다가오자 슬그머니 숨어 버리고 말았다. 이러한 인물이 조정에서 정치를 쥐락펴락하고 있었으니 일반 백성만 죽을 노릇이었다.

함풍제가 후비와 측근을 거느리고 열하로 도망친 것이 9월 22일의 일

이고, 영불 연합군이 안정문(安定門)을 점령한 것이 10월 13일의 일이다.

그전에 10월 6일부터 9일에 걸쳐 영불 연합군은 원명원(圓明園)을 약탈하고 방화를 저질렀다.

원명원은 북경성에서 서북쪽으로 10킬로미터 정도 떨어진 곳에 있던 이궁(離宮)이다. 옹정제가 황자 시절에 아버지 강희제에게서 하사받은 폐원에 정원을 조성한 것이다. 건륭 연간에는 장춘원(長春園)과 기춘원(綺春園, 후에 만춘원으로 개명)이 증축되었다. 원명원은 이 세 정원의 총칭이기도 하다. 본래의 원명원만도 동서 1.6킬로미터, 남북 1.3킬로미터나 되는 큰 규모였다. 이국적 취미가 있어 위구르족의 여자를 사랑하기도 한 건륭제는 장춘원에 베르사유 궁전을 모방한 유럽풍의 해안당(海晏堂)이라는 건물을 지어 분수를 만들어 두기도 했다.

건륭 이후 황제는 자금성을 공식 장소로 하고, 원명원을 사생활을 즐기는 장소로 삼았다. 북경에서 아주 가까워서 오가는 데도 편리했기 때문이다. 여기에는 황제의 수집품이 소장되어 있었다. 서화, 골동품, 귀중한 서적, 금은보화가 가득했다. 아마도 이곳은 당시로서는 세계 최대의 미술관이자 도서관이었을 것이다. 다만 일반인에게는 공개되지 않았다.

영불 연합군은 이 원명원을 철저히 약탈했다. 하나도 남기지 않았으며, 움직일 수 없었던 것은 두들겨 부수었다. 현존했다면 세계의 보물이 되었을 도자기를 너무 커서 운반할 수 없다는 이유로 산산이 깨뜨리고 말았다. 이 대약탈의 주역은 문화의 나라라고 자랑하는 프랑스의 군대였다. 영국군은 일부 장교가 약탈에 가담했을 뿐이다. 영국의 그랜트 장군은 장교의 약탈물을 경매에 붙여서 그 판매액을 공평하게 분배하기도 했다.

영불 연합군은 이 대약탈에 정신없이 몰두했다. 하루아침에 백만장자가 된 것이다. 연합군의 북경 입성이 늦어진 것은 약탈하느라 바빴기 때문이다. 산더미 같은 보물을 눈앞에 두었으니 입성 따위가 문제가 아니었다. 특히 10월 7일은 일요일이었기 때문에 장병들은 아침부터 밤까지 미친 듯이 보물을 그러모았다고 한다.

파크스는 통주에서 돌아오는 도중에 교섭이 결렬되어 전투가 재개됨으로써 전쟁포로가 되었다. 북경은 근대 국제법을 알지 못했기 때문에 파크스 일행을 인질로 삼아 거래를 할 생각이었던 것 같다. 연합군은 파크스를 인도하지 않으면 북경성을 파괴하겠다고 협박했고, 청조 측은 북경성을 파괴하면 파크스를 죽이겠다고 거꾸로 협박했다. 결국 파크스는 석방되었지만, 함께 포로가 되었던 연합군 장병 가운데 20명이 살해되었다.

영불 연합군은 상륙 이후 각지에서 약탈, 살인, 방화, 강간 등의 만행을 저질렀으면서, 자기네 포로의 죽음은 야만적인 학대에 의한 것이라며 그 보복을 단행했다.

보복은 다름 아닌 원명원을 불태워 버리는 일이었다. 영국의 전권대사 엘긴이 그렇게 결정했다. 엘긴은 러셀에게 보낸 보고서에,

이것은 비교적 무고한 백성에게는 영향이 없고, 직접 책임이 있는 황제에게만 가해지는 징벌이다.

라고 썼다. 원명원에 불을 지른 까닭이 그 대약탈의 흔적을 숨기기 위해서라는 것이 진상일 것이다. 프랑스는 약탈의 주역이었지만 방화에는 참가하지 않았던 모양이다. 원명원은 3일 동안 내내 불탔다. 프랑스의 전권

대사 그로 남작은 그 불길을 바라보며 본국의 외무부 장관 앞으로 보고서를 썼는데, 거기에 다음과 같은 말이 있다.

　　나는 무익하기도 하고 동시에 위험하기도 한 이 보복 행위를 위해 그 사람(엘진)과 합작하고 싶지 않습니다. 그는 원명원의 궁전을 초토화하려고 하고 있습니다. 그에게 그런 생각을 단념시키려고 했으나 허사였습니다. 그러나 나는 그 일에 참가하는 것을 거부했습니다. 몽토방 장군(연합군 프랑스 사령관)도 나와 같은 행동을 취했습니다. 지금 여기서 궁전을 삼키고 있는 불길을 바라보고 있자니 가슴이 아픕니다.

원명원이 불타는 것을 보고 가슴 아프게 생각한 그로 남작에게 원명원이 약탈을 당할 때도 가슴이 아팠는지 물어보고 싶다.

이러한 사건을 배경으로 러시아의 이그나체프 공사의 조정에 의해 북경조약이 체결되었다. 이것은 이태 전의 천진조약을 추인한 것이지만, 거기에는 없던 천진 개항이 추가되어 있었다.

외국 사절이 북경에 주재하게 된 것은 이때부터인데, 청나라는 조약 당사국인 영국, 프랑스와 참관인으로 따라온 미국, 러시아의 4개국에게만 그것을 인정하려고 했다. 물론 그 원칙은 머지않아 무너지지만, 청나라가 무엇을 중시했는지 알 수 있어 흥미로운 대목이다. 영국이 구룡을 얻은 것도 이 조약에 의해서였다. 영국과 맺은 북경 조약 제5조에,

　　청나라 사람으로서 영국 식민지, 그 밖의 해외 여러 지방에서 일자

리를 얻으려고 하는 자가 이를 위해 영국 신민과 계약을 맺거나, 이 조
항에 해당하는 자와 그 가족이 청나라 개항장에 있는 영국 선박에 탑
승하는 것은 전적으로 자유라는 취지를 공포할 것.

이라고 되어 있는 것은, 청나라가 취했던 자국민의 해외 도항 금지를 해
제한 것으로 평가할 수 있다. 그러나 당시 영국은 식민지 노동력 부족에
시달리고 있어서 광동이나 복건에서 끊임없이 인신매매를 저지르고 있
었다. 사고파는 중국인을 '저자(豬仔, 돼지)'라고 불렀는데, 이 노예무역을
합법화하는 조항에 지나지 않는다. 싱가포르의 유거수(乳車水)라고 불리
는 곳에 팔려온 저자(중국인 노동자)를 몰아넣었던 집이 아직 남아 있다.
이것은 메이지 시대에 이 땅에 팔려온 일본인 노동자가 머무르던 장소와
거의 같은 지역이다.

청나라는 영국과 프랑스 두 나라에 각각 배상금 800만 냥을 지불했
다. 몰수된 가톨릭 교회의 반환도 기재되어 있었는데, 북경조약의 번역
을 담당했던 들라마르라는 프랑스 신부가 프랑스어 문서에는 없던 선교
사의 토지 조차와 구입, 건축을 승인하는 항목을 중국어 문서에 끼어 넣
었다. 조약은 프랑스어 문서를 정식 문서로 한다고 규정되어 있었으므
로, 원래대로라면 이 항목은 무효였지만 청나라는 무효를 주장하지 않았
다. 중국인은 가톨릭 신부가 반드시 공정하지 않다는 것을 이 일로 배우
게 되었다.

4개국 공사관의 개설에 대응해서 청조는 1861년에 총리각국사무아문
(總理各國事務衙門)을 북경에 설치했다. 이것은 외국의 사무를 총리(총괄)
하는 아문(관청)이라는 뜻이며, 줄여서 총리아문이라고 불렀다. 외국 사

무는 지금까지 예부(禮部, 의례적인 부분)와 이번원(理藩院)에서 관할했는데, 명칭에서 알 수 있듯이 절대 대등한 것이 아니었다.

총리아문은 청나라의 외무부와 같은 것이 되어, 10명 안팎의 시랑(侍郞, 각부 차관) 이상의 고관으로 구성되어 있었다. 황족을 수석으로 하는 합의제 기관이었는데, 전임인 자는 없었다. 모두 본직이 따로 있고, 그것과 겸임해 일을 맡는 형태였다. 이것은 관제(官制)에서 외교를 중시하지 않는 것을 보여 주려고 한 것인지도 모른다. 전담하는 외교관이 없다는 것은 여러 외국에서도 불만이었다. 의화단 의정서에 따라 이 기관이 폐지되고 외무부가 설치된 것이 1901년의 일이므로, 총리아문은 꼭 40년 동안 지속되었다.

애로호 사건에서 비롯된 전쟁은 갖가지 파문을 일으켰지만, 앞에서 이야기했듯이 '세율표 개정'이라는 조항에 숨어서 아편무역이 공인되었다는 것이 가장 주목할 만한 일일 것이다. 그야말로 제2차 아편전쟁이었다.

러시아는 미국과 함께 영불 원정군에 편승해서 1858년 6월 13일에 거의 같은 내용의 천진조약을 맺었는데, 사실은 그 16일 전에 러시아와 청나라 사이에는 애혼조약(아이훈조약)이 체결되어 있었다. 체결 장소는 흑룡강성의 애혼(愛琿)이었는데, 전신이 없는 시대였으므로 천진에 있던 푸차친은 아직 그 사실을 모르고 있었다.

애혼 조약에 따라 청나라는 길림성 관할이던 흑룡강 왼쪽 기슭의 땅을 러시아령으로 빼앗기고 말았다. 영국, 프랑스, 미국 세 나라는 모두 이 천진조약을 북경조약에서 확인하고 거기에 추가조항을 덧붙였는데, 러시아도 북경조약에서 애혼조약을 확인했을 뿐만 아니라, 공동으로 관리하기로 한 우수리 강 오른쪽 기슭의 넓은 땅도 러시아령으로 편입시켰다. 태평천국 전쟁으로 녹초가 된 청나라를 열강이 입맛대로 요리하기 시작한 것이다. 해삼위(海蔘威)라고 불리던 땅에는 북경조약이 체결된 해에 일찌감치 러시아의 제1차 이민단이 들어와서, '동방의 지배자'를 뜻하는 블라디보스토크라는 이름을 붙였다. 애혼조약 때, 청나라 대표는 아편전쟁 때 잠시 얼굴을 내민 종실 혁산(奕山)이라는 인물이었다.

거센 외압

양무파의 주적 논란

태평천국은 중국 근대사에 커다란 그림자를 드리웠다. 1864년, 천경(남경)이 함락된 뒤에도 각지에서 태평천국의 저항이 근근이 이어졌다. 이 무렵, 1866년에 광동성의 향산현(香山縣)에서 손문이 태어났다. 객가 집안에서 태어난 손문은 같은 객가 출신인 홍수전의 이야기를 영웅담으로 듣고 자랐다. 그는 종종 "제2의 홍수전이 되겠다"라고 말했는데, 손문의 신해혁명은 어떤 의미에서는 태평천국 혁명을 계승했다고도 할 수 있다.

사천에서 태어난 중국 공산당의 주덕(朱德)은 미국의 여류 저널리스트 스메들리에게 어린 시절의 추억을 들려주었는데, 그 이야기는 태평천국의 익왕 석달개에 관한 전설에서 시작되었다.

태평천국의 종언에서 신해혁명에 이르기까지 약 반 세기가 지나는 동안 중국 역사의 주역이 된 사람들은 어떤 의미로든 태평천국과 관계가 있었다. 아편전쟁과 애로호 사건으로 시작된 제2차 아편전쟁으로 교훈을 익힌 중국의 지식인층은 이대로 가면 중국이 멸망하고 말 것이라고 심각하게 생각했다. 철함거포를 앞세운 열강의 무리한 요구를 들어 주지 않을 수 없어서 이미 적지 않은 영토를 할양했다. 불평등 조약에 의해 많은 것을 잃었다.

이런 커다란 굴욕에 분노한 사람들은 힘으로 빼앗긴 것은 힘으로 되찾아야 한다고 생각하게 되었다. 그러려면 힘을 길러야만 했다. 철함거포를 자기네 것으로 하려면 역시 서양 여러 나라에서 배우는 수밖에 없다. 외국의 문명, 특히 기술을 중심으로 한 물질문명을 도입하는 것이 선결과제라는 생각이 생겨났고, 여기에 찬동하는 집단은 '양무파(洋務派)'라고 불렸다.

중국의 다음 주적(主敵)은 누가 될 것인가 하는 문제에서는 같은 양무파 내에서도 의견이 갈렸다. 무슨 일이든 단순하게 결론을 내려서 분류하는 것은 좋은 일이 아니지만, 이해를 돕기 위해 나누어 보면 '새방파(塞防派)'와 '해방파(海防派)'로 나뉜다. 적은 육지에서 오는가, 아니면 바다에서 오는가 하는 것이 문제였다.

육지에서 쳐들어오므로 국경선에서 막아야만 한다는 것이 '새방파'의 주장인데, 이 파벌의 원조는 임칙서라고 할 수 있다. 광동에서 영국과 맞섰던 임칙서가 해방파가 아니라 새방파였다는 것은 언뜻 뜻밖의 일로 보일지도 모른다. 그러나 그는 영국과 심각한 대립을 빚으면서 그들의 가장 큰 관심이 통상 이익에 있음을 파악했다. 아편전쟁의 책임을 지고, 그는 신강(新疆)으로 좌천되었다. 이리(伊犁)라는 땅은 러시아와 국경을 접하고 있었다. 중국과 러시아는 사실 긴 국경을 맞대고 있다. 임칙서는 신강에서 진지하게 러시아를 연구했다. 섬감(陝甘) 총독으로 복귀할 때까지만 3년 동안, 그는 여러 가지를 관찰하고 사색을 거듭했다. 그리고 『아라사국기요(俄羅斯國紀要)』라는 책을 저술했다. 청 말에 이원탁(李元度)이 지은 『국조선정사략(國朝先正事略)』에는 서양(영국)의 침략을 두려워한 후배가 임칙서에게 대책을 물었더니, 그가 대답하기를,

서양은 대수로운 것이 못 된다. 중국에 최종적으로 우환이 되는 것은 오히려 러시아일 것이다. 나는 늙어서 보지 못하겠지만, 너희들은 그 눈으로 볼 수 있을 것이다.

라고 했다고 적혀 있다.

임칙서는 가상의 적이라기보다 가장 경계해야 할 상대를 영국이 아닌 러시아라고 판단했다. 영국과 긴장된 교섭을 펼쳤던 당사자가 하는 말이므로 설득력이 있다.

임칙서는 자기가 알고 있는 정보, 수집한 자료 등을 마음에 둔 사람에게 낱낱이 전하는 기질이 있었다. 광주에서 모은 자료는 좌천되어 가는 도중에 선남시사의 동인인 위원(魏源)에게 넘겨주었다. 위원의 『해국도지(海國圖志)』는 그 자료를 바탕으로 쓰인 것이다.

신강으로 좌천된 뒤, 임칙서는 다시 돌아와서 각지의 장관을 거쳤다가 마지막으로 운귀(雲貴) 총독을 맡았다. 그의 밑에서 지부(知府)로 일하는 호남 사람 호림익(胡林翼)을 통해 좌종당(左宗棠)을 초빙하려고 했으나, 좌종당의 개인적인 사정으로 실현되지 못했다. 은퇴해서 운남에서 복건으로 돌아가던 도중에 임칙서는 장사에서 처음으로 좌종당을 만났다. 65세인 임칙서와 37세인 좌종당은 이때 배 안에서 밤새도록 이야기를

나누었다고 한다.

그때 임칙서는 운남에서 죽은 부인의 영구를 고향에 가져가는 길이었기 때문에 세 아들도 함께 있었다. 배에 찾아온 좌종당과 함께 모두 5명이 그곳에 있었던 것이다. 좌종당이 친구에게 보낸 편지에는,

강에서 허물없이 이야기를 나누다가 새벽에 이르렀으며, 미치지 못한 바가 없었다.

라며 하나에서 열까지 서로 이야기를 나누었다고 썼다. 임씨 집안에 전하는 이야기를 바탕으로 고배석(高拜石)이 지은 『임칙서 좌종당 상강야화색비(湘江夜話索秘)』에는, 두 사람이 주로 서북의 정세에 대해 이야기를 나누었으며, 임칙서가 자신이 모은 자료를 좌종당에게 주었다고 되어 있다.

좌종당은 일개 거인(擧人)으로, 신분과 나이에서 임칙서와 큰 차이가 있었지만, 당시에 이미 『구심여지병법(究心興地兵法)』이라는 책을 써서, 여지학자로서 이름이 알려진 인물이었다. 여지학이란 천하의 지리에 관한 연구로서 지정학적 성격을 지닌 학문이다. 그 방면에 관심이 있던 임칙서는 틀림없이 그 저작을 읽었을 것이고, 그래서 운남으로 그를 초빙해서 참모로 삼으려고 했을 것이다. 그리하여 처음 만난 자리에서 하룻밤을 이야기로 지새웠고, 자료까지 제공한 것이다. 좌종당은 임칙서의 이야기와 제공된 정보에 의해 '새방(塞防)'에 눈을 뜬 듯하다.

새방파로서 유명한 인물이며 정부의 고관이기도 했던 심보정(沈葆楨)은 임칙서의 장녀 보청(普晴)의 남편이었다. 장인인 임칙서에게서 크게 영향을 받은 것은 당연할 것이다.

이에 대해서 해방파(海防派)를 대표하는 인물은 역시 이홍장이었다. 아편전쟁의 적은 영국이었고, 제2차 아편전쟁의 적은 영국과 프랑스였다. 적은 모두 바다에서 쳐들어왔다는 현실 인식에서 그의 정치사상은 출발한다. 수도 북경을 점령하고 원명원을 약탈하고 불태운 상대는 결코 육지의 국경을 넘어서 침범한 것이 아니었다.

외교 문제를 처리하기 위해 총리아문이 설치되었다는 것은 이미 앞에서 이야기했지만, 북경의 궁정 사람들은 이적(夷狄)을 몹시 싫어했다. 외국과 관련된 문제는 되도록 북경 이외의 땅에서 처리해 주었으면 하는 것이 그들의 본심이었다. 게다가 총리아문의 구성원은 모두 겸임이었다. 중요한 문제는 현장(개항장)에서 처리되는 것이 바람직하다면서 천진이나 상해로 떠넘기려고 했다.

직례 총독은 그때까지 보정(保定)에 주재하고 있었는데, 천진으로 이동해 북양(北洋)통상대신을 겸하게 되었다. 그리고 양광 총독(강소, 안휘, 강서)이 남양(南洋)통상대신을 겸했다.

북양통상대신, 줄여서 북양대신 자리를 직례 총독이 겸임하게 된 것은 1870년의 일인데, 이때 직례 총독은 이홍장이었고, 남양대신을 겸한 양강 총독은 증국번이었다. 양강 총독은 그 후, 좌종당, 심보정, 증국전으로 바뀌었으나, 직례 총독은 줄곧 이홍장이 맡았다. 그뿐만 아니라 의화단 사건을 처리하기 위해 다시 직례 총독이 되었다가 재임 중에 사망했다.

이홍장이 해방파로서 해군 양성에 힘을 쏟은 것은 말할 나위도 없다. 당시 청나라 국력으로는 양면작전이 어려웠기 때문에 영국, 미국, 프랑스 등 바다에서 오는 열강을 경계하는 해방파는 아무래도 친러시아적인 경향을 띨 수밖에 없었다. 이홍장은 종종 친러파의 거두로 불렸다.

러시아를 경계하는 새방파에게도 같은 말을 할 수 있다. 양면작전이 불가능하다면 영국, 미국, 프랑스와 우호적인 관계를 만드는 편이 낫다.

새방파와 해방파라는 두 가지 생각은 어쩌면 현재까지도 이어져서 오늘날의 문제로 계속 남아 있는 면이 있는지도 모른다. 사고방식은 달라도 '방(防)'은 같다. 외적을 막아야만 한다는 우국충정의 마음은 똑같았다.

황제 자리를 사양한 증국번

태평천국 전쟁 때 증국번의 상군이 태평군을 쳐부수고 무창을 수복했다는 소식을 듣고, 젊은 함풍제가 크게 기뻐했음은 말할 나위도 없다. 그런데 군기대신을 맡고 있던 기준조(祁寯藻)라는 사람이,

> 필부가 여염에 머물며 한번 외쳐 궐기하면, 이를 따르는 자가 만여 명이니, 이는 필시 나라의 복이 아니다.

라고 상주했다고 전한다.

증국번은 상을 치르기 위해 사직했으므로 일개 민간인, 곧 필부다. 그 필부가 목청나라를 높이자 1만여 명의 무리가 따라 일어나 군무에 종사하는 것이 꼭 나라를 위해 좋은 일이라고는 할 수 없다는 뜻이다. 증국번을 향한 군기대신의 질시도 있었겠지만, 이 상주에는 진실이 담겨 있다. 증국번의 상군이 태평천국과 싸우고 있었다. 정규군이 아무런 쓸모가 없다는 것이 태평천국 전쟁에서 여실히 드러났다. 정규군으로서 용감하게 싸운 것은 태평천국의 북벌군을 격파한 산고린친의 군대밖에 없었

다. 그런데 그것은 만주족이 아닌 몽골족 기병대였다.

태평천국의 수도 천경이 함락되었을 때, 일부에서는,

> 증국번이 상군을 이끌고 북상해서 청 왕조를 뒤엎고 새로운 왕조
> 를 만들 것이다.

라고 예상했던 것 같다. 상군의 강함과 만주팔기의 약함을 생각하면 그
것은 불가능한 일이 아니었다. '토월비격(討粤匪檄)'에서 근황(勤皇)이라는
말을 피한 것도 아울러 생각할 만한 것이었다. 증국번은 마음만 먹으면
북벌을 할 수 있었고, 황제가 되고자 했다면 될 수도 있었다. 그러나 그
는 그 일을 할 만한 성격이 못 되었다. 태평천국을 평정한 후, 그에게 협
력했던 팽옥린(彭玉麟)이,

> 동남의 반벽(半璧)은 주인이 없다. 노사(老師)는 그것에 뜻이 없는가?

라는 수수께끼 같은 편지를 보냈다. '반벽'이란 옥(玉)의 절반을 말한다.
이 편지는 중국의 동남부는 주인 없는 땅인데, 그대가 황제가 되지 않겠
는가? 동남의 황제가 되어 치고 올라가면 '완벽(完璧)'한 황제가 될 수 있
다는 뜻을 담고 있다. 증국번의 결의를 촉구하는 편지였지만, 그는 움직
이지 않았다.

증국번은 건강에 자신이 없었다.

> 나는 30대 무렵부터 이야기를 많이 하지 못한다. 말이 수십 마디
> 에 이르면, 곧 숨이 차고 정신도 혼미해진다.

라고 그는 일기에 썼다. 심장 또는 호흡기관에 결함이 있었는지도 모른다. 30대 중반부터 머리의 옴 때문에 시달렸는데, 이것은 죽을 때까지 낫지 않았다. 이 외에도 그는 자기반성을 하는 버릇이 매우 강했다. 52세 때까지 불면증을 앓았는데, 마음에 거리끼는 일이 있어 잠을 설친다고 반성했다. 불면증이 나아서 잠을 잘 자게 되자 이번에는 정신력이 쇠약해진 탓이 아닌지 의심했다. 젊은 시절부터 적은 일기에는 바둑을 지나치게 두었다느니, 규방에 드나드는 일이 지나치게 많다느니 하면서 반성하는 말이 죽 늘어서 있다. 더욱이 벗과 일기를 교환해서 서로 읽어서인지 경쟁하듯 반성하는 면도 있었다. 전쟁에 지고 투신자살한 것도 같은 정신 구조에서 비롯된다.

> 성세창업수통(盛世創業垂統)의 영웅은 금회활달(襟懷豁達)로써 제일의(第一義)로 하고, 말세부위구난(末世扶危救難)의 영웅은 심력노고(心力勞苦)로써 제일의(第一義)로 한다.

이것은 다름 아닌 증국번이 쓴 문장인데, 영웅에는 두 종류가 있다고 했다. 그는 후자에 속하는 인물이고, 황제가 될 수 있는 사람은 전자에 속하는 사람이다.

아무리 그에게 그럴 마음이 없어도 조정에서는 으뜸가는 전공을 세운 그를 의심의 눈길로 보았다. 천경 함락은 증국번으로서도 바라마지 않던 일이어서 아마 현장으로 곧장 달려가고 싶었을 것이다. 그런데 그는 안경에 머무른 채 움직이려 하지 않았다. 동생인 증국전을 늘 일선에 세운 것이 징크스 때문이라고 앞에서 이야기했지만, 어쩌면 자신이 지나치게 두

드러지는 것을 피하기 위해서였는지도 모른다.

　아무리 몸을 사려도 군대를 거느리고 있으면 조정의 의심을 살 우려가 있다. 나라 안에서 가장 강력한 군대를 가진 자가 황제에게는 가장 위험한 인물이었음은 말할 나위도 없다. 태평천국을 진압한 뒤, 증국번은 상군을 해산했다. 그때 그는 상군의 우수한 간부를 이홍장에게 물려주었다. 이홍장도 증국번을 흉내 내어 자신의 군대, 즉 회군을 조직했다는 이야기는 앞에서 했다. 그러나 회군은 상군에 비해 아직 규모가 작아서 그다지 의심을 받을 우려도 없었다.

　어째서 동생인 증국전이나 같은 상군계의 여러 장군, 예컨대 좌종당 같은 인물에게 넘겨주지 않았을까? 만일 그렇게 했다면 해산은 명목일 뿐, 상군은 존속하며 그가 뒤에서 조종한다는 의심을 받았을 것이다. 게다가 좌종당은 어쩐 일인지 스승격인 증국번과 마음이 맞지 않아 자주 말다툼을 벌였다. 앞에서 이야기한 증국번의 영웅의 분류를 따르면, 호걸형인 좌종당은 전자에 속하는 영웅으로 거만한 데가 있었다. 태평천국 말기에 좌종당은 일군(一軍)을 이끌고 잘 싸워서 절강을 평정하는 데 큰 공을 세웠다. 원래 좌종당은 같은 호남 사람이고 증국번과 인척 관계에 있었다. 진사가 아닌데도 절강 순무가 될 수 있었던 것은 증국번의 추천 덕분이었다. 그런데도 동치(同治) 3년(1864), 두 사람은 연을 끊고 말았다. 큰소리로 상대를 윽박지르는 것은 항상 좌종당이었다.

　태평천국을 진압한 뒤에도 증국번은 양강 총독으로서 강남에 머물렀고, 중앙에 나가려고 하지 않았다. 최고위직은 직례 총독이었지만 그는 되도록 그 자리를 피하려 했고, 2년 남짓 재임하다가 이홍장에게 자리를 넘겼다. 증국번은 다시 양강 총독으로 복귀했고, 재임 중이던 동치 11년

(1872)에 죽었다.

태평천국 전쟁은 청 왕조가 만주족 정권이면서 만주족 군대에 의지하지 못하고 한족의 무력에 의존한 사실을 천하에 드러낸 셈이었다. 황제의 비서로서 큰 권력을 쥐고 있던 군기대신의 존재는 점차 희미해지기 시작했다. 뭐니 뭐니 해도 무력을 배경으로 하지 않으면 실질적인 권력을 휘두를 수 없다.

군기대신이나 6부의 상서(각부 장관)보다도 군대의 통수권을 손에 쥔 총독 쪽이 훨씬 유력해졌다. 총독에도 한 성만을 관할하는 자리(사천 총독 등)가 있고, 두 성을 관할하는 자리(양광, 호광, 민절, 운귀 총독)가 있다. 양강 총독은 앞에서 이야기했듯이 강소, 안휘, 강서에 이르는 중국에서 가장 부유한 고장을 지배했다. 직례 총독은 도읍에 있는 직례(오늘날 하북), 산동, 산서, 하남의 네 성을 통치했다. 군대를 거느린 데다 1870년부터 직례 총독과 양강 총독이 각각 북양대신과 남양대신을 겸하면서 외교와 통상까지 관할했다.

이렇게 해서 청조 말기에는 실질적인 재상이라고 할 수 있는 사람은 직례 총독이 되었다. 오랜 세월 그 자리에 있었던 이홍장은 사실상의 재상이며 국정의 최고 책임자였다.

부동항을 찾아 남하하는 러시아

태평천국의 천경이 함락되던 해, 코칸트 한국(汗國)의 야쿠브 베그(Yaqub Beg, 1820~1877)라는 인물이 중국 신강을 침범했다. 이것은 마치 당구 같은 현상이었다.

중앙아시아에는 히바, 보하라, 코칸트라는 세 한국(汗國)이 있었다. 주민은 우즈베크족이 많았는데, 어느 곳이나 이슬람교를 신봉하는 나라였다. 제정 러시아의 팽창정책은 이들 세 한국의 존재를 허용하지 않았다. 사마르칸트를 중심으로 하는 보하라 한국이 러시아에 합병된 것은 1868년의 일이다. 이어서 타슈켄트가 함락되어 코칸트 한국도 러시아에 점거되었고, 1873년에는 히바 한국도 보호국이 되었다. 보호국이란 허울 좋은 말이고, 러시아의 영토가 된 것이나 같았다. 코칸트의 무장이었던 야쿠브 베그는 선견지명이 있었다고 할지, 코칸트 한국이 멸망하기 전에 신천지를 찾아 중국 신강으로 들어와 나라를 세우려고 했다. 러시아와 완충지대를 두는 것을 국익으로 삼았던 영국은 이 야쿠브 베그를 원조했다. 러시아도 군사고문을 보냈다. 그중에는 훗날 러일전쟁에서 패장이 된 크로포트킨의 젊은 날, 즉 대위 시절의 모습도 있었다.

중국 서북쪽에서도 감숙(甘肅)의 이슬람 교도가 반란을 일으켰다. 같은 1864년, 러시아는 애혼조약에 이어서 청나라와 타르바가타이(塔城) 통상의정서를 체결해서, 청나라 영토인 자이산·노르 이서(以西) 44평방킬로미터의 땅을 빼앗았다.

서북쪽에서 정세의 위급함을 고하자, 청 조정은 1866년에 민절 총독 좌종당을 섬감 총독에 임명했다. 그에게는 감회(甘回, 감숙성의 이슬람교도)의 난 평정, 신강에 들어온 야쿠브 베그의 추방 등 중대한 임무가 맡겨졌다. 새방파인 그로서는 절강이나 복건에서 근무하기보다 이쪽에서 일하는 것이 보람이 있었을 것이다. 동원된 군대를 먹여 살리려면 강남에서 수송되는 군량미에 의존할 수밖에 없다. 하지만 양강 총독 증국번에게는 절교장을 내던지고 온 처지다. "강남에서 군량미를 보내오지 않을지도

모른다"라고 좌종당은 걱정했지만, 그런 일은 일어나지 않았다. 증국번은
그렇게 비열한 인물은 아니었다.

좌종당이 흠차대신으로서 신강으로 출정하라고 명을 받은 것은 1875년
의 일이다. 증국번은 이미 죽었고, 해방파인 이홍장이 직례 총독으로서
재상 자리에 있었다. 그런데 증파가 예정되어 있던 군대가 감숙에 오지
않았다. 그 이유는 지난해에 류큐(琉球) 도민이 살해된 일로 일본이 사이
고 쓰쿠미치(西鄕從道, 1843~1902, 군인·정치가-옮긴이)가 이끄는 원정군을
대만에 보내었기 때문에 이홍장이 서북쪽으로 갈 군대를 남쪽으로 빼돌
렸기 때문이다. 대만사변 때문이라고는 하지만, 해방파인 이홍장이 주창
한 '심장부 보호론'에 의해 파병 순서가 변경된 것이다.

신강은 중국의 말단이므로 좀 떨어져 나가도 목숨에 별다른 지장
이 없다. 그에 비하면 동남의 연안 지방은 중국의 심장부에 가까우므
로 중점을 두어야 한다.

해방파 중에는 신강 포기론을 주장하는 사람마저 있었다고 한다. 좌
종당과 같이 강렬한 개성을 지닌 새방파가 없었다면 신강은 위태로워질
뻔했다.

신강이 중요한 것은 몽골를 유지하기 위함이고, 몽골를 유지하는
것은 수도를 유지하는 위함이다.

좌종당은 이러한 논법으로 서북도 마찬가지로 심장부에 가깝다고 주
장했다. 좌종당은 정예부대를 이끌고 야쿠브 베그의 군대를 격파했고, 야
쿠브 베그는 패주해서 쿠얼러(Kuerle, 신강)에서 자살했다. 패잔병이 러시
아 땅으로 도망감으로써 1877년 이 난은 평정되었다.

야쿠브 베그가 신강을 침범했을 때, 러시아는 신강의 정정 불안을 이

유로 청나라 영토인 이리(伊犁) 지방을 점령했다. 야쿠브 베그의 신강 침범은 러시아의 세 한국 압박에 원인이 있으므로, 러시아의 보장점령(조약상의 일정조건의 이행을 상대국에 간접으로 강제하는 수단으로, 상대국 영역의 일부나 전부를 점령하는 일-옮긴이)의 구실로 삼기에는 억지였다. 아마 러시아는 청조의 힘을 헤아리고 야쿠브 베그의 난을 평정하지 못하리라고 예상했는지도 모른다. 러시아는 난이 평정되면 이리는 반환하겠다고 공식적으로 선언했다.

러시아는 설마하고 생각했겠지만 실제로 야쿠브 베그의 세력은 진압되었고, 청나라는 이리 지방의 반환을 요구하고 나섰다. 그런데 이 교섭을 위해 파견된 숭후(崇厚)라는 인물이 참으로 무책임한 인물이었다. 이리 이서와 이남의 드넓은 영토를 러시아에게 할양하고, 러시아군의 이리 주둔비용 500만 루블(청나라는 군대 주둔을 의뢰한 적이 없었다)을 지불한다는 약속을 한 것이다. 이것이 리바디아조약이다. 사실은 숭후가 교섭을 위해 러시아로 가기 전에 점쟁이를 찾아가 점을 쳤는데, 몇 월 며칠까지 귀국하지 않으면 매우 불길하여 목숨을 잃을지도 모른다는 점괘가 나왔다고 한다.

이 굴욕적인 외교에 여론이 들끓었고, 청조 정부도 비준을 거부했다. 숭후는 귀국하자마자 체포되어 사형 선고를 받았다.

청조 정부는 주영공사인 증기택(曾紀澤, 증국번의 아들)을 러시아로 파견해서 조약 개정을 위한 교섭을 맡겼다. 청 정부는 영국과 프랑스 두 나라에게도 조정을 의뢰했다. 러시아가 일단 손에 넣은 것을 도로 내놓는 일은 좀처럼 없다. 다만 이 시기에 러시아는 발칸 전쟁에서 얻은 승리를 베를린 회의에서 잃은 꼴이어서, 삼제(三帝, 독일과 러시아와 오스트리아)동맹에서 떨어져 나와 프랑스와 손을 잡으려던 참이었다. 프랑스의 체면을 세워 주어 빚을 지게 할 속셈이었는지, 러시아는 승후의 사형을 취소한다는 조건으로 개정에 응했다. 이것이 이리조약이다. 조인 장소의 이름을 따서 페테르부르크조약이라고도 한다. 호르고스 강을 국경으로 함으로써 간신히 이리의 동반부는 되찾았지만, 서반부는 끝내 러시아 영토가 되어 현재에 이르고 있다. 게다가 동방을 되찾는 대가로 주둔 비용을 900만 루블로 증액해서 지불해야만 했다.

야쿠브 베그의 몰락과 청조의 신강 수복으로 기대가 어긋난 것은 러시아뿐만이 아니었다. 신강 남쪽의 카슈가르, 야르칸드, 호탄 근방에 완충지대를 만들려고 했던 영국도 실망했다. 주청 영국 공사 토머스 F. 웨이드(Thomas Francis Wade)는 좌종당이 야쿠브 베그를 공격하고 있을 때, 끊임없이 청 조정에 공격을 중지하라고 설득했다. 조정의 하문을 받은 좌종당은 분개하여,

> 영국이 그토록 완충용 독립 정권의 존재를 바란다면 인도가 광대하므로 그 일부를 떼어서 만들면 될 것이다. 청국의 비옥한 땅을 거기에 할애할 이유가 없다.

라고 강경책을 말하면서 그대로 공격을 계속했다. 몽골를 지키는 신강도 중국의 심장부라고 한, 앞서 인용한 좌종당의 말은 이것과 같은 상주문에서 나온 것이다.

중국어의 로마자 표기로 오랫동안 쓰였고, 지금도 쓰이고 있는 웨이드식(式)은 이 토마스 F. 웨이드가 고안한 것이다. 외교관을 그만두고 그는 케임브리지대학의 교수가 되었다.

열강이 쪼개 가진 중국대륙

태평천국 혁명을 탄압한 일로 현재 중국에서는 좌종당의 평가가 그다지 좋지 않다. 하지만 좌종당이 없었다면 신강이 어떻게 되었을지 모르는 일이다. 이 시대에 그와 같이 조리가 분명한 새방파가 있었다는 사실은 중국을 위해 다행스러운 일이다.

이리조약이 조인되고 3년 후인 1883년, 이번에는 청불전쟁이 일어났다.

중국 분할 전쟁은 이미 시작되어 있었다. 영국은 홍콩을 기지로 해서 상해와 천진 등 주로 동남쪽 개항장에 발판을 만들고, 말하자면 현관으로 곧장 들어가려고 했다. 러시아는 동북에서 서북으로 걸친 국경선을 따라 남하하려고 하고 있었다. 프랑스는 베트남을 기지로 삼아 중국의 서남 지방, 곧 운남 쪽에서 침투하려고 계획하고 있었다.

프랑스의 침략은 항상 가톨릭 교도를 보호한다는 구실을 내세웠다. 이 구실로 프랑스가 베트남에 출병한 것은 1858년의 일이었다. 원명원 대약탈에 참가했던 프랑스군 3천 500명은 청나라를 떠나 베트남 남부를 침공하는 데 보내졌다.

프랑스군이 침범해 오자, 베트남 정부는 태평천국의 분파인 유영복(劉永福)에게 원군을 요청했다. 유영복이 이끄는 군대를 흑기군(黑旗軍)이라고 하는데, 흑기군은 1873년 12월에 하노이를 점령하고 있던 프랑스군을 격퇴했다.

프랑스가 하노이의 재점령을 목표로 군사를 일으킨 것은 1882년의 일로, 이듬해 5월 베트남군과 흑기군은 하노이 서쪽 외곽에서 프랑스군을 격파했다. 프랑스군 사령관 리비에르(Henri Riviere)는 전사했다. 12월, 이 패전을 참기 어려웠던 프랑스 의회는 군비 추가와 1만 5천 명의 증원군 파병을 승인했다. 청불전쟁은 이때부터 시작되었다고 볼 수 있다.

프랑스 원정군의 총사령관은 쿠르베(Amédée Courbet) 제독이었다. 압도적인 무기와 병력을 앞세운 프랑스군은 손타이, 바쿠닌, 타이구엔, 훈호아 등 여러 도시를 함락하고, 손코이 강(紅河) 삼각주를 제압했다. 베트남 정부의 요청을 받고 청나라도 출병했다. 이것은 이례적인 일이었다.

베트남과 청나라는 조선과 청나라와 마찬가지로 속국과 종주국의 관계에 있었다. 이것은 앞에서 이야기했듯이, 책봉을 받고 진공(進貢)이라는 이름의 교역을 하는 관계로 청나라는 그들의 내정에 간섭하지 않는다. 다만 만일에 반란이나 외적의 침략이 있었을 때, 종주국인 중국은 속국을 위난에서 구하도록 되어 있었다. 그러나 그런 일은 좀처럼 일어나지 않았다. 조선은 명나라부터 청나라까지 500여 년에 걸쳐 그런 관계를 유지해 왔지만, 종주국에 원군을 요청한 것은 도요토미 히데요시(豊臣秀吉)가 침략했을 때, 단 한차례뿐이었다.

청나라는 종주국의 의무로서 출병했지만, 우스꽝스럽게도 청나라의 정규군과 한때 청에 반항한 태평천국의 일파인 흑기군이 함께 베트남을 위해 싸웠다. 더욱이 정규군은 금세 도망치고 흑기군은 선전했다.

신강 전쟁이 막 끝난 무렵이어서 계속해서 대규모 군사행동을 일으키는 것은 무리였다. 이홍장도 처음부터 힘을 쏟을 생각은 없었다. 되도록 빨리 전쟁을 종결시키려고 이홍장은 1884년 5월에 프랑스 대표 푸르니에(Ernest Fournier)와 천진에서 만나, 이른바 간명조약(簡明條約, 수호 선린에 관한 가조약)을 맺었다. 베트남에 출병해 있는 청군을 국경까지 철수시키고, 베트남에 대한 프랑스의 보호권을 인정한다는 내용이었다.

이 무렵, 이홍장은 아직 제국주의 열강의 수법을 숙지하지 못했던 것 같다. 그는 숭후가 맺은 리바디아조약을 개정해서 이리조약을 체결할 수 있었던 것은 증기택(曾紀澤)의 수완 덕분이라고 생각하고 있었다. 실제로는 좌종당이 야쿠브 베그에게 압승을 거두었기 때문에 러시아가 양보한 것이다.

프랑스는 '간명조약'에 조인한 후, 곧장 청군을 공격했다. 국경선까지 철수한다는 약속을 어겼다는 것이 이유였다. 조약에서는 분명히 철수를 약속했지만 기한에는 특별히 정해진 것이 없었다. 이것은 프랑스의 책략이었을 것이다. 부당한 공격에 청군도 반격해서 프랑스군에 100여 명의 사상자가 나왔다.

북경 주재 프랑스 공사는 전쟁 비용 2억 5천만 프랑의 배상과 청군의 즉시 철수를 요구했다. 청조 정부는 당황해서 군대를 1개월 이내에 철수할 준비를 했지만, 프랑스 군대는 그사이 복주의 마미군항(馬尾軍港)을 공격했다. 이때 선정(船政)대신을 맡고 있던 하여장(何如璋)은 초대 주일공사를 지낸 경험이 있어서 외교문제로 번질 것을 우려해 발포 금지 명령을 내렸다. 프랑스 함대는 아무런 저항도 받지 않고 유유히 공격을 가해서 복건 수군을 전멸시켰다. 은 2천만 냥을 들여서 양무파의 기대 속에서 지어진 중국 최대의 마미 조선소도 파괴되고 말았다.

복건 수군이 전멸한 지 3일 후, 청 정부도 참다못해 프랑스에 선전포고를 했다. 이후 전세는 청군이 우세했다. 복주를 습격한 프랑스 함대는 대만 상륙에 실패하고 해상을 봉쇄했을 뿐이다. 이듬해 1885년 3월, 프랑스 함대는 절강 연해에 침입했다가 보산(宝山)포대의 포격을 받았으며, 제독 쿠르베는 부상을 입고 6월에 팽호도(膨湖島)에서 죽었다.

베트남에서는 잡군(雜軍) 출신의 노장 풍자재(馮子材)가 등장해 프랑스군에 맹공을 퍼부으며 랑손을 점령했고, 프랑스군은 패주했다. 사령관 네그리에(Francois Nēgrier)는 중상을 입었다. 서부전선에서도 흑기군이 프랑스군을 격퇴했다.

이 불명예스러운 패전으로 프랑스 본국에서는 페리 내각이 쓰러졌다.

이 무렵은 이미 전신(電信) 시대여서, 전황이 즉시 타전되었다. 랑손에서 대승을 거둔 이틀 뒤인 1885년 3월 31일, 유럽에 있던 증기택은 이홍장에게 한 통의 전보를 보냈다. 증기택은 영국, 러시아, 프랑스 세 나라의 공사를 겸하고 있었다.

　　양산(諒山, 랑손)의 극(克, 승리), 여상(茹相, 페리)의 혁(革, 해임)은 화
　　의를 진전시킬 호기로 판단됨.

전보의 내용은 이와 같았다. 확실히 승리한 시점에서 화의를 맺으면 조건은 좋을 것이다. 게다가 적의 내각은 무너지고 말았다. 이홍장은 그 기회를 붙잡았다. 그리고 강화는 곧장 성립되었다.

여기에 프랑스 쪽이 놀란 모양이다. 왜냐하면 이번에 맺은 강화가, 프랑스가 손코이 강 삼각주를 제압하고 있던 전성기에 맺은 그 '간명조약'의 유효성을 인정했기 때문이다.

청불전쟁을 평하기를, 청나라는 군사적으로는 이기고 외교적으로는 졌다고 한다. 그러나 이홍장의 생각은 다른 데 있었다. 모든 노력을 기울여 전쟁이 계속되는 것을 막아야 할 사정이 이홍장에게는 있었다.

복건 수군은 궤멸되었다. 수군의 창시자는 임칙서의 사위이며 새방파

인 심보정이었다. 심보정은 이미 죽었고, 하여장이 선정대신을 맡았지만, 그는 분명히 이홍장의 사람이 아니었다. 복건의 수군이 전멸한 이상, 전쟁을 계속하려면 이홍장이 애지중지하는 북양 수사를 출동시켜야만 한다. 북양군이야말로 이홍장의 정치적 자산이었다. 그 무력이 배경에 있기 때문에 그의 발언권은 강력했고 지위는 안정적이었다. 프랑스와 싸워서 북양군이 손실을 입는다면 이홍장의 정치적인 힘도 그만큼 약해진다. 싸움에 이기고서도 서둘러 청나라에 불리한 간명조약을 부활시킨 것은 그러한 계산이 있었기 때문이다.

국익보다 개인의 이해를 우선하는 말기 증상이 나타난 것이다.

일본 극우세력이 지원한 갑신정변

마미 조선소가 프랑스 함대의 공격으로 잿더미가 된 것은 양무파의 좌절을 상징하는 일이라고 할 수 있다. 서양 기술을 도입하기만 하면 중국은 과연 구원을 받을 것인가? 그런 의혹을 품은 사람이 늘어난 것도 당연한 일이다. 기술의 이면에는 사상과 철학이 있다. 뒷받침을 이루는 것을 빼고 기술만 받아들이는 것은 천박한 일이다.

서양의 기술을 눈앞에 두고 어째서 이런 기술이 생겨났는지 생각할 때, 당연히 사상이나 철학의 깊이에 주목하지 않을 수 없다. 이것은 정치 체계의 산물이기도 하다.

청조라는 부패한 정치체제를 그대로 두고 천박한 과학과 기술을 들여오면, 중국이 새로 태어나리라 여겼던 것은 지나치게 안이한 생각이 아니었을까. 양무운동에 의해 외국 학문을 공부하는 사람이 늘어났는데,

그들 중에서 정치체제의 변혁을 생각하는 사람이 나오는 것이 오히려 자연스러운 추세가 아니었을까. 서양 학문을 거의 접하지 못한 태평천국 사람들조차 이 체제로는 사람들을 구제할 수 없다고 판단하고 정치체제를 바꿀 생각을 했다.

청불전쟁의 강화가 이홍장의 의사에 따라 부랴부랴 체결된 1885년, 20세의 손문은 홍콩의 퀸 컬리지를 졸업하고, 이듬해 광제(廣濟)의학교에 입학했다. 손문의 자서전에는 다음과 같은 구절이 있다.

나는 을유년(광서 11년, 1855) 중불전쟁 때부터 청조 정부를 타도하고 민국을 창건하고자 결의했다. 그 후, 학당을 혁명을 고취하는 기지로 삼고, 의술을 빌려 사회에 이를 미치는 매개로 삼았다.

'청조 정부를 타도하고……'라고 생각한 것이 오직 청년 손문 한 사람이었다고는 생각되지 않는다. 광제의학교는 미국의 목사 켈 박사가 경영하는 학교였는데, 손문은 거기서 정사량(鄭士良)이라는 사람을 만나 친하게 지냈다. 그 후 손문은 홍콩 의학교로 전학했는데, 여기서 진소백(陳少白), 우소환(尤少紈), 양학령(楊鶴齡), 육호동(陸皓東)과 같은 동지들과 알게되어 중국의 혁명에 대해 서로 토론했다. 중국에는 이미 태평천국과는 다른 유형의 혁명가들이 자라나고 있었다.

청불전쟁의 여파는 동쪽에도 미쳤다. 청나라가 프랑스와 전쟁을 치르느라 다른 곳을 돌아볼 여지가 없다고 판단한 일본이 조선에서 정변을 일으켰지만, 이것은 실패로 끝이 났다. 이 사건이 '갑신정변'이다. 양력으로는 1884년 12월에 일어난 일이다. 일본이 친일파 정객을 지원해서 조선에 친일정권을 세우려고 시도한 것이다.

갑신정변을 말하기 전에 임오군란을 설명해야만 하겠다. 임오군란은 1882년에 일어난 사건으로 이것이 2년 후의 갑신정변으로 이어지고 다시 그보다 10년 후의 청일전쟁으로 이어졌다.

왜구 토벌로 힘을 기른 이성계가 고려 왕조를 무너뜨리고 새 왕조를 연 것이 1388년의 일이므로, 조선은 500여 년이나 이어져 온 오래된 나라다. 유교를 국교로 하는 관료체제 국가였다. 명나라에 이어서 청나라를 종주국으로 인정하고 있었지만, 독립을 유지하고 있었음은 말할 나위도 없다. 청나라도 조선의 내정에는 간섭하지 않았다. 변발 풍습도 조선에는 강요하지 않았다.

조선의 25대 왕인 철종에게는 후사가 없었기 때문에 26대 왕으로 방계 혈통인 이희(李熙)가 왕으로 추대되어 1863년에 즉위했다. 그가 곧 고종이다. 왕에게는 이하응이라는 친부가 있었는데, 국왕의 아버지라 하여 '대원군'이라고 불렸다. 고종은 우유부단하여 친부의 정치 개입도, 왕비 민씨(사후 1897년, 대한제국 성립과 함께 명성황후로 추존됨-옮긴이) 일족의 정치 개입도 모두 억누르지 못했다. 이렇게 해서 조선의 정국은 대원군파와 민씨 일족 사이의 파벌 싸움이라는 양상을 띠게 되었다.

이러한 인맥에 따른 파벌 외에 정치사상에 의한 파벌도 있었다. '사대당(事大黨)'이라고 불리는 사람들은 지금까지와 똑같이 청조를 종주국으로 삼아, 열강과 직접 교섭하는 것을 피함으로써 나라를 유지하려고 했다. 이와 대립하여 '개화당(開化黨)'이라고 불리는 사람들은 청에 종속되는 관계를 여기서 자르고 열강의 도움을 받아 정치를 개혁하고자 했다.

대원군파, 민씨파, 사대당, 개화당의 관계를 도식화하기는 어렵다. 어떤 때는 개화당적 자세를 보였던 민씨파가 나중에는 사대당적 경향을 보이다가 다시 사대당과 멀어지려고 했다. 그 이유는 정적인 대원군이 사대당으로 기울었기 때문이라고 한다. 매우 복잡해서 이해하기 어렵지만, 요점을 파악하면 알기 쉬운 점도 있다. 또 개화당 중에도 친일파, 친러파 등이 있었다.

임오군란은 개화파로 기운 민씨 일파가 일본에서 장교를 초빙해서 조선군을 훈련시켜 군대의 근대화를 꾀한 데서 비롯되었다. 이것이 구식 군대의 군사들을 자극한 것이다. 신식 군대가 생기면 구식 군대 사람들은 자리를 잃게 된다. 이런 불안감이 팽배한 데다 그들에 대한 급료 지급이 늦어졌다. 급료 대신 배급된 쌀에 대량의 모래가 섞여 있었던 것은 악덕 상인의 소행이었을 것이다. 구식 군대 장병의 불만은 여기서 폭발하고 말았다. 불만은 당연히 신식 군대를 편제한 민씨 일파를 향했다. 왕비의 일족이 요직을 차지한 것에 불만을 품은 정객이 뒤에서 선동하기도 했을 것이다.

왕자 탄생을 계기로 왕비 민씨가 대원군을 섭정 자리에서 몰아내고, 국왕의 친정(親政)을 도모한 것은 당연한 일이었지만, 친정은 명목상일 뿐, 실질적으로는 민씨 일족이 권력을 쥐는 민씨 내각이 들어섰다.

불평 그득하던 대원군이 군대의 불만에 편승하듯 일을 벌인 것이 임오군란이다. 민씨 정권에 대한 반항이자 반일 폭동이었다. 일본 공사관이 불타고, 일본인이 살해되었으며, 하나부사(花房) 공사는 일단 일본으로 도망갔다. 군함을 타고 다시 조선에 돌아온 그는 무력을 배경으로 조선에게 사죄와 배상을 이끌어냈다.

청 조정은 분쟁의 원인이 대원군에게 있다 하여, 그를 청나라로 납치해 조선의 정치에서 격리하고자 했다. 처음에는 대원군을 암살하자는 의견도 있었지만, 이홍장이 최종적으로 앞에서 이야기한 조치로 결정을 내렸다. 동시에 친일적인 개화주의로 기운 민씨 정권을 사대주의로 바꾸는 것이 청나라의 방침이었음은 말할 나위도 없다. 청 조정은 임오군란을 진압하기 위해 조선에 군사 3천 명을 보냈다. 이 군대에 참모로 종군했던 24세의 원세개는 그대로 조선에 남아 조선의 사대화 공작을 담당했다.

일본으로서는 당연히 달갑지 않은 상황이었다. 반일감정을 누그러뜨리기 위해 배상금을 감액하기도 하고, 요인을 일본 시찰에 초청하거나 해서 일본도 공작을 계속했다.

그사이 청불전쟁이 시작되었는데, 일본은 이것을 호기로 여기고 쿠데타로 사대당이 된 민씨 정권을 타도하고, 친일 정권을 세우는 데 서둘렀다. 그러나 이러한 시도는 청나라의 주재원인 원세개를 젊다고 가볍게 여김으로써 실패했다고 할 수 있다.

이때 일본 공사는 훗날 도쿄대 교수가 된 다케조에 신이치로(竹添進一郎, 1841~1917)였고, 친일 정객의 우두머리는 김옥균이었다. 김옥균을 중심으로 하는 친일파 정객은 다케조에 공사의 지원을 받아 1884년 12월 4일에 일을 벌였다.

그날은 한성(서울)의 우정국이 낙성되어 축하연이 열리는 날이었다. 쿠데타파는 우정국 근처에 불을 질러 연회장을 혼란에 빠뜨리고, 창덕궁에 들어가 국왕을 경운궁으로 옮기고 일본 공사에게 왕궁의 수비를 요청했다. 왕궁에 들어간 김옥균 일파는 민씨 일족의 요인들을 왕궁으로 불러들여 차례차례 살해했다. 민영목, 민태호, 조영하, 이조연, 윤태준, 한규직, 유대현 등의 중신이 희생되었다.

다케조에 공사는 일본군 1개 중대를 이끌고 왕궁에 들어가 그 무력을 배경으로 친일정권을 탄생시켰다. 그러나 당시 조선에는 1천 500명의 청군이 주둔하고 있었다. 다케조에는 청불전쟁으로 이 군대가 이동할 것이라는 소문을 믿고 있었다. 그러나 이홍장은 프랑스와 강화를 서두르고 있었으므로 조선에 출병한 군대를 움직일 생각이 없었다. 다케조에는 그래도 전광석화처럼 일을 진행하면 성공하리라 생각했던 것 같다.

원세개는 숙청을 모면한 중신 심순택으로부터 파병 요청을 받고, 즉시 쿠데타파에 대한 공격을 개시했다. 병력의 압도적인 차이로 친일파의 쿠데타는 분쇄될 수밖에 없었다. 홍영식, 박영교 등의 친일파는 살해되었고, 김옥균과 박영효 등은 가까스로 인천으로 도망가 다케조에 공사와 함께 지토세마루호(號)를 타고 일본으로 망명해야 했다.

다케조에 공사 자신도 아슬아슬하게 도망쳤다. 일본 공사관은 불탔고 수십 명의 일본인이 목숨을 잃었다. 방곡령 이래 서민의 반일감정은 뿌리가 깊었다. 조선의 쌀값이 싸다 하여 일본 상인이 몰려왔고, 그들이 대량으로 쌀을 매입하는 바람에 물량이 모자라 일반 조선인의 수입 수준으로는 살 수 없을 만큼 가격이 뛰었다. 그리하여 기근과 같은 상황이 이어졌다. 그래서 조선 정부가 일본의 폭풍 같은 대량 매입을 방지하는 법령을 만들었으나 결과적으로 그것은 무시되었다. 말하자면 일종의 무역마찰이다.

김옥균의 망명에는 안타까운 일화가 있다. 다케조에 공사는 처음에 김옥균 등이 지토세마루호에 승선하는 것을 거부했다. 그들을 조선에 남겨 두면 쿠데타에 의해 참살을 겪은 민씨 일족이 복수하리라는 것은 불을 보듯 빤한 일이었다. 그들의 사지는 갈기갈기 찢길 것이다. 망명자의 한 사람인 이규완은 이때의 심경을,

한편으로는 조국의 운명을 슬퍼하고, 다른 한편으로는 우방 일본
　의 박정함을 원망했다.

라고 술회했다. 지토세마루호의 선장 쓰지 가쓰사부로(辻勝三郎)가 그들
을 두고 가기를 거부하고, 의협심을 발휘해 승선시켰다. 훗날 손문의 경우
에도 그랬지만, 일본에서는 망명자 중 관헌은 박정하고 민간은 따뜻했다.
이렇게 해서 김옥균을 비롯한 친일파 요인의 일본 망명은 실현되었다.
　　도쿄대 교수가 된 후에도 다케조에는 갑신정변에 대해 굳게 입을 다
물었다. 다만 "내가 어리석어 원세개에게 당했다"라는 말만 흘렸을 뿐이
라고 한다.
　　갑신정변의 사후 처리를 위해 일본은 외무대신 이노우에 가오루(井上
馨)를 전권대사에 임명해 조선에 파견했다. 조선은 사죄, 배상금 지불, 일
본인 살해범의 처형, 불탄 공사관을 신축할 토지의 제공 등을 약속하는
이른바 '한성조약'에 조인했다.
　　또 이듬해 3월에는 이토 히로부미(伊藤博文)가 중국으로 건너가 이홍
장과 천진조약을 체결했다. 이홍장은 북양대신의 권한으로 조약에 조인
한 것이다. 이 조약은 양국 주둔군을 철수할 것을 약속하고, 장차 한쪽
이 출병할 때는 사전에 통지한다는 내용을 담고 있다. 또 조선군의 훈련
을 청, 일 양국 이외의 외국인 교관에게 위촉하기로 정해서 미국 장교를
초빙하였다.
　　그러나 이 천진조약도 흔들리는 동아시아의 풍운을 잠재우지 못해 조
약 조인 9년 후, 청나라와 일본 두 나라는 전쟁을 벌인다.

중화의

약진

갑오년

청·일간에 벌어진 조선 종주권 다툼

> 이와 같이 애초에 뜻하지 않은 일이라면, 황송하여 신에게 아뢰기
> 를 마땅히 삼가야 할 것이다.

메이지 일왕은 청나라와 전쟁을 시작할 즈음, 이세 신궁과 고메이 왕릉
에 보고할 칙사를 파견하는 것을 위와 같은 이유로 거부했다. '뜻하지 않
은 일'이라고 되어 있는데, 이것은 완곡한 표현으로 확실히 말해 '의로운
전쟁이 아니다'라는 의미다. 제국주의 열강과 어깨를 나란히 하고 조선의
패권을 거머쥐려 하던 정부의 사고방식에 메이지 일왕은 동의하지 않았
다.

헌법은 이미 공포되었으므로 내각의 보필을 받는 입헌군주로서 메이
지 일왕이 개전에 반대한다고 주장하는 것은 제도상 불가능했다. 그 대
신 이세 신궁과 고메이 왕릉에 칙사를 파견하는 것을 거부했다. 의롭지

않은 전쟁을 선조 앞에 고하는 것을 부끄럽게 여긴 것이다.

　　이번 전쟁은 대신의 전쟁이지, 짐의 전쟁이 아니다.

　메이지 일왕의 이 말에는 청일전쟁을 바라보는 그의 관점이 분명히 드러나 있다. 개전에 이르기까지 대신들에게서 다양한 보고를 받았던 일왕은 경위를 잘 알고 있었다.

　메이지 유신 이후, 일본은 외국 정벌론으로 국내 정치의 위기를 넘기려는 경향이 있었다. 정한론, 사이고 쓰구미치(西鄕從道, 1843~1902, 군인·정치가-옮긴이)의 대만 출병, 강화도 사건 등을 그 예라고 할 수 있다. 또 당시 규모로 국내 산업의 대외 시장을 획득한다는 의식도 있었을 것이다. 다만 자본주의가 미처 발달하지 않은 단계였기 때문에, 조선에서 청나라와 대립하는 것은 경제적인 면보다 정치적인 면이 강하게 작용한 것으로 보인다.

　일본은 갑신정변(1884)이라는 쿠데타로 조선에 친일 정권을 수립하려 했으나 실패했다. 정변의 사후 처리를 위해 맺은 천진조약에 따라, 청나라와 일본 양국은 조선에서 군대를 철수하고, 앞으로 한쪽이 파병할 때에는 다른 한쪽에 미리 통지하기로 되어 있었다.

　일본이 쿠데타에 실패한 채 물러난 것은 일본의 전력이 청나라에 비해 떨어진다고 판단했기 때문이다. 일본은 청불전쟁으로 청나라의 군대가 불안정하리라 믿었다. 그러나 이홍장은 이미 청불전쟁을 확대하지 않기로 결정했기 때문에 조선에 주재하는 원세개가 적극적으로 군대를 움직일 수 있었다.

　두 나라의 전력을 비교했을 때, 일본은 특히 해군의 힘이 약했다. 청나라의 북양 함대에는 정원(定遠), 진원(鎭遠)이라는, 당시로는 초대형 철갑선이 있어서 일본 해군으로서는 도저히 당해 내기 어려웠다. 갑신정변 후, 일본은 청나라를 가상적국으로 삼고, 군비의 증강에 힘을 기울였다. 참모본부에서는 오가와 마타지(小川又次) 소장의 지휘 아래 청국정토책안(淸國征討策案)을 작성했다. 일본은 아직 철갑선을 만들 능력이 없었기 때문에, 영국에 순양함 요시노(吉野)와 아키쓰시마(秋津洲)를 발주했다. 이렇게 일본이 군비를 착착 증강해 가고 있는 것에 반해, 청나라는 그렇지 못했다. 서태후의 환갑 축하연이 가까워지자 그녀를 위해 이화원(頤和園)에 만수산(萬壽山)이라는 거대한 정원을 짓기로 하고, 북양 함대의 증강에 쓰일 비용을 그쪽으로 돌렸다. 10년 동안 청나라는 외국에 한 척의 군함도 발주하지 않았다. 일본이 발주한 군함은 신형으로 속도가 빠르고 장비도 새로운 것이었다. 이에 비해 북양 함대는 낡아만 갔다.

종합적인 전력이 청나라를 웃돈다는 자신이 생기면서, 일본은 오직 전쟁을 벌일 계기가 오기만을 기다리고 있었다. 그 계기가 된 것이 김옥균의 암살이었고, 또 조선의 정치 불안, 구체적으로는 동학란이었다.

김옥균이 갑신정변에 실패해서 일본에 망명한 일은 앞에서 이미 이야기했다. 친일 정객 김옥균을 일본인은 친근하게 여겼지만, 일본 정부의 입장은 달랐다. 김옥균은 조선 정부에게는 반역자였다. 특히 정변에서는 민씨 일족이 많이 살해되었기 때문에 당시 조선의 위정자에게는 철천지 원수 같은 존재였다. 조선에서 김옥균의 인도를 요구했지만, 일본 정부는 선뜻 그 요구에 응하지 못했다. 그러나 김옥균은 다루기 어려운 존재여서 홋카이도로 보내기도 하고, 오가사와라 섬으로 보내기도 하면서 되도록 정치의 소용돌이 바깥에 두려고 했다.

조선의 정치 개혁을 도모하던 김옥균도 이런 상황에 매우 초조해했다.

조선 정부는 은밀히 자객을 보내 김옥균의 목숨을 노리고 있었다. 일본에 의지해서 고국의 정치를 개혁하고자 했지만, 일본 정부는 김옥균에게 냉담했다. 9년에 걸쳐 일본에서 망명 생활을 하면서 그는 일본에 실망감을 느낀 듯했다. 그래서 김옥균은 청나라의 이홍장과 직접 담판을 지어 조선의 개혁을 도모하려고 했다. 개인적인 영향력에 기대려고 한 것에서 김옥균의 얕은 현실 인식이 드러나지만, 오랜 망명에 지친 그의 처지도 동정할 만하다. 이렇게 해서 그는 상해로 갔는데, 이것이 자객을 불러들이는 결과를 낳고 말았다. 상해에서 그는 동행한 동포 홍종우(洪鍾宇)의 권총에 맞아 죽었다. 홍종우는 조선의 민씨 정권이 보낸 자객으로, 김옥균의 사상에 동조하는 척하면서 그에게 다가간 인물이었다.

청나라는 조선 정부의 요구에 따라 김옥균의 유해를 조선에 보냈다. 이홍장이 상해의 도대(道臺, 지방장관)에게 타전한 전보에 따르면, 김옥균의 짐을 검사해서 문서를 하나도 남김없이 태워 없애라는 명령이 내려졌다. 조선 정부 요인 중에는 김옥균의 사상에 남몰래 동조하거나 또는 언젠가 김옥균의 정권이 수립될지도 모른다고 생각해 밀서를 보낸 자가 많았다. 그것이 발각되면 큰 옥사로 번질 우려가 있어서 내려진 조치였다. 이홍장의 이러한 조치가 조선에 주재하는 원세개의 보고에 의해 결정된 것임은 말할 나위도 없다. 또 조선 정부는 자객 홍종우의 구명을 요청했고, 이홍장도 최종적으로 그것을 받아들였다.

홍종우는 개선장군처럼 귀국했다. 그리고 김옥균의 유해는 최고형인 '능지처참'에 처해졌다. 원래는 산 채로 사지를 찢어 죽이는 형벌인데, 이미 죽은 김옥균은 시체에 그 형벌이 내려졌다. 목이 잘리고 사지가 절단되어 양화진이라는 곳에 효시되었다.

대역부도(大逆不道) 옥균

이라고 쓴 기를 세우고 장대를 어긋나게 세워 김옥균의 목을 그 끝에 매단 것이다. 이 야만적인 '효시(梟示)'가 외국인들 사이에 혹독한 악평을 받았음은 말할 나위도 없다. 조선에 주재하던 일본 공사 오토리 게이스케(大鳥圭介)는 사전에 김옥균의 시체에 '능지처참'의 형을 가하지 말라고 충고했지만 받아들여지지 않았다. 국가 최대의 죄를 범한 인물은 최고형으로 다스려야 한다는 것이었다. 물론 김옥균에 의해 많은 동족을 잃은 민씨 일족의 보복 의사도 담겨 있었다. 효시는 닷새 동안 계속되었는데, 이 일이 일본에 보도되어 격렬한 반발을 불러일으켰다. 조선 정부의 조치뿐만 아니라 유해를 조선에 송환하고 범인을 석방한 청나라의 조치에도 일본에서는 큰 반발이 일었다. 이때 일본 대중 사이에 번진 반감이나 격앙된 여론이 청일전쟁의 한 요인이 되기도 했다.

상해에서 암살된 김옥균의 유해에 대한 이홍장의 조치를 일본 정부가 묵인한 흔적이 있다. 사건이 발생한 장소가 상해였으므로 조치의 주도권은 당연히 청나라가 쥐고 있었다. 그러나 김옥균과 동행한 일본인을 비롯해 김옥균을 동정하는 사람들은, 김옥균이 일본에서 왔으므로 유해를 일본으로 송환해야 한다고 주장했다. 특히 김옥균과 동행했을 뿐 아니라 그의 사상에 경도되어 있던 와다 엔지로(和田延次郎)가 열심히 움직였다. 유해는 상해의 일본 우선(郵船)회사 창고에 넣었다가 일본으로 보내기로 되어 있었는데, 상해의 일본 영사관에서 그것을 보류하라는 지시를 내렸다. 와다는 직접 오고시(大越) 영사를 만나 교섭했지만, 단지 보류하라는 말만 할 뿐 이유는 말하지 않았다. 그런데 와다가 영사관에서 우선(郵船)회사 창고로 돌아와 보니, 이미 김옥균의 유해는 공부국(工部局, 상해 공동조계의 행정조직) 경찰에게 인도된 뒤였다.

> 젊은 내 피는 한없이 들끓었습니다. 발을 구르며 분통의 눈물을 흘
> 리고 또 흘렸습니다. 불법을 자행한 거류지 경찰을 원망하기보다 일
> 본 영사의 알 수 없는 태도를 깊게 원망했습니다.

이것은 구즈 도스케(葛生東介, 1862~1926, 국수주의 단체인 흑룡회 창립자-옮
긴이)가 지은 『김옥균』의 부록에 실린, 와다 엔지로의 담화에 나오는 구
절이다.

일본 국익과 연결된 조선 소요

이홍장이 김옥균의 유해를 조선에 송환한 것은 그것으로 종주국으로
서의 권위를 강조하기 위해서였을 것이다. 속국의 국사범 유해를 돌려보
냄으로써 조선 정부에게 한 가지 은혜를 베푼 셈이다.

그러면 일본은 왜 유해를 일본으로 보내는 것에 반대했을까? 상해 영
사는 물론 외무성의 훈령에 따라 일을 처리했다. 김옥균이 일본의 민간
인 사이에 인기가 있었던 것은 사실이다. 그의 유해가 청에 의해 조선에
인도되어 갈기갈기 찢긴 채 만인의 구경거리가 되었다는 사실이 일본 국
민의 분노를 자아내리라는 것은 쉽게 상상할 수 있는 일이다. 일본 정부
는 아마 이것을 노렸을 것이다. 그 당시부터 이 조치가 일본 외무대신 이
노우에와 청나라의 이홍장 사이에 합의되어 있었다는 설이 있었다.

일본 측은 앞에서 설명한 효과를 기대할 수 있었고, 이홍장은 종주국

의 체면을 유지할 수 있었다. 상해에서 살해된 종속국 국사범의 유해가 일본으로 보내졌다면, 종주국의 체면이 일그러졌을 것이다. 조선에 대한 청나라의 '종주권'을 부정하는 데 가장 열심이었던 것은 일본이었지만, 이 사건에서는 더욱 큰 효과를 기대하면서 사실상 청나라의 종주국으로서의 행동을 허용한 것이다.

일본에서는 아사쿠사(浅草)의 본원사(本願寺)에서 김옥균의 추도회가 열렸다. 이것은 일찍이 없던 성대한 의식이었다고 한다. '김옥균 사건 연설회'와 '대외 강경파 대간친회'가 열렸고, 고노에 아츠마로(近衛篤麿, 1863~1904, 대륙 진출을 역설한 극우정치가-옮긴이)나 이누카이 쓰요시(大養毅, 1855~1932, 정당 정치가-옮긴이) 같은 인물이 참가했다. 여론은 들끓고 청나라를 향한 적개심은 갑자기 고조되었다. 전쟁에는 '적개심'이라는 용수철이 필요하다. 제2차 세계대전에서도 적개심을 품을 까닭이 별로 없는데도 끊임없이 '귀축미영(鬼畜米英)'이라는 용어로 국민을 선동한 사실이 기억에도 생생하다. 김옥균 유해 사건은 청나라와 전쟁이 났을 때, 탄력이 강한 용수철 역할을 할 것이다. 다만 이 사건 자체는 개전의 이유가 되기 어려웠다.

개전의 방아쇠는 아무래도 청나라가 조선에 출병한 데 있다. 천진조약에는 한쪽이 출병하면 다른 한 쪽도 출병할 권리가 있다고 되어 있다. 조선에 내란이라도 발생하면 조선은 종주국인 청에게 진압을 위한 출병을 요청할 수도 있다. 그렇게 되면 일본도 출병할 수 있다.

종주국과 속국의 관계는 근대 국제법의 관점으로는 낯선 것이어서, 동아시아에 서구의 힘이 미쳤을 때, 이 관계는 국제법 테두리 바깥에 있는 오랜 관습으로 해석되었다. 종주국이라고 해도 속국의 내정에 간섭하는 일은 거의 없다. 속국의 존망이 위급을 다툴 때, 이를테면 대규모 내란이나 외적의 침공이 있을 때, 요청에 의해 종주국은 출병하게 되어 있다. 도요토미 히데요시가 조선을 침공한 이래, 명·청나라가 교체되는 혼란기는 별개로 치고, 조선 정부는 종주국의 군대를 국내로 끌어들인 적이 없었다.

청나라의 출병을 유발하는 조선의 내란이 일본으로서는 더없이 바라던 일임은 말할 나위도 없다. 정치적으로 말기 증상을 보이던 조선에 내란이 일어나지 않는다면 오히려 이상한 일이었다.

김옥균이 암살된 것은 1894년 3월의 일인데, 거의 같은 시기에 조선에서는 동학농민운동이 일어났다. 시기가 지나치게 잘 맞아떨어져서 동학운동과 일본의 관계를 운운하는 견해도 있는 듯하다. 그러나 동학운동은 일본의 공작에 의해 일어난 것이 아니다.

조선의 소요는 일본의 국익이 되었기 때문에 교란공작을 펼치기 위해 부산에 건너간 낭인들이 있었다. 마토노 한스케(的野半介), 우치다 료헤이(內田良平), 스즈키 덴간(鈴木天眼) 등이 간부로 있는 현양사(玄洋社)의 젊은이들이 천우협(天佑俠)이라고 부르고 끊임없이 획책한 것은 분명한 사실이다. 현양사는 흑룡회(黑龍会)의 전신이 되는 결사인데, 일본의 대외진출에서 비합법적인 부분을 담당해 왔다. 천우협의 젊은이들 중에는 자기들이 동학을 선동해서 일을 벌이게 했으며, 따라서 청일전쟁의 최대 공로자가 자기들이라고 자랑하는 자도 있었다. 그러나 그것은 다분히 과대망상적인 언설에 지나지 않는다. 뒤에 다시 이야기하겠지만 동학은 그 강령에 '배일(排日)'을 내세우고, 왜(倭, 일본인)와 통하는 자는 엄벌에 처할 것을 정부에 요구할 정도였으므로, 동학이 일본 낭인에게 선동되거나 원조를 받는 일 따위는 절대로 있을 수 없는 일이다.

　　훗날 만약 청일 양국 간에 일어난 당시의 외교사를 집필하는 자가
　　있다면, 반드시 책 첫 머리의 한 장(章)을 동학당의 난에 할애해야 할
　　것이다.

　이것은 당시 일본 외무대신 무쓰 무네미쓰(陸奧宗光, 1844~1897)가 쓴
『건건록(蹇蹇錄)』에 있는 구절이다.

　동학이란 이때 갑자기 생긴 '당'이 아니다. 30여 년 전, 곧 1860년에
만들어진 일종의 종교결사였다. 교주는 몰락한 양반 출신의 최제우였다.

　아편전쟁 이후 서양의 힘은 항상 동양을 압도하고 있었는데, 이것은
다만 기술이 뛰어났을 뿐만 아니라 사상이나 정신면에서도 뛰어났기 때
문이라는 것이 최제우의 인식이었다. 그런 의미에서는 서구의 뛰어난 점
은 과학과 기술뿐이고, 사상이나 정신 분야에서는 중국 쪽이 뛰어나다
고 보고 기술의 도입만을 목표로 삼았던 청나라의 양무파보다 훨씬 인
식이 깊었다고 할 수 있다.

　서양의 우수한 사상과 정신은 모두 기독교에 근원을 두고 있다. 최제
우는 이것을 '서학(西學)'이라고 불렀다. 서양의 침략을 막으려면 서학보다
견결한 사상으로, 말하자면 정신무장을 해야만 한다. 최제우는 그러한
체계를 만드는 데 힘썼고, 그것을 '동학(東學)'이라고 불렀다. 실제로는 유
교, 불교, 도교라는 동양의 오랜 종교 세 가지를 아울렀고, 거기에 조선
에 전해 내려오는 무속종교적인 분위기를 더했으며, 또 기독교의 장점도
받아들였다.

서(西)에 대한 동(東)이므로 기독교를 강하게 의식했으며, 민족주의적이었고, 배외적인 경향이 짙었다. 일본 따위는 서학의 앞잡이로 여겼기 때문에 엄격한 배일사상이 생겨난 것이다.

동학은 종교결사로 창시되었지만, 조선 정부는 어떤 명목이든 결사를 두려워했다. 이것은 소수민족 정권인 청조가 모든 결사를 두려워해서 탄압한 것과 비슷하다.

종교로서 동학의 특징은 '인내천(人乃天)' 사상에 있다. 신을 초월적인 존재로 보지 않고, 우리들 인간 속에 존재하는 것으로 확인하는 것이다. 사회가 불안정해서 정신적인 안식처를 찾고 있던 사람이 많았기 때문에 이 새로운 종교, 즉 동학은 순식간에 널리 퍼졌다. 정부는 종교를 축으로 삼아 대중의 힘이 반체제적인 성향을 띠며 결집하는 것을 두려워해서 동학을 탄압했다. '사도난정(邪道亂正)'이라는 죄를 씌워 교주 최제우를 붙잡아 처형했다. '사도'란 요술과 같은 것인데, 이것으로 백성을 현혹했다는 것이 처형의 이유였다. 1863년의 일이다.

관헌의 탄압이 도리어 결사의 힘을 강화하는 결과를 초래하는 일이 종종 있다. 특히 종교결사가 그러하다. 교조가 처형되었지만 동학교도의 수는 계속 늘어났다. 제2대 교주는 최시형으로 그는 '교조신원(教祖伸寃, 교조의 무죄를 밝혀 억울한 누명을 벗김)'을 목적으로 대중운동을 조직했다. 정부에게 죽은 교주의 무죄를 호소하는 일인데, 달리 말해 대중을 동원한 항의운동이다. '참례집회'라는 이름의 항의집회가 각지에서 열렸고, '복합상소(伏閣上疏)'라고 해서 왕에게 직소하는 형태의 운동도 있었다.

하급 기관에 직소하는 일은 조선에서는 그다지 드문 일이 아니다. 고을 관아로 몰려가서 세금이 지나치게 많다고 호소하는 일은 지금까지 종종 있는 일이었다. 이때 직소장을 제출하는데, 맨 앞에 서명한 사람을 '장두(狀頭)'라고 했다. 처벌을 두려워해서 아무도 장두가 되려고 하지 않았기 때문에 종교적인 신념을 지닌 동학교도가 종종 장두를 자청했다. 이렇게 해서 종교운동을 하던 동학이 어느새 농민운동에도 관여하게 되었다.

지금까지 농민의 소요는 고을 관아에 몰려가는 것이 고작이었다. 이러한 소요를 '민란'이라고 하는데, 대체로 한 고을에 그치고 어떻게든 타협이 이루어졌다. 횡적인 연대 없이 산발적으로 일어나던 민란이 동학이 관여하면서부터 여러 고을에 걸친 연합 민란으로 발전하게 되었다.

조선의 농민은 관리에게 착취당해서 막다른 골목에 몰려 있었다. 그들은 미곡으로 세금을 납부하는데, '서축(鼠縮)'이니 '건축(乾縮)'이니 하는 명목으로 규정보다 많은 세금을 납부해야만 했다. 쥐가 먹거나 건조해서 줄어든 양 만큼 더 납부하라는 것인데, 한 말에 넉 되에서 다섯 되를 더 내야했다. 또 '이포(吏逋)'라는 것도 있었다. 징수하고도 장부에는 '미수(未收)'라고 적어 두고 관리가 그 몫을 착복하는 것이다. 역대 관리가 그런 짓을 했기 때문에 상당한 양이 쌓였다.

익산군에서는 이포가 3천 772섬에 이르렀다. 장부에는 미수로 되어 있지만, 농민들은 이미 납부한 것이다. 신임 익산 군수인 김택수(金澤洙)는 미수분을 전부 징수하겠다고 선언했다. 군수도 이포의 관습을 모르지는 않았을 것이다. 아마 대량의 미수분을 자기 주머니 속으로 챙기려고 했을 것이다. 온순한 농민들도 이중 징수에 격분했다. 그들은 오지영을 장두로 내세워 관아로 몰려가 호소했지만 거절당했다. 격노한 농민들은 관아를 습격하자며 소란을 피웠지만, 장두 오지영(吳知泳)은 군보다 한 단계 높은 도의 관아에 사정을 호소하고, 거기서 거절당하면 궐기하자고 농민들을 달랬다. 전라도 관찰사(도지사)는 호소를 받아들였고 익산 군수는 해임되었다. 이 사건은 농민들의 승리로 끝날 듯했지만, 막판에 역전되어 장두가 체포되고 말았다.

이제는 궐기하는 일 외에는 살 길이 없었다. 이리하여 전봉준을 우두머리로 하는 동학의 난이 시작되었다. 동학이라는 넓은 지역에 걸친 종교 조직이 있었기 때문에 농민 반란도 그 조직에 편승했고 동학 간부의 지도를 받았다. 일본에서는 '동학당의 난'이라고 부르지만 동학은 '당'이 아니며, 그들은 스스로 이르기를 '동학군'이라고 했다. 또 반란에 참여한 사람은 동학교도(그들은 도인이라고 불렀다)만이 아니다. '갑오농민전쟁'이라는 명칭도 있지만, 동학 관계자가 주도권을 잡은 것은 분명한 사실이다. 그리고 제2대 교주 최시형은 처음에는 반란에 소극적이어서 전봉준의 강력한 지도력에 끌려 다녔다고 한다.

이렇게 해서 동학군은 백산(白山)에 수만 명의 무리를 모았고, 황토현에서 토벌하러 온 정부군을 전멸시켰다. 조선 정부는 크게 놀라 홍계훈을 사령관으로 하는 토벌군을 보냈다. 청나라에서 파견된 병선이 토벌군의 수송을 맡았다. 원세개는 동학이 사교의 오합지졸이므로 오래 끌지 않을 것이라는 관측을 이홍장에게 전달했다. 그런데 홍계훈이 남쪽으로 유인되어 나간 사이, 동학의 주력군이 전주를 점령했다. 전주는 조선의 시조인 이성계의 부모가 태어난 땅이다. 마침내 사태의 중대함에 놀란 조선 정부는 종주국인 청나라에게 파병을 요청했다.

일본의 기만공작에 농락당한 원세개

요청을 받았다 하더라도 출병 여부는 청나라가 결정할 문제다. 구체적으로 말하면, 그것은 이홍장의 의사에 달려 있었다. 동원되는 군대의 주력은 북양군(지난날의 회군)이므로 그의 사병이나 다름없었다. 북양군이라는 무력이 배경에 있었기 때문에 이홍장은 오랜 세월 직례 총독으로서 실질적으로 청나라의 재상 자리를 지킬 수 있었다. 청불전쟁을 청에게 불리한 조약으로 종결시킨 것도 북양군이 손실을 입지 않기 위해서였음은 앞에서 이야기했다.

조선에 출병하면 어떻게 되는지 누구보다도 심사숙고한 사람이 이홍장이었다. 천진조약이 있어서 출병할 때는 일본에 통지해야 하고, 청나라가 출병하면 일본도 출병 권리를 갖게 된다. 그렇게 해서 일본과 충돌하면, 소중한 북양군이 큰 손실을 입을지도 모른다. 일본이 어떻게 반응할지 이홍장은 걱정스러웠다.

동학군이 백산에 집결한 것은 5월 초였고, 전주가 함락된 것은 5월 31일이었다. 이 무렵 오토리 게이스케(大鳥圭介) 공사는 휴가를 받아 일본에 돌아와 있었다. 대리 공사인 스기무라 후카시(杉村濬)를 비롯해서 한성(서울)에 있던 일본 공사관 관원들은 열심히 공작을 펼치고 있었다. 스기무라는 원세개에게 청나라는 왜 출병하지 않느냐고 재촉하는 듯한 모습을 보였다. 원세개가 보기에는 적어도 일본은 청나라가 출병하는 데 이의가 없었다. 원세개가 이홍장에게 보낸 전보도 일본은 거류상인의 안전에 관심이 있을 뿐이라는 내용이었다. 청나라가 출병하면 조선의 질서는 안정을 찾고 일본의 상인들도 안전해지므로, 출병을 환영한다는 것이다. 원세개는 천진조약에 따라 설령 일본이 파병하게 되더라도 거류민 보호를 위한 소규모 인원에 그칠 것이라고 관측하고, 이 내용을 이홍장에게 전했다.

한성 주재 일본 외교관의 공작이 감쪽같이 성공한 것이다. 이홍장은 현지에 있는 원세개의 보고에 의존할 수밖에 없다. 그리고 오토리 공사는 청나라와 조선 양국의 주재 공사였다. 북경에는 대리 공사로서 고무라 주타로(小村壽太郎)가 있었는데, 아마 그도 청나라의 출병에 일본은 반대하지 않는다는 뜻을 외교 경로를 통해 청나라에 전했을 것이다. 이러한 외교 노력을 쏟으면서 일본은 출병 준비를 갖추었다.

무쓰 외무대신에게 놀아난 것은 이홍장이나 원세개만이 아니다. 총리대신 이토 히로부미도 일이 그토록 커지리라고는 짐작하지 못한 흔적이 있다. 도쿠토미 소호(德富蘇峰)는 청일전쟁을 평하면서, 무쓰나 가와카미(川上, 참모차장)와 같은 젊은 세력이 이토 히로부미 등의 늙은 세력을 속인 전쟁이라는 뜻의 말을 남겼다.

청나라가 출병했으므로 일본도 천진조약에 따라 출병하는데, 무쓰와 가와카미는 이토에게 파병 병력이 1개 여단 정도라고 보고했다. 여단은 약 2천 명이므로, 이토 수상도 그 정도면 괜찮겠거니 하고 생각했음에 틀림없다. 같은 여단이라도 혼성 여단이라면 6천 명에서 7천 명 사이의 편성이 가능하다. 그리고 그들은 서둘러 대본영을 설치했다. 대본영이 설치됨으로써 기밀 중요사항은 모두 통수 사항이 되어 국무대신도 관여할 수 없다. 선전포고 전이므로 이때 대본영을 설치한 것은 위법이라는 설도 있지만, 무쓰와 가와카미 등의 개전파는 아랑곳하지 않고 기정사실로 만들었다.

여기서 문제가 되는 것은 청나라의 출병을 요청하면 그토록 염원하던 독립이 멀어지는데, 왜 조선 정부가 굳이 그것을 단행했는가 하는 점이다. 확실히 전주 함락은 위기였다. 그런데 그보다 더 조선의 민씨 일족 정권이 두려워한 것은 동학과 대원군이 결부되는 일이었다. 대원군은 이미 천진에서 송환되어 와 있었지만, 여전히 정치에서 격리된 상태였다. 그러나 대원군은 정치 의욕이 대단했고, 자기를 핍박한 민씨 일족을 격렬히 증오하고 있었다. 민씨 정부가 품은 공포심은 어지간한 것이 아니었다. 청군에 의지해서라도 빨리 동학을 진압하지 않으면, 큰일이 난다고 초조해했다.

6월 4일에 이홍장은 출병 명령을 내렸다. 한성의 스기무라 대리 공사는 같은 날 그 정보를 파악하고 도쿄에,

> 아무쪼록 급히 일본 병사를 보내주십시오.

라고 타전했다. 무쓰 외무대신의 고민은 인천까지 거리가 청나라에서는 가깝고 일본에서는 몇 배나 멀다는 점이었다. 무쓰는 『건건록』에서 다음과 같이 말했다.

> 나는 청국 정부로부터 정식으로 출병 통지를 받은 날보다 이틀 앞
> 서 6월 5일에 군함 오토리 공사를 야에야마(八重山)호에 태우고, 요코
> 스카(橫須賀)항에서 출범시켰다.

300명의 해병과 이치노헤 소좌(少佐, '소령'에 해당하는 일본군 계급-옮긴이)

가 이끄는 육군 1개 대대는 청나라의 출병 통지가 있기 이틀 전에 이미 오토리 공사와 함께 출발한 것이다. 정보전에서 일본은 청나라를 능가해서 실제 출병은 일본이 빨랐다. 태원총병(太原總兵) 섭사성(聶士成)이 선발대 800명을 이끌고 초상국(招商局) 기선을 타고 천진을 출발한 것은 6월 6일이었다. 거리가 가까워서 6월 8일에 청군은 아산만에 도착했고, 하루 먼저 떠난 오토리 공사와 420명의 일본군은 6월 9일에 인천에 도착했다. 청군이 이 후속 선박을 기다리느라 12일에야 겨우 아산에 집결한 데 반해, 일본은 도착 즉시, 비를 뚫고 한성으로 들어왔다. 일본 측이 한발 앞설 수 있었던 까닭이다.

조선을 딛고 동양 패자를 노린 일본

일본군이 한성에 나타나자, 조선 정부는 크게 놀랐다. 파병을 요청한 청군보다 앞서 일본군이 수도로 들어온 것이다.

조선의 민족적 염원은 완전 독립이다. 본심을 말하자면 청나라이건 일본이건 파병하기를 바라지 않았다. 동학과 대원군이 손을 잡을지도 모른다는 사실을 극도로 두려워해서, 어쩔 수 없이 청나라에게 출병을 의뢰한 것은 민씨 정권이었다. 정권의 이기심이 그렇게 시켰을 뿐, 민족의 바람은 거기에 있지 않았다.

동학 토벌에 나섰던 홍계훈은 동학군과 대화를 해서 화해를 도모해야 한다는 의견을 한성에 보냈다. 청일 양군이 조선의 내란을 진압하기 위해 국내로 들어온 지금, 그들을 하루라도 빨리 철수시키는 것이 민족 전체의 이익으로 이어진다. 그렇기 때문에 출병 원인인 '내란'을 없애는 것이 최상의 방책이었다. 반란이라고 해도 동학은 정부를 타도하자고 주장하지 않았다. 그들은 오로지 정치의 개혁을 원할 따름이었다.

국가와 민족의 존망을 걸고 타협이 이루어졌다. 오랜 원한을 잊고 정치 정상화에 힘을 모으기로 한 전주화약(全州和約)이 성립되었다. 전주화약은 6월 11일에 타결되었는데, 일본군이 한성에 들어간 지 이틀째에도 청군은 아직 아산만에 상륙하는 중이었다.

한성에 돌아온 오토리 공사의 임무는 조선 정부에게서 '동학란 진압'의 요청을 받는 것이었다. 청나라는 그 요청을 받고 파병했지만, 일본은 청나라가 출병했기 때문에 천진조약 제3조에 따라 군대를 보냈을 뿐 정식 요청을 받지 않았다. 정식 요청을 받아서 뒤에 오는 일본군의 장기 주둔을 합법화해야만 했다.

그런데 전주화약에 의해 내란은 이미 끝을 맺었으므로 진압을 요청할 필요가 없어졌다. 오토리 공사는 현지에 있어서 이러한 사정을 잘 알고 있었다. 현재 상황에서는 요청을 받기는커녕 많은 일본군이 한성으로 들어올 정당한 이유가 없다. 오토리 공사가 이 사실을 도쿄에 타전하자,

상륙을 중지하는 것은 불가능하다.

라는 답전이 왔다. 무쓰와 가와카미의 계획표에는 이미 전쟁이 적혀 있었다. 참모차장 가와카미 소로쿠(川上操六)에게는 군사적으로 판단해 볼 때, 지금 한반도를 손에 넣지 않으면 시베리아 철도 개통 후 러시아에 대항할 수 없다는 초조감이 있었다. 무쓰 무네미쓰의 『건건록』에는 다음과 같은 대목이 있다.

공사(오토리)는 계속 일본 정부에 전보를 보내, 며칠 동안 많은 군대를 조선에 파견해서 조선 정부와 국민, 특히 제삼자인 외국인에게 불필요한 의혹을 심는 것은 외교상 이롭지 않다는 뜻을 권고해 왔다. 그러나 돌이켜 우리 일본의 내정을 보면, 이미 기호지세(騎虎之勢, 호랑이를 타고 달리는 기세라는 뜻으로 도중에 그만두거나 물러날 수 없음을 이르는 말-옮긴이)에 있으므로 도중에 이미 정한 병력을 변경할 수 없을 뿐만 아니라, 종래 청 정부의 외교를 보건대, 그 동안 어떠한 권모술수를 써서 막판에 우리를 속일지 모른다.

기호지세이므로 전쟁으로 몰고 갈 수밖에 없다는 말이다. 막판에 청나라가 속일지도 모른다고 덧붙인 것은 무심결에 흘린 속내일 것이다. 무쓰 외무대신은 이홍장이 철병하기 바란다는 것을 누구보다도 잘 알고 있었다. 이홍장은 사병인 북양군이 다치는 것을 몹시 두려워하고 있었다. 오토리 공사는 계속해서 다음과 같은 내용으로 타전했다.

지나치게 많은 병사를 상륙시키면 외교상 분규를 초래할 것임. 본 공사가 필요하다고 인정하는 병사 외에는 모두 쓰시마로 철수시켜 명령을 기다리게 하는 것이 바람직함. 육군 대신과 상의해서 이러한 취지로 오시마(大島, 당시 여단장)에게 훈령으로 내려 주기 바란다.

무쓰는 전보만 주고받는 것이 답답했던 듯하다. 가토(加藤) 서기관에게 극비 훈령을 내려 구두로 전달하게 했다.

어떠한 수단을 써서라도 개전의 구실을 만들 것.

　오해의 여지를 남기지 않는 확실한 훈령이다. 어떻게든 전쟁을 시작해야만 했다. 개전의 구실을 만들라는 것은 청나라에게 트집을 잡으라는 말이나 다름없다.

　오카야마(岡山)의 시즈타니코(閑谷黌)에서 유학(儒學)을 공부한 적이 있는 오토리 게이스케는 원래 서구 열강에 맞서 청나라와 일본이 동맹해 침략을 막아야 한다고 주장했다. 동맹을 맺어야 한다고 생각한 상대의 트집을 잡아야 하니, 오토리로서도 난처한 일이었을 것이다. 처음에는 청국의 문서에 조선을 속국으로 부르는 부분이 많으므로, 그것을 문제로 삼으려고 했다. 그러나 무쓰 외무대신은 그것으로는 적당하지 않다고 판단했다. 영국과 미국 등은 동방의 관습으로서 청나라와 조선의 종속 관계를 거의 인정하고 있었다. 트집을 잡기에는 좋지만, 개전 이유로는 약하고 여러 외국으로부터 비난이 거세어질 것이다. 좀 더 묵직한 구실이 필요했다.

　일본은 청나라와 공동으로 조선의 정치 개혁을 이루자고 제안하는 작전을 세웠다. 조선을 속국으로 하는 청나라가 거기에 동의할 리 없다. 청나라의 거부를 병력을 움직이는 구실로 삼는 것이다. 예상대로 청나라는 일본의 제안을 거부했다. 이것이 6월 21일의 일인데, 이날 천진 주재 무관인 가미오(神尾) 소좌가 청군 5천 명이 조선으로 증파된다는 정보를 타전해 왔다. 그러나 이것은 오보였다. 그러한 사실은 없었지만, 과연 단순한 오보였는지 의식적인 것이었는지 알기 어렵다. 무쓰는 이 정보에 따라 메이지 일왕에게 청나라와 충돌을 피하기 어렵다고 상주했다. 그럭저럭 간신히 일은 계획대로 이루어지는 듯했다.

6월 22일 어전 회의에서 개전 방침이 공식적으로 결정되고, 무쓰 외무대신은 주일 청국 공사에게 단교 문서를 보냈다. 이것이 제1차 단교 문서이고, 7월 12일에 북경 주재 대리 공사인 고무라 주타로가 청 정부에 보낸 것이 제2차 단교 문서다. 이렇게 해서 청국과 일본 두 나라는 국교 단절 상태에 돌입했다.

선전포고는 두 나라 모두 8월 1일에 했는데, 거기에 이르기까지 국제 정세를 간단히 살펴 보자. 아편전쟁 이후, 중국의 역사는 여러 외국과 맺은 관계를 빼고서는 이야기할 수 없다. 일본의 근대사도 마찬가지다.

일본은 조선을 무대로, 청나라를 끌어들여 한바탕 전쟁을 벌일 작정이었다. 그렇게 함으로써 일본은 '열강'의 일원이 될 수 있는 것이다. 청일전쟁 직전에 일본 조야가 흥분한 모습을 보인 데는 김옥균 유해 사건의 영향도 있었지만, 청나라를 타도함으로써 염원하던 열강 진입을 이룰 수 있다는 기대감이 크게 작용했다. 영국, 프랑스, 러시아는 모두 중국을 잠식해서 열강의 관록을 과시하고 있었다. 일본도 그 모습을 본받고자 했다. 후쿠자와 유키치(福沢諭吉)의 '탈아입구론(脱亞入歐論)'이 당시 일본의 변신하고자 하는 욕망을 잘 말해 준다.

청나라 쪽에서는 이들 열강이 간섭해 주기를 기대하며, 일본이 벌인 싸움판에 끌려들어가지 않으려고 공작을 펼쳤다. 일본과 영국 사이에는 조약을 개정하는 문제가 있었는데, 무쓰 외무대신은 막판까지 그것을 신경 썼다. 영국은 모자와 설탕의 관세 인하를 요구했고, 일본은 국내 업자를 보호하기 위해 그 요구에 저항했다. 그러나 사태가 이렇게 되자 이제 모자는 신경 쓸 겨를이 없었다. 무쓰 외무대신은 7월 14일에 조인할 수 있다면, 모자와 설탕의 관세는 양보하라는 훈령을 주영공사에게 내렸다. 조금 늦추어지기는 했으나, 조인은 7월 16일에 완료되어 마침내 현안이던 조약의 개정이 이루어졌다.

무쓰는 조선에서 청나라와 분쟁을 일으킨 것을 빌미로 영국이 일본과 조약 개정을 연기하는 것을 가장 우려하고 있었는데, 그 걱정을 덜은 것이다. 또 무쓰가 종주권을 개전의 구실로 삼으려 하지 않았던 까닭은, 영국이 청나라의 조선에 대한 종주권을 인정했을 뿐만 아니라, 그것을 강화하는 것까지 기대하고 있었기 때문이다. 영국으로서는 청나라가 조선에 강한 영향력을 행사해서 러시아의 남하를 막는 것이 바람직했다.

영국의 머릿속에서는 러시아 남하에 대한 공포가 떠나지 않았다. 일본이 청나라보다 효과적으로 러시아의 남하를 막는 역할을 해 준다면, 영국도 만족할 것이다. 영국은 전쟁이 일어났을 때, 자국의 권익이 집중된 상해 등 장강 하류에 전쟁의 불길이 미치는 것을 우려했다. 일본은 거기까지 전선을 확대할 의도가 없다는 것을 영국에게 보장해 줌으로써 영국의 간섭을 벗어날 수 있었다.

해방파(海防派)인 이홍장은 러시아가 간섭하기를 기대했지만 이것은 실패로 끝났다. 러시아의 간섭을 바랄 수 없다는 것을 알고, 이홍장은 비로소 전쟁을 피할 수 없다고 체념했다. 이홍장의 사위인 장패륜(張佩綸)의 일기에 다음과 같은 대목이 있다.

이날(양력 7월 9일), 러시아의 사절(카시니 공사의 사절 파블로프)이 오다. 화의가 이루어지지 않다. 합비(合肥, 이홍장을 가리킨다. 그는 합비에서 태어났다)가 대단히 노하여 비로소 병사를 쓸 것을 결심하다.

파블로프(Aleksandr Ivanovich Pavlov)는 이홍장에게 이렇게 말했다.

러시아 제국은 다만 우정으로써 일본에게 철병을 권고할 수 있을 뿐이다. 병력을 사용해 그것을 일본에 강요하는 입장에 있지 않다. 조선의 내정을 개혁해야 하느냐 그렇지 않으냐는 러시아로서는 개입하고 싶지 않은 문제다.

일본은 러시아의 간섭을 그다지 걱정하지 않았다는 흔적이 있다. 시베리아 철도가 아직 완성되지 않았으므로, 러시아는 대군을 파견할 수 없었다. 힘이 전부인 시대였다. 힘이 배경에 없으면 아무런 말을 할 수 없었다. 만약 러시아가 일본에게 조선에서 철병하라고 요구하고, 일본이 그것을 거절한다면 어떻게 될까? 러시아는 일본을 징벌하기 위한 군대를 보낼 수 있는 형편이 아니다. 그리하여 러시아는 체면을 잃을 것이다.

북경에 주재하고 있던 러시아 공사 카시니(Arthur Palovich Cassini)는 일본에 압력을 가해야 한다는 의견을 피력했다. 이홍장은 이런 카시니와 접촉해서 지나친 희망을 품은 것이다. 러시아 외무부는 앞에서 이야기한 이유로 간섭에 찬성하지 않았다. 러시아 외무장관 기어스(Nicholas de Giers)는 주일 러시아 공사 히트로보(M. A. Hitrovo)로부터 다음과 같은 보고를 받았다.

일본인은 자부심에 도취되어 있고, 국내는 극도로 흥분 상태에 있으므로 정부가 원한다고 해서 철병할 수 없을 것이다.

주전론 일색인 일본에서는 러시아의 간섭을 받는 것 정도로는 철병할 생각조차 할 수 없었다. 여기서 무력에 의한 징벌이 불가능한 한 러시아가 간섭했다가는 체면만 깎일 따름이었다.

국제 정세가 일본이 개전하는 데 유리하게 돌아가고 있었다.

북양, 패퇴하다

종이호랑이 북양 함대

북양군벌의 영수이며, 권세라면 비길 자가 없는 직례 총독으로서 일국의 재상의 자리에 있다고는 하나, 이홍장도 초인은 아니었다. 그의 배경에는 군대가 있었고, 무엇보다 독재자인 서태후의 절대적인 신임이 있었다. 그러나 정적도 적지 않았다. 최대의 실력자였던 만큼 정적도 많았다.

4세에 즉위한 광서제는 이미 만 23세였다. 서태후는 그해 환갑을 맞이한다. 곧 서태후의 시대가 저물고 황제 친정의 시대가 오리라는 것은 자명한 사실이었다. 황제의 주변에 '황제파'라고 불릴 만한 무리들이 모여들었다. 그들은 서태후에게 반감을 가지고 있었고, 서태후의 신뢰를 받고 있던 이홍장에게도 불만을 품고 있었다. 황제파는 반(反)이홍장 세력이기도 했다. 중앙에서는 호부상서(戶部尚書, 재무부 장관)인 옹동화(翁同龢), 예부상서(禮部尚書, 교육부 장관)인 이홍조(李鴻藻) 등이 이홍장의 정적이었고, 지방에서는 호광 총독인 장지동(張之洞)이라는 만만치 않은 정적도 있었다.

황제는 젊은 탓도 있어서 무슨 일에서나 강경론에 마음이 끌렸다. 종주국인 청국이 속국인 조선에서 일본이 날뛰는 것을 허락한다는 것은 황제로서는 도저히 참기 어려운 일이었다. 황제는 자연히 강경론으로 기울었다. 그러나 청국이 종주권을 완전하게 행사할 수 없는 것이 현실이었다. 현실주의자가 아니고서는 국정을 담당할 수 없다. 이홍장은 현실에 입각해서 정치를 했다. 이상주의자, 원칙론자의 눈에는 그 정치가 유약하게 비친다. 일본에 대해서도 황제파는 처음부터 주전론을 펼쳤고, 이홍장은 되도록 전쟁을 피하려고 했다. 군벌의 영수인 만큼 이홍장은 청군의 실력을 잘 알고 있었다. 현재 군사력으로는 일본의 군사력에 미치지 못하는 것이 분명한 사실이었다.

7월 2일, 이홍장은 광서제의 하문에,

> 북양의 철갑선 중에 해전을 견뎌낼 수 있는 배는 불과 8척뿐입니다. 200만 냥에서 300만 냥 되는 군비를 지출해 주셨으면 합니다.

라고 대답했다. 그에게는 자신이 없었다. 지난 몇 년 동안 청국 신형 군함을 한 척도 구입하지 않았다는 것은 앞에서도 이야기했다. 북양 함대는 규모는 차치하더라도 구형인 데다 속력도 느려서, 일본 함대와 비교해서 기동력이 한참 뒤떨어졌다. 이런 사실을 알면서 주전론을 부르짖을 수 없었다. 러시아의 간섭을 기대할 수 없다는 것을 알았을 때, 이홍장은 개전의 각오를 굳혔지만, 그 심경은 비장하기 이를 데 없었다.

이미 12년 전인 광서 8년(1882), 북양 함대가 아직 일본 함대보다 양적으로나 질적으로나 우수했던 시기에도 이홍장은,

만일 중동(中東, 중국과 동양, 즉 일본)에 일이 벌어진다면, 승패는 가
늠하기 어렵다.

라며 승패에 관한 확신을 갖지 못했다. 그 이유로 중국의 함선은 각 성에
소속되어 있어 명령 체계가 일원화되어 있지 않은 데 반해, 일본은 해군
대신 밑에 지휘 체계가 일원화되어 있어 상하의 호응을 단숨에 이룰 수
있다는 점을 들었다. 그렇다면 청나라도 일본을 본떠서 군령의 일원화를
도모했더라면 좋았겠지만, 여러 대신이 반대하는 바람에 실현하지 못했
다. 만일 군령의 일원화가 실현되면, 그것을 총괄할 사람은 이홍장 이외
에는 없어서, 그는 더욱 자신의 힘을 강화할 수 있을 것이다. 정적의 반대
로 군권 통일의 논의가 무산된 것은 당연한 일이었다.

청조뿐만 아니라 원래 독재군주제 국가에서는 황제 이외의 사람에게
지나치게 큰 권력이 집중되는 것을 경계하게 마련이다. 증국번은 태평천
국과 전쟁을 치르면서 어느새 군권이 자기에게 지나치게 집중되었기 때
문에, 전쟁이 끝난 후 상군을 해산해서 의혹을 없애려고 했다. 권력은 분
산되어 있는 것이 이상적이다. 그러나 외국과 전쟁이 벌어지면 적어도 군
의 명령 체계는 일원화하는 편이 훨씬 강력한 힘을 발휘할 수 있다. 그것
을 알면서도 실현하지 못했다. 국가의 존망보다 권력 투쟁 쪽에 중점을
두었기 때문이다. 청일전쟁은 청나라의 이러한 말기 증상을 고스란히 드
러낸 사건이라고 할 수 있다.

선전포고 직전인 7월 29일, 이홍장은 상주문에서 청나라와 일본의 해
군력을 비교하여 승산이 없음을 분명히 밝혔다. 일본 해군이 사용할 수
있는 21척의 군함 가운데 광서 15년(1899) 이후에 구입한 것이 9척이고,

속력은 가장 빠른 것이 23노트, 그 다음이 20노트 전후였다. 그에 비해 청조는 광서 14년 이래 군함을 한 척도 늘리지 않았다. 구형일 뿐만 아니라 가장 빠른 군함의 시속이 약 15노트에서 18노트였다. 이홍장은 해상에서 교전하는 것은 곧 패배라고 예상했다. 전면 전쟁을 피하고 발해만 내외를 경계하면서 마치 맹호가 산속에 있는 것처럼 꾸며서 적에게 공포감을 주는 것 외에는 달리 방법이 없다고 몹시 비관적으로 전망했다.

청 해군의 예산은 각지의 관세로 충당하게 되어 있었는데, 북양 해군은 매년 200만 냥을 받기로 규정되어 있었다. 그러나 북양 해군은 그 절반인 100만 냥 정도밖에 받지 못했다. 이화원의 증개축 등에 유용되는 액수가 많았기 때문이다. 이홍장이 선전포고 직전에 이와 같이 상주한 것은 책임 소재를 분명히 하려는 목적에서였다. 이전에도 명령계통의 일원화가 일본의 강점이라고 지적했다. 청나라도 그것을 배워야 한다는 논의가 일었는데, 그것을 불문에 붙인 것은 누구인가. 북양 해군의 예산을 반액으로 삭감한 것은 어떤 경위에서인가. 이홍장은 호소하고 싶은 것이 많았다. 지고 난 뒤에는 그저 패자의 변명에 지나지 않는다. 그래서 개전 전에 기록으로 남는 상주문의 형식으로 자신의 견해를 피력했을 것이다. 일종의 책임 회피였다.

또 북양 해군 내부의 분위기도 그다지 좋지 않았다. 이것은 역시 영수인 이홍장의 책임이라고 할 수밖에 없다. 회군(淮軍)을 모체로 하는 북양군벌은 간부가 대부분 이홍장과 동향인 안휘성 출신이었다. 북양 해군의 제독 정여창(丁汝昌)도 안휘 출신이다. 다만 해군은 새롭게 만들어졌기 때문에 회군에는 당연히 해군 경험자가 없었다. 정여창도 회군 병졸에서 승진한 육군 군인이었다. 발주한 군함을 받아 오기 위해 유럽에 파견되었다가 회항하는 군함을 타고 돌아온 것을 인연으로 해군으로 돌려진 사람이었다. 해군은 항해, 기관, 포술 등의 전문적인 기술을 필요로 하기 때문에 그에 걸맞은 인재를 육성하기 위해 복건 선정국(船政局)이 설치되었다. 해군사관학교와 조선소를 겸한 기관이다. 복주(福州)에 있어서 주로 복건성 출신의 사람들이 다녔기 때문에 북양 해군의 중견 간부 자리는 그들 차지가 되었다. 해군 안에 복건벌(福建閥)이 생긴 것이다. 그리고 상층부의 정여창은 안휘벌이었다. 게다가 상층부는 해군에 문외한이어서 중견인 복건벌의 경멸을 받았다. 청일전쟁 무렵에는 선정국 출신의 복건벌이 상급직을 차지하고 있었다. 그럼에도 제독은 안휘벌인 정여창이었으니, 그의 존재는 붕 떠서 군령이 제대로 서지 않는 상태였다. 평소라면 괜찮겠지만 전쟁이 터졌을 때, 이와 같은 인간관계는 바람직하지 않다.

일본이 내세운 '정의의 전쟁'

청나라와 일본 사이를 마지막으로 조정한 사람은 영국의 임시 대리 공사 패짓(Ralph Spencer Paget)이었다. 일본은 의례적으로 그것을 받아들여서 청에 공동위원 파견에 관한 가혹한 조건을 제시하고, 회답 기한을 7월 24일로 정했다. 청나라가 받아들이지 않으리라는 것을 잘 알면서 제시한 조건이었다.

사실 일본은 조선에 이미 실질적인 최후통첩을 보낸 상태였다. 회답 기한은 7월 22일까지였지만, 조선으로서는 회답하기 불가능한 조건이었다.

1. 경부(서울-부산) 간에 군용 전선을 가설하는 일을 일본 정부가 착수

하게 할 것.

2. 조선 정부는 제물포조약에 따라 신속하게 일본 군대를 위해 상당한 병영을 건설할 것.

3. 아산에 있는 청군은 원래 옳지 않은 명목으로 파견된 것이므로 조속하게 이를 철수시킬 것.

4. 조청수륙무역장정(朝淸水陸貿易章程) 등 기타 조선의 독립에 저촉되는 조·청간의 조약을 일체 폐기할 것.

일본이 내건 조건은 이상의 4개항이다. 청나라의 파병이 옳지 않은 명목에 의해 이루어졌다는 말은 그 파병의 명목이 '속방구원(屬邦救援)'이라는 것을 가리킨다. 제물포조약은 조선이 독립국임을 강조한 조약으로 조선과 일본 사이에 맺어진 것이다. 이 조약에 따르면, 조선은 엄연한 독립국이므로 청나라가 조선을 속방이라고 칭하는 것은 옳지 않다는 논리였다. 청나라의 파병이 옳지 않다면, 그 파병에 따라 이루어진 일본의 파병 또한 옳지 않은 것이 된다. 조선은 청나라에게 파병을 요청한 것이므로, 일본군은 그대로 두고 청군만 철수시킬 수 없다. 일본은 그 요구가 생트집이며 회답 불가능하다는 사실을 처음부터 알고 있었다.

회답 기한을 조선은 7월 22일로 하고, 청나라는 7월 24일로 한 것은 개전 계획에 근거한 것이었다. 조선은 앞서 말한 4개항의 요구를 들어주지 못할 터이므로, 일본군은 7월 23일 이른 아침을 기해 조선 왕궁을 공격해 점령하고, 이어서 청군이 주둔하는 아산을 공격하기로 계획을 세우고, 진군 속도를 고려해서 48시간의 차이를 두었다.

여기서 말하는 조선의 왕궁은 경복궁이다. 회답이 없다고 해서 갑자기 왕궁을 습격한다는 것은 난폭하기 짝이 없는 이야기이므로 일본은 미리 구실을 만들어 두었다. 현지의 외국인 관계자를 속이기는 무리이므로, 이것은 오로지 일본 국내를 향해 '정의의 전쟁'을 강조하기 위한 시나리오라고 해야 할 것이다.

> 조선 국왕은 친부인 대원군에게 국정을 자문하고자 했다. 그 속뜻은 전달되었지만, 민씨 일족이 그것을 알고 도중에 습격할까 두려워, 대원군은 망설이며 가지 않으려 했다. 국왕은 어쩔 수 없이 대원군이 입궐할 때, 일본군이 호위해 줄 것을 일본 공사에게 의뢰했다. 그래서 오토리 공사가 호위병과 함께 대원군을 호위하며 왕궁에 들어가려고 했으나, 민씨 일족이 지휘하는 조선병이 총을 쏘며 이를 막으려고 했기 때문에 호위병은 즉시 응전해 약 20분 만에 그들을 진압했다.

한성에 있는 청국의 조선 주재 총리공서(總理公署)도 동시에 일본군의 공격을 받았는데, 원세개는 야반도주해 귀국한 뒤였고, 총리공서를 지키던 당소의(唐紹儀)는 재빨리 영국 총영사관으로 피신했다.

7월 24일, 조선 국왕은 생부인 대원군에게 전권을 위임하는 조서를 내렸다. 천진에서 유폐 생활을 보내다 귀국한 후에도 대원군은 실의의 나날을 보내고 있었다. 민씨 일족을 향한 증오를 불태우던 대원군은 일본군의 추대를 받자마자, 가장 먼저 민씨 일족에 대한 보복을 단행했다. 정부 요직에 있던 민영준 등은 각각 유배형에 처해졌다. 숙청은 신속하게 단행되었지만, 오토리 공사가 요구한 공문은 이런저런 구실을 붙여 좀처럼 내려 주지 않았다. 그 공문이란,

조선 정부를 대신해서 아산의 청군을 격퇴해 주기 바란다.

라고 일본군에게 보내는 의뢰서를 가리킨다. 이 공문으로 일본군은 아산에 있는 청군에 대한 공격을 정당화할 작정이었다.

대원군이 이끄는 조선 정부는 청나라와 일본 두 나라 중 어느 편이 승리할지 판단을 내리지 못했다. 청나라가 이기면 지금 정부의 수뇌부는 숙청되고 말 것이다. 숙청을 모면하려면 '일본군의 총칼 앞에 억지로 한 일'로 해 두어야 한다. 그 증거로서 일본군의 요구에 할 수 있는 한 저항을 했다는 실적을 만들어야만 한다. 앞에서 이야기한 공문이 늦어진 데는 이와 같은 배경이 있었다. 일본군의 총칼 아래 있으면서도 이때 조선 정부가 평양까지 와 있던 청군과 연락을 주고받았다는 사실이 나중에 판명되었다.

일본군은 이미 아산을 향해 출발했지만 공문은 아직 받지 못한 상태였다. 출발 후에야 간신히 공문을 손에 넣었고, 오토리 공사가 그 날짜를 출발일에 맞춰 바꾸었다는 것이 거의 정설이다. 7월 28일에 조선 정부의 공문을 받았다는 보고가 메이지 일왕에게 전달되었다. 메이지 일왕은 이토 총리대신에게 다음과 같이 말했다.

조선 정부로부터 그와 같은 의뢰 공문이 있을 때, 어떻게 할 것인지 미리 훈령을 내렸는가? 아니면 공사에게 위임하고 있는가? 외무대신이 어떤 훈령을 보냈는지 조사해 짐에게 보고하라.

의뢰 공문이 있었다고 해서 반드시 거기에 따라야 하는 것은 아니다.

메이지 일왕의 말은 분명히 아산 공격에 찬성하지 않는다는 의사를 나타낸 것이었다. 이토 수상은 일왕의 의사를 받들어, 참모본부와 무쓰 외무대신에게 아산 공격을 중지하라는 지시를 내렸다. 그런데도 무쓰 외무대신은 공격 중지 명령을 내리지 않았다. 앞에서 이야기한 '대신의 싸움이지 짐의 싸움이 아니다'라는 메이지 일왕의 발언은 이때 나온 것이다. 4일 후, 선전포고가 내려졌지만, 메이지 일왕은 그것을 정의의 전쟁이라고 인정하지 않고, 이세신궁과 고메이 왕릉에 칙사를 파견하는 것을 거부했다.

무쓰는 무쓰 나름대로 할 말이 있었을 것이다. 열강의 일원이 될 수 있는 절호의 기회를 놓칠 수 없었다. 게다가 이미 일본군이 아산을 향해 진격하고 있다는 것을 무쓰는 알고 있었다. 이미 기호지세(騎虎之勢)였다.

일본군에 연패당한 청군

이홍장의 작전은 병력을 평양에 집결시키는 데 있었다. 일본군은 이미 8천 명이라는 대군을 한성에 들여놓았다. 거기에 대항하기 위해 평양에 대군을 모아서 남북으로 대치하려고 한 것이다. 장기전으로 끌고 가면 청군은 요동에서 편리하게 보급을 받을 수 있지만, 일본은 병참선이 길어져서 불리하리라 생각했다.

한성에 가까운 아산에는 제독 섭지초(葉志超)가 이끄는 청군 2천 명이 있었다. 이홍장은 이 군대도 해로를 이용해 평양으로 옮기려고 했다. 그런데 섭지초는 이 명령을 거부했다. 평양에 대군을 집결시키고, 아산에도 증원군을 보내서 남북에서 협공하자고 거꾸로 진언한 것이다. 북양군벌은 육군 내부에서도 명령 계통이 서지 않았다.

계획이 변경되어 아산에 증원군을 보내게 되었다. 영국의 자딘 메이슨 회사로부터 전세 낸 애인호(愛仁號)와 비경호(飛鯨號)는 약 1천 300명의 증원군을 무사히 상륙시켰다. 뒤이어 고승호(高陞號)를 타고 약 1천 명의 증원군이 도착하기로 되어 있었다. 증원군을 호위하기 위해 순양함 제원(濟遠)과 포함 광을(廣乙)이 내항해 있었다. 일본 해군 제1유격대의 선발대 3척은 7월 24일 풍도 앞바다에서 이들 청나라 군함을 발견했지만, 포격을 가하지 않았다. 7월 24일은 일본이 청나라에 보낸 최후통첩의 회답 기한 마지막 날이다. 일본의 군함은 7월 25일 이전에는 공격을 삼가라는 명령을 받았다.

청나라의 두 군함도 일본의 군함을 발견했지만, 공격해 올 낌새가 없었기 때문에 약간 긴장은 했으나 전투 배치도 하지 않았다. 이튿날인 25일, 일본 군함이 갑자기 포문을 열고 공격해 오는 바람에 제원과 광을은 놀라서 허둥지둥 도망쳤다. 제원은 백기를 내걸고 포격을 하면서 도망쳤다고 한다. 제원은 대파되고도 여순(旅順)까지 도망쳐 돌아갔지만, 광을은 연안에 좌초해 화약고가 폭발하는 참상을 입었다.

거기에 약 1천 명의 증원군을 태운 고승호가 목조 포함인 조강(操江)의 호위를 받으며 당도했다. 일단은 영국 배였으므로 나니와(浪速) 함의 함장 도고 헤이하치로(東鄕平八郎, 1847~1934, 러일전쟁 승전으로 국민적 영웅으로 추앙받음-옮긴이)는 이 배를 임검해서, 청군 병사가 많이 타 있고 영국인 승무원이 청나라의 고급 장교의 횡포에 분개하고 있는 상황을 확인한 뒤, 이 배를 격침했다. 그리고 '백인 선원만 구조하라'는 명령을 내렸다. 국제 문제가 되었을 때, 유리한 증언을 얻을 수 있을 법한 사람만 구조한 것이다. 청나라의 장병들은 바다에 버려졌고, 조강은 나포되었다. 다음날, 우연히 이곳을 지나간 프랑스 선박에 의해 약 200명만이 운 좋게 목숨을 건졌다.

이것이 풍도 앞바다의 서전이며, 일본이 대승리라고 보도한 해전이다. 청나라의 군함이 먼저 발포했다고 보도되었지만 물론 그것은 허위 보도였고, 청나라의 군함은 전투 준비조차 갖추고 있지 않았다. 증원군 1천 명을 실은 고승호가 격침당함으로써 아산에 있는 청군의 사기는 크게 떨어졌다. 병력 보충에 착오가 생겼을 뿐 아니라 심리적으로도 큰 충격을 받았다.

섭지초는 약 3천 500명의 병력을 둘로 나누어, 아산에서 동북쪽으로 20킬로미터에 있는 성환에 2천 명을 배치하고, 그 후방인 공주에 1천 500명을 주둔시켰다. 이 병력과 사기로 남북 협공은 무리라고 판단한 듯하다. 사정이 이렇게 되었으니, 1만여 명의 청군이 있는 평양에 가고 싶어지는 것도 당연한 일이었을 것이다. 풍도 앞바다 해전의 결과에 따라 해로로 이동하는 것도 이제 위험했다.

성환에서 일본군과 일전을 벌이고, 그 군대를 공주에서 수용해 우회해서 평양으로 향하려고 했다. 처음부터 이길 생각은 없었다. 성환에서는 일본군의 양동 작전에 걸려 참패했다. 그런데도 섭초지는 북경에 성환 전투에서 승리했으며 이제부터 북경의 우군과 합류하겠다고 보고했다. 싸움에 진 청군은 산을 넘고 들을 지나 비참한 모습으로 북쪽으로 패주했다.

일본은 성환에서 거둔 대승을 전의를 돋우기 위해 크게 다루었다. 이 전투에서 전사한 나팔병 기구치 고헤이(木口小平)가 죽어서도 나팔을 놓지 않았다는 일화가 특히 유명해서 후에 교과서에도 실렸다.

풍도 앞바다와 성환, 바다와 육지의 서전에서 일본군은 대승을 거두었고 청군은 사기가 크게 떨어져, 일찌감치 전세의 추이는 결정이 난 듯 보였다.

일본은 9월 13일에 대본영을 히로시마로 옮겼다. 이것은 '일왕 친정(親政)'의 태세를 보임으로써 국민에게 일치단결해 비상시국에 대처할 것을 요청한 것이라 할 수 있다. 전선에 있는 일본군도 단합되어 있었다. 이에 비해 평양에 모인 청군 장성들은 서로 으르렁거리고 있었다.

회군이 창설된 지 이미 40년이 흘렀다. 이홍장이 아끼던 맹장들은 늙었고, 지금 제일선에 있는 것은 한 세대 아래 장군들이었다. 태평천국 전쟁이나 염당 토벌 작전 때, 이홍장의 눈길이 미치지 않았던 하급 장교들이 지금은 제독, 총병이 되어 있었다. 북양군벌에 속한 장성들일지라도 이홍장 개인과의 관계는 한 세대 이전의 간부들보다 멀어져 있었다.

평양에 있는 여러 장군들 사이가 좋지 못하다는 말을 듣고 이홍장은 통솔자가 없기 때문이라고 생각했다. 위여귀(衛汝貴), 좌보귀(左寶貴), 풍신아(豊伸阿), 마옥곤(馬玉昆) 등은 저마다 내로라하는 사람들이었다. 서로 사이가 원만하지 못한 것은 당연한 일이었다. 그들을 아우를 통솔자를 임명해야 한다고 생각하고, 이홍장은 섭지초에게 그 역할을 맡겼다. 섭지초는 성환에서 승리했다고 거짓으로 보고했기 때문에 사실을 모르는 북경에서는 그를 용장이라고 생각했다. 그러나 평양의 여러 장군들은 섭지초가 얼마나 비참한 모습으로 도망쳐 왔는지 제 눈으로 보았다. 다른 장군들의 납득을 이끌어내지 못한 이 인사는 크게 실패했다.

그런 상황에서 일본군이 북상한 것이다. 노즈 미치츠라(野津道貫,

1841~1908) 중장이 이끄는 제5사단은 원산의 지대(支隊)를 합쳐 모두 1만 7천 명이었다. 평양에 모인 청군의 병력은 1만 2천 명에서 1만 4천 명이었다고 한다. 그런데 포위 공격을 할 때는 포위군은 농성군의 3배가 필요하다는 것이 작전 상식이었다. 원래대로라면 후속 부대인 제3사단을 기다려야 했지만, 노즈의 부대는 군량을 충분히 준비하지 못했으므로 기다리는 사이 굶주림에 직면하게 될 터였다. 그래서 일본군은 무리인 줄 알면서 총공격을 감행하기로 했다.

평양성 안에서는 섭지초가 싸우지 말고 후퇴하자는 주장을 펼치고, 좌보귀가 거기에 반대해서 의견이 통일되지 않았다. 압록강 근처까지 퇴각해서 일본군의 병참선을 한참 늘여 둔 상태에서 반격하는 것도 계책의 하나였을 것이다. 그러나 결정을 내리지 못하고 갑론을박하는 사이 노즈의 부대에게 포위되었다.

대동강을 사이에 두고 공방전이 벌어졌고, 일본군의 총탄은 거의 바닥을 드러냈다. 이제는 백병전밖에 없다. 노즈 중장은 일단 포위를 풀고 다음 기회를 노릴 수밖에 없다고 생각했다. 그런데 이때 평양성 꼭대기에 백기가 내걸렸다. 부전(不戰) 후퇴론을 주장한 섭초지의 명령이었음은 말할 나위도 없다. 백기를 내건 뒤, 청군의 장병은 앞을 다투어 도망쳤다. 그전의 격전에서 좌보귀는 전사했으며 청군의 전사자는 2천 명에 이르렀다. 일본군의 전사자는 약 180명이었으므로 청군이 크게 패했음은 분명하다. 후세의 전쟁 역사가는,

일본군의 승리는 청군의 당사자 능력(원래는 법률용어로서 민·형사소송법 상, 소송 당사자가 될 수 있는 능력을 가리킨다—옮긴이) 상실에 기인

한다.

평양 전투를 총괄해 이렇게 평했다.

여순 함락

추석 다음날, 양력 9월 15일은 노즈 중장이 평양에서 총공격을 단행한 날이자 메이지 일왕이 히로시마의 대본영으로 들어간 날이다. 여순에서는 이날 밤, 북양 함대가 엄청난 수의 육군 병사를 태우고 출발했다. 목적지는 압록강 어귀에 있는 대동구(大東溝)라는 곳이었다. 평양의 패전 소식은 아직 도착하지 않았다. 이것은 조선의 원군으로서 평양으로 가야 할 군대였다. 총사령관은 유성휴(劉盛休)였다. 이 군대는 일찍이 회군의 용장으로 알려진 유명전(劉銘傳)이 이끌었기 때문에 '명군(銘軍)'이라고 불리던 정예부대였다. 유명전이 은퇴하면서 조카인 유성조(劉盛藻)가 그 자리를 물려받았고, 다시 그 동생인 유성휴가 지휘권을 계승했다. 이와 같이 사령관 자리가 개인적인 관계에서 오가는 것이 회군의 전통이었는데, 북양군벌이 되고나서도 마찬가지였다.

북양 해군에는 제해권(制海權)의 관념이 희박했던 것 같다. 그들은 함대를 위협용으로 여겼다. 이홍장도 북양 함대를 산속 호랑이처럼 무서운 존재로 여겨지게 한다는 등의 말을 했다. 군함도 일반 배와 마찬가지로 운송이 가능하므로 그저 바다 경계만 시키기에는 아깝다고 생각했는지, 증원군인 명군을 수송하는 데 함대를 사용했다. 대동구에 명군을 상륙시키고 수송 임무를 완료한 것은 9월 17일 이른 아침이었다. 제독 정여창은 정오에 출발하라고 명령을 내렸다. 각 군함이 출발 준비를 하느라 정신없이 바쁘던 바로 그때, 일본의 연합함대와 조우했다.

이렇게 해서 청·일 양국의 주력 함대에 의한 해전이 시작되었다. 일본에서는 '황해 해전'이라고 부르지만, 중국에서는 '대동구 전투' 또는 '압록강 해전'이라고 부르는 것이 일반적이다. 그저 조우한 것이 아니라 북양 함대가 일본 해군의 정탐에 걸려든 것이다. 일본 해군은 당연히 제해권이라는 관념을 갖고 있었다. 그들의 함대는 전투적이었다. 이에 비해 북양 함대는 연안 경비와 병력 수송만을 목적으로 했을 뿐, 스스로 나아가 적을 찾는 일은 하지 않았다. 전력 면에서 일본 해군에 뒤진다는 것을 알고 있으므로 정탐 활동 같은 일을 할 리 없다. 발견되면 어쩔 수 없는 일이었다. 이때 두 나라 함대의 자료를 보면 다음과 같다.

배수량 총 톤 수-청 3만 5천 톤, 일본 4만 톤
철갑선-청 5척, 일본 1척
평균 속력-청 14노트, 일본 16노트
실제 마력-청 4만 6천 마력, 일본 7만 3천 마력
중포-청 21문, 일본 11문
속사포-청 6문, 일본 67문

이 숫자를 보면, 일본은 철갑선이 후소(扶桑) 1척 뿐이지만, 종합적인 전력으로는 청나라를 훨씬 웃돌고 있다. 일본 함대는 중포의 부족을 속사포로 충분히 보완하고 있다. 전쟁은 수치로 나타낼 수 있는 것만으로 치르는 것이 아니다. 전투 의욕의 차이가 승패를 크게 좌우한다. 정탐 활동의 유무로 보더라도 일본 쪽이 훨씬 우세하다. 이 해전은 일본 함대의 승리라는 판정이 내려졌는데, 그것도 당연한 일이라 하겠다.

해전은 다섯 시간에 걸쳐 계속되었고, 북양 함대는 세 척의 군함, 초용(超勇), 치원(致遠), 경원(經遠)을 잃었다. 일본 해군이 집요하게 노린 것은 정원(定遠)과 진원(鎭遠)의 두 거함이었다. 이 두 철갑선은 200여 발의 포탄을 맞고도 침몰하지 않았다. 북양 함대에게 불운이었던 것은 전투가 시작되자마자, 기함(旗艦)인 정원의 신호 마스트가 포탄을 맞고 부러졌다는 것이다. 당시 해전에서는 기함에 걸린 신호기의 지시에 따라 여러 함대가 일사불란하게 행동했다. 정원의 신호 마스트가 부러짐으로써 북양 함대는 눈과 귀를 잃고 제각각 싸울 수밖에 없었다.

일본의 기함 마쓰시마(松島)도 정원의 주포 공격을 받고 100여 명의 사상자를 냈다. 미우라(三浦) 수병이 부함장 무코야마(向山) 소좌에게 "정원은 아직 가라앉지 않았습니까?"라고 물으며 죽어간 이야기는 일본에서 창가로 만들어져 널리 애창되었다.

정오 무렵 시작된 해전은 오후 5시를 지나 일본 함대가 선두를 돌려 물러남으로써 끝이 났다. 북양 함대의 여러 군함은 탄약고가 거의 바닥을 드러냈고, 일본 함대도 남아 있는 포탄이 거의 없었다. 만신창이가 된 북양 함대는 대련만(大連灣)으로 돌아왔다.

잇따른 패전에 이홍장을 비난하는 목소리가 높아진 것은 두말할 나위도 없다. 서태후가 가고 난 뒤에 관심을 갖고, 지금 이홍장을 탄핵하는 것이 다음 시대 권력의 자리를 확보하는 자격을 얻는 행동이라고 생각한 기회주의자도 있었다. 한림원의 시독학사(侍讀學士) 문정식(文廷式)은 35명의 동조자를 모아 연명으로 이홍장을 탄핵했다. 문정식은 광서제의 두

총비를 가르친 일로 이례적으로 출세한 인물이다. 군무는커녕 일반 정무조차 모르는 이런 무리를 이홍장은 무시하기로 했다.

청조는 결국 75세의 노장 송경(宋慶)을 기용했다. 태평천국 전쟁을 겪은 몇 사람 되지 않는 원로 중 한 사람이었다. 그는 여순에 주둔하는 의군(毅軍)을 이끌고 요동(遼東)에서 전선으로 급히 이동해 전군을 통솔하게 되었다. 그러나 이미 때는 늦었다.

의군이 출발한 뒤 11월에 일본의 제2군은 요동에 상륙해 여순을 점령했다. 북양 함대는 이미 산동반도의 위해위(威海衛)로 이동한 뒤였다. 이때 일본군이 일반 시민, 부녀자를 학살한 사건이 일어났다. 여순에는 각국의 해군무관과 신문기자가 있었으므로, 이 사건은 전 세계에 보도되었다. 「뉴욕 월드」지는 일본군이 비전투원 6만 명을 살해했다고 보도하고 일본을 가리켜,

> 문명의 거죽을 뒤집어쓰고 야만의 근골을 지닌 괴수가 이제 문명
> 의 가면을 벗고 야만의 정체를 드러냈다.

고 논평했다.

영국의 「타임스」지는 일본군의 포로 학살, 비전투원 특히 여자까지 살해한 사실을 보도하며, 목격자로 기자 이외에 영국 동양 함대 사령관인 해군 중장과 기타 사관의 이름을 들고,

> 일본 정부는 이것을 어떻게 처리하겠는가?

라고 지면으로 무쓰 외무대신에게 따져 물었다.

당시 미국과 일본은 새로운 조약에 관한 교섭을 진행 중이었는데, 미국의 국무부 장관은 일본의 구리노(栗野) 공사를 불러,

여순 사건이 사실이라면 조약 비준에 대한 상원의 찬성을 얻기가 매우 어렵다.

라고 경고했다.

여순 함락은 11월 21일의 일이었다. 제1군은 압록강을 건너 10월 29일에 봉황성(鳳凰城)에 입성했다. 전쟁 무대가 조선에서 청나라의 영내로 옮겨진 것이다. 역시 청나라의 영내로 들어가자, 일본군은 게릴라화한 청 장병들과 그들에게 협력하는 농민의 격렬한 저항에 부딪쳤다.

전쟁은 국력으로 싸우는 것이다. 전선의 확대로 일본의 국력은 한계에 이르고 있었다. 제1군 사령관 야마가타 아리토모(山県有朋, 1838~1922) 등은 북경 진격론을 주장했으며, 동계 작전을 단행할 생각이었다. 제2군의 오야마 이와오(大山巖, 1842~1916) 대장의 여순 점령에 자극을 받은 면도 있을 것이다. 대본영도 야마가타 대장의 폭주를 우려해 경질하고 대신 노즈 중장을 발탁했다. 야마가타는 해임 전에 해성(海城)을 공격하라는 명령을 내렸고, 제3사단 사단장 가쓰라 타로(桂太郎, 1847~1913)가 12월 13일 해성을 함락했다. 해성은 봉천(奉天, 심양)의 남서쪽 120킬로미터에 있으며 사하(沙河)에 면해 있다. 봉천과 요녕 반도의 가운데 있어 양쪽에 위압을 가할 수 있으며, 산해관(山海關)으로 길도 열려 있어 야마가타의 북경 진격론에 따르면 꼭 장악해야 할 요지였다. 그러나 그것은 당시

일본군, 더 나아가 일본의 국력에는 부담이 지나치게 컸다.

봉천에는 청 왕조가 산해관을 넘기 전의 두 황제, 즉 태조 누르하치와 태종 홍타이지의 능이 있어서 청 왕조에게는 특별한 의미를 지닌 지역이다. 북경으로 천도하기 전의 수도였으므로 당시에도 '배도(陪都)'라 불리며 준수도로 취급되고 있었다. 그런 만큼 해성의 함락은 청에게 커다란 타격이었으며 어떻게든 탈환해야만 했다. 노장 송경이 이끄는 의군은 해성을 거듭 공격했다. 해성 전방에 있는 항와채(缸瓦寨)는 일본군이 일단 점령했지만, 송경의 맹반격으로 400명에 가까운 사상자를 내고 후퇴했다.

대본영은 고립된 해성을 포기하고 전선을 정비하고 싶었지만, 귀국해서 '감군(監軍)' 직위에 있던 야마가타가 격렬하게 반대했기 때문에 그렇게 하지 못했다. 해성을 포기하는 것은 야마가타의 작전이 실패임을 증명하는 일이기 때문이었다.

야마가타의 북경 진격론은 위세는 좋았지만 지극히 어려운 일이었다. 청 왕조의 발상지인 요녕 땅은 청으로서도 온 힘을 기울여 지킬 터였다. 조선에서 귀국한 원세개는 병참을 담당하는 책임자가 되어 요양(遼陽) 근방에 있었다. 지금까지처럼 일본은 계속해서 낙승을 거두지는 못할 것이다. 실제로 해성은 다섯 번이나 공격을 받아 고전하고 있었다. 야마가타의 주장이 작전으로서 반드시 실현 불가능한 것은 아니었다. 실현하려면 청 왕조가 공황 상태에 빠지고 장병이 모두 전의를 잃는다는 조건이 필요하다. 즉 청 왕조의 붕괴가 동반되어야 한다. 이것은 국제 정세를 근본부터 바꾸는 일이므로 반드시 열강의 간섭을 초래할 것이다.

일본으로서도 청 왕조가 붕괴하면 교섭 상대가 없어지게 된다. 국력에 한계가 있는 이상, 적당한 시점에서 전쟁의 막을 내려야만 한다. 상대가 사라지면 그 막을 내리지도 못하고 원정군은 게릴라와 벌이는 진흙탕 같은 싸움 속으로 말려들 것이다. 제1군 사령관 야마가타 대장이 해임된 것은 대본영의 종전 작전의 일환이었다.

무쓰 외무대신도 여순 사건의 대책에 고심하고 있었다. 전선의 확대는 일본의 외교적 입장을 더욱 어렵게 만든 셈이다.

굴욕의 자리

승전국 대 패전국

일본은 슬슬 적당한 때가 되었다고 생각하고 있었는데, 그것은 청나라도 마찬가지였다. 위기감을 가장 강하게 느낀 것은 청 왕조의 궁정 쪽이었다. 만주족 정권인 청 왕조는 태평천국 전쟁 이래 한족의 군대로 나라를 지키고 있는 것이나 마찬가지였다. 이번 일본과의 전쟁에서도 주력은 이홍장의 북양군이었다. 아무리 이홍장을 탄핵해도, 만주 팔기만으로 싸우라고 한다면 대답할 말이 없다. 만주족 군대는 이미 쓸 만한 존재가 아니었다.

공친왕 혁흔(奕訢)이 10년 만에 총서대신(總署大臣)으로 기용된 것은 서태후의 의사가 강화(講和)로 기울었기 때문이다. 공친왕은 함풍제의 동생이다. 영불 연합군이 북경을 공격하고 함풍제가 열하(熱河)로 도망간 뒤, 북경에 남아 영국과 프랑스 두 나라와 교섭을 담당한 것이 당시 28세이던 공친왕이었다. 공친왕은 쿠데타를 일으켜 이친왕(怡親王)과 정친왕(鄭

親王)을 내몰고 서태후 섭정 체제를 수립한 공로자이기도 하다. 외무부에 해당하는 총리각국사무아문의 일원으로서 공친왕은 오랫동안 외교에 종사해 왔다. 공로자는 여차하면 거북한 존재이듯, 서태후는 차츰 공친왕을 멀리하여 지난 10년 동안 요직에 앉히지 않았다. 그는 '감원(鑑園)'이라고 불리는 별장에서 낙도주인(樂道主人)을 자칭하며 풍류를 즐기고 있었다. 서태후의 뜻에 따라, 그동안 경원시되었던 외교의 노장 공친왕이 총리각국사무아문의 일원인 총서대신으로 부활했다. 전쟁의 종결을 위해 여러 외국에 조정을 타진하는 것이 그의 임무였다.

전비(戰費)의 배상과 조선의 독립은 아무래도 받아들여야만 하는 요구였다. 일본이 들이대는 그 이상의 요구를 속된 말로 얼마나 깎을 수 있을지가 그의 수완에 달려 있었다.

공친왕이 조정을 타진하기 시작하자, 미국이 가장 먼저 반응을 보였는데, 주일 공사가 막 움직이기 시작할 무렵에는 아직 여순이 함락되지 않은 때였다. 따라서 무쓰는 아직 때가 무르익지 않았다고 판단했다. 전쟁의 승자와 패자의 관계이므로 강화에는 중재자가 필요 없지만, 국교를 단절한 청나라와 일본 양국의 의사를 중재할 역할이 필요한 경우에는 부탁하겠노라고 무쓰는 대답했다. 중재자로서는 중국에 많은 권익을 가진 영국보다 미국이 적당하다가 생각했다.

무쓰가 때가 무르익었다고 본 것은 여순 함락 후의 일이며, 이때는 여순사건이라는 골치 아픈 문제도 떠안고 있었다. 그 무렵, 천진 해관세무사(海關稅務司)인 독일인 데트링(Gustav von Detring, 중국명 德璀琳, 1842~1913-옮긴이)이 이홍장의 밀명을 받고 일본으로 건너갔다. 강화에 대한 일본의 태도를 떠보기 위해서였다. 데트링은 이홍장의 심복이라고 할 수 있는 인물로서 이홍장이 이토 수상에게 보내는 친서를 가지고 있었다. 그렇다고 해서 정식 자격을 갖춘 사절은 아니었다. 일본 측도 이 인물을 공식적으로 접촉하기를 거부했다. 데트링은 그다지 오래 버티지 않고 곧 천진으로 돌아갔다. 이홍장의 친서를 직접 건네지 못했기 때문에 히로시마로 우송했다. 사실 데트링은 천진에서 보낸 전보를 받고 돌아간 것이다.

북경 주재 미국 공사인 덴비(Charles Denby)가 공친왕을 만나 때가 무르익으면 미국이 조정에 나서기로 되어 있는데, 독일인 데트링이 눈에 거슬리는 행동을 하고 있다고 불평을 했기 때문이다. 미국에게 조정을 의뢰했으면서 다른 사람을 보낸 것은 확실히 서툰 처사였다. 공친왕은 이일을 이홍장에게 알렸고, 이홍장은 즉시 전보로 데트링에게 돌아오라는 명령을 내렸다. 외교 무대에서는 조정을 의뢰받았다는 것도 나라의 위신을 높이는 일이어서 일종의 기득권으로 간주되었다. 이것이 침해되자 미국은 공사를 통해 불만을 제기한 것이다.

데트링의 파견을 무쓰 외무대신은 '아이들 장난이나 다름없는 행동'이라고 혹평했다. 그래도 이홍장은 데트링이 일본에서 받은 인상을 토대로 일본이 지극히 고자세이며 강화 조건도 혹독하리라는 것을 알았다. 다음에는 정식 사절을 파견해야만 상대를 해 주리라는 것도 알았다.

데트링도 그저 심부름 간 아이는 아니어서, 보아야 할 것은 보고 들어야 할 것은 듣고 와서 그것을 이홍장에게 보고했다. 그가 고베(神戶)에 도착한 것이 11월 26일이었는데, 앞에서 이야기한 사정에 의해 단기간 체재를 마치고 천진으로 돌아왔다.

해가 바뀌고 청나라는 정식 사절을 일본에 파견하기로 했다.

호부시랑(戶部侍郎, 재무부 차관) 장음환(張蔭桓)

호남 순무(湖南巡撫, 호남성 장관) 소우렴(邵友濂)

이 두 사람이었다. 장음환은 미국, 페루, 스페인의 세 나라에서 공사를 지낸 적이 있어서, 지금은 호부에 있지만 외교 전문가라고 할 만한 인물이었다. 소우렴은 대만 순무로 3년 동안 근무했는데, 견실하고 끈기 있는 성품을 높이 산 듯하다. 사절 파견의 중재는 당연히 미국의 역할이어서 북경의 덴비 공사와 도쿄의 던 공사가 연락을 서로 주고받았다.

청나라는 회담 장소로 나가사키를 제시하고, 일본이 전권위원을 임명한 날을 휴전 개시 날짜로 정할 것을 제의했으나, 일본은 이것을 모두 거부했다. 일본은 어디까지나 승전국 대 패전국이라는 관계에서 회담을 진행했다. 전승국 사절이 대본영인 히로시마에서 나가사키까지 불려가는 형식은 취하고 싶지 않다는 생각이었다. 전황도 우세했던 일본은 강화가 타결될 때까지 휴전할 필요가 없었다.

일본은 시기가 무르익어 가고는 있으나 아직 완전한 때가 아니라고 판단했다. 정원, 진원 등의 북양 함대가 위해위에 들어가 있기 때문이었다. 북양 함대를 격파하고 위해위를 함락해야 비로소 완승이라고 할 수 있다. 청나라의 사절은 일본의 조건을 받아들여 1895년 1월 26일에 상해를 출발했다. 일본 측의 전권대표는 이토 수상과 무쓰 외무대신이었다. 이 두 사람을 전권대표로 임명한 것은 청나라의 사절에게 그냥 돌아가라는 말이나 다름없었다. 한 쪽은 수상과 외무대신이 대표인데, 다른 한 쪽은 차관과 지방 장관에 지나지 않는다. 격이 다른 것이다. 일본은 위해위 함락을 기다렸다가 절대적으로 유리한 입장에서 강화를 담판 짓고 싶었기 때문에 청나라의 이번 사절을 일단 돌려보낼 심산이었다.

그렇게 하기 위해 일본은 사절의 '전권'을 물고 늘어지기로 했다. 회담 장소는 히로시마 현청으로 정해졌고, 먼저 외교 관례에 따라 위임장 교환이 이루어졌다. 청나라의 사절은 이때 청 황제가 일본 일왕에게 보내는, 이 두 사람을 전권대신으로 임명한다는 문서를 제출했다. 청나라의 사절은 그것을 '국서(國書)'라고 불렀지만, 무쓰는 그것이 일종의 신임장, 또는 소개장에 지나지 않는다며 전권 위임장으로 인정하지 않았다. 국교를 단절한 두 나라 사이에 국서의 교환은 있을 수 없는 일이다. 무쓰는 끝까지 사절들이 전권을 위임받았다는 사실을 증명할 문서를 요구했다. 그래서 청나라의 사절은 출발에 즈음해 황제가 내린 칙서를 제시했다.

장음환과 소우렴을 전권대신으로 파견하니 일본에서 파견한 전권 대신과 사건을 회담하라. 그대들은 또한 빠짐없이 총리아문에 전보를 보내어 짐의 뜻을 물어 행하라.

이에 대해 무쓰는 그저 사건이라는 표현으로는 통상 문제인지 어업 문제인지 알 수 없고, 일일이 전보로 문의하는 것은 전권이 아니라고 트집을 잡았다. 요컨대 일본의 전권과 청나라의 전권이 동등한 권한을 가져야만 한다는 말이었다. 일본 전권대표의 위임장에는 일왕이 강화조약 체결 건에 관해 모든 권한을 부여했다고 명기되어 있었다. 청나라도 마찬가지인가 묻고는 그것을 문서로 회답하라고 다그쳤다. 청나라의 대표가 즉답을 하지 못하고 추후에 회답하겠다고 해서 그날 회담은 그것으로 중단되었다.

다음날 청나라의 사절은 일본의 물음에 대한 회답을 문서로 작성해 일본 측에 보냈다. 두 전권대신은 강화 체결을 위한 회담, 기명(記名), 조인의 전권을 부여받았다고 되어 있었는데, 그 문서 안에 다음과 같은 구절이 있었다.

> 각 조항에 대해서는 전신(電信)으로 본국에 문의해 칙명을 받고, 날짜를 정해 조인하되, 조약을 중국에 가져 와서 황제 스스로 그것을 보고 옳다 하여 비준하는 것을 기다려 시행한다.

이래서는 일본 측에게 거부할 구실을 주는 것과 같았다.

> 두 대표의 위임권이 매우 불완전한 것은 청 조정의 의사가 아직 화의를 절실히 바라고 있지 않음을 증명한다.

일본 측은 이러한 이유로 회담을 중지했다.

청 대표는 맥없이 물러났지만, 이토 수상은 수행원의 한 사람인 오정방(伍廷芳)을 불러 세웠다. 10년 전 이토 수상은 천진조약 체결을 위해 천진으로 갔는데, 거기서 이홍장의 참모로 있던 그와 만난 적이 있었다. 오정방은 미국에 유학한 적이 있어서 이토 수상과 영어로 직접 대화가 가능했다. 그 내용이 무쓰 무네미쓰가 지은 『건건록』에 '이토 전권대신과 오정방의 사적 대화'라는 제목으로 다음과 같이 기록되어 있다.

> 이홍장에게 전언을 부탁함과 동시에 장차 우리 정부가 나아갈 방

향을 암시했다.

이야기의 골자는 회담을 계속하기를 거부한 것은 일본이 혼란을 반겨서가 아니며, 정당한 자격이 있는 전권사신이 오면 담판을 주저 없이 재개한다는 것이었다. 오정방은 이번에 온 사절의 지위와 명망이 낮은 것이 상황을 어렵게 만든 원인인지 솔직하게 물었고 이토는 그렇지 않다고 대답했다. 그는 정당한 전권 위임장을 소지한 사람이라면 누구든 상관없다면서 다음과 같이 말했다.

하지만 물론 그 사람의 작위와 명망이 높으면 높을수록 회담 사정은 좋아질 것이다. 그리고 만약 청 정부에 어떠한 지장이 있어 고관대작을 전권대신으로 일본에 파견하지 못하는 사정이 있다면, 우리가 청으로 가는 것도 가능한 일이다. 예컨대, 공친왕이나 이중당(李中堂, 이홍장) 같은 사람이 전권대신으로 임명되면 사정이 매우 좋아질 것이다. 어째서인가 하면, 회담의 이러저러한 결과는 하나같이 그저 종잇장에 적힌 공문(空文)에 그치지 않고 반드시 이를 실행할 수 있는 유력자를 필요로 하기 때문이다.

무쓰는 이때의 사적 면담으로 말미암아 이홍장이 시모노세키(下關)로 오게 되었다고 생각했다.

일본에 바친 북양 함대

두 사절은 나가사키로 이동해서 2월 12일에 귀국했다.

일본 연합함대 사령관 이토 스케유키(伊東祐亨, 1843~1914) 중장이 영국 군함 세번호(號)에 위탁해 위해위의 정여창에게 항복 권고문을 보낸 것은 1월 23일의 일이었다. 정여창은 물론 그것을 따르지 않았다. 1월 30일, 위해위의 남방(南幇)포대가 함락되고, 다음날 북포대의 수비병이 적을 앞에 두고 도망쳤다. 북포대의 탄약고에는 대량의 탄약이 저장되어 있었으므로 북양 함대는 어쩔 수 없이 아군의 탄약고와 포대를 공격했다. 일본군에게 건네기보다는 그렇게 하는 편이 낫다고 판단한 것이다.

일본 해군은 야간 전투에 능해서 끊임없이 수뢰정으로 야습을 단행했다. 2월 4일의 야간 전투에서 청나라는 끝내 북양 함대의 상징이었던 정원을 잃었다. 수뢰정의 공격 때문에 정원은 행동의 자유를 잃었지만 그래도 바다 위에 떠 있었다. 청군 수뇌부는 250파운드의 폭약을 장치하고 승무원 전원을 내리게 한 뒤, 배를 폭파해 침몰시켰다. 다음 날 야간 전투에서 북양 함대는 내원(來遠)과 위원(威遠), 두 군함을 잃었다.

정여창은 진원함(鎭遠艦)에서 지휘하고 있었는데, 정원을 잃은 뒤 유공도(劉公島)에 상륙했다. 영국인 고문 맥클루어(John Mclure)는 헛되이 인명을 잃을 뿐이라며 정여창에게 항복을 권유했다. 정여창은 자신의 관인을 맥클루어에게 맡기면서 자기가 죽은 뒤, 항복 문서를 작성해 거기에 날인해 달라고 부탁했다.

정여창이 음독자살한 것은 청나라의 사절이 귀국한 2월 12일의 일이었다. 총병 장문선(張文宣)과 부장 양용림(楊用霖)도 동시에 자살했다. 부사령관 유보섬(劉步蟾)은 그 전에 이미 자살했다. 백기를 내건 진북함(鎭北艦)이 이토 중장에게 보낸 항복 문서는 다음과 같다.

이제 조회(照會)를 보내는 바, 본 제독은 앞서 사세보(佐世保) 사령관의 서한을 접했으나, 양국이 교전 중이었으므로 회답을 보내지 못하고 오늘에 이르렀다. 본 제독의 뜻은 군함이 가라앉고 병사가 다할 때까지 싸우는 데 있지만, 이제 생령(生靈)을 보전하기 위해 휴전을 바란다. 위해위에 있는 현재의 함대와 유공도, 포대의 무기를 귀국에게 바치고자 하니, 육해군 및 내외국의 관원, 장병, 민간인 등의 생명을 다치지 않고 귀향할 수 있도록 허락해 주기를 간절히 바란다. 만약 이 사항을 허락한다면, 영국 함대 사령관을 증인으로 세울 것이다. 이를 위해 귀 사령관에게 조회를 보내니 즉시 회답해주기 바란다. 이로써 조회를 마친다.

이토 중장은 물론 정여창의 자살을 알지 못했다. 곧 답장을 적었는데, 일본어로 된 원문에 영역을 첨부한 것이다. 원문 일부에 다음과 같은 대목이 있다.

소관은 귀하가 영국 함대 사령관을 증인으로 삼겠다는 것은 전혀 불필요한 일이라고 생각합니다. 소관이 믿는 것은 귀하가 무장(武將)이라는 사실 한 가지입니다.

이렇게 해서 위해위는 함락되고, 북양 함대는 일본 측에 인도되었다.

7천 335톤의 진원은 일본 해군의 전리품이 되었고, 일본 국민은 이 사실을 알고 미친 듯이 기뻐했다. 정원과 진원이라는 두 괴물을 일본은 오랫동안 두려워했던 것이다.

북양 함대가 궤멸된 다음 날, 청 조정은 이홍장을 전권대신으로 일본에 파견하기로 결정했다. 이홍장은 이때 가장 격렬하게 주전론을 주장한 옹동화에게 동행을 요구했다. 옹동화는 외교를 잘 알지 못한다는 이유로 거절했다. 이것으로 이홍장은 정적 옹동화가 외교 문제에 관해 발언하는 것을 봉쇄한 셈이다. 강화조약에서는 조선의 독립과 전비의 배상 외에 영토 할양을 요구할 것이 분명했다. 그것이 대만과 요동반도임은 당시에 이미 일반에 알려져 있었다. 일본의 어전회의에서는 가바야마(樺山) 해군대신이 산동반도의 할양도 요구해야 한다고 주장했지만, 그다지 강경한 자세는 아니었다고 한다. 일본 요구의 윤곽이 어렴풋하게나마 전해지자, 영토의 할양 없이는 강화가 불가능하다는 인식이 지식인들 사이에 차츰 침투되었다. 북경에 주재하는 각국 공사에게 타진해 보아도 영토 할양은 피할 수 없다는 것이 일치된 관측이었다. 독일 공사는 할양하지 않으려면 천도하는 수밖에 없다고 대답했다. 북경을 포기하고 서안 근처의 오지로 수도를 옮겨 철저히 항쟁하든지 양자택일하라는 이야기였다.

천도 항쟁은 전 국민의 지지가 없으면 불가능한 일이다. 국민의 대부분을 차지하는 한족이 과연 청조와 운명을 함께할 마음을 가질 것인가. 태평천국의 악몽은 청조 수뇌부의 머릿속에서 사라지지 않았다.

아무리 생각해도 영토 할양은 어쩔 수 없다는 결론에 다다랐다. 주전론자도 차츰 달리 방도가 없다고 생각하게 되었다. 책임 있는 지위에 있는 사람이 주전론을 주장해도, 직접 전선에 나가 전쟁을 지휘하면 이길 수 있느냐는 질문에는 입을 다물고 말았다. 이홍장은 이 시기 주전론을 끊임없이 입에 담으면서도 여론이 '할양은 불가피하다'고 인정하기를 기다리고 있었다. 3월 2일, 이홍장은 시기가 무르익었다고 보고 영토 할양은 피할 수 없음을 상주했다. 그 글에 다음과 같은 대목이 있다.

변방을 엿보는 것은 예로부터 늘 있어온 일입니다. 당(唐)은 하황(河湟)의 땅을 버리고도 헌(憲)·무(武)의 중흥을 이루었고, 송(宋)은 요(遼)·하(夏)의 침입을 받고도 인(仁)·영(英)의 전성기를 잃지 않았습니다.

당나라는 안녹산의 난 이후 하황(감숙의 서부) 땅을 토번(吐藩, 티베트왕국)에게 점거당했지만, 그 시기에 헌종에서 무종에 걸쳐(806~846) '중흥(中興)'이라고 할 만한 치세가 있었다. 북송도 거란족이 세운 요와 탕구트 족이 세운 서하(西河)의 침공을 받고 현재 북경을 중심으로 하는 이른바 연운 16주와 감숙의 땅을 빼앗겼지만, 그래도 인종에서 영종에 걸친(1023~1067) 전성기를 누렸다. 이홍장은 러시아와 프랑스의 예도 들며 빼앗긴 땅은 다시 찾을 수 있다고 설득했다.

3월 3일, 자금성 안에 군무대신들이 모였다. 한동안 병석에 누워 있던 서태후도 참석해서 영토 할양을 위한 교섭을 허락하기로 인정했다. 이 자리에는 옹동화, 이홍조와 같은 이홍장의 정적도 있었다. 이 집회로 이홍장은 영토 할양을 일본에 약속해도 '국적(國賊)'의 오명을 면할 수 있었다. 다음날인 3월 4일, 이홍장은 입궐해서 서태후와 광서제에게 정식으로 훈령을 청했다. 이 자리에 다른 대신은 없었다.

국제외교에 서툰 청 수뇌부

일본은 회담 장소로 마관(馬關, 시모노세키)을 지정했다. 이홍장에게 경의를 표해 히로시마로 불러들이는 무례를 피한 것이다. 두 나라의 교섭에서 연락을 담당한 것이 미국임은 말할 나위도 없다. 회담 장소는 후지노(藤野)라는 인물의 저택, 곧 춘범루(春帆樓)였다. 독일 선박으로 시모노세키에 도착한 청 사절단은 3월 20일에 상륙했다. 곧 제1차 회담이 시작되었는데, 이날 양국의 대표는 위임장을 교환했으며, 청나라 측에서 조약 논의에 들어가기에 앞서 정전에 대해 논의하자는 제안을 내놓았고, 일본 측에서는 다음날 회답하겠다고 답변했다. 이것은 두 나라 사이를 중재하던 미국이 각각의 의사를 미리 상대에게 전달함으로써 만들어진 대강의 줄거리를 따른 것이다.

위임장의 교환에는 아무런 문제가 없었다. 사실은 지난번 청나라의 두 사절이 가져 온 위임장을 일본 측이 트집을 잡은 것이 세계적으로 악평을 불러일으켰다. 위해위를 공략할 때까지 시간을 끌기 위한 거부임이 조금이라도 시국에 관심 있는 사람의 눈에는 빤히 보였다. 일본의 처사가 지나치게 심하다는 악평이 터져 나왔다. 분명히 그때 청나라 사절이 소지한 문서는 전권위임을 증명하기에는 모자랐는지도 모른다. 그러나 중국은 아편전쟁 이래 쇄국 정책을 포기하고 여러 나라와 갖가지 조약을 체결해 왔다. 이루 헤아리기 어려운 조약이 성립되었다. 이리조약처럼 외국에서 조인한 것도 있다. 그때 중국의 전권대표는 장음환이 소지한 것과 거의 같은 문서를 들고 갔지만, 그것이 인정되어 회담은 성사되었다. 국제공법이라는 것은 서구의 외교 관례를 기초로 해서 만들어졌

다. 중국에는 중국의 관례가 있으며, 그것이 어느 정도 인정되었다. 외교
회담에서는 거의 그런 종류의 문서를 위임장으로 승인했으며 그것 때문
에 자격을 문제 삼는 일도 드물었다. 저번에는 일본이 그것을 문제 삼았
기 때문에 지연책이 더욱 두드러졌다.

청나라의 사절은 회담이 끝나면 배로 돌아가 숙박하기로 했었지만,
그것이 불편할 듯해서 일본 측은 인접사(引接寺)라는 절을 사절 일행에게
숙박소로 제공했다. 이로써 제1차 회담이 끝이 났는데, 무쓰 외무대신은
시간은 얼마든지 있으니 천천히 논의하자는 말을 특히 강조했다. 이것은
일본이 절대로 강화를 서두르지 않는다는 인상을 상대에게 심어 주기 위
한 발언이었다. 그러나 사실 무쓰는 강화를 서두르고 있었다. 도쿄에서
각국 공사와 접촉하고, 재외 공사관에서 온 보고를 분석하면서 무쓰는
유럽 여러 나라가 청나라와 일본 사이의 분제에 간섭해 올 가능성이 매
우 높다고 느꼈다.

나중에 '삼국간섭'이 일어나는데, 무쓰는 이미 그 움직임을 포착해서
되도록 강화를 서두르고자 한 것이다. 지난번 사절을 쫓아 보낸 뒤에도,

> 어떻게 해서든 청 정부를 유도해서 하루라도 빨리 강화사신을 다
> 시 파견하게 함으로써, 조속히 전쟁을 종식시키고 평화를 회복하
> 여…….

라고 바랐다는 것을 고백하고 있다. 서두르고 있을 때는 서두르지 않는
척해야 한다. 무쓰는 일부러 느긋한 태도를 보였으나 내심 안절부절 못
했다. 유럽이 간섭하려는 움직임을 이홍장이 알아채기라도 하면 회담을

연기하거나 중단하고 돌아갈 우려가 있었다.

당시 유럽 여러 나라의 속셈을 살펴보면, 영국은 무엇보다도 일본이 청나라와 배타적인 동맹 관계를 맺는 것을 두려워하고 있었다. 그렇게 되면 대청 무역이 어려워지고 홍콩의 번영을 기대할 수가 없다. 이러한 '청일 동맹'에 영국은 단호히 반대했으며, 이를 위해서는 간섭도 불사할 생각이었다. 주영 일본 공사 아오키 슈조(靑木周藏)는 대청 무역에서 일본은 다른 나라 이상의 이익을 얻을 생각이 없다는 것을 역설하고, 그 사실을 보장하겠다는 의사를 표명했다. 그렇게 해서 영국이 간섭할 가능성은 희박해졌다. 영국은 러시아의 남하를 막는 일이 국가적 관심사였으므로, 그것을 위해서는 오히려 일본이 강해지는 편이 바람직했다. 이런 사정 때문에 영일 동맹의 싹이 텄고, 일본은 영국에 대한 걱정을 덜었다.

문제는 독일이었다. 주일 독일 공사 구트슈미트(Felix von Gutschmid)는 일본에게,

　　일본이 청 본토에 있는 영토의 할양을 요구한다면 간섭을 불러일
　　으키게 될 것이다.

라고 충고했다. 영국에 공동으로 간섭하자고 제안한 것은 독일이었다. 영국은 앞에서 이야기한 경위로 독일의 제안을 거부했다. 영국에게 거절당한 독일은 러시아에게 손을 내밀었다. 러시아는 러시아대로 프랑스와 손을 잡고 일본이 청에게 지나친 요구를 밀어붙일 때 공동으로 간섭할 것을 협의한 상태였다. 여기에 독일이 끼어들었다.

오랫동안 유아독존적인 중화사상에 젖어 있던 중국은 외교에 서툴렀

다. 아편전쟁 때까지는 외교라고 할 만한 것이 존재하지 않았다. 따라서 여러 외국에 외교관을 주재시키고 북경에도 여러 외국에서 공사가 와 있는데도 정보를 수집하거나 분석할 능력이 없었다. 유럽의 이와 같은 움직임을 몰랐기 때문에 그것을 외교적으로 이용하지도 못했다. 외교전에서도 청나라는 참패한 것이다.

이홍장이나 공친왕은 꾸준히 외국에 손을 쓰고 있었다. 그런데도 이러한 간섭의 움직임을 포착하지 못했다. 상상력이 부족했다고 할 수밖에 없다. 청조의 수뇌부는 청나라를 위해 간섭해 주기를 바랐다. 그러나 여러 외국이 만일 간섭을 한다면 그것은 청나라를 위해서가 아니라 자국의 이익을 위한 것이다. 다른 여러 나라의 국익에 서서 사물을 보는 자세, 바꾸어 말하면 상상력이 부족했기 때문에 중요한 국제적 움직임을 놓치고 말았다고 하겠다.

테러를 당한 이홍장

3월 21일에 열린 제2차 회담에서는 청조가 제안한 정전에 관해 일본 측의 조건이 제시되었다.

1. 대고, 천진, 산해관을 일본에게 넘길 것.
2. 그곳에 있는 청군의 무장을 해제하고, 군수품을 인도할 것.
3. 천진·산해관 철도를 일본군의 지배에 맡길 것.
4. 정전 중의 군비는 청이 부담할 것.

이것을 읽고 이홍장은 크게 놀랐다. 일본군은 이미 영구(營口)와 전장대(田莊臺)를 함락했다. 이홍장은 현재 선에서 정전하고, 담보로서 약간의 지역에 보장점령을 허용한다고 생각하고 있었다. 그것이 천진과 산해관까지 이른다는 것은 지나치게 가혹했다.

일본 측은 정전 없이 강화를 논의해도 좋고, 정전하고 나서 강화를 해도 좋지만, 후자의 경우 조건이 이 4개항이며, 제2안은 준비되어 있지 않다고 했다. 청나라의 전권사절은, 그렇다면 강화안을 제시해 달라고 요구했지만, 일본 측은 청이 정전 문제를 철회하지 않는 한 강화안은 내놓을 수 없다고 회답했다. 그리고 일단 철회하면 정전은 재론할 수 없다고 덧붙였다.

청나라 측은 이 문제를 생각하기 위해 3일간의 유예를 얻었다. 3일 후, 이홍장은 정전 문제를 철회하고 강화회담으로 들어가기로 결정을 내렸다. 일본은 고마쓰노미야 아키히토(小松宮彰仁) 친왕을 정청대총독(征淸大總督)으로 임명하고 대총독부를 여순에 둔다고 발표했다. 북경을 공략할 태세를 보인 것이다. 그러나 고마쓰노미야는 아직 출발하지 않았고, 일본 국내에서는 이제 막 군대의 편제가 끝난 참이었으므로 산해관을 향한 요서(遼西) 작전은 아무리 빠르다고 해도 보름 후에나 시작할 수 있다. 그 동안 큰 작전이 없으리라 판단한 이홍장은 앞서 나온 가혹한 조건을 받아들이면서까지 정전을 논의할 필요가 없다는 결론에 다다랐다.

3월 24일에 열린 제3차 회담은 이홍장이 정전 문제를 철회하고 강화를 논의하고자 한다는 회답을 문서로 작성해서 일본 측에 건네고, 일본 측은 강화조약 안을 내일 제출하겠다고 답변함으로써 종료되었다.

이날은 회담이라고 할 것도 없이 매우 빠르게 끝이 났다. 무쓰 외무대신은 참의(參議) 이경방(李經方)에게 조약안이 내일 제출되므로 실무적인 협의를 위해 남아달라고 요청했다. 이경방은 이홍장의 아들로 주일 공사로 근무한 적이 있어서 일본어도 유창했다. 직계도 높아서 참의라 해도 사실상은 차석 전권대표 겸 비서실장과 같은 위치에 있었다. 무쓰와는 공사 시절부터 친숙한 얼굴이었음은 말할 나위도 없다. 이경방 한 사람만 남고, 나머지 일행은 춘범루를 떠나 숙소인 인접사로 향했다. 이홍장만이 가마를 탔고 다른 수행원은 인력거였다. 소토하마초(外浜町)의 모퉁이를 돌면 바로 인접사였다. 그 소토하마초를 돌 때, 갑자기 한 남자가 뛰어나와 이홍장의 가마를 향해 총을 쏘았다.

중국에서 가지고 온 가마로 네 사람이 어깨에 메었고, 본체의 사방은 유리창이었다. 이홍장은 유리창을 열고 있었다. 총탄은 이홍장의 왼쪽 눈 밑에 박혔다. 나중에 밝혀진 사실이지만, 총알은 먼저 이홍장이 쓰고 있던 금테 안경을 맞추고 렌즈를 산산조각 냈다. 눈을 감고 있어서 안구는 다치지 않았다. 괴한은 그 자리에서 체포되었고, 부상을 입은 이홍장은 인조지로 돌아와서 주치의인 임연휘(林聯輝) 박사의 응급 처치를 받았다.

춘범루에서 무쓰와 이경방이 내일을 위한 사무적인 협의에 들어가려고 했을 때 그 소식이 들어왔다. 이경방은 곧바로 인접사로 향했고, 무쓰는 이토 수상에게 서둘러 보고했다.

수상 이토, 외무대신 무쓰, 내각 서기관장 이토 미요지(伊東巳代治)가 인접사로 문병을 갔을 때, 이홍장은 "이러한 일은 다소 각오하고 왔습니다"라고 했다고 전한다. 4년 전에 쓰다 산조(津田三藏)가 오쓰(大津)에서 러시아 황태자를 습격한 사건이 있었다. 일본에 오면서 이홍장은 이 사건을 염두에 두었던 것 같다. 외국 요인에 대한 테러는 일본의 풍토에서 유래한 것이라고 해석하는 사람도 있다.

범인 고야마 도요타로(小山豊太郎)는 군마(群馬)현 현의원을 지낸 적이 있는 인물의 자식인데, 게이오의숙(慶應義塾)을 중퇴하고, 신도관(神刀館)이라는 우익단체에 가입해 활동하고 있었다. 취조에 따르면, 지금 강화를 맺으면 청나라는 재기해서 다시 일본과 싸울 것이므로 강화를 방해하려 했다고 한다.

확실히 커다란 방해여서 무쓰 외무대신의 얼굴에서는 핏기가 사라졌다. 지난번 두 사절을 쫓아 보내고 이홍장을 끌어들인 것을 무쓰는 외교적 성공이라고 생각하고 있었는데, 여러 외국의 반응을 분석해 보니 반드시 그렇지만도 않은 듯했다. 72세의 노인, 그것도 청나라 정계의 일인자인 이홍장을 일본으로 불러들인 것을 두고 외국에서는 일본의 오만으로 보는 의견이 적지 않았다. 외국 신문에서는 이홍장이 태어나 처음으로 외국으로 간다는 사실을 크게 다루었다. 그는 청불 전쟁의 강화에도 참석했지만, 그것은 천진에서 있었던 일이다. 난생 처음으로 가는 외국이 일본이었다. 처음부터 그에게는 국제적인 동정이 쏠렸다. 그런데다가 일본에서 테러리스트의 습격을 받았으니, 이 노인을 향한 동정의 여론이 더욱 높아졌음은 말할 나위도 없다.

단순한 법 이론으로 말하면 무쓰의 말처럼 "이번 사건은 전적으로 일개 흉한(兇漢)의 범행으로 정부나 국민은 애초에 관련이 없는 일이므로, 범인에게 적절한 형벌을 내리기만 하면 달리 책임이 미칠 이유가 추호도 없다"라고 할 수 있을지 모르지만, 현실적으로는 그렇지 않았다.

일본 측은 2명의 육군 군의총감, 이시구로(石黒)와 사토(佐藤) 외에, 고다(古宇田), 나카하마(中浜) 박사 등 전문의를 시모노세키로 파견했다. 프

랑스 공사관에 소속된 즈바스 박사도 초빙했다. 일왕 부부는 나카무라
(中村) 시종무관을 이홍장의 문병을 위해 파견했다. 특히 왕비는 손수 만
든 붕대를 보냈다. 야마구치(山口) 현 지사와 경찰부장은 해임되었다. 일
본 측은 모든 수단을 동원해서 국제 여론의 지탄을 벗어나려고 했다. 메
이지 일왕의 이례적인 칙어도 발표되었다.

짐이 생각건대, 청국은 현재 우리와 교전 중에 있으나, 이미 사신을
파견해서 예절을 갖추고, 법도에 따라 화의를 논하게 하였다. 짐 또한
전권대신을 임명하여 시모노세키에서 회동하여 논의하게 하였다. 짐
은 물론 국제적인 관례를 따라, 국가의 명예를 걸고 적당한 대우와 경
호를 청국 사절에게 베풀게 하였으며, 특히 관원에게 명하여 나태한
곳이 없게 하였다. 그러나 불행히도 사절에게 위해를 가하는 흉도가
나오매, 짐은 이를 깊이 유감으로 생각한다. 그 범인은 관헌에 의해 법
에 따라 가차 없이 처벌될 터이지만, 백관과 신민은 짐의 뜻을 명심하
여, 불법을 엄히 경계함으로써 나라의 위신을 손상하는 일이 없도록
노력하라.

지금 여기서 이홍장이 귀국해 버리면 어떻게 될까. 강화 회담의 사절
에게 위해를 가하는 나라에서 회담을 계속할 수 없다고 하면 세계 각국
이 납득할 것이다. 전쟁은 계속되겠지만, 세계는 그것을 정의롭지 못한
싸움이라고 인정할 것임은 두말할 나위도 없다. 여기에 간섭이 없으면 오
히려 이상할 정도다. 이제는 모든 예를 갖추어 청나라에게 실질적인 이익
을 주고 강화 회담을 지속해야만 한다. 그것은 무조건적인 정전이다. 정

전에 가혹한 조건이 붙었기 때문에 이홍장은 정전 문제를 철회했다. 일본은 무조건 정전을 제외하면 이홍장이 회담을 계속하는 데 동의할 것이라고 생각했다.

일본의 병력은 이미 바닥이 나서 근위사단과 홋카이도의 둔전병까지 동원했다. 고마쓰노미야가 이끄는 군대가 출정하면 일본에는 국토를 지킬 군대가 없어진다. 그러한 사실은 이미 각국 공사가 본국에 보고했을 터였다. 일본은 지금 외국의 간섭에 가장 취약한 상황에 있었다. 고마쓰노미야의 군대가 실제로 작전을 펼치는 것은 2, 3주 후의 일이므로 당장 정전을 해도 현상에는 변화가 없으므로 일본에 실질적인 손해는 없다. 그래도 일본 군부는 무조건 정전에 강력하게 반대했다. 이토 수상은 정전에 반대하는 군부와 여러 대신을 열심히 설득해서 3월 27일에 간신히 칙허를 얻었다. 러시아군 3만 명이 청나라 북부로 이동 중이라는 정보가 들어 왔기 때문인데, 이 소식에 그토록 완강하게 반대하던 야마가타(山縣) 육군대신도 정전에 찬성했다는 뒷이야기도 있다.

무쓰는 『건건록』에서 무조건 정전이 그의 발의인 것처럼 쓰고 있지만, 사실은 도쿄의 미국 공사가 하야시(林董) 외무차관에게 무조건 정전을 조언하고, 차관이 그것을 무쓰에게 보고한 것이다.

시모노세키 조약에 쏟아진 삼국 간섭

이홍장은 총탄 적출 수술을 거부하고 회담을 계속하겠다는 의사를 표명했다. 시간을 낭비할 수 없으므로 수술은 회담 후로 미루겠다는 이야기였다. 만약 그가 러시아군이 이동 중이라는 정보를 입수했다면 아마도 수술로 시간을 벌려고 했을 것이다.

회담은 재개되었다. 4월 1일 전권대사 무쓰는 참의 이경방에게 강화
조약안을 건네면서 4일 안에 회답을 달라고 요구했다. 이것이 시모노세
키조약의 원안인데, 그 내용은 다음과 같다.

1. 청국은 조선이 완전무결한 독립국임을 인정할 것.

2. 청국은 아래의 땅을 일본에게 할양할 것.

　　　(갑) 봉천성 남부의 땅.

　　　(을) 대만 전도 및 거기에 부속된 여러 섬과 팽호 열도.

3. 청국은 고평은(庫平銀) 3억 냥을 일본 군비의 배상으로서 5년 할부
　　로 지불할 것.

4. 현재 청국과 유럽 각국 사이에 존재하는 여러 조약을 기초로 청·
　　일 간에 새 조약을 체결해야 하며, 그 조약을 체결할 때까지 청국은
　　일본 정부 및 신민을 최혜국으로 대우할 것. 청국은 위 항목 외에
　　아래와 같이 양여할 것.

　　　(1) 종래의 각 개항장 외에 북경, 사시(沙市), 상담(湘潭), 중경, 오
　　　　주(梧州), 소주, 항주의 각 항구를 일본 신민의 주거·영업 등
　　　　을 위해 개항할 것.

　　　(2) 여객 및 화물의 운송을 위해 일본국 기선의 항로를…… 확
　　　　장할 것.

　　　(3) 일본 국민이 수입할 때, 원가 100분의 2의 저대세(抵代稅)를
　　　　납부하면 청국 내지에서는 모든 세금과 부과금 및 징수금을
　　　　면제할 것. 또 일본 국민이 청국 내에서 구매한 공작(工作) 및

천연 재화로서 수출을 위한 것임을 언명한 것은 모두 저대세(抵代稅) 및 일체의 세금, 부과금, 징수금을 면제할 것.

(4) 일본 국민이 청국 내지에서 구매하거나 또는 수입하는 화물을 창고에 넣을 때, 어떠한 세금이나 징수금을 납부하지 않고 창고를 임대할 권리를 가질 것.

(5) 일본국 신민은 청국의 제세 및 수수료를 고평은으로 납부할 것. 단 일본국 본위 은화로 이를 대납할 수 있게 할 것.

(6) 일본국 신민은 청국에서 각종 제조업에 종사할 수 있으며, 또 각종 기계류를 수입할 수 있게 할 것.

(7) 청국은 황포(黃浦) 강 하구에 있는 오송(吳淞)의 여울을 제거하는 일에 착수할 것을 약속한다.

5. 청국은 강화조약을 성실히 이행하는 담보로서 일본 군대가 봉천부 및 위해위를 일시 점령하는 것을 허락하며, 또한 주둔군 비용을 지불할 것.

이러한 요구 중에서 권익에 관한 자질구레한 부분은 지금까지 영국이 여러 차례 청나라와 교섭을 했지만 아직 실현하지 못했던 사항이 많다. 일본이 이 조약을 맺으면, 영국은 최혜국 조항에 따라 자동적으로 같은 권익을 누릴 수 있다. 일본은 이것으로 영국의 간섭을 막으려고 했다. 일본에 실익이 없는 조항을 일부러 포함한 것은 이와 같은 외교상의 작전을 뜻한다.

이홍장은 이 원안을 총리아문에 타전할 때 북경 주재 각국 공사에게 누설하지 말라고 덧붙였다. 특히 통상 권익에 관한 사항은 가능한 한 숨기도록 요망했다. 이와 반대로 일본 측이 통상 권익의 사항에 중점을 두고 선전한 것은 말할 나위도 없다.

이홍장은 제1조의, 조선이 '완전무결한 독립국'임은 인정했으나, 거기에 청나라와 일본 두 나라는 그 내정에 간여하지 않는다는 조문을 추가할 것을 요구했다. 이것을 이토 수상은 거부했다. 나중에 밝혀지는 사실이지만, 일본은 조선에 대해 이미 확고한 계획이 있었다.

군비 배상금 3억 냥은 최종적으로 2억 냥으로 감액되었다. 고평은이란 순은 575그레인(grain, 야드파운드법에 의한 무게의 단위. 1그레인은 약 0.0648그램에 해당한다-옮긴이)을 1냥으로 하는 것이다. 감액되었다고는 하나 이것은 거액이다. 전쟁 직전에 해당하는 광서 17년(1891)의 청나라의 세입은 8천 968만 냥이고, 세출은 7천 935만 냥으로 기록되어 있다.

원안은 5년 할부지만 최종적으로 7년으로 연장되었다. 또 개항장 중에서 북경, 상담, 오주의 세 곳은 삭제되었다. 또 권익 항목도 그저 최혜국 대우라는 표현으로 고쳐졌고, 일본 본위 은화에 의한 대납도 삭제되었으며, (7)항의 요구도 취소되었다. 담보 점령지에서도 봉천부를 빼고 위해위만 남겼다.

할양지는 봉천성 남부라는 최초의 요구에서 축소되어 다음과 같이 정해졌다.

압록강 어귀에서 이 강을 거슬러 올라가 안평(安平河) 어귀에 이르고, 이 강 어귀에서 봉황성, 해성, 영구를 거쳐 요하(遼河) 어귀에 이르는 꺾인 선 이남의 땅과 아울러 앞서 말한 각 성시를 포함한다. 그리고 요하를 경계로 하는 곳은 이 강의 중앙을 경계로 한다.

축소라고 해도 훗날 러일전쟁으로 일본이 러시아로부터 계승한 조차지 '관동주(關東州)'의 7배나 되는 광대한 영역이었다.

이와 같은 축소, 개정이 있은 다음 마침내 4월 17일, 조인식이 이루어졌다. 일본에게는 승리의 열매를 손에 쥐는 자리이며, 청에게는 굴욕의 자리였다. 조인식을 마치고 이홍장은 다음날 바로 귀국하기 위해 배에 올랐다. 귀국하면,

> 수많은 화살의 과녁이 되고 수많은 비방이 쏟아지리라.

라고 각오는 했지만, 한시바삐 이 굴욕의 자리에서 벗어나고 싶었다.

이홍장은 공친왕과 연락을 취해서 강화하기 전에 주전론자의 목소리를 낮추는 공작을 펼쳤다. 공친왕은 조정 신료들에게,

> 강화 회담이 결렬되면 주상을 서안으로 옮겨서 끝까지 항전해야만
> 한다. 이때 주전론을 주장한 분들은 반드시 이 자금성에 남아 있기
> 바란다. 성을 지키다 죽음으로써 그대들의 장한 뜻을 관철해 후세의
> 귀감이 되어 주기 바란다.

라는 뜻의 말을 했다. 서안으로 천도할 때 강화를 찬성한 사람들은 황제를 따라갈 수 있지만, 주전론자는 모두 자금성에 남아 죽음을 감내해야 하며, 그 선별은 이미 나의 마음속에 있다는 말이었다. 공친왕의 이러한 발언으로 북경의 주전론자의 기세가 갑자기 한풀 꺾였다고 한다.

주전론을 주장한 사람들은 이홍장이 경멸의 의미를 담아 '강관(講官)'이

라고 부르던 사람들이었다. 그들은 광서제와 황후의 교육을 담당한 교사들이었다. 그들을 대표하는 자가 문정식이었는데, 그가 이홍장을 탄핵한 일은 앞에서도 이야기했다. 문정식은 탄핵문에 이홍장이 수백만 냥의 은을 일본의 차야마(茶山) 탄광회사에 맡겨 놓았다든가, 아들인 이경방이 일본에 무역상사를 3개 가지고 있다든가 하는 근거도 없는 일을 나열하고,

패전했다는 소식을 들으면 언제나 기뻐하고, 승전했다는 소식을 들으면 언제나 슬퍼했다.

라며, 이홍장에게 시시한 비난을 퍼부었다. 격파된 군대, 격침된 군함은 모두 북양군벌의 것이다. 이홍장이 자기 군대가 패배한 것을 기뻐한다는 등의 말은 삼척동자도 믿지 않을 것이다. 이렇게 격조가 낮은 상주문도 드물었다.

신이 늙고 어리석어 참으로 일을 잘 처리하지 못했습니다. 엎드려 바라옵건대, 황상께서는 위에서 격려하시고, 내외 신료들은 합심 협력하여 조속한 시일 내에 변법(變法)하여 인재를 구하고, 자강(自强)해서 적을 이기면, 천하가 두루 다행할 것입니다.

이홍장은 선실에서 강화 회담을 보고하기 위한 상주문을 쓰면서 이렇게 끝을 맺었다. 상하가 와신상담함으로써 빼앗긴 것을 되찾자는 말이었다. 이 상주문에 쓰인 '변법'이라는 용어는 앞으로 빈번히 등장하게 되는데, '혁명'보다는 온건한 표현으로 당시 지식인 사이에서는 일본의 메이

지 유신을 떠올리게 하는 말이었다.

이홍장 일행이 천진에 도착한 것은 4월 20일이었다. 조약문서는 오정방과 고문인 포스터가 북경으로 가져가서 총리아문에 전달했다. 포스터는 미국의 전 국무장관으로 전권사절단의 고문으로서 시모노세키까지 동행한 인물이었다. 일본 측은 유럽의 간섭 움직임이 포스터에 의해 이홍장의 귀에 들어가는 것을 두려워한 듯하다. 아마 포스터는 그러한 정보를 파악하고 있었을 것이다. 그러나 이 강화 회담은 미국이 가운데 있었으므로 포스터도 결렬시키고 싶지 않아서 이홍장에게 숨긴 것으로 보인다. 사실은 최종 단계에 들어가면서, 앞에서 이야기한 데트링이 이홍장에게 다음과 같은 내용의 전보를 보냈다.

전임 주청 독일 공사로부터 전문(電文)이 있었음. 열강이 청나라의 영토 할양 문제에 대해 논의했으며, 모두 일본의 요구를 부당하다고 인정했음. 청나라는 화의를 서두를 필요가 없음.

그러나 이홍장은 정청대총독부(征清大總督府) 소속의 증원군이 출발한 것을 확인한 상태였다. 지금 회담을 결렬시키면 더 많은 땅과 군대를 잃고, 주민을 괴롭히는 결과가 될 것이다. 열강이 간섭할 의사가 있다면 강화가 성립된 후에도 간섭은 실행될 것이다. 지금은 무엇보다 정전을 해야 할 때라고 이홍장은 판단했다. 이홍장이 없는 동안 북양군벌을 책임지고 있던 성선회(盛宣懷)에게 보낸 사적 전문에도,

북경을 유지하려면 이렇게 할 수밖에 없다. 차후에 각국의 행동을

살피겠다.

라고 명시되어 있다.

　일본 측도 이토 수상이 양보안을 낸 이틀 후, 즉 4월 12일에 러시아 주재 니시 토쿠지로(西德次郎) 공사로부터 충격적인 전보를 받았다.

　　러시아 육해군 합동위원회는 일본군의 북경 진격을 저지할 수단을
　　논의하고, 러시아·프랑스 연합함대에 의해 그 목적을 달성할 수 있다
　　는 결론에 다다랐음.

　이것은 일본의 증원군 작전이 분명하게 러시아의 간섭을 초래했으며, 프랑스가 여기에 동조하고 있다는 사실을 알려온 것이다. 이토 수상이나 이홍장이나 모두 조인을 서둘렀다. 4월 15일 회담에서 담보 점령 지역을 위해위만으로 해서 주둔비 200만 냥을 50만 냥으로 감축한 것은 역시 조기 조인을 바랐기 때문이다.

　비준서 교환은 5월 8일에 산동반도의 지부(芝罘)에서 하기로 했다. 각지에서 비준 반대 운동이 일어났음은 말할 나위도 없다.

　러시아, 독일, 프랑스 세 나라가 정식으로 일본의 요동 영유에 간섭한 것은 조인식이 있은 지 6일 후인 4월 23일의 일이었다. 도쿄에 주재하는 세 나라 공사가 외무성을 방문해서 하야시 차관을 만나 본국 정부의 훈령을 전달하는 형식으로 간섭이 이루어졌다. 세 나라 정부의 훈령은 대동소이하지만, 주도권을 쥔 러시아의 훈령은, 『건건록』을 따르면, 다음과 같다.

러시아 정부는 일본이 청나라에 요구한 강화 조건을 살펴보고, 일본이 요동반도를 영유하는 것이 단지 청나라 수도를 위협할 우려가 있을 뿐만 아니라, 동시에 조선의 독립을 유명무실하게 만드는 일이며, 이것이 장차 극동의 영구적 평화에 지장을 주는 일임을 인정한다. 따라서 러시아 정부는 일본 정부에게 거듭 성실한 우의를 표명하기 위해, 일본 정부에게 요동반도를 확연히 영유하는 일을 포기할 것을 권고한다.

히로시마 대본영에서 즉시 어전회의가 열렸다. 삼국 간섭에 대한 대책으로 이토 수상은 다음과 같은 세 가지 안을 제출했다.

1. 설령 새롭게 적국이 증가하는 불행이 닥치더라도 이 기회에 단호히 삼국의 권고를 거절할 것.
2. 이곳에서 열국회의(列國會議)를 열고 요동문제를 그 회의에서 처리할 것.
3. 이 기회에 차라리 삼국의 권고를 그대로 받아들여서 청국에 요동반도를 반환하는 시혜를 베풀 것.

이토 수상은 제1안은 현재 일본 군사력으로 실행이 불가능하다고 판단했으며, 제3안은 한심하고 무기력하기 짝이 없으므로 제2안을 채택하고 싶다는 의견을 피력했다.

이때 무쓰 외무대신은 병 때문에 마이코(舞子)에서 요양 중이었다. 어전회의에서는 제2안인 열국회의 개최로 거의 결정을 내렸지만, 최종적으로 무쓰의 의견을 듣기로 하고 이토가 마이코의 병상을 찾았다.

무쓰는 이때 열국회의 개최를 반대했다. 그 회의는 세 나라 이상의 국가가 참여하게 될 터이므로 요동반도 이외의 문제를 들고나올지도 모른다. 그렇게 되면 시모노세키조약 전체가 무너질 우려가 있다고 판단했다. 바꾸어 말하면 삼국 이외의 강대국이 새롭게 간섭을 하려 할지도 모른다는 이야기였다. 회의에는 시간이 걸리므로 그 동안 어떤 일이 벌어질지 예상하기 어렵다. 청나라가 비준을 포기해서 시모노세키조약이 백지화될 우려마저 있다. 국력이 바닥나서 둔전병까지 동원한 일본에게는 삼국간섭을 거부할 힘이 없었다. 정식으로 간섭하는 것이어서 삼국, 특히 주도국인 러시아는 무력에 호소할 준비가 되어 있었다. 헛된 간섭은 체면을 깎아내리는 일이므로 말로 위협하는 데 그치지 않는다. 러시아를 상대로 싸울 힘이 없다면 굴복할 수밖에 없다.

무쓰 외무대신은 재외 공사를 통해 마지막까지 노력했지만 사태를 호전시키지 못했다. 결국 4월 29일에 열린 어전회의에서는 삼국의 간섭을 받아들여 청나라에 요동반도를 반환하기로 결정했다. 당시 일본은 무쓰의 말을 빌리면 마치 '정치적 공황'에 빠져든 듯했다. 거듭되는 승리에 도취되어 마구 밀어붙이다가 찬물을 뒤집어쓴 셈이었다. 대외 강경파라고 자처하는 사람들이 교토에서 이토 수상을 만나 삼국간섭에 대해 용감하게 항의했지만,

지금은 여러분의 탁견을 듣기보다는 군함과 대포를 상대로 숙의해야 할 때다.

라고 이토가 대답하자 대꾸 한마디 못했다는 에피소드가 『건건록』에 소개되어 있다.

정치적 공황은 중국에서도 발생했다. 할양이 결정된 대만의 성민이 받은 충격은 이만저만이 아니었다. 북경에 거주하는 성민뿐 아니라 대만에서 일부러 건너와 비준 반대 운동에 참가한 사람도 적지 않았다. 그러나 이토 수상이 일본의 강경파에게 했던 말을 여기서도 똑같이 할 수 있다. 아무리 비분강개해서 눈물을 쥐어짜도 군함과 대포를 상대해야만 한다. 북양 함대는 이제 한 척도 존재하지 않는다. 심지어 거함 진원은 일본 해군의 수중에 있었다.

일본의 무쓰 외무대신이 시모노세키조약과 삼국간섭을 되도록 별개의 문제로 처리하는 데 전력을 기울이고 있었기 때문에 청나라는 파고들 틈이 없었다. 얼마 전까지 외교라는 것이 존재하지 않았던 나라의 슬픔이겠지만, 외교술이 졸렬하기까지 했다.

이홍장의 정적이었던 양강 총독 장지동(張之洞)은 시모노세키조약을 폐기하려면 영국, 러시아 등 강국의 원조를 요청하고 그 대가로 신강의 몇몇 성이나 티베트 오지를 주면 된다는 등의 주장을 펼쳤다. 이것은 외교를 전혀 이해하지 못한 발언이다. 그는 배상금을 조달하기 위해 대만을 저당으로 영국에서 10억 달러를 빌리자는 '기책(奇策)'을 진언하기도 했다. 그렇게 하면 영국이 대만을 지켜줄 것이므로 일석이조라고 했다. 장지동에게서 '기책'을 담은 전보를 받은 총리아문이 영국 공사에게 의사를 타진했으나 일소에 부쳐지고 말았다.

예정대로 지부에서 강화 조약 비준서가 교환되면서 전쟁은 가까스로 종결되었다. 청나라는 삼국간섭으로 요동반도만은 지킬 수 있었으나, 그것도 자력으로 얻은 결과가 아니다. 남에게 의지해 지킬 수 있었던 것은 언젠가 남에게 빼앗긴다는 사실을 청나라는 머지않아 배우게 될 것이다.

직례 총독, 북양 대신인 이홍장은 패전의 책임을 지고 실각하고, 한동안 불우한 나날을 보내야만 했다. 후임 직례 총독에는 운귀 총독인 왕문소(王文韶)가 임명되었다. 총독 경력에서는 양강의 장지동이나 호광의 유곤일(劉坤一)보다 못하지만, 연장자이고 관료 경력도 길며, 양무파(洋務派)로서 견실한 실행력을 갖추고 있다는 점을 높게 평가받았을 것이다. 그러나 이홍장의 후임으로서는 역시 관록이 부족했다.

변법과 혁명

홍콩에서 문화충격을 받은 강유위

광서(光緒) 21년(1895)은 3년에 한 번 열리는 회시(會試)가 있는 해였다. 사실은 그 전해에도 회시가 있었다. 원칙적으로는 3년에 한 번 있지만 조정에 무언가 경사가 있으면 은혜를 베푼다는 뜻에서 회시가 실시된다. 그 전해라면 갑오(甲午)년인데, 이때는 서태후의 환갑을 축하해서 회시가 치러졌다. 정기적인 회시는 '정과(正科)', 임시 회시는 '은과(恩科)'라고 했는데, 자격과 그 밖의 사항에서 똑같은 취급을 받았다. 회시는 음력 2월부터 3월에 걸쳐 시험과 합격자 발표가 있으므로, 그 전해 은과 회시가 치러질 무렵에는 아직 일본과 전쟁이 시작되지 않았다.

2년 연달아 회시가 있었으므로 광서 21년에 치러진 정과에는 전해 낙방한 거인(擧人)들이 적지 않게 응시했다. 광동에서 온 강유위와 그의 제자인 양계초 같은 이들도 2년 연속 시험에 도전하는 사람이었다.

강유위는 당시에 이미 저명한 학자였다. 일류학자로서 전국적으로 이름이 알려진 사람이라도 회시에 응시할 수 있다. 전해 치러진 은과에서 장원(수석 합격)을 한 장건(張謇)도 일찍부터 학자로서 잘 알려져 있었고, 참모로 조선에 갔다 온 경험이 있는 인물이었다. 또 전해 강유위처럼 저명한 학자가 낙방하는 일도 드물지 않았다. 회시와 학문은 별개의 것이라고 생각해야 할 것이다. 시험관이 수험생보다 학문이 깊지 못한 일도 있었다.

강유위는 광동성 남해현(南海縣), 즉 광주(廣州) 출신으로, 그 지방의 석학으로 유명했던 주차기(朱次琦)의 제자가 되어 서초산 백운동에서 불교를 배우기도 했다. 주차기는 구강(九江) 선생이라는 이름으로 더 잘 알려져 있는데, 그는 특히 『춘추공양전』의 삼세설(三世說)에 조예가 깊었다. 이 세상은 쇠란(衰亂)의 시대에서 승평(昇平)의 시대를 거쳐 태평(太平)의 시대를 맞이한다는 설이다. 매우 당연한 진화론적 발상이지만, 그때까지 유학이 고대 성왕(聖王)의 시대를 이상화하고 복고사상을 설파하는 것과 반대다. 태평천국의 천왕 홍수전은 도광 16년에 광주에 나와 시험을 치르는 김에 육용사(六榕寺)에서 구강 선생의 강의를 듣고는 큰 충격을 받았다. 그때 구강 선생의 나이가 서른이었으므로, 강유위가 입문했을 때는 이미 일흔이었다. 고령인 탓에 박력이 없었는지 홍수전을 분발하게 한 구강 선생도 40년 후의 제자인 강유위를 감동시키지 못했다. 강유위가 감동한 것은 21세 때 여행간 홍콩에서였다.

서양은 과학기술, 대포, 군함밖에 내세울 것이 없고 정신면에서는 미개하다는 가르침을 받아왔는데, 강유위는 홍콩에서 그렇지 않다는 것을 깨달았다. 그리고 열심히 서양의 것을 배웠다. 물론 그도 유럽의 언어를 하지 못했으므로 서양에 관해 쓴 책, 또는 그 무렵 늘어나기 시작한 번역서에 의지해서 공부했다. 홍콩 여행을 마친 3년 후에 그는 북경으로 가는 길에 상해에 들러, 그곳 조계(租界, 개항도시의 외국인 거주지-옮긴이)에서도 서양의 일면을 엿보고 더욱 더 서양에 관한 책을 사서 연구에 몰두했다.

당시 지식인의 상식은 '중체서용론(中體西用論)'이었다. 이것은 일본에서 말하는 '화혼양재(和魂洋才)'와 비슷하다. 중국의 본질을 지키면서 서양의 과학기술만 이용한다는 사고방식이었다. 이것은 본질적으로는 중국이 서양보다 우수하다는 가치판단에 입각한 것이다. 그러나 '식민지'인 홍콩과 '조계'인 상해만 엿보아도 서양이 본질에서도 우수한 점이 많다는 것을 알 수 있었다.

서양의 '용(用)'뿐만 아니라 '체(體)'의 우수한 면도 받아들여야 한다. 이것은 중국의 '체(體)'를 바꾸는 것을 의미한다. 물론 몽땅 받아들이는 것이 아니라 제도와 그것을 뒷받침하는 사상과 같이 상당히 중요한 부분을 받아들이는 것이다. 정치제도는 분명히 중국보다 합리적이고 앞서 있는 것으로 여겨졌다. 이것을 채택하는 것을 그는 '변법(變法)'이라는 용어로 표현했다.

광서 14년(1888), 30세의 강유위는 상경해서 정치 개혁에 관한 상서(上書)를 올렸다. 물론 아직 진사에도 합격하지 못한 신분이었으므로, 직소가 아니라 이렇다 할 사람을 통해 올렸지만 묵살되고 말았다. 중간에서 중개하는 사람을 감동시켰다면 상서는 황제에게까지 전달되었을지도 모른다. 강유위는 자신의 논지가 사람을 감동시키지 못했음을 반성하고 더욱 연구를 거듭했다.

국가를 소생시키려면 '변법'을 시행하지 않으면 안 된다. 당시 중국에서 변법을 실행하는 데 가장 큰 방해가 되는 것은 무엇인가? 사색과 숙고를 거듭한 끝에 그는 그것이 '유학'이라는 결론에 다다랐다. 그러면 그는 유학을 부정했을까? 강유위로서는 그렇게 할 수 없었다.

지금의 유학은 공자의 정신을 올바르게 계승한 것이 아니다.

그는 이렇게 이론을 전개했다. 그러면 도대체 어떻게 해서 공자의 정신이 왜곡된 것일까? 그는 그 범인이 '신학(新學)'이라고 설파했다. 신구(新舊)의 '신(新)'이 아니라, 왕망(王莽)이 한(漢)을 찬탈하고 세운 왕조 '신(新)'의 학문이라는 의미다.

후한(後漢) 이후 현재까지 전해 내려온 경학(經學)은 왕망이 자신의 찬탈을 그럴듯하게 꾸미려고 불리한 부분을 개작한 것으로, 진정한 유학이 아니라 '신학'이라는 것이다. 강유위는 이 주장을 논증하기 위해 『사기』 『한서(書)』 『후한서』 등을 인용했다. 이렇게 해서 등장한 것이 『신학위경고(新學僞經考)』라는 저작이다.

이것은 커다란 반향을 불러일으켰다. 금과옥조로 삼고 있는 경학이 위조한 바탕 위에 꿰맞춘 것이라면 문제가 매우 심각하다. 비난하는 소리가 떠들썩했음은 말할 나위도 없다. 황제의 비서격인 급사중(給事中) 여연원(余聯沅)은 이 책을 불태우고, 이것을 배우는 것을 금지해야 한다고 주장했다. 화가 저자에게까지 미칠 듯한 형국이었으므로, 강유위의 재능을 아끼는 사람들이 나서서 사태의 악화를 막았다. 결국 저자 스스로 처분하는 것으로 사태는 가라앉았다. 『신학위경고』는 저자의 손에 의해 불태워졌지만, 사상까지 불태워 없애지는 못했다. 이때 강유위를 옹호한 사람들 중에는 이홍장의 탄핵을 주도한 문정식과 갑오년 회시에서 장원을 한 장건 등이 있었다.

강유위는 좌절하지 않았다. 이어서 그는 『공자개제고(孔子改制考)』를 저술했다. 사람들은 공자가 성인임은 자명한 사실이며 태어나면서부터 성인이었다고 생각했다. 강유위는 공자가 태어나면서부터 성인이 아니라, 그때까지의 나쁜 정치와 그 뼈대가 된 불합리한 제도 등을 고치고 또 시대에 걸맞은 새로운 제도를 만들어 인간의 생활을 인류의 기초 위에 올려놓았기 때문에 성인이 되었다고 주장했다.

이것은 공자를 부정하는 것이 아니다. 신격화를 부정했을 뿐이며 어째서 성인이 될 수 있었는지 설명한 것이다. 이러한 강유위의 이론이 노린 것은 퇴폐한 제도는 고쳐야만 한다는 데 있었다. 오늘날의 관점에서 보면 지극히 당연한 일이어서 새삼스레 논의할 문제가 아닐 것이다. 그러나 당시에는 기성 제도를 고치는 것은 모두 옳지 않다는 사고방식이 지배적이었다. 그것을 타파하기 위해 쓴 것이 『공자개제고』였고, 그는 이것을 변법을 뒷받침하는 이론으로 삼으려고 했다.

옹동화를 움직인 자강상서

그 저작으로 크게 물의를 빚은 인물이었으므로, 학문을 하는 사람이라면 누구나 강유위의 이름을 알고 있었다. 그 강유위가 제자인 양계초와 함께 회시를 보기 위해 북경에 왔을 무렵, 시모노세키조약 체결이라는 굴욕적인 사건이 일어났다.

여기서 양계초에 관해 짚어 보자. 그는 강유위와 마찬가지로 광동 출신인데, 스승보다 15세 연하로 동치 12년(1873)에 태어났다. 어린 나이에 광주의 명문 학교인 학해당(學海堂)에 입학했다. 학해당의 학자들이 지난 날 아편 이금론에 가세한 것은 앞('선남시사의 사람들')에서 이야기했다. 재학 중에 향시에 급제해서 거인이 된 것이 17세 때이므로 조숙한 천재라고 할 수 있다. 학해당의 구태의연한 강의에 실망하던 무렵, 그는 강유위와 만났다. 마침 강유위가 상소가 묵살되어 실의에 젖어 귀향해 있을 때였다. 강유위는 광서 16년(1890), 광주에 만목초당(萬木草堂)이라는 서당을 열었다. 양계초와 그의 벗으로 역시 조숙했던 진천추(陳千秋)가 첫 제자였다. 양계초는 강유위의 강의를 들었을 때의 심경을,

한꺼번에 옛 보루를 죄다 잃다.

라고 표현했다. 지금까지 익힌 학문을 의지해야 할 보루로 비유하고 있는데, 강유위가 그것을 죄다 부정했기 때문에 양계초는 정신적으로 크게 동요했다. 처음 만난 날 밤, 양계초가 한잠도 자지 못했다고 술회한 것을 보면 그의 충격이 얼마나 컸는지 짐작이 가고도 남는다. 양계초는 쓸모없는 옛 학문을 버리고 명문인 학해당(이 학교에는 수업 연한이 없었다)을 자퇴하고 강유위의 제자가 되었다.

광주에서 서당을 연 시기에 문제의 『신학위경고』가 쓰였다. 강유위의 이 저작은 양계초와 진천추의 협력으로 완성되었다. 적어도 양계초는 자신의 저서인 『청대학술개론(淸代學術槪論)』에서 그렇게 말하고 있다. 실제로는 요절한 진천추가 이 저작에 더 큰 공헌을 한 듯하다. 진천추가 죽었기 때문에 양계초는 자연히 강유위의 오른팔 같은 존재가 되었다. 그렇

다고 양계초가 강유위를 복제한 듯한 인물은 아니다. 성격적으로는 오히려 크게 달랐다고 할 수 있다.

강유위는 사색형으로 한 가지 일에 열중해서 깊이 파고드는 성격이었다. 때로는 마치 신들린 듯했다. 일종의 카리스마적인 면이 그에게는 있었다. 그에 비해 양계초는 관심의 대상이 넓은 대신 깊이가 얕고 변덕이 심했다. 이것은 자기도 인정하는 사실이었는데, 그는 딸에게 참을성이 없는 것이 자신의 결점이므로 배워서는 안 된다고 훈계했다. 양계초는 저널리스트형이다. 아마도 근대 중국의 첫 거물 저널리스트라는 자리는 그에게 주어야 마땅할 것이다.

이 두 사제가 상경했을 무렵, 요동·대만의 할양과 2억 냥의 배상금 문제로 북경은 들끓고 있었다. 게다가 북경에는 전국에서 준재들이 회시를 치르기 위해 모여들고 있었다. 회시에 응할 정도니 장차 국가에 쓸모 있는 존재가 되겠다고 뜻을 굳힌 사람들이다. 나랏일에 깊은 관심을 갖는 것은 당연한 일일 것이다. 그들은 동쪽 바다의 작은 나라 일본에게 패했다는 사실에 자존심이 상했고, 강화조약의 굴욕적인 조건에 분개했다. 강유위도 흥분했다. 그는 회시에 모인 거자들에게,

　　강화조약 거부, 천도 항쟁, 변법 실행

을 내용으로 하는 상서(上書)에 서명할 것을 호소했다. 곧 천 수백 명의 거인이 상서에 서명했다. 제자 양계초가 서명을 모으는 데 상당한 활약을 했다고 한다.

이때 강유위는 37세였다. 그는 서명의 장두(狀頭)가 되었는데, 지명도

가 높았기 때문에 별다른 이의가 없었다. 또 『신학위경고』와 같은 불온한 문서가 아니라 애국적인 상소였으므로 서명을 주저할 이유가 없었다.

이것이 '공거상서(公車上書)'라고 불리는 사건이다. 공거란 고대 중국에서 아랫사람이 올리는 상서를 윗사람에게 전달하는 관리직의 명칭이었다. 청조 제도에서는 도찰원이 이에 해당한다. 그러나 도찰원은 이 상서의 수리를 거부했다. 천 수백 명에 이르는 서명자는 회시 수험생이어서 아직 관직에 오르지 못한 사람들이다. 관직이 없는 사람이 정치에 간섭해서는 안 된다는 생각이었다. 상서의 내용은 애국심에서 나온 것으로, 교육을 보급하고 인재를 등용해서 부국강병을 도모하라는 매우 온당한 것이었다. 내용에는 문제가 없었지만 자격 없는 사람의 상서라는 점이 문제가 되어 반려되었다.

수리는 거부되었지만 '공거상서'는 세간의 화제가 되어, 일단 세상에 경종을 울리는 역할을 했다. 이것이 음력 3월의 일인데, 그로부터 얼마 후 회시 합격자 발표가 있었다. 강유위는 마침내 진사에 합격했다. 제자인 양계초는 낙방했다. 진사가 된 강유위는 공부주사(工部主事)라는 직책에 제수되었지만 실제로는 취임하지 않았다. 명목상으로 취임하는 일은 당시로서는 흔한 일이었다.

4월이 되어 강유위는 단독으로 부국(富國), 양민(養民), 교사(敎士), 연병(練兵)의 4개항으로 나누어 '자강설치(自强雪恥)의 방책'을 적은 상서를 올렸다. 이미 진사가 되어 자격을 갖추었으므로 이것은 광서제에게 전달되었다.

5월에 그는 다시 상서를 올렸다. 매달 낸 것 같지만 그해는 윤달이 들어 5월이 두 번 있었다. 상서 날짜는 두 번째 5월 8일이었다. 광서 14년에 올린 상서부터 헤아리면, 공거상서를 포함해 이것이 네 번째가 된다. 그런데 이번에는 도찰원이 수리를 거부했다. 이미 자격을 지녔는데, 세 번째는 수리했으면서 네 번째는 거부한 것은 그 내용에 문제가 있었기 때문이었다. 이때 상서에는 국회의 설치라는 항목이 있었는데, 도찰원에서 이것을 국체(國體)에 맞지 않다고 판단한 것이다.

강유위는 설득력 있는 상서를 작성하기 위해 더욱 사색과 연구에 매진했다. 외국의 정치제도 등도 널리 조사했다. 그리고 여러 외국도 처음부터 훌륭한 제도를 가지고 있었던 것이 아니라 노력해서 '변법'을 한 것임을 알았다. 후진국이면서 선진국의 제도를 도입해 변법에 성공한 것이 청나라를 이긴 일본이었다. 일본은 '메이지 유신'이라는 변법에 성공했기 때문에 대국인 청나라를 이길 실력을 갖출 수 있었다. 또 러시아도 유럽에서는 후진국이었지만 표트르 대제에 의한 정치 개혁으로 열강과 어깨를 나란히 하며 국력을 강화할 수 있었다.

네 번째 상서에서 얼마간 사이를 두고 광서 23년(1897)에 강유위는 다섯 번째 상서를 올렸다. 시간을 들여 연구와 조사를 하고 문장을 다듬은 만큼, 이 다섯 번째 상서는 구체성이 있는 뛰어난 문서였다. 러시아와 일본을 견본으로 삼을 것, 헌법을 만들고 국회를 설치할 것 등의 주장이 설득력 있는 문장에 담겨 있었다.

다섯 번째 상서는 중신들 사이에서도 읽혀서 찬반양론이 일었다. 강유위의 의견을 높이 평가한 사람은 황제가 강유위를 불러서 하문해야 한다고 주장했다. 그러나 공친왕은 일에는 순서가 있다는 이유로 그 주장에 반대했다. 갑자기 황제를 알현하는 것보다 먼저 대신이 그를 접견해야 한다는 것이었다.

이렇게 해서 강유위는 총리아문에서 대신들과 접견하게 되었다. 그중에는 실각한 이홍장도 있었고, 옹동화, 영록(榮祿) 같은 유력자도 있었다. 영록 등은,

조종(祖宗, 가장 근본적이며 주요한 것)의 법은 바꿀 수 없다.

라는 생각에서 처음부터 문제로 삼지 않았지만, 옹동화 등은 강유위의 주장에 깊이 공감했다. 강유위가 그 포부를 실행하려면 황제의 신임을 받아 권력을 잡아야 하는데, 지금으로서는 황제에게 가까이 가기조차 어렵다. 옹동화는 그 뒤 강유위를 광서제에게 은밀히 천거하는 중개 역할을 했다.

세계 일주 시찰에 나선 이홍장

시모노세키에서 귀국하는 배에서 쓴 상주문에 '조속한 시일 내에 변법(變法)하여 인재를 구하고……'라는 대목이 있듯이, 이홍장도 변법에는 찬성했다. 그런데 이듬해(1898) 광서제는 이홍장을 강유위의 변법을 방해했다는 이유로 총리아문의 직책에서 파면했다. 변법파는 황제의 친정(親政)과 더불어 서태후의 섭정 폐지를 원하고 있었으므로, 서태후와 밀착해 있던 이홍장이 배제되었다는 것이 파면의 진상이다. 이홍장은 변법에 반대할 이유가 없었고, 만약 반대했다면 그 성급한 방법에 대해서였을 것이다.

여기서 청일전쟁 후의 이홍장의 궤적을 간단히 짚어 보자. 패전의 책

임을 지고 직례 총독과 북양 대신 자리에서 해임되어, 말하자면 평범한 중신으로 있었던 그에게 다시 한 번 기회가 주어졌다.

청일전쟁 직전에 러시아 로마노프 왕조의 알렉산드르 3세가 죽고 니콜라이 2세가 즉위했는데, 그 대관식이 1896년 4월에 거행될 예정이었다. 알렉산드르 3세가 사망했을 때, 청나라는 호북 포정사(布政司)인 왕지춘(王之春)을 조문사절로 파견했다. 왕지춘은 임무를 마친 뒤 한동안 프랑스에 머무르고 있었는데, 청나라는 다시 그를 러시아에 보낼 생각이었다. 그런데 북경 주재 러시아 공사 카시니가 다른 외국 사절에 비해 지위가 지나치게 낮아서 받아들일 수 없다며 재고를 요청했다. 여기에서도 청조가 외교에 무지하다는 사실이 드러난다. 가까운 곳에 있다는 이유로 일찍이 조문사절로 보냈던 사람을 축하 사절로 다시 보낸다는 것은 매우 실례가 되는 행동이다. 청나라는 유럽에서 대관식이 얼마나 중요한 것인지 몰랐다. 일본은 메이지 일왕의 대리로 후시미노미야 사다나루(伏見宮貞愛) 친왕이 군부의 최고 원로인 야마가타 아리토모(山県有朋) 대장을 데리고 가기로 결정되어 있었다. 지방의 부지사급을 그 자리에 나란히 세우는 것은 분명히 균형이 맞지 않는 일이다. 러시아 공사가 거부한 것도 당연한 일이었다.

카시니가 특별히 이홍장을 지명한 것은 아니었다. 그러나 다른 나라와 균형을 맞추려면 청나라의 사절이 이홍장이어야만 한다는 것은 누가 생각해도 알 수 있는 일이다. 태어나 처음으로 바다를 건너 일본에 갔다가 거기서 괴한의 습격을 받고 막 돌아온 이홍장은 이듬해 러시아로 가야만 했다. 이때 러시아는 대관식 기회를 이용해서 청나라와 비밀협정을 맺으려 했다. 따라서 어떻게 해서든 이홍장이 와주어야만 했다.

74세인 이홍장은 어디서 죽든 상관없도록 짐 속에 관까지 준비했다고 한다. 출발에 즈음해서 지난날 정적이었던 옹동화가 찾아 왔다. 청일전쟁 때는 옹동화가 주전파의 대표로서 이홍장과 대립했지만, 러시아와 동맹을 맺는 일에는 의견이 일치했다. 밀약에 관한 사항은 카시니 공사에게서도 들었으므로 이홍장은 서태후를 만나 훈령을 청했다. 밀약에 대해서는 미리 중신과 서태후 양쪽의 양해를 얻었기 때문에 그다지 부담을 느끼지 않았을 것이다.

이홍장의 이번 외유에서 가장 중요한 것은 러시아와 맺은 밀약이다. 여행의 상세한 내용은 『이부상유력각국일기(李傅相遊歷各國日記)』에 기재되어 있지만, 밀약에 관한 내용은 언급되어 있지 않다. 극비였지만 시기와 정황으로 보아 두 나라의 밀약설이 종종 흘러나왔다. 이홍장도 밀약에 관한 질문을 받았지만, 사실무근이라고 분명하게 부정했다.

청나라와 러시아의 밀약은 유효 기간이 15년인 비밀동맹조약이었다. 유효 기간이 끝나는 1910년에 이홍장의 아들 이경매(李經邁)가 런던의 「데일리 텔레그래프(The Daily Telegraph)」에 전문을 폭로함으로써 비로소 그 내용이 밝혀졌다. 소련은 1924년, 외무부에 동문의 밀약이 보관되어 있다는 사실을 정식으로 발표했다. 러시아 측의 조인자는 로바노프(Sergei Rovanov) 외무장관과 위테(Sergei Witte) 재무장관 두 사람이었다. 조인 장소는 수도인 페테르부르크가 아니라 모스크바였다. 내용은 다음과 같다.

1. 일본이 러시아, 청국, 조선을 침략했을 때는 본 조약을 적용해서 일체의 병력으로 상호 지원할 것.

2. 단독으로 강화하지 않을 것.

3. 작전 중에는 청국의 항구를 러시아 군함에게 개방할 것.

4. 러시아 육군의 원조를 확보하기 위해 흑룡강성과 길림성을 횡단해서 블라디보스토크에 이르는 철도의 개설에 동의할 것. 건설, 경영을 러·청은행에 허가할 것.

5. 전시와 평시를 막론하고 러시아군의 철도 이용을 허용할 것.

6. 유효 기간은 15년으로 할 것.

분명히 군사동맹을 맺는 조약이다. 그런데 유효 기간 중에 일어난 러일전쟁에서 청나라는 조약을 지키지 않고 중립 입장을 취했다. 이것은 러시아의 동북 지방(만주)에 대한 침략 행위가 조약을 넘어서는 노골적인 것이었기 때문에 청나라가 이 조약을 지킬 필요가 없다고 판단했기 때문이다.

러시아 측 조인자의 한 사람이었던 위테는 회고록에서 러시아의 무분별한 침략 행위가 청나라에게 조약을 지킬 열의를 잃게 했다고 적고 있다. 그는 일본과 전쟁하는 것을 반대했기 때문에 러일전쟁 직전에 재무부 장관 자리에서 파면되었다. 그가 반대한 것은 주로 국내적인 이유에서 비롯되었지만, 청나라에게 동맹 조약을 지키게 하는 것이 어렵다고 예측했기 때문이기도 하다.

밀약에 있는 러청은행은 페테르부르크에 본점을 둔 러시아 은행이지만, 동청(東淸)철도 건설 및 경영 계약에 따라 청 정부도 500만 냥을 투자했다. 중국에서는 처음에 화아도승은행(華俄道勝銀行)이라고 불렀으나, 후에 상해의 프랑스은행 등, 외국 자본 은행을 흡수해서 아아은행(俄亞銀

行, Russo-Asiatic Bank)이라는 명칭으로 불렀다.

　대관식과 밀약 조인을 마치고 이홍장은 유럽에서 미국을 경유해 귀국했다. 세계를 일주하고 돌아온 셈이다. 각지에서 환영을 받았는데, 독일에서는 황제가 연 초대연에 참석했고, 프랑크푸르트에서 육군, 킬에서 해군의 훈련을 참관했으며, 크루프 회사의 병기창을 견학했다. 외유의 또 다른 임무는 해관 세칙의 개정에 있었다. 재정을 재건하려면 관세를 올려서 세수를 늘려야 하는데, 여기에는 각국의 동의가 필요했다. 독일 정부도 동의하지 않았다. 이홍장은 데트링을 수행원으로 데려갔는데, 그를 고국인 독일에 잔류시켜 마샬 (Marschall von Bieberstein) 외무부 장관과 절충을 벌이게 했다. 독일은 청나라에게 하나의 섬 또는 항구를 독일의 석탄 저장, 선박 정박 장소로 제공할 것을 교환 조건으로 들고나왔다. 독일이 청도, 교주만을 강제로 조차한 것은 이 교섭에서 유래한다.

　네덜란드에서는 여왕과 황태후로부터 해변궁에 초대 받아 발레를 감상했다. 벨기에에서는 국왕을 만났고, 프랑스에서는 대통령과 만나 삼국 간섭으로 요동반도를 반환하게 된 것에 감사의 뜻을 전하고, 성대한 환영연에 참석했다. 영국에서는 빅토리아 여왕을 만났고, 포츠머스 군항에서 107척의 군함이 참가한 해상 훈련을 참관했다. 북양 해군을 상실한 이홍장의 흉중은 과연 어떠했을까.

　해방파인 이홍장은 처음부터 친러적, 반영(反英)적 경향이 짙었고, 외유 중에도 심복 수행원에게 "동아시아에서 영국의 지위는 러시아, 프랑스, 독일 세 나라보다 낮고, 머지않아 인도를 잃을 것이다"라고 예언하면서, 중국이 유럽에서 물자를 구입할 때는 독일이나 프랑스를 상대로 해야 한다고 역설했다.

대서양을 건너 뉴욕에 상륙하자 연도에 늘어선 사람들이 환호를 보내며 이홍장을 맞이했다. 그의 명성 덕분이기도 하겠지만, 약자를 편들기 좋아하는 미국 시민의 성향도 작용했을 것이다. 노구를 이끌고 일본에서 굴욕적인 조약을 체결하고, 지금 세계를 순방하고 있는 이홍장에게 동정이 쏠린 것이다. 워싱턴에서는 클리블랜드 대통령을 만났다. 다른 나라에서 했던 것과 마찬가지로 국무부에 해관 증세에 관한 교섭을 벌였지만, "각국이 승낙하면 미국도 기꺼이 따르겠다"라는 대답밖에 얻지 못했다. 미국으로서도 그 이상의 대답은 하지 못했을 것이다. 캐나다 밴쿠버 항에서 미국 배를 타고 이홍장은 귀국길에 올랐다. 배는 일본 요코하마에 잠시 들렀는데, 일본 측도 환영 행사를 준비했으나 이홍장은 상륙하지 않고 배에 머물렀다. 당연한 일이었을 것이다.

일본을 모방한 무술변법

외국에서는 환영을 받았어도 귀국하면 패전의 책임자라는 사실에는 변함이 없었다. 총리아문대신의 일원이 되기는 했으나, 이홍장의 처지는 실각이라고 표현해도 무방했다. 총서대신의 회의에 나가서도 거의 발언하지 않았다고 한다. 총리아문의 수석대신은 항상 황족이며, 이때는 공친왕이었는데, 아문을 실제로 좌지우지한 것은 장음환(張蔭桓)이었다. 강화 사절로 일본에 파견되었다가 전권 자격을 갖추지 못했다고 쫓겨난 인물이다. 광동 출신으로 외국 생활 경험이 있는 장음환이 동향인 강유위의 변법에 찬성했음은 말할 나위도 없다.

광서 24년(1898)은 무술년(戊戌年)이었다. 정월에 강유위는 『일본변정고

(日本變政考)』라는 저작을 상서와 함께 황제에게 바쳤다. 이것이 여섯 번째 상서인데, 일본 메이지 유신의 경위를 적은 것이다. 이어서 러시아 표트르 대제의 개혁을 다룬 저작 『아피득변정기(俄彼得變政記, 러시아 표트르 대제의 정치개혁기)』를 바쳤다.

광서제는 성년이 되어서도 서태후가 실제 정무를 처리하는 것을 불만으로 여겼다. 서태후의 정치가 극히 보수적이었다는 점도 젊은 황제로서는 불만스러웠다. 그러던 차에 강유위의 상서와 저서를 받았다. 강유위에 대해서는 옹동화로부터 듣고 있었다. 메이지 일왕이나 표트르 대제가 이룬 것을 자기가 하지 못할 리 없다고 생각했다. 의욕이 있어도 서태후가 있는 한 광서제는 제약을 받을 수밖에 없다.

형식적으로는 서태후는 정치를 황제에게 돌려주고 이화원에 은거한 것으로 되어 있다. 그러나 그녀는 그곳에서 권력을 휘두르고 있었다. 가난한 기인(旗人, 팔기제도에 편입된 만주족의 총칭—옮긴이)의 딸로 태어났으나, 후궁에 들어와 황자를 낳음으로써 그녀는 생각지도 못한 권세를 누리게 되었다. 황후는 되지 못했지만 황태후가 된 것이다. 광서제는 그녀가 낳은 자식이 아니다. 그래서 서태후는 광서제에게 경계의 눈을 떼지 못했다. 광서제도 끊임없이 그녀의 시선을 의식했을 것이다. 서태후는 정치 실권을 잃으면 자기 지위마저 위태로워진다는 것을 알고 있었다.

강유위의 상서는 광서제에게 자립할 의욕을 북돋았다. 마치 상서 쓰기가 취미이기라도 한 듯 강유위는 일곱 번째 상서를 썼다. 그것은 만국의 좋은 법률을 받아들이고, 헌법을 공론에 붙일 것을 종묘에 알리고, 국시(國是)를 변법유신(變法維新)으로 정해야 한다는 진언이었다. 광서제는 마음이 움직여서 변법을 단행할 결의를 굳혔다. 그것은 서태후에게서 자립한다는 뜻이기도 했다.

4월 23일, 광서제는 국시를 정하는 조서를 반포하고, 다음날인 24일에 강유위를 불러들여 변법을 논의했다. 강유위는 총리아문장경(總理衙門章京)에 임명되었다. 장경은 대신을 보좌하는 직책이다. 총리아문에는 이홍장을 포함해서 열 명 가까운 총서대신이 있었다. 지위로 보면 아직 낮지만, 황제가 친히 불러 '변법'에 관한 일을 맡겼기 때문에 큰 권한을 가지고 있었다.

강유위도 한 장의 상서나 변법의 국시 조서로 정치 개혁을 이룰 수 있으리라고는 생각하지 않았다. 이홍장이 회군에서 북양군벌을 만들었듯이 지원 조직이 필요하다는 것을 알고 있었다. 강유위는 '공거상서'를 낼 무렵 강학회(强學會)라는 조직을 만들었다. 상서에 서명한 동지를 중심으로 만든 것인데, 국정 개혁 연구회 같은 성격을 띠었다. 강유위는 이 연구 조직을 기반으로 정당에 가까운 보국회(保國會)라는 조직을 만들었다. 이러한 일은 제자인 양계초의 몫이었다. 강유위가 정권을 잡은 뒤, 그를 지원해서 변법을 실행하기 위해서는 그러한 지원 단체가 필요했다. 보국회의 회원은 밝혀진 사람만도 186명을 헤아린다.

마침내 유신이 시작되었다. 결과 때문에 백일유신(百日維新)이라고도 하고, 간지(干支)를 따라 무술변법(戊戌變法)이라고 일컫기도 한다.

강유위는 잇따라 건의(建議)를 했다. 총리아문장경의 신분으로는 그렇게 할 수밖에 없었다. 헌법, 국회, 철도, 학교, 군사 등, 30년 전 일본의 예를 본보기로 삼았다. 그중에는,

공자의 기년(紀年)을 사용할 것. 공성(孔聖, 공자)을 존중하여 국교

로 할 것.

이라는 건의도 있었다.

건의에서 실행까지는 상당한 시간이 걸릴 것이다. 보수파는 차분히 변법파의 움직임을 주시하고 있었다.

변법파는 이러한 국정 개혁건의와 실행으로 황제 친정이라는 결실을 거두고자 했다. 그것은 서태후가 가장 경계하고 있던 일이었다. 오랫동안 궁정에 있으면서 음모에 능했던 서태후가 그저 팔짱만 끼고 있을 리 없었다.

4월 24일은 양력으로 6월 11일에 해당한다. 혼동을 피하기 위해 앞으로는 특별한 일을 제외하고는 양력을 사용하기로 하겠다. 사실은 그 직전인 5월 24일에 공친왕이 병으로 사망했다. 광서제에게 가해졌던 압력에는 서태후에 의한 것만이 아니라 가장 유력한 황족인 공친왕에 의한 것도 있었다. 공친왕의 죽음도 광서제에게 변법을 단행하게 한 하나의 요인이었는지도 모른다.

광서제는 상당히 비장한 결의로 변법에 임했겠지만, 슬프게도 그는 황제면서도 서태후 때문에 권한에 제약이 있었다. 예컨대 광서제에게는 이품(二品) 이상의 임면권이 없었다. 실제로 국정을 운영하는 사람은 이품 이상의 관원들이었지만 광서제는 그들을 자유롭게 움직이지 못했다.

변법 조서가 나온 며칠 후, 호부상서 옹동화가 파면되었다. 그는 강유위를 광서제에게 연결한 인물이다. 광서제의 교육 주임이어서 제사(帝師)라고 불렀다. 광서제는 이 스승을 구하지 못했다. 왜냐하면 옹동화는 일품 관원이었고, 광서제에게는 그에 대한 임면권은커녕 발언권조차 없었기 때문이다. 변법 조서가 반포되자마자 서태후가 변법파에게 커다란 타격을 준 것이다. 변법파의 앞날은 참으로 험난했다.

혁명만이 병든 중국을 살린다

변법은 정치 개혁일 뿐, 혁명이라고 하기에는 어려운 구석이 있다. 강유위는 황제의 힘을 빌려 변법을 하고자 했다. 황제도 변법에 찬성했으므로 반체제 운동은 아니다. 체재 안에서의 개량이라고 보아야 할 것이다. 다만 체제 안에 서태후의 절대적인 힘과 거기에서 자립하려고 하는 광서제 사이에 모순이 있었다. 서태후 체제에 한해서 보면 강유위의 계획은 반체제 운동이라고 할 수 있다.

봉건제도를 지탱해 온 공자를 이용하려고 한 것만 보아도, 강유위의 변법은 개혁, 또는 개량 운동에 지나지 않는다. 황제의 힘에 의지하려고 했으므로 청조의 존재를 긍정하고 적극적으로 지지했다.

중국을 망국의 위기에서 구하려고 했지만, 그 '중국'을 청조 정부에 한정하지 않는 사고방식도 있었다. 청조가 망해도 중국이 망하는 것은 아니다. 오히려 청조를 멸망시키지 않으면, 중국은 구제될 수 없다는 사고방식도 생겨났을 것이다. 이것은 분명히 혁명이라고 불러야 할 것으로, 이러한 발상에 의한 운동도 일어나기 시작했다. 그렇다고 해도 이쪽은 진정한 반체제 운동이므로 목숨을 걸지 않으면 불가능한 일이었다.

청일전쟁 직전에 손문은 친구인 육호동(陸皓東)과 중국 각지를 여행하다가 천진에서 이홍장에게 의견서를 보내었지만 아무런 반응도 얻지 못했다. 강유위가 광서제의 힘을 빌려 중국을 개조하고자 했듯이, 손문도 최고 실력자인 이홍장의 힘을 빌려 같은 일을 하려고 했다. 이때 의견서에는 상대가 정부의 수뇌부임을 의식한 탓인지 매우 온건한 부국강병책과 서양 문화 도입책을 거론했을 뿐, 입헌정치는 언급조차 하지 않았다고 한다.

손문은 14세 때 형이 있는 하와이로 건너갔다. 그가 지나치게 미국에 물들지 않을까 우려하던 형은 손문이 16세일 때 중국인이라는 사실을 잊지 않게끔 하려고 귀국시켰다. 그러나 한번 바깥세상을 본 손문은 봉건적인 미신 속에 갇힌 고향에 익숙해질 수 없었다. 서양의학을 배웠지만, 그는 의술로 사람을 구하는 일보다 병들고 지쳐서 빈사 직전에 있던 중국을 소생시키는 일이 선결과제라고 생각했다. 손문은 마카오나 홍콩, 또는 고향인 광동에서 비밀결사 사람들과 자주 접촉했다. 소박한 민족주의자들이어서 확고한 이론을 가지고 있지는 않았다. 그들은 다만 만주족 정권의 지배를 받고 있다는 사실에 본능적인 저항감을 느끼고, 만주족을 타도해서 한족 천하로 만들고자 하는 의욕만 가지고 있었다. 비밀결사인 만큼 내부에서는 과격한 논의도 있었을 것이다. 그러한 혼돈이 차츰 정리되려면 역시 지식인의 힘이 필요했다.

당시 상식으로 보면 거인(擧人)도 되지 못한, 그렇다기보다 과거를 치를 뜻조차 없는 손문은 지식인이라고 할 수 없을지도 모른다. 그도 자신을 지금까지의 사대부와는 이질적인 인간이라고 생각했다. 그리고 중국은 지금 과감한 행동에 나서야 하고, 그러기 위해서는 이질적인 인간에 의한 '혁명 운동' 이외에 구국의 길은 없다고 믿었다.

천진에서 이홍장에게 무시당한 손문은 그 길로 하와이로 건너갔다. 그 무렵에는 비합법적인 수단에 호소할 수밖에 없다고 생각하고 있었다.

하와이행은 비합법적인 수단을 위한 군자금을 모으는 것이 목적이었다. 손문의 전기를 쓴 작가들은 흔히 손문이 천진에서 이홍장을 만나려고 의견서를 낸 것을 가벼운 일화처럼 다룬다. 나는 이 일이 어쩌면 손문에게 커다란 전기(轉機)를 마련해 준 사건이 아닐까 생각한다. 이홍장을 움직이면 중국을 어떻게든 할 수 있다는 생각이 당시 손문에게 있었기에 연줄을 찾아서 면담하고자 한 것이다. 그것이 헛수고로 끝났을 때, 이 체제를 타파하지 않으면 중국에 앞날이 없음을 깨닫게 된 것은 아니었을까? 여하튼 이홍장과 면담을 바랐던 그 직후, 광주(廣州)에서 반정부 무장 봉기가 일어났으므로 천진에서 겪은 이홍장의 심경 변화를 더욱 진지하게 생각해 보아야 할 것이다.

광동 무장 봉기는 결코 돌발적인 사건이 아니라 상당히 면밀하게 계획된 것이었다. 손문의 형 손미(孫眉)도 동생의 계획을 원조하기 위해 모든 재산을 제공했다. 손문은 비밀결사 회원들과 신군(新軍)을 의지해서 거병했다. 신군이란 서양식 훈련을 받은 군대를 말하는데, 광동의 신군은 모두 한족이었다. 청조가 신군 36영(營)을 설치한 것이 광서 29년(1903)의 일인데, 공식적으로 '신군'이라는 명칭을 붙이기 전에도 이미 서양식 군대는 존재했다. 특히 수사(水師, 해군)는 일찌감치 외국인 교관을 고용했다. 훈련 과정에서 외국의 문물과 사고방식을 접하고 있었다. 그리고 청일전쟁의 패배가 그들에게는 커다란 자극을 주었다.

태평천국 이래 광동은 반정부, 반정부라기보다는 반만 감정이 강했다. 태평천국의 거병에 천지회가 가담한 것은, 기독교 신앙이라는 차이점이 있지만 도만흥한(倒滿興漢, 만주족 정권을 타도해서 한족을 일으킴)이라는 공통점이 있었기 때문이다. 더욱이 수도인 북경에서 멀리 떨어져 있어서 지방관이 자기 책임이 될 것을 우려해 작은 폭동이 일어나도 중앙에 보고하지 않는 일이 많았다.

수백 명의 동지만으로 일을 벌이는 것이므로 손문과 그의 동조자들은 그것이 도화선이 되기를 기대했다. 광동과 마찬가지로 모반의 분위기가 호남이나 호북, 그 외 지방에도 있었다. 손문은 육호동과 함께 각지를 돌아다니며 그것을 실감했다. 혁명 의식이 있는 동지는 소수였지만 의협 집단이나 신군이 아군이 되어 주면 제한된 지방을 지배하는 일은 어렵지 않다고 판단했다. 한 곳에서 성공을 거두면, 그 성과가 각지에 파급되어 청조를 붕괴시키는 것도 불가능한 일만도 아니다. 무엇보다 청조는 작은 나라인 일본에게조차 패배한 정권이었으니 두려워할 존재가 못된다고 생각했을 것이다. 지나치게 낙관적인 예측이었지만, 혁명은 으레 커다란 낙관에서 시작된다.

현상금 걸린 도망자 손대포

1895년 4월에 시모노세키에서 강화가 성립되고, 강유위 등의 공거상서가 있었다. 광동 거병은 같은 해 9월에 있었다. 하와이에서 모금 중이던 손문은 동지의 연락을 받고 급히 귀국했다. 광동에서는 반정부 감정이 고조되고 있었다.

이때 양광 총독이던 이한장(李瀚章)은 이홍장의 형이었다. 진사에도 급제하지 못했지만 동생의 후광으로 벼슬길에 오른 인물이다. 생일 축하로 하급 관리들이 100만 냥을 바친 이야기는 잘 알려져 있다. 하급관리들은 그의 인격을 흠모해서 축하금을 보낸 것이 아니라 요구를 받았기 때문에 어쩔 수 없이 보냈다. 자기 주머니에서 내는 것이 아까워서 '총독님 생일 축하에 쓰일 돈'이라면서 주민들에게서 거둔 것이 진상이다. 거두어들인 몫을 그대로 상납하지는 않았을 것이다. 총독의 생일 축하를 구실로 자기네 주머니도 제법 두둑하게 챙겼을 것이다. 양광 주민이 때때로 바친 돈은 아마도 100만 냥의 몇 배나 되었을 것이라고 한다.

청일전쟁 초기에 이홍장은 임시 군비 300만 냥을 받았지만, 무기를 구입하기에는 모자라서 광동의 해방비(海方費)에서 60만 냥을 차용했다. 형인 이한장은 동생을 위해 돈을 마련하려고 위성연(闈姓捐)이라는 공영 도박을 벌이려다 비난을 받았다. 위성연이란 향시(鄕試)에 합격해서 거인이 될 사람을 맞추는 일종의 토토칼치오(totocalcio, 운동 시합 결과를 맞히는 내기 도박-옮긴이)였다. 달리 오락거리도 없어서 향시 같은 행사는 의외로 많은 사람의 관심을 끌었다. 항간에서도 아무개의 셋째 아들이 공부를 잘한다든가 아무개 현의 현령 아들이 신동이라든가 하는 소문이 나고, 과연 합격할지 어떨지 화제에 올랐다. 국가 행사인 향시의 결과를 대상으로 하는 도박을 공영으로 벌여서 돈을 벌려고 했으므로, 비난하는 소리가 없었다면 오히려 이상했을 것이다. 이런 식으로 이한장은 이런저런 문제를 일으켰던 인물이다. 동생인 이홍장이 직례 총독 자리에서 물러나고 패전 책임자로서 탄핵되자, 그는 자기 힘으로 그 지위를 유지할 수 없었다. 이한장은 4월에 병을 이유로 양광 총독 퇴임 발령을 받았다.

청일전쟁이 사실은 일본과 이홍장의 싸움이었다는 말이 있다. 육해군이 모두 이홍장의 북양군이었고, 군사적으로나 정치적으로나 이홍장의 파벌만이 움직였을 뿐, 다른 파벌 사람들은 그다지 협력하지 않았다. 양광 총독 이한장은 친형이었으므로 이홍장을 위해 애를 쓰면서 내기 도

박까지 벌일 생각을 하기도 하고 군대를 모집하기도 했다. 그런데 전쟁이 끝나고 이한장도 실각했으므로, 광동 당국은 모집한 군대를 해산시켰다. 이로 말미암아 많은 젊은이들이 실직하게 되었다. 실업은 어느 시대에서나 사회 불안의 씨앗이 되는 법이다.

폭동을 일으키는 편에서는 사회 불안은 유리한 조건이었다. 혁명 동지들은 광주에 농학회(農學會)라는 간판을 내걸고, 그곳을 본거지로 폭동을 준비해 갔다. 600여 자루의 권총이 시멘트 통에 넣어져 이미 광주성 안으로 옮겨졌다. 음력 9월 9일, 즉 중양절을 기해 폭동을 일으켜서 광주를 점령할 예정이었지만, 홍콩에 모인 수백 명을 광주로 실어 나르는 것이 늦어져서 사흘 연기되었다. 비밀결사 회원 외에 광동의 수사(해군) 일부도 폭동에 가담하기로 되어 있었다.

혁명가는 모름지기 낙관을 신조로 해야 하는 법인데, 동지의 한 사람인 주기(朱祺)라는 남자는 앞날을 비관했다. 앞으로 있을 호응을 기대하고 일을 벌이는 것이므로 동지의 수가 적은 것은 당연한 일이었다. 그러나 주기는 이런 빈약한 병력으로 청나라 전체를 상대하는 것은 무모하기 짝이 없는 일이어서 곧장 진압되어 처형될 것이라고 겁을 먹었다. 목숨을 구하려면 자수하는 길밖에 없다고 생각한 그는 당국에 출두해서 모든 계획을 자백하고 말았다. 거사를 이틀 앞두고 일어난 일이었다.

간부인 육호동을 비롯해 몇 사람은 체포되었고, 황욱초(黃旭初)의 집에 묵고 있던 손문은 가까스로 탈출해서 신회(新會)를 거쳐 마카오로 피신했다. 손문은 홍콩에서 대기 중인 동지들에게 출발을 보류하라는 전보를 쳤지만, 태안호(泰安號)는 70명을 태우고 이미 출발한 뒤였다.

육호동과 태안호의 대장 주귀전(朱貴全)은 처형되고, 혁명군에 가담한 광동 수사 통대(統帶) 정규광(程奎光)은 투옥되었다가 후에 옥사했다. 손문과 함께 천진으로 이홍장을 찾아가려 했던 애국청년 육호동은 처형될 때 29세였다. 손문보다 한 살 아래였다. 육호동의 공사(供詞, 죄를 시인하는 진술)에 따르면, 그는 조국의 외환을 근심하고 거기에 대처할 방법을 고민하고 있었는데, 친구인 손문은 만청(滿淸) 왕조의 타도가 선결과제라고 주장해서 서로 논쟁을 벌이다가 결국 손문의 의견에 동의했다고 한다. 무장 폭동은 손문의 주장에서 비롯된 것이다.

손문은 마카오에서 홍콩으로 건너갔는데, 청 정부는 그의 목에 화홍은(花紅銀) 1천 원(元)의 현상금을 걸었고, 홍콩 정청도 그에게 5년간 체류 금지령을 내렸다. 손문은 홍콩에 도착하자마자 홍콩 의학교 시절 은사인 캔트리(James Cantlie, 1851~1926, 화인서의서원 학장–옮긴이) 박사를 찾아갔다. 캔트리는 자기 변호사인 데니스와 상의한 끝에 청조의 수배자가 된 손문, 진소백, 양구운(楊衢雲), 정사량(鄭士良) 등을 일단 일본에 피신시키기로 했다. 손문의 목은 1천 원, 진소백 등의 목은 100원에 불과했으므로, 손문이 주범으로서 특히 치열한 추적을 받았음을 알 수 있다.

얼마 후 손문은 일본을 떠나 소년 시절을 보낸 하와이로 향했다. 정사량은 사건의 선후책을 강구하기 위해 일단 귀국했다. 정사량은 기독교도였으나 비밀결사인 삼합회와 관계가 깊었다. 광동 봉기 때 삼합회 회원의 동원을 담당한 것도 그였다. 귀국은 위험했지만 비밀결사의 속사정에 밝은 그는 잠복 행동에 자신이 있었다. 양구운은 동남아시아의 화교에게 혁명을 선전하기 위해 얼마 후 일본을 떠났다.

진소백은 한동안 일본에 머물렀다. 그도 홍콩 의학교에서 공부를 했는데, 이것은 손문의 권유를 받아서였고, 손문과는 그 이전부터 아는 사이였다. 그는 뛰어난 문장가이기도 해서 손문의 혁명 문헌은 그의 붓 끝에서 나온 것이 적지 않다. 하와이로 출발하기 전, 손문은 일찍이 하와이에서 체재했을 때 알게 된 스가와라 덴(菅原伝)을 진소백에게 소개했다. 스가와라는 진소백에게 미야자키 다미조(宮崎民蔵)와 도라조(寅蔵, 다른 이름은 도텐) 형제를 소개했다. 중국 혁명지사와 일본의 지원자 사이의 교제가 이렇게 해서 시작되었다.

하와이로 건너간 손문은 이듬해 6월까지 거기에 머물렀다. 손문은 이미 일본에서 변발을 자르고 콧수염을 기르고 있었다. 변발을 자르는 것은 태평천국의 장발과 마찬가지로 반청 정신을 나타내는 것이지만, 손문의 경우에는 변장하는 데도 유용했다. 거액의 현상금이 걸려 있었으므로 누가 노릴지 알 수 없는 일이었다.

하와이에 머무는 동안 손문은 호놀룰루에서 은사인 캔트리 박사를 만났다. 홍콩 근무를 마치고 영국으로 귀국하면서 캔트리 박사와 그의 가족은 태평양을 거쳐 가는 길을 택했다. 배가 호놀룰루에 기항하고 캔트리 일가는 구경하기 위해 막 상륙한 참이었다. 손문이 말을 걸어도 캔트리가 처음에는 몰라봤을 정도로 손문의 변장은 감쪽같았다. 학창시절부터 많은 신세를 졌고 망명을 도와주기까지 했으니 손문에게 캔트리는 잊지 못할 그리운 은사였다. 캔트리는 손문에게 런던에 올 일이 있으면 꼭 들러 달라고 주소를 알려 주었다.

손문은 1896년 하와이에서 미 대륙으로 건너가 뉴욕에서 3개월 동안 머물렀다. 하와이에도 미 대륙에도 중국인은 많이 있었다. 게다가 대부분 손문과 같은 광동 출신이었다. 미국은 대륙 횡단 철도의 난공사에 착수할 때, 노동자로 대량의 중국인을 받아들였다. 돈을 벌려고 외지로 나왔다가 모은 돈을 손에 쥐고 귀국한 사람도 있었지만, 그대로 눌러앉은 사람도 적지 않았다. 귀국해도 일자리가 있을지 없을지 알 수 없었다. 과감하게 신천지에서 새로운 운명을 개척하려는 사람이 많았던 것도 당연한 일일 것이다.

손문은 하와이나 미 대륙에 거주하는 중국인에게 혁명을 설파하고, 혁명을 위해 자금을 원조해 달라고 요청했다. 제1차 광동 봉기 전에도 손문은 하와이로 건너갔었는데, 그때도 목적은 같았다. 혁명이 성공하면 몇 배로 갚아 주겠다는 조건을 내걸기까지 했다. 사람들은 손문에게 '손대포(孫大砲)'라는 별명을 붙였다. '대포'에는 용감하다는 뜻 이외에도 '허풍장이'라는 뜻이 있었다.

재미(在美) 중국인 중에는 비밀결사의 회원, 이른바 홍문(洪門) 사람이 많았는데, 미국에서는 비밀일 필요가 없었다. 그래서 홍문이라고 해도 일종의 친목 조직에 지나지 않았다. 청일전쟁 후이므로 고국을 걱정하는 마음은 강했겠지만, 외국에서 일단 생활이 안정된 사람들에게 혁명을 납득하게 하는 일은 쉽지 않은 일이었다.

조난과 붕괴

전화위복의 런던 납치 사건

외국에 있어도 유세(遊說)를 하면 눈에 띈다. 손문은 외유 중에도 결코 안전하지 않았다. 미국에도 청나라 공사관이 있어서 손문이라는 위험인물의 언동을 엄중히 감시하고 있었다. 가능하다면 구속하고 싶었을테지만, 외국인데다 공사관은 워싱턴에 있고 손문은 뉴욕에 있었으므로 감시만 할 뿐이었다. 이때 주미 공사는 양유(楊儒)라는 인물이었다. 그가 주러시아 공사로 자리를 옮기기 직전이었다.

1896년 9월 23일, 손문은 뉴욕을 떠나 영국으로 향했다. 이 사실은 주미 공사관에서 주영 공사관으로 틀림없이 전보로 통보되었을 것이다.

영국을 포함해서 유럽에는 화교가 미국만큼 많지 않았다. 유럽으로 건너간 것은 유세를 위해서라기보다 공부를 하기 위해서였다. 2년 남짓 체재하는 동안 그의 혁명 이론은 더욱 다듬어졌다. 유럽의 사회주의 운동을 접하면서 그의 혁명 계획은 한층 명확해졌다. 훗날 발표된 삼민주의(三民主義)는 유럽 체재의 산물이라고 해도 무방할 것이다.

손문이 런던에 도착한 것은 10월 1일이었다. 하와이에서 주소를 가르쳐 준 은사를 그가 찾아갔음은 말할 나위도 없다. 도착 다음날 처음 방문한 뒤, 매일같이 찾아갔다. 책을 빌리기 위해서였다. 손문은 대단한 독서가여서 훗날 혁명으로 눈코 뜰 새 없이 바쁠 때에도 책을 손에서 놓지 않았다고 한다. 캔트리 외에도 홍콩 의학교 시절의 또 다른 은사 맨슨(Patrick Manson) 박사도 영국에 돌아와 있었는데, 손문은 맨슨의 집도 때때로 방문했다. 맨슨은 가까운 곳에 청나라 공사관이 있으니 주의하라고 손문에게 충고했다고 한다. 그러나 지리에 어두운 손문이 공사관이 어디에 있는지 몰랐던 것도 무리가 아니었다.

10월 11일은 일요일이었다. 오전 10시 무렵, 기독교도인 손문은 캔트리와 함께 교회에 갈 생각으로 숙소인 그레이즈 인을 나왔다. 그는 몰랐지만, 그날 그가 지나간 길에는 청나라 공사관 주변이었다. 아마도 주미 공사관의 연락을 받고 주영 공사관 측에서 손문에게 감시와 미행을 붙였을 것이다. 길을 가는데 동향인이 그에게 말을 걸었다. 광동어를 듣고 마음을 놓았는지도 모른다. 손문은 그만 그 동향인이 이끄는 대로 어떤 건물로 들어가고 말았다. 거기가 청나라의 주영 공사관이었다. 그는 2층의 어떤 방에 감금되었다. 창문에는 쇠창살이 박혀져 있었다.

손문은 자기가 감금되어 있다는 것을 어떻게든 캔트리에게 알리려고 했지만 일이 잘 풀리지 않았다. 식사를 나르는 두 명의 영국인 급사에게 쪽지나 손수건 자락에 쓴 연락문을 건네고 캔트리 박사에게 전해 달라고 부탁했지만, 그것은 모두 매카트니라는 영국인 서기에게 건네져서 묵살되고 말았다.

당시 주영 공사는 공조원(龔照瑗)이었지만 실권은 매카트니가 쥐고 있었다고 한다. 손문을 불러 세워 공사관으로 끌어들인 남자는 자기 이름을 당(唐)이라고 밝히고, 손문에게 조만간 영국 선박에 태워져서 이 땅을 떠나게 될 것이며, 홍콩 항구 밖에서 중국 포함(砲艦)으로 옮겨져서 광동으로 호송될 것이라고 일러 주었다. 공사관이 전세 낸 배는 매카트니와 관계가 있으므로 배 안에서는 어떠한 일도 하지 못할 것이며, 그 배는 지금 화물을 싣고 있어 다음 주에 출범할 예정이라는 등의 말도 했다. 그는 때때로 친절한 어조로, 공사는 실권이 없으므로 매카트니에게 부탁하는 것이 최선의 방법이라고 가르쳐 주었다. 그리고 매카트니에게 보낼 편지 내용을 함께 생각해 주겠다면서 다음과 같은 문장을 끼워 넣었다.

내가 공사관을 방문한 것은 무죄임을 설명하기 위해서였다.

손문은 이 문장을 그대로 받아 적었지만, 이것은 매카트니의 책략에 말려든 것이었다. 끌려 들어온 것이 아니라 제 발로 찾아온 것이 된 것이다.

미칠 것만 같았다고 손문은 당시의 일을 술회했다. 결국 손문은 공사관에 근무하는, 늙고 선량한 사환을 설득해서, 캔트리에게 연락해달라고 부탁했다. 물론 매카트니는 사환들에게도 급사들과 마찬가지로 무슨 부탁을 받건 자기에게 가져오라고 엄명을 내렸을 것이다. 손문은 콜이라는 이 노인의 신앙심에 호소하는 방법을 썼다. 자기는 기독교도인데 청나라 황제가 그것을 못마땅하게 여겨서 죽이려고 한다, 어떻게든 지인에게 연락을 해서 송환되어 처형되지 않게끔 해 달라고 부탁했다. 이것이 10월 16일의 일이었다.

다음날 아침, 콜은 석탄을 가지고 왔을 때, 손문에게 종이쪽지를 건넸다. 거기에는 연락을 승낙한다는 것과 열쇠 구멍으로 들여다보고 있으니 침대에 누워서 쓰라는 글이 적혀 있었다. 이렇게 해서 손문은 선량한 콜 덕분에 외부와 연락을 취할 수 있었다.

캔트리와 맨슨 두 박사는 손문을 구출하기 위해 움직였다. 경찰청은 외국 공사관의 문제라면서 손을 쓰려고 하지 않았다. 외무부에 갔지만 일요일이어서 당직 직원만 있는데다, 그 직원도 반신반의하며 내일 보고해 보겠다는 말만 했다. 내일까지 기다리는 사이 손문의 신병이 배로 옮겨지면 큰일이다. 맨슨은 직접 청나라 공사관의 문을 두드렸다. 나온 것은 당이라는 그 남자였다.

당은 끝까지 부인했지만, 맨슨은 손문의 불법 감금은 영국 당국이 이미 탐지했다고 경고했다. 캔트리는 그래도 안심할 수 없어서 사립탐정에게 의뢰해서 청 공사관 주변을 감시하게 했고, 이미 밤이었지만 런던 타임스 사를 방문해 일의 자초지종을 알렸다. 옛 제자를 위해 이렇게까지 한 두 박사도 위대하지만, 거기에는 손문의 인품도 한몫 톡톡히 했을 것이다.

날이 밝자 영국 정부도 사실로 판단하고 행동을 개시해서, 청나라 공사관은 경관과 사복 형사에게 포위되었다. 또 각 신문사가 앞다투어 취재를 시작하고 지면에 대문짝만하게 기사를 실어서, 청나라 공사관의 불법 감금을 비난했다. 공사관 현관 앞에는 구경꾼이 몰려들어 이제 비밀리에 손문을 송환하기가 불가능해졌다. 매카트니도 결국 체념하고 영국 외무부와 연락을 취해 손문을 석방하기로 했다. 청나라 공사관과 영국 외무부가 모두 이 사건이 공식적으로 다루어지는 것을 성가시게 여겼기 때문에 석방은 비공식으로 이루어졌다.

　아슬아슬한 순간에 손문은 목숨을 건지게 되었다. 단순히 목숨만 건진 것이 아니었다. 신문에서 크게 다루어졌기 때문에 지금까지 국제적으로 무명이었던 손문의 이름이 널리 알려졌다. 청나라에 30세의 젊은 혁명가가 있는데, 청 정부를 전복하려다 실패하고 지금 정부에게 쫓기는 몸이 되었으며, 런던에서 감금되어 하마터면 목숨을 잃을 뻔했다는 사실은 그야말로 소설보다 기이했다.

　이 무렵 손문이 일선(逸仙)이라는 호를 썼기 때문에 그의 이름은 성과 호의 광동음인 쑨얏센(Sun Yat-sen)으로 알려지게 되었다. 서구에서는 지금도 손문을 이 이름으로 부르고 있다. 세계적으로 이름이 알려지는 것은 정치가로서도 혁명가로서도 크게 도움이 된다. 런던에서 겪은 이 사건 이후, 누구를 만나건 Sun Yat-sen이라고 이름만 대면 자기가 누구며 무엇을 하려고 한다는 것을 설명하지 않아도 되었다. 전화위복의 한 가지 예라고 할 수 있을 것이다.

변법파를 증오한 서태후

　강유위가 이끄는 무술변법은 손문이 유럽에 머무를 때 이루어졌다. 서태후는 옹동화를 해임함으로써, 자신의 뜻을 분명하게 밝혔다. 변법에 반대한다는 것이었다. 변법에 반대하는 것 이상으로, 광서제에게 정권을 양도할 의사가 없음을 이 인사로 표명했다고 할 수 있다.

　서태후의 여생이 얼마 남지 않았다고 생각해서 이쯤에서 광서제 편으로 갈아타려던 기회주의자들이 여기에 충격을 받았음은 말할 나위도 없다. 그들은 더 이상 변법에 찬성의 뜻을 나타내지 않았다. 그러한 기회주의자, 투기주의자들의 지지는 그다지 필요하지 않았다고 보는 의견도 있을 것이다. 그러나 그것은 선거 때 부동표와 마찬가지여서 결코 무시할 수 있는 것이 아니었다.

손문은 중국의 남단인 광동에서 폭동을 일으키고, 그것이 각지로 파급되어 전국을 휩쓸어서 새로운 체제가 탄생하기를 기대했다. 이에 대해 강유위는 수도 북경의 궁정, 즉 자금성에서 변법을 실행하고, 그것을 지방에 미치게 하려고 했다. 두 사람의 방법은 정반대였다.

변법은 북경의 자금성에서 '조서(詔書)'의 행태로 시작되었지만, 그것을 집행하는 것은 직례 총독 이하 전국의 총독과 순무들이다. 서태후가 이미 의사 표시를 했고, 공을 세워 이름을 떨친 요인들이 제도를 바꾸는데 그다지 찬성하지 않았다. 조서가 나와도 거기에 특별히 반대하지는 않지만, 그렇다고 해서 그대로 실행하려는 생각은 없었다. 그들은 방관자로서 변법을 본체만체하고 있었다. 무술변법이라고는 하나 여러 차례 반포된 변법 조서 가운데 실행된 것은 하나도 없었다. 지방장관 중에서 변법에 호의적인 사람은 오직 한 사람, 호남 순무 진보잠(陳寶箴)밖에 없었다고 한다.

변법파는 처음에 보수적이지만 개량 사상을 지닌 요인들도 자기편이 되었다고 생각했다. 그러나 변법을 시행하는 과정에서 그들은 그것을 지나치게 과격하다고 생각하고 차츰 거리를 두었다. 개량파가 변법파를 떠난 것은 서태후의 눈치를 보았기 때문이기도 하다. 이화원에서 숨소리를 죽이고 있는 듯 보이지만 그녀의 의사는 분명했다. 강유위는 초조해지기 시작했다.

중앙의 요인으로 변법에 동정적인 대표적인 인물이 공부상서(건설부 장관)인 손가내(孫家鼐)였다. 손가내는 청일전쟁 때, 주전론에 반대했던 인물이다. 그의 개량주의는 풍계분(馮桂芬, 1820~1874)의 주장을 바탕으로 한 것이라고 한다.

풍계분은 도광 20년(1840)의 방안(榜眼, 진사 차석 합격자)으로, 아편전쟁 같은 외환이나 태평천국 같은 내우에 대처하려면 정치 개혁을 단행해야 한다고 역설한 선각자다. 그는 서양 과학 기술을 적극적으로 채용하고, 구제도를 시대에 맞게 고쳐야 한다고 주장했다. 당시로서는 대담한 주장으로, 이른바 양무파(洋務派)의 이론적 지주가 되었다. 그가 쓴『교빈려항의(校邠廬抗議)』는 구체적인 정책 논집인데, 그의 사후에도 공개적인 간행이 금지되었을 만큼 위정자의 경계를 받았다. 정부가 온건하다고 인정한 10여 편만이 그가 죽은 지 얼마 후에 문서로 묶였는데, 40여 편이 전부 간행된 것은 광서제 10년(1884)이 되면서부터다. 풍계분은 소주(蘇州)의 상인 집안 출신이어서 비교적 자유로운 사고방식을 가질 수 있었는지도 모른다.

손가내는 풍계분의 숭배자로서『교빈려항의』를 바탕으로 변법 상주문을 썼다. 그러나 손가내에게도 한계가 있었다. 궁정을 중심으로 하는 보수파 사람들은 강유위의 변법도 이단시하며 드세게 비난했다. 강유위는 '백성의 주인'이고자 한다는 비난까지 받았다.『공자개제고』에서 강유위는 공자가 제도를 고치거나 시작했기 때문에 성인이라고 불린다고 했다. 그러면 제도를 고치려고 하는 강유위는 성인인가 하는 반론도 당연히 뒤따랐다. 지방 장관 중에서 유일한 지지자였던 호남 순무 진보잠도『공자개제고』는 저자인 강유위가 직접 불태워야 한다고 상주했다. 이것은 강유위를 공격하는 척하면서 우회적으로 구제하려는 고육지책이었을 것이다. 진보잠 자신도 변법이 탄압되었을 때, 자기 입지를 좋게 하기 위해 가장 지탄받기 쉬운 그 저작을 비난해 두어야겠다고 생각했는지도 모른다.

손가내도 강유위를 탄핵하는 듯한 상소를 올렸는데, 같은 경우로 보면 될 것이다. 강유위가 정치의 중추에 있어서 보수적인 여러 조정 신료들의 반발과 질투를 불러일으키는 것으로 보고, 손가내는 그를 지방으로 보내려고 공작했다. 상해에서 변법파가 「시무보(時務報)」라는 순간지(旬刊紙)를 내고 있었는데, 그것을 정부의 직영으로 하자는 논의가 일었고, 강유위가 책임자인 독판(督辦)에 내정되었다. 이것은 손가내의 추천에 의한 것이었다. 북경을 떠나면 신변이 안전해지리라는 배려에서 나온 행동이었을 것이다. 그러나 강유위는 북경을 떠나는 것을 자기의 정치 생명, 더 나아가 변법 자체의 생명을 끊는 것으로 판단해서 상해로 부임하려고 하지 않았다. 모처럼 광서제의 신임을 얻었는데, 이때 변법을 강행하지 않으면 나라가 위태로워진다고 믿었다.

초조감은 깊어만 갔다. 상황이 나빠질수록 단숨에 일을 강행하고 싶어지게 마련이다. 강유위는 이미 궁정 안의 요인들에게 사전공작을 펼치는 것조차도 시간 낭비라고 생각했다. 의지할 수 있는 것은 황제의 권위밖에 없었으므로 광서제를 확실히 붙잡기 위해 망국의 공포를 불어넣었다. 폴란드라는 안성맞춤인 망국 사례도 있었다. 나라가 망하지 않으려면 어떻게든 변법을 해야 할 필요가 있다고 설득했다. 설득 대상을 황제로 좁혔는데, 그 효과가 나타나 8월 말 무렵에는 광서제도 변법에 적극적이 되었다.

광서제가 적극적으로 무언가를 하려고 하면, 반드시 서태후의 권위와 충돌을 빚게 된다. 이 무렵 광서제는 마치 서태후를 무시하듯 변법 정책을 지지하고 그것을 실행에 옮기려고 했다.

서태후는 이화원에 있었는데, 자금성의 위병이나 환관 중에는 그녀의 귀와 눈 노릇을 하는 사람이 있어서, 광서제나 변법파의 움직임을 손바닥 들여다보듯 훤히 알았다. 그녀는 기회를 엿보고 있었다. 강유위처럼 안달할 필요가 없었다. 이홍장이 직례 총독에서 해임된 뒤, 왕문소가 후임으로 있었는데, 광서제의 국시 조서가 나온 뒤 서태후는 자기 조카인 영록(榮祿)으로 교체시켰다. 직례 총독은 군권을 가진다. 북양군을 물려받기 때문이다. 물론 북양군벌은 이홍장의 사병단이었으므로 영록이 얼마나 장악할 수 있을지는 의문스럽다. 일본과 전쟁을 치르면서 북양군벌 자체는 큰 타격을 받았고, 해군은 사실상 소멸되었다. 육군 쪽은 청일전쟁 직전에 조선을 빠져나와 병참을 담당했던 원세개가 '신건육군(新建陸軍)'으로 편제해 열심히 훈련시키고 있었다. 원세개는 이홍장계의 인물이었으므로 영록이 얼마나 그에게 영향력을 미칠 수 있을지 문제였다. 그렇다고 하더라도 군대에 아무런 공작을 하지 않은 것은 변법파가 결국 실패하는 큰 원인이 되었다. 서태후가 조급하게 굴지 않고 기회를 엿볼 수 있었던 것도 군대의 힘이 배경에 있었기 때문이다.

일을 서두른 강유위는 변법에 소극적인 정부 요인을 파면하고, 변법파 네 사람을 군기대신장경에 임명했다. 장경(章京)은 대신을 보좌하는 직책인데, 이 네 사람은 이름은 비록 장경이었지만 실제로는 재상에 버금가는 권한이 주어졌다.

내각후보시독(內閣候補侍讀) 양예(楊銳)

형부후보주사(刑部候補主事) 유광제(劉光第)

내각후보중도(內閣候補中道) 임욱(林旭)

강소후보도(江蘇候補道) 담사동(譚嗣同)

이 네 사람이 9월 5일에 장경 발령을 받았다.

일본에 진 것은 불행이 아니다

네 명의 군기대신장경 중, 양예와 유광제 두 사람은 지방장관 중에서 유일하게 변법에 동조했던 호남 순무 진보잠이 천거한 인물이다.

호남에서만 변법적 정치가 이루어지고 있었다. 순무를 도와서 새로운 정치를 하고자 하는 인물에 광동 출신의 황준헌(黃遵憲)이 있었다. 시인으로 유명했지만, 순천향시(順天鄕試)에 합격한 뒤에는 외교관으로서 각국을 돌아다닌 인물이다. 첫 임지가 일본이었는데, 광서 3년(1877)에 일본에 부임해서 일본의 민권운동에 자극을 받아 뒤에 『일본국지(日本國志)』를 완성했다. 이어서 미국 샌프란시스코 총영사에 임명된 것이 1882년, 황준헌이 35세 때 일이다. 재임 중인 1884년, 미국 대통령 선거를 실제로 보았다. 1890년에는 주영 이등참사관으로 런던에 부임했고, 이듬해에는 싱가포르 총영사가 되었다. 청일전쟁이 시작된 해의 11월 중순에 싱가포르에서 귀국했다. 그가 강유위를 만난 것은 그 다음해의 9월이었다. 시모노세키조약이 이미 조인, 비준되었고, 두 사람은 조국의 장래에 대해 서로 의견을 나누었다. 강유위가 강학회를 열기 위해 상해에 와 있던 때였다. 같은 시기, 청나라 사절로서 대관식에 참석하기 위해 러시아로 향하던 이홍장과도 상해에서 만났다.

앞에서 이야기했듯이 강학회는 정당이었지만, 청조가 그런 종류의 결사를 허용하지 않았기 때문에 학회라는 가면을 썼다. 손문도 광주 거병 때는 동지들의 모임을 농학회라고 칭했다. 강학회는 외국 도서를 번역하고 신문과 잡지를 발행하려고 했는데, 정치를 개혁하고자 하는 목적에서였다. 어사(御使) 양숭이(楊崇伊)의 탄핵으로 강학회는 곧 해산되었다.

황준헌은 그 뒤 양계초를 만나 강학회의 정신을 계승하기 위해 「시무보」를 내기로 했다. 여기에는 왕강년(汪康年)도 참가했다. 왕강년은 양계초보다는 활약이 적은 듯하지만, 중국 저널리스트의 개척자적 존재다. 그런데 황준헌은 이 왕광년과 의견이나 성격이 잘 맞지 않았던 듯, 두 사람 사이는 결렬되고 말았다. 얼마 지나지 않아 황준헌은 호남으로 가서 진보잠의 변법 정치를 돕게 되었다.

「시무보」는 정당 성격을 띤 강학회가 해산되었기 때문에 그 선전 활동 부분을 이어받아 만든 것이다. 변법으로서는 강력한 지원이었다고 할 수 있다. 발행 부수는 1만 부라고 하는데, 당시 문맹률이나 정치 상황으로 보면 파격적인 부수였다. 「시무보」는 변법을 실행하지 않으면 나라가 망한다는 것을 양계초와 왕강년의 명문으로 선전했다. 「시무보」에 힘입어 변법은 지지층을 크게 넓힐 수 있었다. 이것이 북경이 아니라 상해에서 발간되었다는 사실에는 큰 의의가 있다. 당시부터 상해는 이미 중국에서 가장 앞서가는 지방이 되어 있었다. 중국 근대사는 상해에서 눈을 떼면 이해하기 어려워질 것이다.

궁정의 변법 지지자이던 손가내가 강유위의 신변 안전을 고려해 상해로 보내려고 한 것은 「시무보」의 관영화를 위해서였다. 상해라는 선진 지역에서는 변법 선전이 제법 먹혀들고 있지만, 궁정에서는 의지할 사람이라고는 오직 광서제 한 사람밖에 없는, 그야말로 고립무원의 상태였다.

변법파 네 사람을 군기대신장경으로 임명하자, 가만히 지켜만 보고 있던 서태후가 마침내 행동을 개시했다. 변법파도 그렇게 되리라고 예측하고 위기감을 가진 것은 말할 나위도 없다. 이렇게 되면 변법파에게는 기선을 제압해 쿠데타를 일으켜서 서태후를 서산(西山)의 별궁에 유폐하고, 광서제의 친정을 실현하는 것 외에는 달리 활로가 없다. 바꾸어 말하면, 변법파는 차츰 막다른 골목에 내몰리고 있었다.

쿠데타를 일으키려면 군대의 힘이 필요한데, 군대는 변법파의 약점이었다. 3년 전에 실패한 손문의 광동 거병은 서양식 훈련을 받은 수사(해군)의 호응을 믿었는데, 변법파도 '신건육군'이 자기네 편이 되어 줄지 모른다고 생각했다.

신건육군의 책임자는 원세개였다. 그것은 새 옷을 걸친 북양군이었다. 원세개가 이홍장의 심복이라는 사실은 누구나 알고 있었다. 이홍장은 청일전쟁 때문에 요직에서 물러났다고는 하나 서태후가 가장 신임하는 인물이다. 이런 관계를 되짚어 보면, 신건육군을 쿠데타에 이용하려는 것이 얼마나 위험한 생각인지 알 수 있을 것이다. 그러나 달리 방법이 없었다.

원세개에게 협력을 부탁하러 간 사람은 새롭게 군기대신장경에 임명된 담사동이었다. 호남 사람이지만, 부친 담계순(譚繼洵)이 고급 관료였기에 부친의 임지인 북경에서 나고 자랐다. 광서 9년(1883), 18세 때 부친이 감숙(甘肅)으로 부임하게 되자 함께 난주(蘭州)로 갔다. 그리고 2년 후에 신강 순무 유금당(劉錦棠)의 참모가 되었다. 유금당은 상군(湘軍)계 사람이어서, 동향에 동료이기도 한 담계순의 부탁을 받고 그 아들을 돌봐 주었다. 그런데 담사동은 약간 특이해서, 북경에서 소년 시절을 보낼 때 왕정의(王正誼)라는 협객과 어울렸다. 이윽고 그는 참모직을 떠나 전국을 방랑했다.

수를 합하면 8만여 리, 나아가 이를 늘리면 지구를 한 바퀴 둘러쌀 수 있을 것이다.

라고 『삼십자기(三十自紀)』에서 그는 말하고 있다.

무술변법이 있기 1년 전, 32세인 그는 『인학(仁學)』이라는 논문을 썼다. 그는 우주의 근본 원리를 '이태(以太)'라고 이름 붙였는데, 이것은 에테르(ether)를 가리킨다. 인간의 원리는 오륜(五倫)이지만, 그는 그중에서 '붕우(朋友)'가 가상 훌륭하다고 주장했다. 나머지 사륜, 즉 군신, 부자, 형제, 부부는 속박이 있어서 어찌할 수 없는 면이 있지만, 붕우에는 상하 관계가 없어 평등하고 자유로우며, 사람들이 이로 말미암아 자주성을 잃는 일이 없다. 우주의 근본 원리는 '붕우'의 길로 응결된다는 것이 그의 주장이다. 더구나 붕우의 길은 조직화할 수 있다. 그는 기독교 교회 같은 것을 염두에 두고, 그것을 '학회(學會)'라고 불렀다. 학회에 의해 수천만 명의 사람이 붕우가 될 수 있다. 그것이 '인(仁)'의 모습이라고 그는 역설했다. 아무래도 담사동이 말하는 '인'이란, 의협에 가깝다고 생각된다.

『인학』이라는 그의 논문에는 청 왕조에 대한 한족의 저항을 주장하는 대목이 있는데, 거기에는,

애신각라(愛新覺羅, 청 황실의 성)들의 천하고 색다른 종. …… 야만

스럽고 흉악한 성질.

이라는 표현이 등장한다. 이런 저작이 청나라에서 공공연하게 출간될 리
없다. 상하 2권 5만자의 대논문『인학』은 그가 양계초에게 사본을 보내
고, 양계초가 일본에서 인쇄한 것이다. 책을 낼 때 저자의 이름은 숨기고
'대만인이 저술한 책'이라고만 했다. 청일전쟁 이후였으므로, 대만인이라
면 이미 청나라 사직 당국의 손이 미치지 않는다. 애신각라씨는 아무리
매도당해도 어찌하지 못했다.『인학』은 청일전쟁에 대해서도,

　　이기면 교만해졌을 것이므로 패전이 반드시 불행한 것은 아니다.

라고 평했다.
　이러한 사상을 지닌 담사동이 청나라의 궁정에 들어가 군기대신장경
이 된 것이다. 반변법파인 문제(文悌)라는 대신이 보국회(保國會)를 탄핵하
는 상주문에서,

　　그들의 충군(忠君)과 애국을 합쳐서 하나가 되게 해야 한다. 공연
　히 중국 4억 국민을 위하노라면서 우리 대청국을 도외시하지 말아야
　할 것이다.

라고 말하고 있는데, 확실히 담사동은 '애국'이되 '충군'은 아니었다. 중국
4억을 위하는 것만을 생각했을 뿐, 대청국 따위는 도외시하고 있었다. 황
실을 천한 무리라고 매도하고, 일본에 진 것을 불행이 아니라고 평가했

다. 이런 점에서 담사동은 변법의 주모자인 강유위와는 사상적으로 선을 그었다고 볼 수 있다.

권세를 되찾은 서태후

양계초의 『무술정변기(戊戌政變記)』에 따르면, 서태후의 반변법 실력행사를 저지하려면 이쪽에서 군사 쿠데타를 일으킬 수밖에 없다고 발의한 것은 강유위였다고 한다. 그 방법으로서, 원세개의 지원을 요청하자고 주장한 것이 담사동이었다고 전한다. 강유위도 그 주장에 찬성했다. 조선에 오랫동안 주재했고 외국 사정에도 밝았으며 신식 군대를 편제했으므로 개화사상을 지닌 진보적인 인물이리라 기대한 것이다. 경사(京師) 강학회에 원세개가 금 500원(元)을 기부한 일도 변법파의 환상을 부추긴 한 요인이었을 것이다.

담사동은 군대 출동을 요청하기 위해, 천진의 법화사(法華寺)로 원세개를 찾아갔다. 원세개의 일기에는 담사동에 대해서,

기세등등하고 흉포해서 미친 사람 같았다.

라고 적혀 있다. 두 사람의 회견 모습이 원세개의 『무술일기(戊戌日記)』에 기록되어 있는데, 상대방인 담사동이 처형되었기 때문에 자료로서는 이것이 유일하다. 원세개에 따르면, 두 사람 사이에 다음과 같은 대화가 오갔다고 한다.

담(譚)　　당신은 파격적인 은전(시랑으로 승진한 일)을 입었으므로

　　　　　성은에 보답해야 한다. 폐하에게 큰 어려움이 닥쳤는데,

　　　　　당신이 아니면 구할 수 없다. 직례 총독 영록이 폐하를 시

　　　　　해하려고 하는 것을 아는가? 결사대를 이끌고 가 영록을

　　　　　주살하고 이화원을 포위하지 않겠는가?

위안(袁)　이화원을 포위해서 어쩌겠다는 것인가?

담(譚)　　그 노후(老朽, 서태후)를 제거해야 나라를 구할 수 있다. 노

　　　　　후를 제거하는 일은 내가 맡겠다. 당신을 번거롭게 하지

　　　　　않겠다. 당신은 영록을 주살하고 이화원을 포위하는 일,

　　　　　이 두 가지만 맡아다오. 싫다고 한다면 나는 당신 앞에서

　　　　　죽겠다. 내 목숨은 당신 수중에 있지만, 당신 목숨도 내

　　　　　수중에 있음을 잊지 말라.

허리와 옷깃 근처가 불룩 솟아 있는 모양새가 흉기를 숨기고 있는 것처럼 보였다고 한다. 원세개는 그때 일단 승낙한다는 대답을 했지만, 그 이유를 협박당했기 때문이라고 할 생각이었다. 원세개는 이해득실을 이리저리 재어 본 끝에 변법파를 배신했음에 틀림없다. 그는 이 일을 영록에게 밀고했고, 영록은 서둘러 이화원으로 가서 서태후에게 보고했다.

변법파가 먼저 쿠데타를 일으킨 것 같지만 사실은 반변법파, 즉 서태후파가 선수를 친 것이다. 자금성에서는 이미 제파(帝派, 변법파)와 후파(后派, 서태후파)의 격렬한 싸움이 벌어지고 있었다.

9월 14일에 광서제는 강유위 이하 5명의 변법파 간부에게 밀조를 내렸다.

이제 짐은 제위를 유지하기 어렵게 되었다. 그대 강유위, 양예, 임욱, 담사동, 유광제 등은 조속히 회동하여 법을 만들어 짐을 구하라. 짐은 몹시 초조하다. 부디 뜻을 이루기를 간절히 바라매 특별히 유시를 내린다.

이렇듯 비장한 내용이었다.

9월 16일(음력 8월 1일), 광서제는 원세개를 친견하고 시랑후보의 자격을 주었다. '파격적인 은전'은 이것을 가리킨다. 이때 원세개의 신분은 직례 안찰사에 지나지 않았다. 서태후파의 대신도 많이 있는 자리였으므로 군대에 의한 도움을 부탁할 수는 없었다. "영록과 더불어 각자의 일을 각자가 처리하라"라고 한 것이 고작이었다. 이것은 군대를 움직이는 데 상관인 직례 총독과 상의할 필요가 없다는 뜻을 내비친 것이다. 직례 총독 영록은 서태후의 조카로서 서태후와 가장 가까운 인물이었다.

다음날인 9월 17일, 한림원의 양숭이(楊崇伊)가 서태후에게 훈정(訓政)을 청했다. 공식적으로는 서태후는 이미 은거하고 있었지만, 황제가 변법파의 꼭두각시가 되어 있으므로 반드시 복귀해서 정치를 돌보아 달라고 요청한 것이다. 지금 이대로도 광서제는 서태후에게 꼼짝을 하지 못하지만, 정식으로 수렴청정이 부활하면 황제의 목숨마저 위태로워진다. 양숭이가 청한 것은 변법에 물든 황제를 처분해 달라는 말이나 다름없었다.

광서제는 그 이전부터 위기감을 느꼈기 때문에 앞에서 이야기한 밀조를 내린 것이다. 강유위는 이것을 '의대조(衣帶詔)'라고 칭했다. 『삼국지』에서 조조의 지배를 받던 헌제(獻帝)가 몰래 허리띠 속에 밀조를 넣어 짐을 구하라고 호소한 고사에서 유래한 말이다.

담사동이 천진 법화사로 원세개를 찾아간 것이 9월 18일이었으므로, 밀조는 그보다 4일 전에 나왔으며, 양숭이가 서태후에게 복귀를 요청한 다음날에 해당한다. 9월 19일, 영록과 원세개는 천진에서 비밀리에 상경했다. 보고를 받은 서태후는 다음날인 9월 20일 이른 아침에 이화원에서 자금성으로 돌아와, 광서제의 방을 뒤져서 변법에 관한 문서를 압수했다. 다만 이날은 일본에서 방문한 이토 히로부미가 광서제를 알현하기로 되어 있었으므로 서태후는 휘장 뒤에 숨어서 감시하는 데 그치고, 밤이 되어서야 황제를 불러들여 독을 마시라고 다그쳤다고 한다. 군기대신 왕문소와 여러 황족들이 만류해서 간신히 유폐 처분으로 결정되었다는 이야기가 있다.

　9월 21일, 수렴청정의 칙유가 내려짐으로써 변법 운동은 실패로 끝나고 다시 서태후의 보수 정치로 돌아갔다. 변법이라고 해도 앞에서 이야기한 대로 조칙의 남발에 그쳤고, 실행된 것은 거의 없다. 변법파가 목표로 삼은 것은 경사(京師) 대학당을 설치해서 신교육을 실시하고, 황제 스스로 머리를 깎고(斷髮), 옷을 바꿔 입으며(易服), 연호를 바꾸고(改元), 상해로 천도하는 것이었다. 개혁이라고는 해도 그다지 과격한 것은 아니었다. 경사 대학당을 설치한다고 해서 과거제 폐지를 주장한 것은 아니다. 과거는 그대로 두고 다만 시험 과목에 시사 문제에 관한 논술을 추가한다는 정도로만 개혁하는 것이었다. 과거 폐지 등을 단행하면, 보수적인 사람들이 크게 타격을 받을 것이다. 단발, 역복은 국가의 풍습을 고치는 것이라 하여 보수파의 지탄을 받았다. 개원에 이르러서는 일제일원호(一帝一元號, 한 황제가 하나의 연호를 사용하는 것-옮긴이)의 조법(祖法)을 파괴한다고 하여 반대하는 소리가 거셌다. 이러한 개혁 시도는 '새로운 시대가

왔다'는 것을 전 국민에게 철저히 알리는 효과를 노린 것이다. 상해 천도는 확실히 북경이 북쪽으로 치우쳐 있었기 때문이기도 하지만, 서태후의 영향력에서 벗어나고자 하는 도피적인 자세로도 보인다. 그다지 일이 없는 관공서의 폐지를 정책으로 내세웠는데, 관공서 직위를 기득권으로 여기는 관리들이 이것에 반대한 것은 말할 나위도 없다.

변법 실패로 처형된 육군자

모든 것이 원래대로 돌아갔다. 황제는 유폐되는 데 그쳤지만, 변법파 간부는 그렇지 않았다.

9월 18일 담사동의 천진 방문으로 기대한 원세개의 출동은 가망 없어 보였다. 강유위는 9월 20일 새벽에 몰래 북경을 떠나 저녁 무렵에 당고(塘沽)에 도착하고, 초상국(招商局) 소속의 신제호(新濟號)에 올랐다. 이 배가 21일 오후에 떠난다는 것을 알고, 그는 태고양행(太古洋行, 영국 국적의 Butterfield & Swire Co.)의 중경호(重慶號)로 갈아탔다. 이 배는 같은 날 오전 10시에 떠날 예정이었다. 북경의 남해관(南海館, 강유위의 숙소)을 수색해서 강유위가 도망친 것을 안 영록은 즉시 당고에 대대적인 수색령을 내렸지만, 강유위를 잡았다는 소식은 들려오지 않았다. 출범한 배를 알고 있었으므로 군함 비응(飛鷹)을 보내 뒤를 쫓게 했지만, 비축한 석탄이 모자라서 도중에서 되돌아왔다. 영록은 연대도(煙臺道, 연대의 장관)에게 전보를 쳤다. 당고를 떠난 배는 대부분 연대에 기항한다. 중경호도 기항했으며 강유위는 배에서 내려 물건을 사기까지 했다. 연대도는 교주(膠州)에 출장을 가 있던 참이어서 전보를 늦게 받았고, 수배령을 내렸을 때는 이미 중경호가 떠나간 다음이었다. 배는 상해에 들렀는데, 상해의 영국 총영사 브레넌(Byron Brennan)은 강유위와 친교가 있던 리처드(李提摩太)의 요청으로 위해위(威海衛)에서 순양함 보나벤처호를 불러들여, 오송(吳淞) 항구 밖에서 영국 배 밸러랫호에 갈아타게 하고 홍콩까지 호송시켰다. 그야말로 아슬아슬한 탈출이었다.

양계초는 일본 공사관으로 피신했다. 이때의 경위는 대리공사 하야시 곤스케(林權助)의 회고록에 상세하게 적혀 있다. 공사관은 치외법권이 있었으므로 청 당국도 함부로 발을 들여놓지 못한다. 하야시 곤스케는 오쿠마(大隈) 외무대신에게 연락을 취해, 대고(大沽)에 정박 중인 일본 군함 오시마(大島)에 양계초를 태우고 그대로 일본으로 회항하게 했다. 오시마의 회항을 자연스럽게 보이게끔 일본 해군성은 군함 스마(須磨)를 교체 형식으로 대고에 파견했다.

담사동은 일단 일본 공사관으로 갔지만, 망명을 하기 위해서가 아니었다. 자신의 시문과 서적을 먼저 피신한 양계초에게 건네기 위해서였다. 망명을 권유 받았지만 담사동은 거부했다.

　　각국의 변법에서 유혈을 보지 않은 예는 없다. 우리나라에서는 변법으로 피를 흘렸다는 말을 듣지 못했다. 이 나라가 좋지 않은 것은 그 때문이다. 이 몸이 유혈의 시초가 되면 어떠한가.

양계초에게 그는,

　　그대는 사이고(西鄕)가 되어라. 나는 겟쇼(月照)가 되련다.

라는 말도 남겼다. 사이고 다카모리(西鄕隆盛, 1827~1877, 사츠마번 출신으로 막부·유신기를 살다간 풍운의 혁명지사-옮긴이)와 승려 겟쇼(月照)는 함께 물에 몸을 던졌지만, 사이고는 살고 겟쇼는 죽었다. 살아서 일을 해야만 하는 사람도 있지만, 죽어야만 하는 사람도 있다. 죽기는 쉽고 살기는 어려운 법, 나는 쉬운 길을 택해서 죽지만, 그대는 어려운 삶을 택해서 폐하를 섬겨라. 양계초의 『무술정변기』에는 담사동이 그런 말을 그에게 남겼다고 쓰여 있다.

담사동은 체포되어 1주일 후인 9월 28일, 북경 채시구(茱市口) 형장에서 참수되었다. 양계초에게 미리 건넨 '절명서(絶命書)'에는,

피를 토하며 이 글을 적노라. 우리 중국 신민에게 고한다. 모두 함께 의분을 떨치고 일어나, 국적(國賊)을 없애고 우리 성상(聖上)을 보전하라.

청 황실을 비천한 무리라고 매도한 사람이 성상을 보전하라고 유서에 적은 것은 기이하게 생각된다. 아마도 이것은 고관인 부친에게 누가 미칠 것을 우려해서, 황제에게 충성을 다하는 마음을 잃지 않았다고 위장하기 위해서일 것이다. 호북 순무라는 요직에 있던 부친 담계순은 무술변법 전에 호광 총독이 북경으로 소환되어 자리를 비웠을 때, 대리이기는 하나 총독을 맡기도 했다. 자식은 체포되어 처형당했지만, 그는 해임되어 원적지로 추방당하는 처분을 받는 데 그쳤다.

그 무렵 항간에서는 변법파 일부가 담사동을 대통령으로 추대해서 공화국을 세우려고 한다는 소문이 돌았다고 한다. 담사동이 그 소문을 알

고 있었는지 어떤지 알 수는 없으나, 유서에 의해 그 소문은 부정되었다. 구소련 학자 중에는 담사동의 공화국 대통령설을 사실로 인정하는 사람이 있는 듯하다.

붕우의 길을 우주 원리로 삼은 담사동은 그 의협의 생애를 관철했다고 해야 할 것이다. 참으로 그다운 최후였다.

다음은 그가 감옥의 벽에 적은 시다.

> 문을 바라보고 묵으려 걸음을 멈추고는 장검(張儉)을 생각하고,
> 죽음을 참으며 잠시 두근(杜根)을 기다린다.
> 나는 스스로 칼을 뉘고 하늘을 우러러 웃는데,
> 떠나는 이도 머무르는 이도 간담(肝膽)은 들 다 곤륜(崑崙)이다.

望門投止思張儉 忍死須臾待杜根 我自橫刀向天笑 去留肝膽兩崑崙

장검(張儉)은 후한(後漢) 사람으로, 환관인 후람(候覽)을 탄핵하다가 오히려 무고를 받아 도망쳤는데, 인망이 두터워서 누구나 위험을 무릅쓰고 그를 숨겨주었다고 한다. 두근(杜根)도 같은 후한 사람인데, 등태후(鄧太后)가 섭정할 때, 황제에게 정치를 봉환하라고 요구했다 하여 자루에 넣어져 죽음을 기다리는 처지가 되었다. 그러나 그에게 호의를 품은 사람 덕분에 목숨을 건졌다. 장검과 두근의 고사는 강유위와 양계초가 주위의 도움으로 망명한 사실을 말하는 것이다. 그러나 자신은 다른 길을 선택했다. 떠나는 자도 머무르는 자도 진실한 마음은 곤륜산과 같이 높고 크게 솟아 있다는 의미다.

이때 처형된 것은 군기대신장경 4명에 강유위의 동생인 강광인(康廣仁), 어사 양심수(楊深秀)를 더해 모두 6명이었다. 국사범이었지만 민간에서는 그들을 육군자(六君子)라고 불렀다. 유광제의 대를 이을 자식은 아버지의 시신 위에 엎드려 하루 꼬박 통곡하다가 죽고 말았다. 양심수와 임욱의 아내는 독을 삼키고 순사했다.

처형된 육군자는 정변이 있기 열흘쯤 전에 군기대신장경으로 임명되었다. 서태후는 그들의 얼굴을 본 적조차 없다. 그녀가 증오한 것은 변법이라는 정치 개혁이 아니었다. 그녀의 관심은 '권세'에 있었지 '정치'에 있지 않았다. 그녀가 미워한 것은 자신의 권세를 빼앗으려는 음모였다. 처형된 여섯 사람은 그녀의 눈에 피라미에 불과했다. 더 고위직에 있는 사람에게 이용당했음에 틀림없다고 생각했다.

서태후가 가장 미워한 것은 강유위와 동향이며 그의 정치 노선에 찬성한 장음환이었다. 그녀의 주변에 있는 보수적인 반변법파가 이런저런 말로 그녀를 부추겼을 것이다. 훗날 강유위도 무술년 유신운동에서 장음환과 연락한 사실이 없다고 말했다. 장음환은 정치 개혁에는 찬성했지만, 적극적으로 강유위의 변법 운동에 가담하지는 않은 듯하다. 그런데도 서태후가 그를 미워한 것은 그녀 주변에 장음환을 미워하는 자가 많았기 때문이다. 9월 21일, 강유위에게 체포령이 내렸을 때, 장음환의 집도 수색을 당했다. 그리고 23일에 그는 보군통령아문(步軍統領衙門)에 연행되어 다음날 투옥되었다.

장음환의 목숨은 풍전등화였다. 그를 구출하기 위해 영국 공사가 활발히 움직였다. 강유위를 구출할 때는 민간인인 리처드가 움직였고, 공사 맥도널드(Claude Maxwell MacDonald)는 그다지 열의를 보이지 않았다.

장음환을 구출하는 데 영국 공사가 적극적으로 공작을 펼친 것은, 지난해(1897) 빅토리아 여왕 재위 60주년 경축 행사에 장음환이 청나라 대표로 참석해, 영국 여왕으로부터 훈장을 받았기 때문이기도 하다. 또 그 무렵, 장음환은 총리아문을 장악하고 친영적인 입장을 취하고 있었다. 같은 총리아문에서도 친러적인 이홍장과는 대립하고 있었다.

맥도널드 영국 공사는 일본의 대리 공사인 하야시 곤스케에게 장음환의 구출에 협력해 달라고 부탁했다. 현재 일본에서 전 수상인 이토 히로부미가 와 있었다. 장음환의 처형을 저지할 수 있는 것은 서태후의 신임이 두터운 이홍장밖에 없는데, 그에게 가장 강력한 영향력을 행사할 수 있는 사람이 이토 히로부미였기 때문이다. 그러나 총리아문에서 대립하고 있던 이홍장은 장음환의 구출에 그다지 열의를 보이지 않았다. 예전 부하였지만, 지금은 자기에게 등을 돌렸으니 더욱 미웠을 것이다. 하야시 곤스케는 이홍장을 직접 만나서 장음환이 처형되면 열국이 간섭할 것이라고 언명했다. 각국의 간섭에는 이홍장도 약했다. 게다가 이토 히로부미가 장음환의 운명에 깊은 관심을 보이고 있다는 말도 덧붙였다.

한편 맥도널드 영국 공사도 이홍장에게 서신을 보내, 장음환처럼 서구 각국에 이름이 알려진 고위 관리가 비밀리에 처형되는 일이 벌어진다면 매우 나쁜 결과를 초래할 것이라고 경고했다. 독일 황제도 긴급히 전보를 보내 총리아문이 노력해 줄 것을 희망했다. 장음환이 지난날 공사로 근무한 적이 있는 미국에서도 매킨리 대통령이 주청 공사 콩거(Edwin Hurd Conger)에게 개인 자격으로 장음환의 감형 운동을 벌이라는 훈령을 보냈다.

이때 장음환은 처형을 면했는데, 공식적으로는 총리아문의 수석대신

경친왕(慶親王)이 장음환은 강유위의 도당이 아니었다고 상주했기 때문에 감형을 받아 사형을 면했다고 되어 있다.

육군자가 체포된 것은 9월 25일이 지나서인데, 장음환은 9월 23일에 이미 체포되었다. 이 사실을 보더라도 서태후와 그 주변 인물들이 장음환을 얼마나 미워했는지 알 수 있다. 장음환이 강화 사절로 일본에 파견되었다가 자격 문제로 쫓겨났다는 사실은 앞에서도 이야기했는데, 그 무렵 그는 이홍장의 파벌에 속해 있었다. 사절로 뽑힌 것은 그의 사람됨이 '권변다모(權變多謀, 임기응변에 능하고 잔꾀가 많음-옮긴이)'했기 때문이라고 한다. 책사였기 때문에 서태후 일파는 더욱 경계했을 것이다.

일본에서 오쿠마(大隈) 내각이 출범하고, 내각에서 물러난 이토 히로부미가 청나라를 방문한 것도 서태후 주변 사람들에게 위기감을 불러일으켰다고 한다. 변법파가 이토 히로부미를 특별 고문으로 영입해서 국정개혁을 단행하리라는 소문이 있었다. 그 준비를 맡은 이가 장음환이라는 이야기가 있었다. 이토가 변법파의 고문이 되면, 메이지 유신의 실적을 청으로 옮기게 된다. 그렇게 되면 서태후 일파는 실권을 빼앗기고 말 것이다. 빨리 탄압해야만 한다는 반변법파의 상황 판단이 이 사건을 낳았다고 할 수 있다.

쓰르라미처럼 입을 다문 관리들

강유위와 친밀한 관계에 있던 또 다른 고관 황준헌에게도 박해의 손길이 뻗어 왔다. 그는 그해 7월에 주일 공사로 임명되어, 부임을 위해 호남에서 상해로 나왔는데, 거기서 중병에 걸리고 말았다.

어사 황균륭(黃均隆)이 황준헌을 탄핵했다.

> 강유위의 당과 가장 깊이 결부되어 있어, 만일 그에게 법의 바깥에
> 서 자유롭게 거닐며 돌아다니게 하면, 필히 외국인과 결탁하여 음으
> 로 화를 초래할 것이다.

라는 내용이었다. 이에 따라 서태후는 양강 총독 유곤일(劉坤一)에게 비
밀리에 전보를 보내 황준헌을 감시하라고 명령했다. 탄핵은 10월 6일에
있었는데, 이 일은 곧 바깥 세상에 알려졌다. 그 무렵, 청나라를 방문 중
이던 이토 히로부미가 우연히 상해에 와 있었는데, 이 일은 그의 귀에도
들어갔다. 사실은 일본이 『일본국지』의 저자가 주일 공사에 임명되기를
희망했고, 청나라 총리아문이 그것을 승인한 것이다. 이토는 바로 북경에
있는 하야시 곤스케에게 전보를 보내서, 만일 황준헌에 대한 처분이 지
나치게 무거우면 일본은 항의하겠다는 의향을 청나라 측에 전달하게 했
다. 이것이 10월 10일의 일인데, 다음날 오쿠마 수상도 하야시 대리 공사
에게 전보를 보내어, 황준헌 및 기타 변법파 사람들에게 극단적인 처분
을 내리지 않도록 총리아문에 요청하라는 지시를 내렸다. 황준헌의 주일
공사 임명은 이미 발령이 난 상태였고, 일본도 아그레망(agrément)을 부여
했다. 항의서를 제출할 근거가 거기에 있다고 했다. 총리아문의 경친왕도
노력할 것을 약속했다.

상해에 있는 외국인들도 문제로 삼았다. 수십 명의 서양인이 10월 11
일 늦은 밤에 상해 양무국(洋務局)에 감금되어 있는 황준헌을 구출하겠
다고 소란을 일으켰다. 그 배후에는 상해의 영국 총영사의 지휘가 있었

다. 유곤일도 문제가 커졌으므로 지금은 일단 관대한 조치를 취해서 원적지로 송환하고, 그 뒤에 처분을 생각하는 편이 낫다는 의견을 총리아문에 타전했다. 이렇게 해서 황준헌은 감금에서 풀려나서, 10월 14일 떠나는 배로 원적지인 광동으로 송환되었다. 상해도(上海道, 상해 지방 장관)인 채균(蔡鈞)은 몸소 일본과 영국의 영사관을 찾아가 석방 사실을 통보했다. 당시 상해의 일본 영사가 하토야마(鳩山) 외무차관에게 보낸 전보에는 분명하게 '영국 영사가 구명운동을 펼쳐 석방시켰다'고 되어 있다.

고향인 광동성 가응주(嘉應州)로 돌아온 황준헌은 〈집에 이르다(到家)〉라는 제목의 시를 지었다.

> 도처에 풍파 있어 돌아오는 날이 늦었으니,
> 병든 몸 초췌하나 아직은 버릴 만하다.
> 선잠은 깨기 쉬워라, 장초(藏蕉)의 꿈.
> 다난하여 아직 만나노라, 전구(剪韭)의 때.
> 큰 바다 헤엄치는 뱀장어는 찾으면 흔적이나 있지만,
> 노옹(老翁)이 말(馬)을 잃음은 점을 쳐도 알기 어렵다.
> 거문고 잡고 구유조(拘幽操)를 뜯노라니,
> 달은 중천에 떠 있고, 하늘은 사방에 드리웠네.

> 處處風波到日遲 病身憔悴尚能支 少眠易醒藏蕉夢 多難仍逢剪韭時
> 大海走鰻尋有跡 老翁失馬卜難知 援琴欲鼓拘幽操 月在中天天四垂

'장초(藏蕉)의 꿈'은 『열자(列子)』가 출전인데, 정(鄭)나라 사람이 사슴을

쏘고 나서 남들이 찾지 못하도록 파초 잎으로 감추었는데, 나중에 감춘 장소를 잊어버려서, 그것은 꿈이었다고 자신을 타이르며 체념했다는 이야기다. 변법에 동조해 상해에서 「시무보」를 간행하고, 호남의 정치 개혁에 힘을 쏟은 일은 현실이지만, 이제 와 생각해보니 마치 꿈만 같았을 것이다. 지금은 잠도 깊이 들지 못해 쉽게 깬다. '전구(剪韭)'란, 부추를 아무리 잘라도 금세 다시 자란다는 말로 끝이 없음을 뜻한다. 국난이 끊이지 않는 시대에 태어났음을 한탄하고 있다. '노옹이 말을 잃다'는 것은 새옹지마(塞翁之馬) 고사에서 자기 운명을 점쳐도 알 수 없다는 뜻이다. '구유조'는 거문고의 곡명인데, 주(周)나라 문왕(文王)이 잡혀 있을 때 지었다고 한다. 사방의 하늘이 드리운 듯한 어두운 그의 심경이 이 시에 반영되어 있다.

같은 시기에 〈일을 느끼다(感事)〉라는 제목의 시 여덟 수를 지었는데, 그 마지막을,

옳고 그름과 옛것과 새것이 분분하여 정하기 어려우니,
그대는 보라, 한선(寒蟬)처럼 입을 다문 중관(衆官)을.

是非新舊紛無定 君看寒蟬噤衆官

이라는 구로 맺고 있다.

옳다(是)고 한 것이 곧 그름(非)이 되고 마는 시대다. 옳은 사람을 그르다하여 처단하는 동란의 시대를 만나 사람들이 한선(쓰르라미)처럼 침묵하고 마는 것을 한탄하고 있다. 변법의 100일 동안 사람들은 국정의 개

혁을 논의하고, 포부를 서로 이야기했다. 그랬던 것이 지금은 가을이 깊어지면 울지 않는 쓰르라미처럼 국정을 담당한 관리마저 입을 다물고 있다. 황준헌은 풀 길 없는 울분을 시를 지어 토로했다.

이듬해(1899), 황준헌은 병도 어느 정도 호전되어, 일족의 자제들에게 학문을 가르치는 등, 여유도 생겼다. 이해에 잡시 88수를 지었다. 그 첫 수를 소개한다.

나는 동서남북의 사람이라,
한 평생을 스스로 풍파에 떠도는 사람이라 이르네.
백 년의 절반을 지나도록 네 대륙에서 노닐다,
쉰 살 봄에야 고향에 머물 수 있었네.

我是東西南北人 平生自號風波民 百年過半洲遊四 留得家園五十春

황준헌은 그후 아들과 동생, 그리고 제자들을 일본에 유학시켰다. 일본 정부가 그의 공사 취임을 희망했을 만큼, 그는 당시 으뜸가는 지일파였다. 그가 지은 『일본국지』는 일본을 알고자 하는 사람들에게 오랫동안 가장 권위 있는 참고서였다. 일본의 여러 가지를 시로 읊은 『일본잡사시(日本雜事詩)』도 일본을 이해하는 데 크게 공헌했다고 할 수 있을 것이다. 1905년, 그는 50세의 나이로 세상을 떠났다. 병든 몸이었지만 그래도 천수를 누린 셈이다.

그에 비하면 장음환은 불행했다. 황준헌은 태어난 고향으로 송환되는 데 그쳤지만, 장음환은 신강으로 유배되었다.

거심교사(居心巧詐), 행종궤비(行踪詭秘), 취염부세(趣炎附勢), 반복

무상(反覆無常)…….

등의 죄목을 뒤집어썼다. 아마도 영국의 강경한 자세가 없었다면 육군자

와 함께 처형되었을 것이다. 2년 후에 의화단 사건이 일어나는데, 서태후

는 장음환을 향한 증오심을 잊지 않고 있었다. 의화단 사건으로 정국이

혼란한 틈을 타서 처형 명령을 내린 것이다. 그는 신강에서 살해되었다.

의화단 사건의 강화 때, 영국과 미국, 두 나라 공사는 장음환의 명예 회

복을 요구했다. 주일 영국 공사인 어니스트 새토(Ernest Mason Satow)까지

이홍장에게 장음환의 명예 회복과 원관(原官) 복귀를 요청했다. 청나라

측도 그것을 승낙하지 않을 수 없었다. 명예와 원관은 회복되었으나, 이

미 죽은 뒤였으니 너무 늦은 일이었다.

호남 순무인 진보잠과 그의 아들 진삼립(陳三立)도 '혁직영불서용(革職

永不叙用, 해임해서 다시는 임용하지 않음)'의 처분을 받았다. 이로써 변법파는

궤멸하고 말았다.

의화단

사회불안이 부채질한 반기독교 감정

일의 잘잘못은 차치하고, 무술변법의 정변 후 내려진 조치에 대해 여러 외국의 간섭은 상당히 노골적이었다. 장음환은 빅토리아 여왕에게서 훈장을 받았다고 해서, 황준헌은 주일 공사에 임명되었다고 해서 처형을 면했다. 강유위와 양계초의 탈출도 의협심 때문인지도 모르지만 상당히 깊이 개입했다.

변법파에는 다양한 생각을 지닌 사람들이 있었다. 사제지간이라고 해도 강유위와 양계초는 사고방식이 달랐다. 담사동의 사상도 동지들의 그것과 상당히 거리가 있었다. 다만 총괄적으로 말할 수 있는 그들은 사대부였으며, 지향점이 말하자면 궁정의 개혁이어서 민중과 연계가 거의 없었다는 점이다. 전국을 돌아다니며 의협 집단의 우두머리와 친교를 맺었던 담사동만이 개인적으로 일반 민중과 연대감을 가지고 있었는지도 모른다.

강유위는 홍콩을 거쳐 일본으로 망명했다. 훗날, 손문도 일본으로 망명했는데, 미야자키 도텐(宮崎滔天, 1871~1922, 중국 혁명 원조자-옮긴이) 등 일본의 우인들이 이 두 사람의 만남을 주선하려고 했지만, 강유위는 거절했다. 자신은 제부(帝傅, 황제의 보좌역)였으므로, 왕조를 전복하려는 난신적자(亂臣賊子)와 만날 수 없다는 이유에서였다. 이 에피소드는 강유위의 변법 운동과 손문의 혁명 운동의 차이를 말해 준다. 손문은 자진해서 비밀결사 사람들과 연락을 주고받으며 함께 거사를 도모했다. 그러나 변법파 사람들의 눈에는 그런 비밀결사 무리가 비적(匪賊)으로밖에 보이지 않았다.

중국 민중의 생활은 비참했다. 이를테면 무술변법이 일어난 해에 청나라는 일본에게 전쟁 배상금을 모두 갚았는데, 그렇게 하기 위해서 증세(增稅)라는 형태로 민중에게 부담을 주었음은 말할 나위도 없다. 소작인들의 항조운동(抗租運動)이 각지에서 일어났다. 소작료의 감액 요구로 시작해서 과격해지면 납부 거부 운동으로 발전했다. 이에 맞서 지주들도 공조국(公租局)과 조잔(租棧) 같은 조직을 만들고, 정부군의 힘으로 항조운동을 꺾으려고 했다.

아편전쟁으로부터 이미 반세기가 지나 있었다. 전쟁 후, 양무파 관료에 의해 근대화가 진행되어, 초상국(招商局)이 설치되고, 해운이 근대화되었으며, 차관에 의한 철도 부설로 육운(陸運)도 차츰 근대화되었다. 아편전쟁에 따른 5개항의 개항으로 많은 실업자가 생겼다는 사실은 앞에서도 이야기했는데, 양무파에 의한 육해운송의 근대화도 같은 결과를 초래했다. 실업자는 유민화(流民化)하게 마련이어서 이 시대의 근대화는 결국 유민을 증가시킨 것이다. 대책 없는 근대화는 중국 사회를 혼란에 빠뜨리고 불안으로 몰았다.

근대와 대면함으로써 생겨나는 사회 불안은 외국 세력의 진출이 빨랐던 남쪽 지방에서 먼저 나타났다. 태평천국은 그 속에서 태어난 것이다. 이것이 차츰 북쪽으로 확산되었다. 남쪽에서는 기독교 자체를 받들다가 태평천국 운동으로 발전했지만, 북쪽에서는 그 반대 현상이 많았다. 반기독교 운동이 성했다. 민중 속에 기독교에 대한 반감이 매우 강하다는 상황이 그 배경이었다.

기독교 포교는 조약에 의해 공인되었지만, 외국인 선교사 중에는 중국 사람의 정서에 어두워서 무신경한 포교를 하는 이가 적지 않았다. 중국인 신자 중에는 관헌에 쫓겨도 교회로 도망치면 숨겨 준다는 이유로 입교한 악한들도 있었다. 교회 내의 치외법권을 억지로 주장하고, 그것을 미끼로 신자로 끌어들이는 사례마저 있었다. 기독교 교회가 그렇게 고자세였던 것은 배후에 외국 군대가 있었기 때문이다. 이러한 일들이 기독교에 대한 민중의 반감을 자극했다.

반기독교 운동을 '구교(仇敎)'라고 불렀다. 이것 때문에 일어난 사건이 '교안(敎案)'이다. 중국에는 사당에 제를 올릴 때 이웃과 추렴해서 시주하는 오랜 관습이 있었는데, 중국인 신자는 여기에도 응하지 않아 보수적인 사람들의 미움을 샀다. 교회 부지나 건물의 소유권을 둘러싼 분쟁도 끊이지 않았다. '구교'는 쉽게 '배외(排外)'와 결합했다. 군대나 대포를 배경으로 하는 한, 당시 상황에서는 포교가 오히려 기독교에게도 역효과였다.

무술변법이 있기 전해(1897)에 산동성에서 독일인 신부 두 사람이 살해되어 독일의 출병을 초래했다. 그 결과 독일은 교주만 지역을 보호지화하고, 철도 부설권을 획득했다. 이것은 바로 침략이었다.

산동은 원래 의협의 기풍이 강한 지역이다. 산동대한(山東大漢, 산동의 거한)이라고 해서, 다른 지방에 비해 산동 사람들은 체격도 좋았다. 반체제 호걸들의 이야기인 『수호지』도 산동이 무대다. 게다가 이 지방은 청대에 세상을 뜯어고치고자 했던 백련교 운동이 성했던 고장이다. 백련교가 진압된 뒤에도 그 잔당이 여러 가지 형태로 비밀결사를 만들었다.

대도회(大刀會), 팔괘교(八卦敎), 의화문(義和門), 이괘교(離掛敎), 여의교(如意敎), 호미편(虎尾鞭), 무형편(無形鞭), 산동로단(山東老團) 등, 그 이름을 들어도 끝이 없을 만큼 많은 결사가 있었다. 대도회나 산동로단 등은 총칭인 듯한데, 그중에는 후세 사가들이 오합지졸이라고 평한 것도 있었다. 남쪽의 삼합회나 가로회 같은 천지회 결사와 다른 점은 미신적 성격이 강한 데 있다. 그리고 의협과 상무(尙武)를 중히 여기는 기풍이 있어 무술이 성행했다. 그중에서도 호신과 신체 단련을 겸한 '의화권(義和拳)', 일명 '매화권(梅花拳)'은 널리 퍼진 권법이었다.

결사는 난립 상태였다. 당국의 탄압을 피하기 위해 소규모로 난립해야 했던 속사정도 있을 것이다. 그들을 하나로 묶는 매개체는 권법뿐이었다고 할 수 있다. 의화권의 이름을 딴 의화단이라는 결사의 이름이 알려져 있지만, 원래 그와 같이 큰 조직이 존재했던 것은 아니다.

산동은 고대부터 방술(方術)이 성행했던 고장이다. 진(秦)의 시황제에게 동쪽 바다에서 불로불사의 선약을 가져오겠다고 속이고 여비를 받아챙긴 서복(徐福)도 이 고장 사람이다. 사람들이 방술을 믿은 것은, 일설에 따르면, 이 근방에 자주 신기루 현상이 나타났기 때문이라고 한다. 의화권으로 맺어진 여러 결사도 주문(呪文)을 외면 신이 씌어 총탄을 맞아도 몸이 멀쩡한 방술이 있다고 떠들었다.

독일이 교주만 지역을 세력권으로 삼아 청도에 군항을 만들고, 배후지에 철도를 부설하는 단계에 이르자 묘지가 파괴되는 문제가 발생했다. 중국인은 '풍수(風水)' 곧 땅의 형세에 따른 길흉화복의 엇갈림을 믿고 있었는데, 독일의 개발이 풍수를 바꾸고 만다며 사람들은 불안감을 느꼈다.

의화단을 반긴 서태후 일파

무술변법 전후에 홍수와 가뭄 등 천재지변이 계속되어 생활은 한층 어려워지고 사회 불안은 더욱 높아졌다. 사람들은 이러한 일이 전부 기독교와 서양인 탓이 아닐까 하고 생각했다. 유민이 증가했기 때문에 각지에 난립해 있던 여러 결사에서는 회원이 늘어났다.

무술변법이 실패한 이듬해(1899), 육현(毓賢)이라는 사람이 산동 순무로 임명되었다. 육현은 정황기(正黃旗)에 속하는 만주족 관료로서 배외적 감정이 농후한 사람이었다. 10월에 의화권 사람들이 평원현(平原縣)을 습격했다. 거기에는 중국인 기독교 신자만 사는 마을이 있었는데, 그들이 그곳을 습격한 것이다. 정부군이 습격을 진압했지만, 육현은 진압군의 대장과 진압에 협력한 지사를 경질했다.

육현은 극단적인 반양무파였다. 근대화와 그것과 관계있는 사물에 격렬한 반감을 품고 있었다. 그 때문에 서태후의 신임을 받아서 산동 순무로 승진한 것이다. 그의 의견은 의화단을 진압하기보다 오히려 그들을 단련(團練)에 편입시켜야 한다는 것이었다. 사실 '의화단'이라는 명칭은 이 무렵부터 쓰였다. 그리고 그들은,

부청멸양(扶淸滅洋)

이라는 기치를 내걸었다. 청조를 도와 서양인을 멸한다는 뜻이다. 의화권 사람들은 배외적임과 동시에 반체제적이었다. 결사, 습격 등은 분명히 반체제 행위다. 따라서 그들은 '복명(復明, 한족 왕조인 명을 회복한다)', '흥한(興漢, 한족을 일으킨다)'이라는 슬로건을 내걸기도 했다. 그런데 육현은 '멸양(滅洋)'을 남기고 복명이나 흥한 대신에 '부청(扶淸)'을 덧붙여서 의화단을 어용 무력 집단으로 삼아 배외 활동을 계속하게 하려고 했다. 잡다한 결사에서 조직된 이른바 '의화단'에는 아직 의견의 통일 같은 것은 보이지 않았다. 서태후나 그 주변 사람들은 당연히 변법파를 몹시 싫어했지만, 온건한 근대화를 지향하는 양무파도 좋아하지 않았다. 외국도 매우 싫어했다. 배외적인 무력 집단의 존재를 인정하는 체질이 서태후의 궁정에는 있었다.

서태후 주변의 외국 혐오는 외국의 간섭으로 하고 싶은 일을 하지 못한 데서 비롯된다. 예컨대 죽이고 싶은 장음환 한 사람조차 죽이지 못했다. 서태후는 변법으로 자신을 거역한 광서제를 폐위하고, 조종하기 쉬운 소년을 황제로 세우려고 했다. 그 소년은 단군왕(端郡王) 재의(載漪)의 아들 부준(溥儁)이었다. 폐립에는 이유가 있어야 하므로 광서제의 병약함을 이유로 내세우려고 했다. 서태후는 장지동, 유곤일 등 지방에 있는 장로에게 비밀 전보를 보냈지만, 하나같이 그 일에 반대의 뜻을 표명했다. 더욱이 반대하는 이유로 외국 여러 나라가 납득하지 않을 것이라는 점을 들었다. 이홍장도 답전에서 어떤 나라의 공사가 폐립 건은 청나라의 국사이므로 간여하지 않겠지만, 폐립이 실현된 뒤 즉위한 황제를 황제로서 인정하지 않겠다고 대답했다고 말했다. 서태후도 폐립을 단념했다. 자기를 거역한 광서제의 건강을 각국이 염려하며 의사를 보내기도 해서, 서태후의 배외의식은 더욱 강해졌다.

육현이 의화단에게 배외 운동을 허용한 것을 여러 외국은 묵인하지 않았다. 이때도 간섭이 있어서 육현은 서산으로 전임되고, 후임 산동 순무로 원세개가 부임해 왔다. 원세개는 배외 운동보다 자신의 세력을 뿌리박는 데 열심이었다. 그는 의화단을 철저히 탄압했다. 그렇게 함으로써 외국의 원조를 기대할 수 있고, 그의 '신건육군'은 더욱 강해질 것이기 때문이었다.

원세개 때문에 본거지인 산동에서 쫓겨난 의화단은 직례(直隷, 하북)로 들어갔다. 내수(萊水)에서 정부군을 격파하고, 철도, 철교, 전신선 등 조금이라도 '양(洋)'과 관계있는 것은 모조리 파괴했다.

서태후의 주변 사람들은 반변법, 반양무의 보수 정권을 만들려고 했지만, 사사건건 외국의 간섭을 받아 성공하지 못했다. 그들은 진격해 오는 의화단을 보고, 이것을 배외 운동에 이용하려고 했다. 근시안적인 발상이지만, 보수파의 지도자 가운데 한 사람인 강의(剛毅)가 궁정 안에서 거듭 의화단을 선전한 것도 이와 같은 정책을 채택하게 된 요인의 하나일 것이다. 그는 의화단이 충성스럽고 용맹하며, 신술(神術)을 가지고 있다는 등의 말로 서태후를 부추겼다. 아무튼 변법파에 동조한 광서제를 '한간(漢奸)'이라고 단정했다고 하니 정상적인 인물은 아니었다.

1900년 6월, 의화단이 북경으로 들어왔다. 산동성에서는 반도(叛徒)였지만, 북경에서는 '부청멸양'의 근황군(勤皇軍)으로서 환영 받았다. 강의를 창구 삼아 의화단은 청 정부에 온갖 요구를 했다. 은과 식량뿐만 아니라 지금까지 의화단을 탄압한 관료와 군인의 처벌까지 요구했다.

청 정부는 총리아문의 수석대신을 경친왕에서 단군왕(端郡王)으로 바꾸었다. 경친왕은 외국에서도 평판이 좋았던 인물이지만, 배외 정책을 실행하려는 서태후와 그 주변 사람들에게 그의 존재가 방해가 되었다. 이때 북경에 들어온 의화단은 20만 명이라고 한다. 또 청 정부는 배외적 색채가 짙은 동복상(董福祥)의 군대도 북경에 들여놓았다.

동복상의 군대는 감군(甘軍)이라고 불렀다. 그는 감숙성 출신으로, 그 지방에서 이슬람교도의 반란이 일어났을 때, 반란군의 간부였다가 배신하고 청군 편에 붙었다. 그 후 신강에서 근무했다. 이슬람교도라는 점이 쓸 만하다고 생각되었는지, 그는 아쿠스〔阿克蘇, Akus, 고묵국(姑墨國)이라 불리며, 타림 분지의 오아시스에 있다-옮긴이〕 총병에서 카슈가르 총독이 되어 서역 군부의 중진이 되었다. 청일전쟁 후 북경으로 불려왔는데, 매우 단순한 배외주의자로 "내게는 외국인을 죽이는 재능밖에 없다"라고 호언했다. 그의 특별히 뛰어난 장점은 무슨 일이든 과감하게 해치운다는 점이다. 반란군의 간부면서 선뜻 배신할 수 있었던 사람이다. 광서제를 유폐할 때도 영록의 명령을 받아서 그가 군대를 지휘해 실행했다. 무슨 일이든 태연히 해치우기 때문에 배외 행동에는 참으로 안성맞춤인 인물이었다.

북경에 거류하는 외국인의 생명과 재산은 위기를 맞이했다. 영국 공사 맥도널드는 대고에 있던 함대의 사령관에게 급전으로 구원을 요청했지만, 2천 명의 해병대는 격렬한 저항을 받아 전진하지 못하고 도중에 되돌아갔다.

20만 명의 의화단을 맞이한 북경의 보수 정권은 이성을 잃었다고 말할 수밖에 없다. 동복상 휘하의 감군은 6월 11일에 일본 공사관의 스기야마(杉山) 서기관을 살해했다. 6월 20일에는 독일 공사 케틀러(Clemens von Kettler)가 용무가 있어 총리아문으로 가던 도중에 살해되었다.

　광기가 지배하고 있었다. 변법파도 양무파도 배제된 뒤에는 완고하고 사리에 어두운 보수라는 괴물만 남았다. 반이성파라고 불러도 좋을 것이다. 서양인 1명을 죽인 자에게는 은 50냥, 여자는 40냥, 어린이는 30냥이라는 현상금을 내걸었다.

　예부상서 계수(啓秀)는,

　　오대산(五臺山)의 승려 보제(普濟)는 신병(神兵) 10만 명을 거느리고
　　있다 하니 보제를 불러라.

라고 했다. 어사 팽술(彭述)은,

　　의화권의 부적은 대포를 맞아도 타지 않는다. 그 술법이 참으로 신
　　통하므로 오랑캐의 군사를 두려할 필요가 없다.

라고 말하는 형편이었다. 서도혼(徐道焜)이라는 사람은,

　　홍균로조(洪鈞老祖, 조물주, 즉 하늘)는 이미 오룡(五龍)에게 명하여
　　해구(海口)를 지키게 했다. 오랑캐의 배는 그야말로 하나도 빠짐없이
　　침몰할 것이다.

라고 말했다. 모두 제정신이 아니었다. 광기는 전염하는 듯했다. 편수(編修)인 소영작(蕭永爵)은,

오랑캐는 군부(君父)의 도를 모르고 2천여 년에 이르렀으므로, 하늘이 의로운 백성에게 힘을 빌려 주어 이를 멸하려 하는 것이니 때를 놓쳐서는 안 된다.

라고 주장했다.

북경의 55일

이제는 돌이킬 수 없었다. 독일 공사를 살해한 다음날, 청조 정부는 각국에 선전포고하고, 각 성에 격문을 전달해서 일치단결하여 배외하고, 각 성의 의화단을 소집해 싸우라고 명령했다. 각지 장관은 대부분 이것을 무시했다. 산동 순무인 원세개는 의화단을 탄압한 장본인이었다. 이홍장은 이때 양광 총독으로 광주에 있었는데, 그가 배외 운동을 할 리 없었다. 이번 조정의 명령은 반변법일 뿐만 아니라 반양무이기도 하므로, 양무파인 호광 총독 장지동이나 양강 총독 유곤일이 그것을 따를 리 없었다. 이홍장과 그들은 서로 연락해서, 이번에 전달된 격문이 진짜가 아닌 것으로 하고 거기에 따르지 않기로 서로 약속했다.

외국인이 가장 많은 상해가 관할 내에 있던 유곤일 등은 호광의 장지동과 상의해서 각국의 상해 주재 영사들과 '동남(東南)보호조약'을 맺었다. 일종의 중립조약으로, 의화단에 의한 동란이 동남 지방에 미치지 않게 하겠다고 보장한 조약이다. 이홍장 등이 전달된 격문을 가짜로 본 것은 청조 정부가 일시적으로 발광했다고 생각했기 때문이다.

전쟁을 시작하라는 상유가 내려오자 청군이 공격한 것은 외국인이었다. 당시 각국 공사관은 동교민항(東交民巷)에 모여 있었다. 현재 천안문 맞은편의 동쪽, 역사박물관과 기타 관청이 늘어서 있는 한 구획이다. 재류 외국인들 외에 중국인 기독교 신자들도 그곳에서 농성을 했고, 소수의 수비대가 그 일대를 지켰다. 6월 21일에 전쟁 개시를 알리는 상유가 내려오고, 연합군이 8월 14일에 북경에 돌입해 점령하기까지 55일 동안 농성이 계속되었다. 선전(宣戰)을 알리는 상유 이전에도 사실상 포위되어 있었다. 핫토리 우노키치(服部宇之吉)의 『북경농성일기(北京籠城日記)』에는 농성이 63일에 이르렀다고 기술되어 있다. 농성 중에도 천진에 밀사를 보내거나 해서 갖가지 정보를 얻었다. 중국인 기독교 신자, 이른바 교민(敎民)이 그 역할을 맡았다. 또 포위한 청군 병사가 식료품 등을 농성하는 측에 팔기도 했는데, 제법 쏠쏠한 장사가 되었을 것이다. 농성 측은 식료품뿐만 아니라 탄약까지 사들였다.

동교민항의 한 구획은 좀처럼 함락되지 않았다. 의화단은 10수만 명 또는 20만 명이라고 해서 수는 많았지만, 우두머리도 많아서 명령이 제각각이었다. 단군왕의 진언으로 장친왕(莊親王) 재훈(載勛)이 보군통령(步軍統領)으로서 총사령관이 되고, 강의(剛毅)가 의화단 전체를 통솔했지만 2개월 걸려서도 끝내 동교민항을 함락하지 못했다.

8개국, 곧 일본, 영국, 러시아, 독일, 프랑스, 미국, 이탈리아, 오스트리아의 연합군은 대고 포대를 함락하고 천진에 육박했다. 군함 47척, 장병 2만여 명이었는데, 주력은 일본군이었다. 지리적으로 파병이 가장 쉬웠기 때문이기도 하지만, 파병 병력에 따라 전후 세력 관계도 영향을 받는다는 것은 말할 나위도 없다. 처음에 러시아는 일본이 대군을 파병하는 것에 반대했다. 중국 동북부를 세력권에 넣은 뒤, 러시아는 조선을 둘러싸고 일본과 대립했으므로 일본의 세력과 발언권이 커지는 것을 우려했기 때문이다. 일본의 대군 파병은 영국과 미국의 지지를 받았다. 러시아가 최종적으로 일본의 대량 파병을 인정한 것은 의화단의 세력이 동북부에 미치기 시작했고, 그들이 배외 및 반근대화 심리로 러시아의 이권인 철로를 파괴하기 시작했기 때문이다. 러시아로서도 하루바삐 의화단을 진압해야 했으며, 그러기 위해서는 일본이 대량으로 병력을 파병하는 것이 불가피하다는 결론에 다다랐다. 북경에 농성 중인 동포를 한시라도 빨리 구출해야 하는데도 연합군은 보조를 맞추지 못했다. 북경 점령 후의 일이지만, 8개국 연합군의 총사령관은 청나라에 가장 큰 이권을 가진 영국이 맡았어야 하는데, 실제로는 독일의 발데르제(Alfred Graf von Waldersee) 장군이 총사령관을 맡았다. 독일은 공사가 살해되었기 때문에 대청 전쟁에 가장 열성적이라는 이유에서였다.

8개국 연합군을 맞아 싸운 사람들은 직례 제독인 섭사성(聶士成), 총병인 마옥곤(馬玉崑) 등, 청일전쟁 경험이 있는 회군(淮軍)계 장군들이었다. 그러나 그들이 있어도 8개국 연합군을 저지할 수 없었다. 섭사성은 분전 끝에 전사했다. 연합군은 천진을 함락하고 양촌(楊村)을 공격했다. 이 전투에서 영록을 대신해 직례 총독이 된 유록(裕祿)이 부상을 입고 패주하다가 채촌(蔡村)에서 사망했다. 통주에서는 지난날 산동 순무였던 이병형(李秉衡)이 패전해서 스스로 목숨을 끊었다. 독일인 신부 살해의 책임을 지고 해임된, 배외심리가 강한 인물이었다고 한다. 충성스러운 병사들을 모아 몸소 이끌고 왔지만, 8개국 연합군의 근대적인 무기 앞에서는 어쩔 도리가 없었다.

궁정에서는 이 배외의 폭풍 속에서도 의화단을 이용해 배외 전쟁을 일으키려는 것에 반대하는 사람도 있었다. 실권을 쥔 단군왕이나 강의에게 부화뇌동하는 것을 떳떳지 않게 여기는 대신들도 있었다. 하지만 그들은 그 때문에 처형되고 말았다. 병부상서 서용의(徐用儀), 호부상서 입산(立山), 이부좌시랑 허경징(許景澄), 내각학사(內閣學士) 연원(聯元), 태상시경(太常寺卿) 원창(袁昶) 등 5명이 그 대표적인 인물이다.

북경에서는 대대적인 수색이 벌어졌다. 교민(教民, 중국인 기독교 신자)이 어딘가 숨어 있지 않은지, 외국과 내통하는 자가 없는지, 이러한 일들을 구실로 제멋대로 가택을 수색했다. 서양 서적이나 외국과 관계있는 물품이 발견되면 죽은 목숨이었다. 또 이 기회에 정적이나 원한이 있는 자를 매장하는 일도 있었다. 장친왕 재훈은 입산과 기녀를 두고 다투다가 빼앗긴 원한이 있었다고 한다. 단군왕 재의, 장친왕 재훈, 이친왕 부정(溥靜), 패륵(貝勒, 황족의 칭호) 재렴(載濂), 재형(載瀅), 보국공(輔國公) 재란(載瀾) 등의 황족 집단, 이부상서 강의, 형부상서 조서교(趙舒翹), 좌도어사 영년(英年), 의화단을 공인한 전(前)산동 순무 육현, 오대산의 신병 10만 명을 데려오자던 예부상서 계수 등이 당시 정권을 잡고 있었다. 이 사람들은 그때까지 실권을 잡은 적이 없었고, 실력도 없었다. '배외'를 소리 높여 부르짖음으로써, 변법파가 궤멸한 뒤 정권에 다가섰으므로 잠정적으로 '배외파'로 부르기로 한다.

실력이 없는 무리가 정권을 유지하고자 하려면 일종의 공포 정책을 쓰게 마련이다. 그들은 의화단을 무기 삼아 반대파를 탄압하려고 했다. 의화단은 '교민'이라는 딱지가 붙은 사람이면 누구든 죽일 수 있었다. 양무파, 근대화를 주장했다고 알려진 사람들, 이를테면 시랑 호율분(胡燏棻)은 그들에게 쫓겨 도망쳤고, 통영도(通永道)인 심능호(沈能虎)는 뇌물을 주어서 간신히 목숨을 건졌다. 편수(編修) 두본숭(杜本崇), 검토(檢討) 홍여원(洪汝源)도 교민이라 하여 뭇매를 맞고 거의 죽을 지경에 이르렀다. 양무파의 후원자이던 대학사 손가내나 공부상서 진학분(陳學棻), 부도어사(副都御使) 증광란(曾廣鑾), 태상시경 장방서(張邦瑞) 같은 고관의 집도 수색과 약탈을 당하고 본인은 몸만 도망쳐 나오는 형편이었다. 그뿐만 아니라 황족인 부륜(溥倫)의 집까지 약탈을 당했다. 부륜은 영록에게 호소했지만, 서태후의 조카로 신임이 두터운 그로서도 이제는 이 소동을 제어할 수 없었다. 아니, 영록 자신조차 안전하지 않았다. 의화단이 북경에 들어올 때, 영록은 거기에 반대해서 탄압을 주장했다. 영록의 주장에 동의한 것은 왕문소 단 한 사람이었고, 서태후는 배외당의 주장을 받아들였다. 실제로 패륵 재렴은 영록과 왕문소를 참형에 처할 것을 주청했으나 서태후가 허락하지 않았다고 한다. 공친왕조차 숙청나라의 대상이 되어 연합군의 북경 진입이 늦었더라면 위태로울 뻔했다. 의화단은 '일룡이호(一龍二虎)'를 매장하겠다고 서슴없이 목소리를 높였다. 일룡은 정치를 개혁하고자 한 광서제를, 이호는 양무파인 이홍장과 경친왕을 가리킨다.

동교민항의 한 구획이 50여 일의 공격에 견뎠다는 것은 신기한 일인데, 일설에 따르면, 영록이 군대에 공포(空砲)를 쏘게 했기 때문이라고 한다. 영록은 무위군(武衛軍) 도통(都統)이자 북경 정부군의 총사령관이었다. 의화단에는 대포를 쏠 줄 아는 기술이 없었다.

북경을 노략질한 연합군

8월 14일, 8개국 연합군이 북경에 입성하고, 서태후는 광서제와 함께

서화문(西華門)을 빠져 나가 자금성에서 탈출했다. 서태후는 감금하고 있던 진비(珍妃)를 영수궁(寧壽宮)의 우물에 빠뜨려 죽였다. 진비는 광서제가 사랑하던 여자였는데, 무술변법이 실패로 끝나면서 광서제가 유폐될 때, 황제를 위해 변명을 하다가 서태후의 노여움을 사서 감금되었다. 이제부터 탈출을 하는데, 자신을 나쁘게 말할 법한 여자를 남겨 두고 가고 싶지는 않았을 것이다. 일설에 따르면 탈출할 때, 진비가 황제는 몽진(蒙塵, 군주의 피난을 이르는 말-옮긴이)할 필요가 없고, 북경에서 강화에 임해야 한다고 말한 것이 서태후의 분노를 샀다고도 한다.

서태후는 사람들 눈에 띄지 않도록 머리를 한인(漢人)처럼 꾸미고 허름한 청나라의(靑衣)를 입고, 울면서 제 발로 걸어 나가 서화문 밖에서 노새가 끄는 수레를 타고 덕승문(德勝門)을 지나 북경성 밖으로 나가서 서쪽으로 향했다. 마옥곤 부대의 호위를 받으며 양궁(兩君, 서태후와 광서제)은 태원(太原)을 거쳐 서안으로 몽진했다.

북경은 주인 없는 도읍이 되어, 8개국 연합군이 공동으로 관리했다. 이때 대약탈이 일어났다. 지난날 영국과 프랑스의 연합군이 원명원을 약탈해 장병이 모두 대부호가 되었다는 이야기는 이미 전설이 되어 있었다. 이제야말로 그 전설을 재현할 수 있다며 그들은 눈에 불을 켜고 보물 찾기에 열중했다. 약탈과 폭행이 끝없이 이어졌고, 시체가 산더미를 이루었다. 가장 심하게 노략질을 자행한 것은 독일이었다. 공사가 살해된 독일의 황제는 야만국과 똑같이 취급해도 좋다는 훈령을 내렸다고 한다.

영국, 프랑스, 러시아, 이탈리아, 오스트리아도 독일처럼 폭행과 약탈을 저질렀다. 청국측 기록에는 미국과 일본만이 비교적 기율이 있어서 주민을 괴롭히지 않았다고 한다. 영수궁 우물에서 진비의 시신을 발견해서 이것을 가매장한 것은 일본군이었다.

의화단은 사방으로 흩어졌고, 일부는 북경 근교에서 저항했으나 곧 진압되었다. 이제 남은 것은 사후 처리 문제인데, 8개국의 이해득실이 같지 않았다. 다만 청조라는 정부를 약체지만 존속시켜야 한다는 점에서는 모두 뜻이 일치했다. 완전히 무정부 상태가 되어서는 무역을 할 수도 없고, 모처럼 얻은 권익도 보호받지 못하기 때문이었다.

화의 시기를 둘러싸고도 의견이 좀처럼 통일되지 않았다. 독일은 원정군의 주력부대가 아직 수송 중이었으므로 그것을 기다릴 생각이었지만, 러시아는 특수 권익을 얻고 조기에 철병해야 한다는 의견이었다. 예전처럼 러시아는 영국과 대립했다. 러시아는 대관식 때 온 이홍장과 청러 밀약을 맺었으므로 서태후의 집정을 환영했다. 이홍장은 청일전쟁 이후에 표면에 나서는 일은 드물었지만 서태후의 신임이 여전히 두터웠다. 밀약은 당연히 서태후의 양해를 얻은 것이다. 영국은 변법파의 망명을 원조한 데서도 알 수 있듯이 서태후보다 광서제의 친정에 의한 새로운 체제를 기대했다. 물론 러시아가 이홍장을 통해 서태후와 연결되어 있다는 사실을 의식하고 있었다. 열국에 선전포고를 한 책임을 앞세워 서태후의 정치권력을 빼앗으면 러시아에 타격을 줄 수 있을 것이다.

주로 영국과 러시아의 대립이었지만, 거기에 일본과 러시아의 대립이 겹쳤다. 영일동맹이 태어난 것은 당연한 흐름이었는데, 이 의화단 사건의 처리를 둘러싸고도 일본은 영국에 동조하는 일이 많았다.

화의 시기에 관한 의견을 조정하는 시간을 벌기 위해 열국은 청국 측에 책임자 처벌이 먼저 이루어져야 한다는 의사를 표명했다. 청국 측은 황족 집단의 감금, 배외파 대신들의 강등, 해임, 유배 등의 처분안을 제시했지만, 연합군 측은 처분이 가볍다며 받아들이지 않았다. 배외파의 거물인 강의는 서태후와 광서제를 따라 서안으로 가는 도중에 병사했으므로 처분 대상에서 제외되었다. 그러나 장친왕 재훈에게는 자결하라는 명령이 내려졌고, 단군왕 재의는 신강으로 영구 추방되었다. 육현, 계수 등은 사형, 영년, 조서교는 자결 명령이 내려졌다. 동복상은 가장 흉악하다 하여 연합국 측에서 사형을 강경하게 요구했지만, 이홍장이 열심히 비호해 죽음을 면했다. 그는 대군을 거느리고 섬서에 있었는데, 그를 처형하면 군란이 일어날 우려가 있었다.

먼저 처형된 반대파 다섯 대신은 명예가 회복되고, 원직에 복귀하는 대우를 받았다. 그리고 병사한 배외파의 강의는 사후에 명예가 박탈되었다. 죽은 다음에야 소용없는 일이라고 생각되겠지만, 중국에서는 명예의 회복이나 박탈이 중요시되었다. 이에 따라 유족에 대한 처우도 달라졌다.

책임자가 처벌된 뒤, 그해 12월이 되어 강화조약의 기본 골격이 제시되었다. 연합국 내부에서도 조정해야 할 여러 가지 사항이 있었으므로 조약이 조인된 것은 이듬해인 1901년 9월 7일이 되어서였다. 출병한 8개국 외에 벨기에, 스페인, 네덜란드 대표가 가담해 모두 11개국이 조인했다.

책임자의 처벌, 사죄 사절의 파견, 순난(殉難) 기념비의 건립 등은 조인 전에 이미 이루어졌다. 조약은 모두 12개조, 부칙 12건으로 이루어져 있었는데, 중국에서는 이것을 신축화약(辛丑和約)이라고 일컫는다. 반기독교 운동은 사형으로 다스리며 엄금한다는 조항도 있고, 총리아문을 외무부로 개편해 외교 기능을 강화한다는 것도 분명히 나와 있다. 그때까지 중국은 외교 따위는 존재하지 않는다는 중화사상에서 아직 완전히 벗어나지 못해 외교를 다루는 총리아문은 그 구성원이 모두 겸임이었다. 이것을 전임에 의한 강력하고 책임 있는 기관으로 만들자는 것이었다. 초대 외무부 총리대신에는 경친왕, 회판대신(會辦大臣)에는 왕문소가 임명되었는데, 이것도 조인 전에 인사 발령이 끝나 있었다. 대고포대의 철거, 공사관 구역(동교민항)과 해구(海口)를 잇는 요소의 병력 주둔권, 군사 시설권 등, 청나라의 주권을 침해하는 조항도 포함되어 있다.

배상금은 4억 5천만 냥, 연리(年利) 4푼으로 39년 동안 나누어 내기로 결정되었다. 장기 할부지만, 연리를 합하면 총액 10억 냥 가까이 된다. 청 왕조가 멸망한 후에도 중화민국이 이것을 인수해 관세 등으로 계속 지불했으며, 1940년에 이르러서야 끝이 났다.

의화단에 대한 하트의 예언

무술년(戊戌年)에 일어난 변법과 경자년(庚子年)에 일어난 의화단 사건은 모두 그 평가가 다양하다. 이 두 사건을 다룬 영화 〈청궁비사(清宮秘事)〉를 유소기(劉少奇)가 애국주의라고 칭찬한 것을 좌파인 척본우(戚本禹, 1931~, 「홍기」 부국장, 모택동·강청 비서 역임-옮긴이)가 「애국주의가 매국주의인가?-역사영화 〈청궁비사〉를 비판하며」라는 제목의 논문에서 비판한 것이 문화혁명 추진의 한 단계가 되었다. 이 영화는 변법 정책을 실행하려고 하는 광서제에게 진비가 협력했다는 줄거리를 담고 있다. 척본우는 변법파의 노선은 부르주아 개량주의로서, 제국주의에 몸을 팔아 제국주의의 힘으로 개혁을 추진하려 했다면서 부정적으로 평가했다. 또한 영화에서는 의화단 사건이 무지한 우민이 일으킨 야만적인 소동으로 그려지고 있지만, 이것은 밑바닥 민중이 궐기해 무장투쟁을 벌인 것으로 중국 역사의 발전을 촉진한 사건이라고 평가했다. 영화는 이러한 사실들을 거꾸로 묘사하고 있는데, 유소기가 이것을 칭찬한 것은 괘씸하다는 논지였다. 이로써 유소기에 대한 비판이 고조되어 끝내 실각하게 되는데, 척본우의 논문은 극히 정치적인 것이었다고 하지 않을 수 없다.

무술변법은 확실히 개량주의였다. 그 주요 구성원의 한 사람인 담사동이 유혈 없는 변법으로는 소용이 없다고 한 말에 이 운동의 성격이 잘 나타나 있다. 그러나 당시의 여러 조건을 생각해본다면, 변법파를 매국주의라고 단정 짓는 것은 지나치게 가혹하다. 그들은 그 운동에 목숨을 걸었고, 실제로 많은 사람이 목숨을 잃었다. 나라를 팔기 위해서 목숨을 걸고자 하는 사람이 있을까. 강유위나 양계초가 영국과 일본의 노력으로 구명된 것이 문제가 되겠지만, 열강은 열강 나름의 이해를 생각해서 행동했으므로, 열강이 동정했다고 해서 그들이 열강에 몸을 팔았다고 생각하는 것은 지나치게 충동적이며 직관적인 발상이다.

의화단에 대한 평가는 문화혁명기에 '발고(拔高, 실제보다 높은 평가를 받음)'된 느낌이 있다. 각지에서 발생한 의화단계의 모반은 분명히 반봉건적이며 목숨을 건 투쟁이었다. 그들의 궐기는 열강의 침략에 그저 머리를 숙이고 순종하고 있는 것이 아니라, 근대 무기도 아랑곳하지 않고 일어서겠다는 기개를 보여 준 것이라고 할 수 있다. 그러나 의화단을 태평천국과 비교하면 아무래도 같은 선에 세우기 어렵다. 태평천국이라고 하면, 우리는 홍수전, 양수청, 풍운산과 같은 몇 명의 지도자 이름과 그 이념, 천조전묘제도에서 볼 수 있는 분명한 정책을 머릿속에 떠올릴 수 있다. 그런데 의화단에는 그러한 것이 없다. 항조(抗租)운동의 지도자는 각지에 있었을 터이고, 왕립언(王立言) 등의 지도자 이름도 문헌에 보인다. 그러나 그것은 태평천국의 인명만큼 뚜렷하게 우리 머릿속에 새겨져 있지 않다. 시간이 짧았기 때문일지도 모른다. 새된 목청으로 부르짖은 '배외'만이 잘 들려서, 그들의 다른 주장은 그 소리에 묻혀 사라져 버린 듯하다.

작은 동교민항의 한 구획을 공격할 때도 의화단은 우두머리가 지나치게 많아 통제하기 어려웠기 때문에 청조 정부가 장친왕을 총사령관으로 임명할 정도였다. 우두머리가 지나치게 많았다는 사실 한 가지만으로도 의화단이 태평천국과 달리 정권 구상을 갖추고 있지 않았다고 생각할 수 있다. 일룡이호(一龍二虎)를 매장해야 한다고 공언한 것이 완전한 반체제의 증거처럼 제시되기도 한다. 일룡이 광서제를 가리키기 때문이다. 그들이 광서제를 매장해야 한다고 공공연히 말한 것은 황제가 변법운동, 즉 '양(洋)'과 관계가 있었기 때문이다. 실제로는 당시 광서제는 아무런 권한도 갖지 못한 채 유폐된 인물이었다. 그들이 반체제라면 실권을 쥔 서태후를 매장해야 한다고 해야 했다. '부청멸양'이라는 슬로건에 의해 그들은 정부의 공인을 받은 존재가 되었다.

산동에서 열강의 횡포에 분개하여 궐기했다가 원세개에게 쫓겨 흩어졌을 무렵에는 분명히 반체제적인 체질이 있었을 것이다. 그것이 체제 속으로 편입되었다. 그리고 체제 내의 과격파가 되고 말았다. 아무리 과격한 행동을 해도 처벌받을 우려가 없는 체제 내 과격파만큼 다루기 어려운 존재도 없을 것이다. '교민'이라는 딱지만 붙이면 무슨 일이든 할 수 있었다는 점에서 문화혁명기가 연상되기도 한다. 고관이나 황족, 그리고 황제까지 안전하지 못했던 것은 체재 내 과격파가 날뛰던 문화혁명기와 흡사하다.

열강에게 중국 분할의 야심을 포기하게 한 공적 덕분에 의화단은 높은 평가를 받는다. 중국을 분할하려는 계획은 분명히 있었다. 열강이 분할 통치해도 불굴의 중국인은 또 언젠가 의화단처럼 궐기해 저항할지도 모른다. 8개국 연합군의 사령관 발데르제는 열국을 합쳐도 중국인의 4분의 1도 지배하기 어렵다며 분할을 얕은 수라고 판정했다. 영국인 가운데 으뜸가는 중국 전문가였던 총세무사 로버트 하트(Robert Hart)는 의화단을 애국자의 국민적 궐기라고 보았다. 하트는 유명한 예언을 남겼다.

  50년 후에는 갑옷으로 몸을 감싸고 밀집부대(密集部隊)를 만들 수
 백만 명의 의화단원이 중국 정부의 소집에 응할 것이다.

그러나 50년도 지나기 전에 중국의 애국자들은 항일 전쟁을 위해 일어섰다.

로버트 하트의 이 예언은 그의 발언 중에서 감상적인 부분이다. 그가 말하고자 한 것은 현실적인 정책이었다. 일본과 영국 두 나라는 광서제의 친정 하에 변법 정치를 펼치는 청나라를 기대하고 있지만, 광서제 주변에 인재가 없으므로 그것을 강행하면 혼란을 초래하고 동란을 되풀이할 우려가 있기 때문에 지금처럼 서태후의 집정을 인정해야 한다는 것이 그의 주장이었다.

의화단 사건 이후 서태후 정권의 정책은 얄궂게도 그녀가 탄압한 변법파의 정책과 거의 같았다. 북경으로 귀환하기 전, 서태후는 서안에서 이미 변법 조서를 내렸다. 신축화약 직후에는 과거 시험에 종래의 팔고문(八股文) 대신 책론(策論)을 보게 했고, 각 성에 학당을 설립하라고 명령했다.

신축년(1901) 12월에는 만한(滿漢)의 통혼을 허가하는 조서가 나왔다.

건국 이래 200여 년 동안 만주족과 한족의 통혼은 금지되었다. 민족의 화해를 꾀한 것이었겠지만 아무래도 지나치게 늦은 듯하다.

신축화약으로 말미암아 이홍장의 복귀는 필연적이었다. 프랑스와 맺은 천진조약, 일본과 맺은 시모노세키조약 등의 전례가 있어서 이런 종류의 조약은 이홍장이 전문이라는 인식이 있었기 때문이다. 이때 그는 양광 총독이었지만, 화의의 전권대표가 되기 위해, 직례 총독, 북양 대신에 복귀했다. 화약을 조인한 후, 그토록 대단한 이홍장도 고령 때문에 병을 얻어 9월에 죽었다. 광서제와 서태후가 아직 북경으로 귀환하기 전의 일이었다. 그의 죽음은 한 시대가 지나갔음을 상징하는 듯했다.

표면적으로는 서태후의 집정이 계속되었고, 광서제는 정치에 의욕을 잃은 것처럼 보였다. 변법은 당연하다는 듯이 진행되었지만, 강유위 등의 공거상서에 이어지는 그 시기의 열의는 없었다. 8개국 연합군은 얼마 후 북경에서 철수했다. 예전으로 돌아간 듯 보였지만, 사실은 다른 시대가 오고 있었다.

뜻 있는 사람들은 의화단의 실패를 곱씹고 있었다. 조직도 이념도, 그 이념을 바탕으로 세운 정책도 없이 불쑥 궐기한 의화단의 실패를 되풀이해서는 안 된다. 태평천국에도 '천부하범'과 같은 수상쩍은 면은 있었지만, 의화단의 미신적 요소는 그것보다 더 지독했다. 좀 더 합리적인 정신에 입각해 조직을 만들어야 했고, 그것을 확대하려면 선전도 해야 한다. 의화단은 큰 교훈을 남긴 것이다.

이홍장은 마지막 1년 동안, 청조가 북경으로 복귀할 수 있을지 없을지 가만히 살피고 있었던 것 같다. 만약 청조가 화북으로 복귀하지 못한다면 장강(양자강) 유역과 그 이남 지방에 새로운 정권을 세워서 전국적인 붕괴 현상을 막아야 한다. 이홍장은 그렇게 하기 위해서 변법파는 물론, 그 이상으로 과격한 흥중회(興中會)와 제휴하는 것도 생각하고 있었던 듯하다. 흥중회는 손문을 중심으로 하는 혁명 단체로, 의화단 사변이 일어난 해에 혜주(惠州)에서 두 번째로 무장 궐기했다가 실패했다. 손문의 동지 진소백은 이홍장의 참모와 접촉하고 있었다. 혁명운동에 대해서는 다른 장에서 말하겠다.

열강이 청조 체제의 유지를 바라고 있음을 알고, 이홍장은 사변의 사후 처리를 위해 북경으로 가는 것을 받아들였다. 자신이 맺은 청러밀약에 의해 사변 후에 재정, 군사 원조를 러시아로부터 받을 수 있다고 전망했기 때문이다. 그러나 그 대가로 얼마나 많은 것을 잃어야 했는가. 아마도 이홍장은 계산을 잘못한 듯하다. 그것을 알 겨를도 없이 그는 죽고 말았다.

의화단의 난이 한창일 때, 러시아는 청나라 동삼성(東三省, 요녕, 길림, 흑룡강의 3성)에 대군을 보냈다. 분명히 의화단 일부가 동삼성에서 철로를 파괴하기 시작했다. 일본의 대규모 출병에 러시아가 최종적으로 찬성한 것은 그 때문이었다는 사실은 앞에서 이야기한 대로다. 철도 보호를 명목으로 하는 출병이지만 사실상 점령이나 같았다. 동삼성을 자국의 세력권에 두고, 장차 이것을 영유하겠다는 것이 러시아의 국책이었다. 다만 그 방법을 둘러싸고 군사적 급진론과 점진론의 대립이 있었는데, 군부가 주장하는 급진론이 대세를 차지했다. 열국은 중국 분할 정책을 포기했지만, 러시아만이 실력으로 분할을 강행했다. 조선을 세력권에 넣고 그 영유를 목표로 삼았던 일본과 머지않아 충돌이 일어나는 것은 피할 수 없는 정세였다.

격정의 계절

민족의식에 눈뜬 일본유학생들

광서 28년(1902) 10월, 청조는 왕대섭(汪大燮)을 '일본 유학생 총감독'에 임명했다. 왕대섭은 3년 후에 주영(駐英) 공사가 되고, 청나라가 멸망할 때는 청나라의 마지막 주일(駐日) 공사를 맡고 있던 인물이다. 관료 중에서도 상당한 고위직에 있는 인물을 유학생 감독으로 파견한 것은 유학생이 청에게 중대한 문제였기 때문이다. 일본에는 무술변법 때문에 망명한 양계초가 「청나라의보(淸議報)」와 「신민총보(新民叢報)」자리를 잡고 문필 활동을 하고 있었다. 또 손문 일파도 일본을 혁명기지로 삼아 활약하고 있었다. 게다가 장병린(章炳麟)이 반청운동을 고취하고 있었다. 일본은 근대화의 좋은 본보기였고, 말이 통하지 않아도 문자를 이해할 수 있으므로 유럽이나 미국으로 유학하기보다 쉬웠다. 그 때문에 일본으로 유학하는 청년이 차츰 늘어났다. 청조 정부는 일본에는 배워야 할 근대문물도 있지만, 청년들을 반체제로 몰고 갈 독약도 있으므로 감독 또는 감시할 필요가 있다고 생각했다. 일본에 부임한 왕대섭은 학업 관련 사무를 감독하는 일뿐만 아니라 반청운동의 감시와 단속하는 임무도 띠었다.

장병린은 청대(淸代) 학술의 정화인 고증학을 배우고, 『춘추』의 「좌씨전(左氏傳)」을 특히 깊게 연구했다. 강유위가 주재한 강학회에 들어가 「시무보」의 편집에 종사하기도 했다. 성격이 불같았던 그는 양계초와 의견이 맞지 않아 곧 그곳을 떠났다. 예로부터 공자가 펴낸 『춘추』에는 세 종류의 해설서, 즉 '전(傳)'이 있는데, 저자의 이름을 따서 각각 「좌씨전」, 「공양전」, 「곡량전」이라고 부른다. 『춘추』는 매우 간결해서, 공자의 뜻이 어디에 숨어 있는지 각각의 전에 따라 달라진다. 양계초는 「공양전(경제와 실용을 중시하는 경향이 있다)」을 배운 인물이어서 좌전학을 연구한 장병린과 학통이 달랐다. 주자는 「좌씨전」은 사학이며, 「공양전」과 「곡량전」은 경학이라고 했다. 보통의 경우라면 학통의 차이가 아마 인간관계에 그다지 영향을 미치지 않았겠지만, 장병린은 성품이 과격해서 양계초를 견뎌내지 못했을 것이다. 무술변법이 좌절되었을 때, 그는 「시무보」에 있지 않았지만, 역시 변법의 일당으로 추적을 당해 일단 대만으로 도망쳤다가 일본에 망명했다.

의화단 사변이 일어난 해, 그는 변발을 잘랐다. 변발은 만주족인 청왕조에 대한 복종의 상징이다. 이민족인 만주족을 배척하며, 그들의 정권인 청조를 부정하고 한족 정권을 세우고자 했으므로 그의 주장은 '종족혁명' 노선으로 불린다.

노신이 일본에 유학한 것은 1902년 2월(음력 광서 27년 12월)의 일이다. 그 다음 달, 장병린은 '중국 망국 242년 기념회'를 도쿄에서 열려고 하다가 일본 관헌에게 저지당했다. 그는 젊은 유학생들에게 중국은 지금 망국 상태에 있고, 나라가 망한 지(명 왕조의 멸망을 가리킨다) 242년이나 지났으며, 그 사실을 자각하라고 호소하려고 했다. 이때 노신은 22세였는데, 32년 후에 유학 초기의 일을 회고하며, 〈병후잡담지여(病後雜談之余)〉에서,

나는 외진 고장에서 자랐기 때문에 만한(滿漢)이 무엇인지 조금도
알지 못했다. 그저 식당 간판에 '만한주석(滿漢酒席)'이라고 쓰인 것을
본 정도이며, 아무런 의문도 일지 않았다.

라고 썼다. 유학생의 수준은 대체로 이 정도였던 것 같다. 외진 고장이라고는 하나, 그가 자란 소흥(紹興)은 대도시는 아니지만 그래도 현성(縣省)이고, 양조업이 성하고, 문재가 뛰어난 인물을 많이 배출한 곳으로 전국적으로 이름이 알려진 고장이다. 원래 수가 적었던 만주족을 소흥 근방에서는 보기 어려웠는지도 모른다. 또 만주족이 대부분 한화(漢化)했고, 궁정에서도 한어만 사용하는 상황이었으므로 설령 가까이 만주족이 살고 있었다 해도 눈에 띄지 않았을 것이다. 절강성의 현성에서 자랐어도 만한이 무엇인지 잘 이해하지 못했다. 그것은 일반 한족이 차별을 받는다고 느끼지 못했기 때문이다. 거리에서 오가는 정치 이야기에 나오는 고관은 이홍장이니 장지동이니 하는 한족이었다.

같은 절강성 출신으로 노신보다 12세 위인 장병린이 어째서 그토록 과격한 종족혁명론자가 되었으며, 배만(排滿), 반청(反淸)의식에 눈을 떴을까. 아마도 학문을 통해서 그것을 몸에 익혔기 때문일 것이다. 학문은 잠자고 있던 민족의식은 흔들어 깨울 수 있다. 청나라 정부가 유학생 감독관을 파견한 것도 그 점을 우려했기 때문이다. 1년 후에 노신은 변발을

잘랐다. 같은 학교의 1년 후배로 노신에게는 평생의 벗이었던 동향 사람 허수상(許壽裳, 종전 직후 대만에서 대학교수가 되었으나 강도에게 살해되었다고 한다)은 이미 반년 전에 변발을 잘랐다. 일본에서 민족의식에 눈뜨는 청년이 잇따라 나타났다. 국내에서라면 발매 금지가 될 만한 서적도 일본에서는 자유롭게 읽을 수 있었다. 민족청년의 탄생은 당연한 결과였다. 앞에서 인용한 노신의 글은,

> 내게 처음으로 만한의 구별을 깨닫게 해 준 것은 서적이 아니라 변발이었다.

라고 이어진다. 중국인은 240여 년 동안 변발 차림을 했다. 그것이 복종의 증거이고 굴욕임을 가르쳐 준 것은 넓은 의미의 학문이었음에 틀림없다. 노신은 변발을 자르고 찍은 사진을 동생인 주작인(周作人)과 친구인 허수상에게 보냈다. 그는 이 사진에 다음과 같은 시를 썼다.

> 영대(靈臺), 신시(神矢)를 피할 길 없고,
> 비바람은 바위처럼 고원(故園)을 어둡게 한다.
> 뜻을 한성(寒星)에 의탁하나 향기로운 풀(筌)은 헤아리지 못하고,
> 나는 내 피로써 헌원(軒轅)을 천(薦)한다.

> 靈臺無計逃神矢 風雨如磐闇故園 寄意寒星筌不察 我以我血薦軒轅

영대란 곽상(郭象)이 주해한 『장자(莊子)』에서 '마음'을 가리키는 말이

라고 해설되어 있다. 그에 따르면 노신의 마음을 의미할 것이다. 영묘한 장소라고 글자 뜻을 따라 풀이하면, 이것은 '조국'이 된다. 지금은 후자로 이해하자. 내 조국은 신이 쏜 화살을 피할 길 없는 상태에 있다. 비바람은 바위처럼 무겁게 내리눌러 고향에 암흑을 드리운다. 추운 겨울 하늘에 떠 있는 별에 마음을 의탁하지만, 이 우국의 정을 사람들은 헤아려주지 않는다. 굴원(屈原)의 〈이소(離騷)〉에는 '향기로운 풀(筌)은 내 마음을 헤아리지 못한다'라는 구절이 있다. 열렬한 마음을 품고 있어도 연인(군주를 의미한다)은 자신의 마음을 알아주지 않는다는 한탄을 읊은 것이다. 굴원의 향초는 초왕(楚王)을 가리킬 터이지만, 노신의 시에 나오는 향기로운 풀은 무엇을 가리키는 것일까? 변발을 자르고 반만청의 자세를 확고히 했으므로 광서제가 아닌 것만은 분명하다. 벗인 허수상은 같은 뜻을 품고 있었으므로 헤아리지 못할 리 없다. 더욱 깊이 헤아려 달라는 말일까? 향기로운 풀은 아직 각성하지 못한 일반인으로 해석하는 편이 좋을 듯하다.

'천(薦)'은 원래 공물 없이 제를 올리는 것을 뜻한다. 헌원은 황제(黃帝)를 가리키는데, 중국인이 시조로 여기는 전설상의 인물이다. 이것도 조국으로 해석해야 할 것이다. 자신은 목숨을 조국에 바치겠다, 자기 피로 황제에게 제를 올리겠다는 말이다. 23세인 노신의 젊은 심장이 고동치는 소리가 들려오는 듯한 격정적인 시라 하겠다.

노신이 벗인 허수상보다 변발을 늦게 자른 것은 그가 속한 강남반(江南班)에 요갑(姚甲)이라는 까다로운 감독관이 있었기 때문이다. 왕대섭과 같은 고관이 아니라 훨씬 말단에 있는 인물이었다. 당시에 유학생을 수용해서 일본어를 가르치는 홍문서원(弘文書院)이라는 학교가 있었는데,

도쿄 고등사범학교의 부설 학교였다. 그 무렵 도쿄 고등사범학교의 교장은 강도관(講道館) 유도의 창시자로 유명한 가노 지고로(嘉納治五郎)였는데, 그의 배려로 홍문서원이 설치되었고 유학생은 여기서 2년 동안 일본어를 배운 뒤, 희망하는 학교에 진학하게 되어 있었다. 학생 수가 많아서 몇 개 반으로 나뉘었는데, 노신은 강남반에 속했으며, 여기에 요갑이 있었다. 요갑이 여자 문제를 일으키자 유학생 다섯 명이 그를 매달아 변발을 잘랐다. 이 사건은 노신이 변발을 자른 직후에 일어난 일인 듯하다. 유학생들은 요갑의 변발을 유학생 회관 천장에 매달았다.

보황파와 혁명파의 대립

일본 망명 초기에 양계초가 쓴 글은 상당히 급진적이었는데, 노신이 일본에 온 해에 창간된 「신소설(新小說)」에 연재한 〈신중국미래기(新中國未來記)〉는 중국이 공화국이 된다는 구상의 소설이었다. 대총통제의 '중화인민공화국'의 성립을, 이 소설에서는 1912년으로 상정하고 있다. 먼 미래의 이야기가 아니라 10년 후의 일로 쓴 것이다. 신해혁명으로 청조가 무너지고, 공화제인 중화민국이 성립된 것이 바로 1912년이었다. 훗날 양계초는 자신의 예상이 적중한 것을 자랑으로 여겼다. 그러나 이 소설은 미완성으로 끝났다.

양계초는 이 외에도 〈파괴주의(破壞主義)〉라는 급진적인 글을 썼는데, 그 글에서는 청조를 타도해야 한다고 주장했다. 미야자키 도텐이 그 글을 읽고, 그렇다면 손문과 제휴할 수 있지 않을까 생각해서 두 사람 사이를 주선하려고 한 적이 있다. 이것은 양계초의 스승인 강유위의 반대로 실현되지 못했다.

그 후 양계초는 사상적으로 후퇴한다. 손문 등이 지향하는 혁명에 반대하고, 일본처럼 입헌군주제를 지향해야 한다고 주장했다. 그의 입장은 거기서 다시 후퇴해서, 입헌군주제도 나라 사정에 맞지 않는다 하여 '개명전제(開明專制)'라는 기묘한 말을 만들어냈다. 개명한 군주에 의한 전제 정치가 바람직하다는 것이다. 그가 혁명에 반대한 것은 그 소란을 틈타서 열강이 중국을 분할할 우려가 있다는 이유에서였다.

일본을 거점으로 하는 중국의 반체제파는 강유위, 양계초가 중심인 보황파(保皇派)와 손문 등의 혁명파로 나뉘어 있었다. 혁명파인 손문 등이 행동적이었다는 것은 말할 나위도 없다. 손문이 런던에서 봉변을 당한 뒤 유럽에서 민주주의 이론을 연구하는 동안에도 진소백은 홍콩에서 「중국보(中國報)」로 선전 활동을 했고, 정사량이나 사견여(史堅如) 등은 비밀결사 사람들과 연락을 취했다.

의화단 사변이 일어나기 1년 전(1899)에 필리핀에서 독립전쟁이 일어났다. 8개국 연합군 중에서 미국이 청나라에 대한 요구에 그다지 적극적이지 않았던 것은 필리핀 문제가 있었기 때문이다. 손문은 국제 감각과 국제 연대 의식을 갖추고 있었으므로 식민지 필리핀의 독립 혁명을 제 일처럼 여기고 지원했다. 필리핀 독립전쟁의 지도자 아기날도(Emilio Aguinaldo, 1869~1964, 초대대통령-옮긴이)에게서 무기 구입을 의뢰 받은 손문은 그 일을 미야자키 도텐에게 맡겼다. 중의원 의원인 나카무라 야로쿠(中村弥六)가 무기 구입과 수송을 떠맡아서 그것을 누노비키마루(布引丸)호에 실었는데 도중에 배가 침몰하고 말았다. 이른바 누노비키마루호 사건인데, 여기에는 의문스러운 점이 많다. 아기날도는 다시 손문에게 부탁했고, 6만 5천 엔이 준비되었다. 당시로서는 큰돈이었다. 그러나 그러는 사이에 필리핀 독립은 실패로 돌아가고, 준비한 무기는 손문이 자유롭게 쓸 수 있게 되었다.

1900년, 의화단 소요는 혁명을 시작할 좋은 기회였다. 사실은 그 지난해부터 혜주 근처의 삼주전(三州田)에서 정사량이 광동의 비밀결사 우두머리들과 연락해서 사람을 모으고 있었다. 필리핀 독립전쟁용으로 마련된 무기가 이때 손문에게 양도되었다. 처음 계획보다 조건은 훨씬 좋아졌다.

손문은 혁명을 지휘하기 위해 일본을 떠나 홍콩으로 향했지만, 홍콩의 영국 당국은 그의 상륙을 허가하지 않았다. 어쩔 수 없이 거룻배 안에서 회의를 열고, 정사량을 혜주로, 사견여를 광주로 파견해서 삼주전 거병에 호응하는 태세를 갖추게 했다. 진소백과 이기당(李紀堂)은 홍콩에 남아 병참을 담당하기로 했으며, 손문은 군자금 2만 원을 맡기고 홍콩을 떠났다.

그 동안의 경위는 미야자키 도텐의 『33년의 꿈』에 생생하게 그려져 있다. 미야자키는 싱가포르에서 구류되었다. 그는 당시 싱가포르에 있던 강유위를 설득해 손문과 손을 잡게 하려고 했다. 그러나 강유위의 주변에서는 미야자키 일행을 청나라가 보낸 자객이라면서 싱가포르의 영국 당국에 고발했다. 원래 강유위는 미야자키와 면식이 있어서 자객이 아니라는 것을 잘 알고 있었을 터이므로 이것은 그를 따돌리려는 술책임에 틀림없다.

손문 등은 일단 일본으로 돌아갔다가 상해로 갔다. 상황이 그다지 진전되지 않아서 혁명의 실마리를 찾아보고자 간 것이다. 그러나 당재상(唐才常)의 자립군(自立軍)이 실패한 직후여서 경계가 삼엄했기 때문에 나가

사키를 거쳐 대만으로 건너갔다.

당재상은 담사동의 맹우로서 호남 순무 진보잠의 밑에서 변법 운동에 종사했고, 신문과 잡지를 간행해서 계몽에 공헌했다. 중앙의 변법 실패로 맹우를 잃은 그는 일본으로 건너가 강유위에게서 자금을 제공하겠다는 약속을 받아내고, 상해에 자립회를 만들어, 한구(漢口)에서 급진적인 유학생을 중심으로 하는 무장봉기를 계획했다. 약속된 자금이 도착하지 않아 거사를 미루고 있는 사이에 일이 탄로 나서 호광 총독 장지동에게 진압되고, 10여 명의 동지들과 함께 체포되어 처형당했다. 이것은 강유위가 관여한 유일한 무장투쟁이라고 한다.

대만 총독 고다마 겐타로(児玉源太郎)는 남진론자(南進論者)였지만, 손문의 거병에 찬성해서 지원을 약속했다. 민정장관 고토 신페이(後藤新平)도 일본의 국익으로 보아 손문을 지원하는 것이 유리하다고 생각했다. 가까스로 전망이 밝아졌으므로 손문은 미야자키에게 필리핀 독립전쟁용 총과 탄약을 하문(厦門)으로 보내도록 지시했다. 이렇게 해서 봉기를 준비하라는 신호가 떨어졌다.

그런데 뜻밖의 일이 벌어졌다. 필리핀 독립당의 군자금 6만 5천 엔 가운데, 중개 역할을 한 나카무라 야로쿠가 1만 5천 엔을 착복했으며, 오쿠라(小倉)라는 자에게 사들인 무기와 탄약이 사용하지 못하는 폐물임이 밝혀졌다. 게다가 10월에 일본에서 정변이 일어나, 야마가타 내각이 물러나고 제4차 이토 내각이 출범했다. 이토 내각은 중국 혁명운동에 대한 원조를 중단한다는 성명을 냈다. 대만 총독이 손문을 지원하는 데 깊이 관여한 것도 문제가 되어, 혜주 봉기 계획은 2층 난간까지 올라와서 사다리가 떨어져 나간 꼴이 되었다. 무기와 탄약은 쓰레기였고, 믿고 있던 고다마의 지원도 받지 못한 채 혜주에서는 청군과 전투가 시작되었다. 손문은 현지에 급히 사람을 보내 정세가 급변했음을 알렸다. 정사량은 이 소식을 듣자마자 군대를 해산하고 수백 명의 동지와 함께 홍콩으로 철수했다. 선전을 하고 있었지만, 무기와 탄약이 보급될 가망이 없으면 전쟁을 계속할 수 없다. 일본인 야마다 요시마사(山田良政)는 이 전투에서 전사했다.

광주에 있던 18세(일설에는 22세)의 사견여(史堅如)는 성도(省都)를 교란해서 혜주 봉기를 유리하게 이끈다는 사명을 띠고 있었다. 광주를 혼란에 빠뜨리려면 그 지방 최고 장관에게 테러를 하는 것이 가장 효과적이다. 이때 양광 총독 이홍장은 8개국 연합군과 강화조약을 논의하기 위해 이미 북경으로 떠난 뒤였고, 광주 순무인 만주족 덕수(德壽)가 총독을 겸임하고 있었다. 사견여는 순무 관서 뒤에 집을 빌려, 지하에 굴을 파고 폭약을 설치했다. 그러나 뇌관이 지나치게 적은 탓에 폭발력이 약해서 건물 일부만 파괴했을 뿐, 덕수에게는 상처 하나 입히지 못했다. 사견여는 체포되어 처형당했다.

혜주 봉기가 실패하고 정사량과 양구운은 홍콩으로 피신했지만, 청조 정부가 보낸 진림(陳林)이라는 자객의 칼에 양구운은 죽고 말았다. 정사량은 이듬해 7월에 병사했다. 이것도 독살이라는 설이 있다.

손문은 대만을 떠나 요코하마로 이동했다. 육호동, 사견여, 양구운, 정사량 등 친한 동지를 많이 잃었지만 한편으로는 새로운 동지도 많이 늘었다. 혜주 봉기는 애국 청년의 피를 들끓게 했다. 일본에 망명한 두 파벌의 반정부 단체, 즉 강유위의 보황파와 손문의 혁명파의 역학 관계는 마침내 역전되기 시작했다.

목숨을 건 변법이 강유위를 빛내는 경력이었다. 그 빛으로 많은 사람의 존경을 받았고, 큰 영향력을 지닐 수 있었다. 이번에는 혜주 봉기로 손문이 빛을 발하기 시작했다. 프랑스의 베트남 총독은 주일 프랑스 공사를 통해 하노이에서 열리는 박람회에 손문을 초대했다. 이 일도 손문의 주가를 올리는 일이 되었다. 프랑스의 초대는 장차 손문이 정권을 잡았을 때, 유리한 관계를 맺기를 기대한 데서 나온 정책임이 누구의 눈에도 분명했다. 손문의 하노이 방문은 1903년의 일이었는데, 그 후 그는 혁명을 선전하기 위해 세계를 일주하는 여행길에 올랐다. 베트남에는 화교가 많아서 손문은 예상보다 많은 동지를 그의 결사인 흥중회로 끌어들일 수 있었다. 동시에 선전의 필요성을 새삼 통감했을 것이다.

하노이에서 일본을 거쳐 하와이로 가는 여정이었기 때문에 손문은 다시 일본에 들렀다. 여기서 그는 새로운 젊은 동지를 얻었다. 요중개(廖仲愷)와 하향응(何香凝) 부부, 마군무(馬君武), 호의생(胡毅生), 여중실(黎仲實) 등의 유학생인데, 손문은 그들에게 조직을 만들 것을 권했다. 요중개 등은 후에 손문의 한 팔이 되어 활약하게 된다.

청년들을 일깨운 추용의 『혁명군』

손문이 하노이에서 일본으로 오기 직전에 상해에서 「소보(蘇報)」사건이 일어났다. 「소보」는 애국학사(愛國學社)의 기관지였다. 애국학사란 채원배(蔡元培)가 교장으로 있던 사립학교인데, 장병린 등이 교원으로 초빙되어 근무하고 있었다. 창립한 지 얼마 되지 않아 이 학교는 거법거아운동(拒法拒俄運動)의 기지처럼 되었다. '법(法)'은 프랑스, '아(俄)'는 러시아를 가리킨다. 러시아는 동삼성을 사실상 점유하고 있었다. 이전에 러시아에 조문 사절로 파견된 적이 있는 왕지춘이 당시 광서 순무로 있었는데, 천지회의 반란을 자력으로 진압하지 못하자 광서성의 철도 부설권, 광산 채굴권 등을 모두 준다는 조건으로 프랑스의 베트남 주둔군을 불러들였다. 이에 대한 반대가 '거법(拒法)'이다.

중국을 침략하는 러시아나 프랑스에 반대하고, 그들의 침략을 거부하는 것이 애국 운동이다. 그러나 청조 정부는 그런 애국 운동이 반정부 운동으로 번지지 않을까 두려워하고 있었다. 그 무렵 일본에 있는 유학생들이 러시아의 침략에 항의하여 거아의용대를 조직했다. 간다(神田)의 금휘관(錦輝館)에 500여 명이 모였고, 대장으로 남천울(藍天蔚)이 뽑혔다. 주일 공사 채균(蔡鈞)은 북경에 보낸 비밀전문에서, 그들은 러시아를 거부한다는 명분을 내세우고 있지만 사실은 혁명을 목표로 하고 있으므로, 지금 귀국해 있는 자들을 엄중히 조사해서 체포해야 한다고 건의했다. 동시에 채균은 일본 정부에 요청해서 의용대를 해산시켰다.

상해에는 조계(租界)가 있기 때문에 다른 지방보다 언론 활동이 왕성했다. 왕지춘을 반대하는 집회와 러시아를 규탄하는 집회가 열리고, 정부가 러시아와 맺은 조약을 승인하지 말라는 결의문이 채택되기도 했다. 그 운동의 중핵이었던 애국학사의 기관지 「소보」를 청조 정부가 일찌감치 주시하고 있었음은 당연한 일일 것이다.

장병린은 「소보」에 강유위의 보황론을 반대하는 글을 썼는데, 그 글 속에,

재첨(載湉)이라는 작은 추물은 아직도 숙맥(菽麥)을 가리지 못한다.

라는 표현이 등장한다. 재첨은 광서제의 이름이다. 숙(菽, 콩)과 맥(麥, 보리)을 구별하지 못하는 팔푼이라는 뜻이었으니 과격하기 짝이 없었다. 추용(鄒容)은 겨우 19세였지만, 『혁명군(革命軍)』이라는 과격한 글을 썼고, 「소보」가 그 글을 소개했다. 추용의 글 속에,

중국에 거주하는 만주인을 쫓아내거나 살해해서 원수를 갚아야 한다. 만주인이 세운 황제를 주살함으로써 만세에 다시 전제 군주가 있을 수 없도록 경고해야 한다.

라는 대목이 있다. 조계 내에서 발행된 신문이지만, 청조 정부는 군주를 모욕했다 하여 그들의 인도와 사형을 요구했다. 상해공동조계의 행정을 주재하는 것은 상해시 참사회(Council for Foreign Committee of Shanghai)인데, 1869년에 그 아래 사무국을 설치하고 그것을 공부국(工部局)이라고 불렀다. 처음에는 건축, 도로, 공원 등 건설 사업이 많았기 때문에 '공부(工部)'라고 불렀지만, 경찰, 소방, 위생, 법무, 군무(의용군), 교육 등도 담당하게 되면서 식민지의 총독부와 다름없는 곳이 되었다. 다만 명칭은 중국인의 반발을 우려해 마지막까지 공부국이라 했다. 다른 이름으로는 공국(公局)이라고도 한다.

조계에는 회심아문(會審衙門)이라는 것이 있어서, 외국인 재판관과 중국인 재판관이 공동으로 재판을 심리하지만, 판결은 외국인 재판관이 내린다. 처음에는 사형을 주장한 중국 측도 영사단의 반대에 부딪혀 종신형을 요구했다. 영사단은 상해의 치안을 위해서라도 극형을 반대했다. 그만큼 상해의 민심은 격앙되어 있었다. 이 사건은 북경으로 이첩되었는

데, 재판을 오래 끌면 혁명파의 선전에 이로울 뿐, 청 정부에게는 불리하다는 영국 공사의 조언으로 결국 장병린에게 금고 3년, 추용에게 금고 2년의 판결을 내렸다. 장병린은 형기를 마치고 개선장군처럼 일본에 돌아왔지만, 추용은 형기 만료까지 겨우 70일을 남기고 옥사했다. 향년 21세였다. 그의 죽음과 관련하여 청나라 관리의 모살설이 있다.

공부국 유치장에 감금되어 아직 판결이 내리지 않은 무렵, 장병린이 추용에게 보낸 시가 있다. 두 사람 모두 죽음을 각오하고 있던 무렵이어서, 처형 전에 손을 맞잡자, 잃는 것은 천지에 오직 둘밖에 없는 목이니까, 라고 끝을 맺고 있다.

옥중에서 추용에게 보내다

추용, 나의 동생,
머리를 풀고 영주(瀛洲, 일본)로 내려가다.
날카로운 가위로 변발을 자르고,
쇠고기를 말려 후(餱, 말린 고기)로 만들다.
영웅이 한번 옥에 들어가니,
천지 또한 슬픈 가을이도다.
목숨이 다할 때는 두 손을 맞잡으니,
천지에 오직 두 머리가 있을 뿐.

獄中贈鄒容
鄒容吾小弟 被發下瀛洲 快剪刀除辮 幹牛肉作餱

英雄一入獄 天地亦悲秋 臨命須摻手 乾坤只兩頭

파렴치한인 유학생 감독 요갑의 변발을 자른 다섯 명 중 한 사람이 추용이었다. 말린 고기 대목은 그의 생활이 간소했음을 칭송한 것이다.

추용이 쓴 『혁명군』은 청나라에서는 금서였지만 일본에서는 많이 읽혔고, 국내에도 은밀히 반입되었다. 이것을 읽으면 안절부절 못할 정도로 흥분이 일어서 많은 청년들이 혁명 진영에 투신했다고 한다. 개혁파 사람들이 중국은 개혁하지 않으면 인도, 폴란드, 이집트 등의 뒤를 따르게 될 것이라고 쓴 것에 대해, 추용은 우리가 이미 300년이나 만주인의 발밑에서 폴란드, 인도가 되어 있다는 것도 모르고 뒤를 따른다는 등의 말을 하는 것은 급성뇌병에라도 걸렸기 때문인가 하는 투로 반박했다. 그는 증국번, 좌종당, 이홍장을 수백만 동포(태평천국을 가리킴)를 참살해 만주에 바친 대노예라고 매도했다.

혁명을 하려면 노예근성을 없애야 한다고 추용은 열렬히 주장했다. 19세 젊은이의 붓은 격앙한 나머지 때때로 절규가 되었다. 혁명을 하라, 혁명을 하라, 프랑스는 세 번 혁명을 했고 미국은 7년 동안 독립전쟁을 치렀다. 그러므로 중국은 혁명하고 또 혁명하라……. 추용은 종종 감정을 억누르지 못했다. 다만 추용은 혁명에도 야만의 혁명과 문명의 혁명이 있다고 썼다. 야만적인 혁명은 파괴만 있고 건설이 없으므로 공포 시대를 출현시킬 뿐이라 하고 의화단을 이것으로 분류했다. 문명의 혁명은 파괴도 있고 건설도 있으며, 건설을 위해 파괴하고, 자유와 평등, 독립과 자주의 모든 권리를 쟁취해 국민 행복을 증진하는 것이어야 한다고 규정했다. 그는 동포에게 혁명을 부르짖으며 2만 자가 넘는 글을 다음과 같이 끝맺고 있다.

> 그대는 참으로 완전무결한 혁명 독립의 자격을 갖추고 있다. 그대는 여기 4만만(4억) 동포를 이끌고 동포를 위해 목숨을 바쳐라. 조국을 위해 목숨을 바쳐라. 그대의 두개골을 땅에 내던지고 그대의 간뇌를 드러내어, 그대의 원수 만주인과 그대의 공적 애신각라씨와 더불어 창과 총알이 빗발치는 속에서 내달려라. 그런 연후에 다시 그대의 주권에 간섭하는 외래의 악마를 소탕하면 곧 그대의 역사적 오명을 씻을 수 있으며, 그대 조국의 명예를 드높이고, 그대의 독립 깃발은 이미 하늘 높이 펄럭일 것이다. 그대의 자유의 신은 이제 왼손으로 하늘을 가리키고 오른손으로 땅을 가리키며 그대를 위해 나타날 것이다. 아아! 하늘은 맑고 땅은 희니, 벽력일성이 수천 년 잠자는 사자를 놀래 잠에서 깨우고 춤추게 하리라. 이것이야말로 혁명이요, 이것이야말로 독립이다!
>
> 황한(皇漢)인종 독립 만세!
>
> 중화공화국 만세!
>
> 중화공화국 4만만 동포 자유 만세!

도쿄에서 불어온 혁명 일기

노신은 「소보」 사건 이듬해(1904) 4월에 홍문서원 속성과를 졸업했다. 당시 새 학년은 9월에 시작되었으므로 졸업에서 입학까지 반년 가까이 시간이 있었다. 그는 9월에 센다이 의전(仙台醫專)에 입학할 예정이었다. 2

월에 이미 러일전쟁이 시작되어 있었다. 전쟁으로 흥분한 도쿄에서 그는 일본에 유학 온 동향의 추근(秋瑾)을 알게 되어 서로 자주 이야기를 나누었다고 한다.

추근은 소흥 태생으로 19세 때 호남 거상의 아들 왕정균(王廷鈞)과 결혼했다. 남편의 부임으로 북경으로 나왔지만, 나라를 걱정하는 마음이 깊었던 그녀는 이혼하고 단신으로 일본으로 건너갔다. 아이도 있었지만 그녀는 친구에게 아이를 맡겼다. 일본에서는 짓센여학교(実践女学校, 짓센여자대학의 전신)에 들어갔지만 그녀의 목적은 혁명에 있었다. 이름을 경웅(競雄)이라 고치고, 호를 감호여협(鑒湖女俠)이라고 한 데서 그녀의 기개를 엿볼 수 있다. 일본에 왔을 때 그녀는 이미 29세였는데, 25세였다는 설도 있다. 어느 쪽이든 노신보다 손위였다.

일본에 온 유학생 사이에 혁명의 열기가 소용돌이치고 있었다. 거아의 용대가 일본 관헌에 의해 해산된 뒤에도 군국민교육회(軍國民敎育會)가 조직되었다. 여기에서 세 가지 혁명 강령이 결정되었다.

1. 고취(선전)
2. 기의(起義, 봉기)
3. 암살

이 조직은 황흥(黃興)과 진천화(陳天華) 두 사람을 호남으로 보내서 혁명운동을 실행하게 했다. 황흥은 장사(長沙)로 돌아가 화흥회(華興會)라는 조직을 만들었다. 암살을 담당한 공보전(龔寶銓)은 상해로 돌아가서 암살소조를 광복회(光復會)로 개편하고, 채원배를 회장으로 추대했다.

채원배는 절강성 출신으로 광서 16년(1870) 22세 때 진사가 되어 한림
원으로 들어갔으며, 무술변법 때는 편수(編修)라는 직위에 있었다. 청조
의 앞날은 가망이 없다고 단념한 그는 스스로 자리에서 물러나 고향으
로 가서 청소년을 교육하는 데 힘을 쏟았다. 후에 상해로 나와 애국학사
와 애국여학(愛國女學)을 창립했다. 애국학사는 기관지 「소보」 사건으로
문을 닫았지만 애국여학은 계속되었다. 그는 공화국 초대 교육청장과 북
경대학 총장을 역임하면서 일관되게 교육구국(敎育救國)에 헌신했다. 그
런 그가 암살소조를 개편한 광복회의 회장으로 추대된 것은 흥미로운
일이라 하겠다.

황흥과 진천화가 만든 화흥회는 유학생을 중심으로 하는 지식층이
회원이었다. 그러나 혁명을 위해 봉기하려면 민중의 힘을 빌려야만 한다.
반정부 운동을 위해 당장에라도 궐기할 수 있는 민중이란 당시로서는 홍
문(洪門, 비밀결사 전반을 가리키는 말) 사람들밖에 생각할 수 없었다. 황흥은
그들과 연락을 취했지만, 지식층과 그들을 같은 조직 안에 두면 갖가지
문제가 생길 것을 우려해 따로 동구회(同仇會)라는 외곽 조직을 만들었
다. 황흥은 유규일(劉揆一)을 동구회에 들여보냈다. 홍문계 가로회의 우두
머리는 마복익(馬福益)이었는데, 유규일과 친한 사이였다.

장사의 화흥회 거병은 1904년 11월 16일로 결정되었다. 이날은 음력
10월 10일로 서태후의 생일이었다. 호광 총독 장지동은 무창에서 열리는
축하식에 참가하겠지만, 장사에서는 호남 순무 육원정(陸元鼎) 이하 호남
성 요인들이 한 자리에 모여 축하식을 거행할 터였다. 회장에 미리 폭약
을 묻어두었다가 그들을 폭살한 뒤, 장사를 점령해서 혁명 기지로 삼을
예정이었다. 그러나 가로회 간부였던 하소경(何少卿)과 곽학경(郭鶴卿)이

상담(湘潭)에서 체포되는 바람에 일이 탄로 나고 말았다. 상담은 모택동(毛澤東)의 고향이다. 1893년에 태어난 모택동은 이때 11세로, 폭군 같은 아버지와 자주 회초리를 드는 서당 훈장을 상대로 투쟁을 하고 있을 무렵이었다.

계획이 누설되자 황흥은 상해로 피신했다. 송교인(宋敎仁)은 상덕(常德)에 있다가 장사 봉기에 호응하기로 했는데, 연락을 위해 장사로 갔다가 계획이 실패한 것을 알고 어쩔 수 없이 상해를 거쳐 일본으로 건너갔다. 황흥 등은 상해청년학사라는 간판을 내걸고 비밀공작을 펼치고 있었는데, 당국의 수사도 나날이 삼엄해졌다. 때마침 프랑스에 이권을 팔아넘겼다고 비난 받던 왕지춘을 암살하려고 한 사건이 일어나고, 불온분자가 구속되었는데, 황흥, 진천화, 장사쇠(章士釗) 등 10여 명도 일제히 체포되었다. 황흥은 곧 석방되었지만, 혁명에는 아무런 진전이 없는 듯해서 그들은 고민에 빠졌다. 그러는 사이에도 동삼성에서는 일본과 러시아의 전쟁이 계속되고 있었다.

노신은 센다이에 있었다. 그가 의학을 선택한 것은, 일본의 메이지 유신에 서양의학이 크게 공헌했음을 알았기 때문이다. 일본에서는 난학(蘭學, 네덜란드 학문)의 전통이 있었는데, 그것이 서구 문명을 받아들이는 기초가 되었다. 노신은 이러한 지식을 갖고 있었다. 그가 센다이에서 새롭게 의학생으로서 학문을 시작했을 무렵, 장사 거병이 실패로 돌아갔고, 상해에서 광복회가 세워졌다.

중국 혁명에서 당시 상해는 전진기지였고, 도쿄는 후방기지라고 보아도 무방할 것이다. 황흥이나 진천화처럼 도쿄에서 곧장 상해로 건너갈 수 있었다. 「소보」 사건은 이해(1904)가 되어서 겨우 판결이 났다. 군국민

교육회의 암살소조인 공보전, 서석린(徐錫麟), 도성장(陶成章) 같은 사람들이 일본에 오거나 다시 찾은 것이 이해 연말이었다. 혁명을 위해서는 아무래도 전문적인 군사학이 필요했다. 그들은 군사학교에서 그것을 배우기 위해 일본으로 건너온 것이다. 겨울 방학이어서 센다이에서 도쿄로 돌아와 있던 노신은 그들을 맞으러 요코하마까지 갔다. 배에서 내린 일행은 기차를 타고 도쿄로 갔는데, 서로 자리를 양보하다가 기차가 발차하는 바람에 몇 사람이 넘어졌다고 했다. 마중 나간 노신은 자리에 무슨 귀천이 있느냐며 그들에게 화를 냈다. 어쩌면 이다지도 뒤떨어진 무리인가 하며 노신은 생각했다. 그러나 그들 중에는 혁명에서 장렬하게 전사한 열사가 적잖이 있었다. 진백평(陳伯平), 마종한(馬宗漢), 그리고 노신의 손아래 동지인 범애농(范愛農)도 혁명에서 죽었다. 서석린은 아내와 함께 고베에서 하선하고 거기서부터 기차를 타고 도쿄로 향했기 때문에 노신은 요코하마에서는 그를 만나지 못했다. 그들이 서로 자리를 양보한 것에 울컥했던 노신은 훗날 참회하는 마음으로 당시 자신의 심정을 돌이키고, 죽은 벗들을 추모하는 글을 썼다.

이해 12월에는 광복회 도쿄 지부가 만들어졌으며, 노신도 거기에 참여했다. 추근은 이듬해 2월에 귀국해 상해의 광복회에 가입했으나 곧 일본으로 돌아왔다.

만주를 강탈한 일본

1905년은 일본군의 여순 함락으로 한 해가 밝았다. 중국 동삼성이 전쟁의 무대였지만, 청나라는 전쟁의 당사자는 아니었다. 이홍장이 체결한 청러밀약은 군사동맹이었으며 명백히 일본을 가상 적국으로 삼았으므로, 협약의 취지를 생각한다면 청나라는 러시아 편에 서서 참전해야만 했다. 그러나 청나라는 자국 영토에서 벌어진 전쟁에 끝까지 중립을 지켰다.

그 이유는 의화단 사변이 터졌을 때, 출병이라는 명목으로 러시아가 사실상 동삼성을 점령했기 때문이다. 밀약에는 철도 등의 이권에 관한 약속은 있지만, 점령을 허락하는 조항 따위는 물론 없다. 러시아에서는 위태 재무장관이 열심히 저지했지만 군부의 폭주를 막을 수는 없었다. 영토를 사실상 점거한 나라의 편을 들어 그 적과 싸울 만큼 청도 영락하지는 않았다.

게다가 만약 청나라가 러시아 편에 서서 참전하면 국내가 대혼란에 빠질 것이다. 러시아의 동삼성 점령은 중국인을 격분시켰다. '거아(拒俄, 러시아를 거부하다)'라는 슬로건이 온 나라를 가득 채웠을 뿐만 아니라 도쿄까지 넘쳐흘렀다. 도쿄 간다의 금휘관(錦輝館)에서 유학생들이 거아의 용대를 조직했다는 것은 앞에서도 이야기했다. 반러 감정이 이토록 강했으니, 청도 중립 이외에는 달리 취할 방법이 없었다.

러일전쟁 전후에 중국에서 일본으로 유학하는 사람의 수는 급증했다. 러일전쟁 직후에는 1만 명이 넘었다고 하니 그 수가 참으로 대단했다. 물론 새로운 학문을 배우기 위해 일본을 찾은 사람이 대부분이지만, 그중에는 혁명을 위해 찾은 사람도 있었다. 또 학문을 위해 일본에 왔다가 도중에 혁명의 길로 갈아탄 사람도 있었다.

유학생만도 1만 명을 넘고, 재일 화교도 수만 명에 이르렀으므로 일본에서 선전 활동이 활발하게 벌어졌다. 또 일본에서 간행된 잡지나 서적이 청나라로 거꾸로 밀수출되었다. 일본에서 펼치는 선전 활동은 유학생이나 화교뿐만 아니라 바다 건너에 있는 많은 동포까지 대상으로 삼았다.

1905년 5월, 일본의 연합 함대가 러시아의 발틱 함대를 격파하자 전쟁의 대세는 거의 굳혀졌다. 3월에 벌어진 이른바 봉천대회전(奉天大會戰)에서도 러시아는 패퇴했다. 러시아 국내도 소란스러웠는데, 각지에서 혁명 소요가 일어나고 있었다. 이렇게 해서 9월에 포츠머스조약이 체결되고, 러일전쟁은 끝이 났다. 일본은 이해 12월에 조선 통감부를 설치해 조선을 식민지로 만들 준비를 갖추었다.

여기서 청일전쟁 이후 조선(대한제국)의 상황을 돌아보자. 일본은 청나라에게 거둔 승리를 발판 삼아 조선에 먼저 한일의정서(조일공수동맹)의 체결을 강요했다. 원래 조선은 '한(韓)'을 별칭처럼 쓰고 있었는데, 청일전쟁 무렵에 '대한제국'이라는 칭호를 공식적으로 사용하게 되었다. 당시 민씨 일족이 정권을 장악하고 있었는데, 그들은 일관되게 친청(親淸) 정책을 취하고 있었다. 청일전쟁 중에도 일본 군사력의 견제를 받으면서도 몰래 청군에 비밀 전문을 보냈다. 전후에는 일본의 힘에 굴복할 수밖에 없었지만, 그 일본이 삼국간섭에 굴복하는 것을 보고, 러시아와 제휴해 일본 세력을 한반도에서 몰아내려고 했다. 그래서 친일파인 박영효 내각을 쓰러뜨리고, 민씨 일족이 다시 정권을 잡고 친러배일 정책을 폈다. 이노우에 가오루를 대신해 조선 공사가 된 미우라 고로(三浦梧樓) 육군 중장은 1895년 10월, 일본 육군 1개 대대와 친일 장교 이주회(李周會, 1843~1895, 동학군을 공격하고 군부대신을 거쳐 교수당함─옮긴이)가 이끄는 훈련대 2개 중대, 그리고 많은 무뢰한들, 이른바 '대륙 낭인'을 동원해 왕궁에 난입해서 왕비 민씨(명성황후)를 살해했다. 두 사람의 낭인이 왕비를 살해하고 그 유체를 욕보인 뒤, 석유를 뿌려 불태우는 만행을 저질렀다. 미우라 공사는 대원군을 통해 고종에게 친일 내각을 만들게 했는데, 그 수반은 김홍집(金弘集)이었다. 청나라의 세력이 강했던 시기에는 건륭제의 이름인 홍력(弘曆)과 같은 자를 피해 굉집(宏集)이라고 이름을 고친 인물이다. 다른 이야기지만 도쿄 고등사범학교의 부설 유학생 학교인 홍문서원(弘文書院)도 졸업생들의 희망에 따라 졸업증서에는 굉문서원(宏文書院)이라고 썼다고 한다.

이 왕비 시해 사건은 당연히 열국의 격렬한 비난을 받았고, 일본은 고무라 쥬타로(小村壽太郞, 1855~1911, 외무대신 등을 거친 외교관-옮긴이)를 파견해 일본 정부는 이 사건에 전혀 관계가 없다고 변명했다. 미우라 고로와 20명의 낭인은 히로시마 형무소에 수감되었지만, 얼마 지나지 않아 증거 불충분으로 석방되었다. 한 나라의 왕비를 주재 공사가 참살하는 유례없는 일대 불상사였지만, 미우라가 그 뒤 정계의 흑막으로 활약했음은 잘 알려진 대로다.

일본은 왕비 민씨를 시해하는 데는 성공했지만 외교적으로는 크게 실패했고, 조선은 일본과 러시아 두 나라의 패권 쟁탈장이 되고 말았다. 러시아 측에서 보면 일본이 조선을 제압하는 것은 블라디보스토크와 여순을 잇는 선에 비수를 들이대는 격이다.

러일전쟁에서 일본이 승리함으로써 조선은 완전히 일본의 세력권으로 들어갔다. 러시아는 국내 정세마저 불안해서 전쟁을 지속적으로 수행하기 불가능했지만, 일본도 국력을 쏟아 싸워서 여력이 없었기 때문에 포츠머스조약에서도 요구는 대부분 거부되었다. 조약에서는 조선에 대한 일본의 우월권을 인정했지만, 러시아와 일본 두 나라는 18개월 이내에 중국 동삼성에서 철군하기로 했다. 이렇게 보면 중국의 민간이나 유학생

사이에서 일어난 거아운동은 일본의 손에 의해 목적을 달성한 것처럼 보였다. 하지만 관동주(關東州)의 조차지, 여순과 장춘(長春)을 잇는 동청(東淸)철도를 사할린의 북위 50도 이남과 함께 일본이 양도받기로 정해졌다. 이것은 동삼성의 침략자가 러시아에서 일본으로 바뀌었음을 의미한다.

만주족 왕조를 타도하자!

센다이 의전에서 노신은 무사히 2학년으로 진급했다. 신학기는 9월이므로, 포츠머스조약이 체결되고, 거기에 불만을 품은 일본 국민이 열심히 반대운동을 하던 시기다. 세균학 강의에서는 슬라이드가 사용되었는데, 시간이 남으면 교수는 학생들에게 러일전쟁에 관련된 슬라이드를 보여 주었다. 그중에는 러시아의 밀정으로 일했다는 이유로 중국인이 일본군에게 총살되는 장면이 있었다. 그것을 구경하는 사람도 중국인이었다. 노신은 이 사건을 센다이 의전을 중퇴한 이유로 들고 있다. 중국인은 의학으로 몸을 고치기에 앞서 마음을 먼저 고쳐야 한다고 생각하고 문학 활동에 뛰어들 결심을 한 것이다. 물론 슬라이드 사건은 하나의 계기였고, 다른 여러 가지 일들이 있었을 것이다. 진급할 때도 불쾌한 일이 있었다. 해부학을 가르치는 후지노(藤野) 교수는 유학생인 노신이 제대로 필기를 하는지 어떤지 걱정해서 그의 노트를 세심하게 첨삭해 주었다. 사려 깊지 못한 어떤 학생이 노신이 진급할 수 있었던 것은 교수가 시험에 출제할 부분에 표시를 해 주었기 때문이라며 떠들어댔고, 익명으로 편지를 보내기까지 했다. 노신은 그 후에도 후지노 교수를 흠모해서, 학교를 떠날 때 후지노 교수가 '석별'이라고 써서 건네 준 사진을 귀국 후에 문필 활동을 할 때도 책상 위에 놓아 두었다고 한다.

　노신이 센다이 의전을 중퇴한 것은 1906년 3월인데, 그는 일단 귀국했다가 동생인 주작인(周作人)을 데리고 다시 일본으로 건너가 독일어 등을 배우며 문예 연구를 시작했다. 「소보」 사건으로 복역하다 형기를 마친 장병린이 일본에 온 것도 그 무렵이다.

　중국동맹회는 그 전해(1905)에 결성되었다. 유럽과 미국 외유를 마치고 일본으로 돌아온 손문을 위해 학생들이 부사견루(富士見樓)에서 환영회를 열었다. 많은 학생들이 모였고, 여기서 혁명 세력을 결집하자는 이야기가 나왔다. 새로운 조직을 만드는 준비 모임은 이다마치(飯田町)에 있는 정가정(程家檉)의 집에서 열렸다. 손문의 흥중회, 황흥의 화흥회, 채원배의 광복회 등 지금까지 있던 혁명 조직을 한데 묶어 더욱 강력한 조직으로 만들려는 것이다. 손문은 단체 이름을 중국혁명당으로 하자고 제안했지만, 황흥이 처음부터 혁명을 내세우면 회원의 행동이 오히려 제약을 받을 우려가 있다고 반대해서 결국 중국동맹회로 결론이 났다. 그리고 7월 하순에 아카사카의 히노키쵸(檜町)에 있는 흑룡회(黑龍会) 사무소에서 결성 대회가 열렸다. 모인 사람의 수나 날짜는 기록에 따라 차이가 있는데, 송교인의 일기에 7월 30일로 되어 있는 것이 옳은 듯하다. 사람 수는 40여 명설, 50여 명설 등도 있지만 70여 명설이 맞는 것 같다. 각 성 출신의 유학생이 골고루 모였는데, 감숙성은 유학생이 없었으므로, 중국 18개 성 가운데 17개 성의 유학생이 모였다고 한다.

　동맹회 회원은 서약서에 다음과 같이 맹세의 말을 남겼다.

　　연맹인 모성(某省) 모부(某府) 모현인(某縣人) 아무개

하늘을 두고 맹세한다. 오랑캐를 몰아내고 중화를 회복하며, 민국을 수립하고 토지의 권리를 균등히 한다. 신의를 지키고 충성을 다하면 시작이 있듯이 끝이 있을 것이다. 만일 이를 어기면 회원들의 처벌을 받겠다.

천운을사(天運乙巳)년 ○월 ○일 중국동맹회 회원

회칙의 초안은 황흥, 진천화, 송교인, 왕조명(汪兆銘), 마군무 등 8명이 작성했다. 그날 모인 70명 가운데 손문이 원래 알고 있던 사람은 7명뿐이고, 나머지는 모두 새로운 동지였다.

타도 청조 혁명의 물결은 높아만 갔다. 혁명조직의 명칭을 논의했을 때, 호남 사람 장명이(張明夷)는 대만동맹회(對滿同盟會)로 하자는 안을 내놓을 정도였다. 이것은 만주족 왕조를 반대하고 타도하자는 뜻을 담고 있었다.

한편, 강유위 등은 어디까지나 청 왕조를 보전해서 개혁을 하자고 주장하며 보황회(保皇會)를 조직했다. 청조로부터 반역자로 몰려 처형될 지경에서 가까스로 도망친 강유위, 바로 그 사람이 왕조를 타도해서는 안 된다고 주장했다. 아무래도 제자 양계초는 앞으로 나아가려고 했지만 스승이 이를 만류한 것 같다. 보황회는 「신민총보(新民叢報)」를 기관지로 발행했고, 뛰어난 저널리스트였던 양계초가 계몽하는 글을 잇달아 발표했다.

혁명파 유학생들은 출신지별로 「호북학생계」 등의 기관지를 발행하고 있었는데, 중국동맹회 결성 이후에는 「민보(民報)」가 창간되었다. 회칙 초안을 작성한 사람들 중 한 사람인 진천화는 호남 출신의 열정적인 인물이었는데, 그가 「민보」에 발표한 〈사자후(獅子吼)〉〈맹회두(猛回頭)〉〈경세종(警世鐘)〉 등은 유학생에게 애독되어 그들을 열광시켰다.

> 천년의 오랜 꿈, 어느 날엔가는 깨어나리니,
> 잠자는 고향에 누가 경종을 울릴 것인가?
> 성풍혈우(腥風血雨)가 나를 괴롭히려 하는데,
> 이 좋은 강산에 차마 사람을 보낼 수 있으랴.

> 長夢千年何日醒 睡鄕誰遣警鐘鳴 腥風血雨難爲我 好個江山忍送人

이 시로 시작되는 장문의 〈경세종〉은 깨어나라, 깨어나라, 얼른 깨어나라고 동포에게 호소하고,

> 앞에서 죽으면 뒤를 잇고, 백 번 쓰러져도 물러서지 않으니 우리 한
> 족은 반드시 완전한 국가를 건립해 오대주를 가로지를 수 있다. 내 감
> 히 동포를 위해 축복하고자 한다. 한족 만세! 중국 만세!

라고 끝을 맺었다.

1905년 11월에 일본 정부는 문부성(文部省)령 제19호 '청국인을 입학시키는 공사립학교에 관한 규정'을 공포했다. 이것은 어느 학교든 입학에는 주일 청국 공사의 소개장이 필요하다고 규정하고, 또 각 학교에 교외생활의 단속을 의무화한 것이다. 유학생이 혁명의 열기에 젖어드는 것을 우려한 청 정부가 일본 정부에 요청한 결과라고 한다. 유학생들은 이에 대해 맹렬하게 반대운동을 펼쳤는데, 아사히신문은 이와 관련해 유학생

이 '방종비열(放縱卑劣)'하다고 썼다. 진천화는 이에 분개해 절명서(유서)를 쓰고 오모리(大森) 해안에서 투신자살했다. 절명서에는 다음과 같은 대목이 있다.

(문부성 단속령의 반대에 대하여) 다행히 각 학교의 뜻을 같이하는 사람 8천여 명이 뜻밖에도 일치했다. 이것은 참으로 내 예상을 뛰어넘는 일이어서, 한편으로 놀랍고 한편으로 두려웠다. 놀란 것은 어째서인가? 우리 같은 사람이 과연 이러한 단체를 만들 수 있었다는 것에 놀란 것이다. 두려워한 것은 어째서인가? 오래 지속할 수 있을까 하여 두려워한 것이다. 게다가 일본의 각 신문은 헐뜯어 오합지졸이라 했다. 또는 조소하고 또는 부추기니 차근차근 타이르지 못할 정도다. 아사히신문 같은 것은 노골적으로 헐뜯으며 방종비열하다고 우리를 여지없이 업신여길 정도였다. 이 넉 자(방종비열)로 우리를 일컬어도 맞지 않다면, 일부러 언쟁할 필요가 없을 것이다. 그러나 만에 하나 비슷한 점이 있다면, 참으로 깎아내기 어려운 흠일 것이다. 근래, 문제가 발생할 때마다 무리 지어 떠들며 이것은 중국 존망이 걸린 문제라고 한다. 돌이켜 보건대, 문제가 되는 것이 어찌 존망을 결정지을 수 있으랴. 우리 스스로 망하지 않는다면, 다른 누가 우리를 망하게 할 수 있겠는가. 다만 유학생이 모두 방종비열하다면, 곧 중국은 망한다. 어찌 망하기만 하겠는가. 20세기 후에 방종비열한 인종이 있다면 이 세상을 살아갈 수 있겠는가. 나는 이 말이 몹시 가슴 아팠으며, 우리 동포가 항상 이 말을 잊지 않고 힘써 이 넉 자를 물리치고, 이 넉 자의 반대, 곧 '견인봉공(堅忍奉公)', '역학애국(力學愛國)'을 이루기 바란다. 동

포들이 내 말을 듣지 않거나 잊을 것을 두려워하여, 스스로 바다에 몸을 던져 그대들이 잊지 않고 마음속에 간직하게 하고자 한다. 그대들이 나를 생각해 낼 때 오늘 내가 한 말을 잊지 말기 바란다.

여성혁명지사 추근

「민보」는 제7호부터 장병린이 편집장이 되었다. 그는 「소보」 사건으로 투옥되어 있는 동안 불경을 가까이 해서, 사상에 허무적인 색채가 짙어진 듯했다. 그가 고취한 것은 정신적인 민족혁명이었다. 그는 철저한 만주족 배척주의자여서 사진을 보면 대부분 일본 옷을 입고 있다. 흔히 중국옷이라고 부르는 것은 사실 기포(旗袍), 즉 만주족의 옷이다. 한족은 명나라가 그러했듯이, 일본의 기모노와 마찬가지로 허리를 동여매는 옷을 입었다. 그래서 그는 일본 옷이야말로 한족의 옷이라며 즐겨 입었다.

장병린은 국학(國學)의 태두였고, 그 학문은 심원했다. 유학생에게 국학을 가르치기도 했는데, 노신도 제자의 한 사람이었다. 장병린은 정신적으로 청년들을 고무했지만, 사상적으로는 국학의 향취가 지나치게 짙어서 의회주의를 인정하지 않는 듯한 고루한 면이 있었다. 그러나 민족혁명 이론은 그에 의해 깊어졌다고 할 수 있을 것이다. 노신은 훗날 장병린의 제자가 된 것은 그가 학자였기 때문이 아니라 학문이 있는 혁명가였기 때문이라고 말했다.

중국동맹회가 결성되었어도, 이것은 여러 혁명 단체의 연합일 뿐이어서, 이를테면 광복회 등의 단체가 중국동맹회 결성에 의해 해산된 것은 아니다. 노신은 광복회의 회원이지만 동맹회의 회원은 아니었다.

앞에서 이야기한 유학생 단속령에 항의해서 많은 유학생이 귀국했다. 진천화는 유서에 자신의 죽음은 단속령에 대한 항의는 아니라고 적었다. 동지의 마음에 잊을 수 없는 우국의 격정을 새겨 넣기 위해서였다. 유학생의 귀국은 혁명가를 중국 전역에 퍼뜨린 것과 마찬가지였다. 추근도 이때 귀국한 유학생의 한 사람이었다. 시국에 감응해 그녀는 자주 시를 지었다.

세월을 채어 가는 파도를 차마 뒤따르지 아니 하니,
저반(這般)의 신세, 근심을 어이 하랴?
초수(楚囚) 서로 마주하니 무료하기 그지없고,
준주비가(樽酒悲歌)에 눈물이 그득하네.
조국의 산하가 거듭 꿈에 보이니,
중원의 명사, 누가 창을 잡으랴?
웅장한 뜻은 지우기 어려우니,
곁에 있는 악마의 웃음을 이끌어 낼 수 있구나.

忍把光陰付逝波 這般身世奈愁何 楚囚相對無聊極 樽酒悲歌淚涕
祖國河山頻入夢 中原名士孰揮戈 雄心壯志銷難盡 惹得旁人笑熱魔

그녀의 시에는 여성이라고는 생각하기 어려운 용맹하고 굳센 면이 있다. 그녀의 사진에는 비수를 뽑아 들고 자세를 취한 것이 있는데, 실제로 그녀는 혁명의 상징으로 칼을 애용했다. 그녀가 지은 시 중에 〈보도가(寶刀歌)〉라는 제목의 장시가 있다. 다섯 대륙(洲)의 철을 모아 천 개의 보

도를 만들어 신주(神洲, 중국)를 맑게 하자고 읊고,

위로는 우리 조상 황제의 빛나는 위령을 이어,
천백 년 역사 미증유의 수치를 단번에 씻으리라!

上繼我祖黃帝赫赫之威名兮 一洗數千數百年國史之奇羞

라고 끝맺고 있다. 귀국 후, 그녀는 상해에서 중국공학(中國公學)이라는 학교를 동지들과 함께 설립하고, 고향인 절강에서 혁명 운동에 종사했다. 절강 소흥에는 서석린과 도성장 등이 만든 대통체육학당(大通體育學堂)이 있었다. 혁명 지사들은 혁명을 선전하기 위해 종종 학교를 세웠다. 계몽 운동이 곧 혁명을 선전하는 길이 되었기 때문이다.

혁명군의 봉기는 손문의 광주 봉기 이래, 항상 민간의 비밀결사와 손을 잡았다. 추근 등도 그 방법으로 조직을 넓히고, '혁명군'을 만들었다. 이제까지는 국지적인 봉기였으나, 이번에는 각지에서 호응하여 일제히 봉기하는 작전을 펼치기로 했다. 서석린은 소흥 혁명의 거점인 대통체육학당을 추근에게 맡기고, 자신은 안휘에서 거사하기로 했다. 연줄 덕에 안휘 순무인 은명(恩銘)의 신임을 얻어 학당의 경영을 맡게 되자, 1907년 7월 8일에 열릴 순경학당(巡警學堂) 졸업식에서 궐기하기로 했다. 그런데 은명이 자기 사정에 맞추어 졸업식을 이틀 앞당겼기 때문에 봉기도 이틀 앞당겨졌다. 시간이 없어서 진백평과 마종한 두 동지밖에 연락을 하지 못했다. 순무 은명을 사살하는 데는 성공했지만, 청 병사의 공격을 받아 진백평은 전사하고, 서석린과 마종한은 체포되어 처형되었다. 노신이 진백평과 마종한을 요코하마로 마중 나갔을 때, 기차에서 자리를 서로 양보했다는 말에 화를 낸 일은 앞에서 이야기했다.

도성장과 진자영(陳子英) 등은 탈출해서 일본으로 망명했지만, 추근은 체포되어 처형되었다. 죽기 전에 남길 말은 없느냐는 물음에 그녀는 종이에,

추풍추우(秋風秋雨), 사람을 비탄에 젖게 하다.

라고 썼다. 다케다 다이준(武田泰淳, 1912~1976, 『사마천』 『추근여사전』의 작자-옮긴이)이 그녀를 주인공으로 쓴 소설은 이 유언 구절을 제목으로 하고 있다. 그녀의 시우(詩友)였던 오지영(吳芝瑛)은 벗과 마찬가지로 의협심이 강한 여성이었는데, 모반인이라는 오명을 뒤집어 쓴 벗 추근을 서호(西湖) 근처 서랭(西冷)에 장사지냈다. 다음 시는 오지영이 추근을 서랭에 묻었을 때 지은 시다.

대준(大樽), 방음(放飮), 그대는 어떠한가,
사면강정(四面江亭), 늙어서 눈물이 많도다!
오늘 서랭을 깨끗이 하고 한번 곡하노니,
차마 거듭하여 보도가를 부르지 못하노라.

大樽放飮爾如何 四面江亭老淚多 今日西冷拼一慟 不堪重唱寶刀歌

신해의 폭풍

환상 품은 혁명세력들

손문, 황흥, 장병린 등 혁명파에 맞서 강유위, 양계초 등 입헌파(立憲派)도 상당히 정력적으로 운동을 펼쳤다. 운동 자체는 입헌파가 혁명파보다 뒤쳐졌지만, 양계초나 채지유(蔡智由) 등은 1907년에 정문사(政聞社)라는 조직을 만들었다. 이것은 입헌파의 정당이라 할 수 있을 것이다. 도쿄에서 탄생해, 이듬해 상해로 본부를 옮겼다. 그들은 청조 정부에게 3년 이내에 국회를 소집하도록 청원했다. 청원하는 것이므로 청조 정부를 인정하는 입장이어서, 그것을 타도하라는 혁명파와는 큰 차이가 있다.

정문사를 조직한 입헌파는 정치적 전망이 어설프고 안이했다. 청조 정부는 이 입헌파의 운동을 탄압했다. 청조 수뇌부에게는 입헌파나 혁명파나 마찬가지로 보였다. 국회 소집 청원이 1908년 7월에 있었는데, 그 반응은 다음 달 8월에 벌써 나타났다. 인심을 현혹하는 단체라 하여 정문사는 봉쇄되고 말았다.

혁명파, 즉 중국동맹회와 입헌파, 즉 정문사 사이에는 경쟁이 있었다. 경쟁이 붙다 보면 그 과정에서 서로 절차탁마해서 좋은 결과를 낳기도 한다. 입헌파의 정문사는 각 성에 지부를 설치하고, 의회란 어떤 것인지 널리 계몽했다. 정문사가 지향한 것은 입헌군주제하의 의회지만, 공화제하에도 의회가 있는 것은 말할 나위도 없다. 의회를 계몽하는 일은 중국동맹회로서도 환영할 만한 일이었을 것이다.

일본에서는 입헌파의 「신민총보」와 혁명파의 「민보」가 격렬한 논쟁을 거듭 펼치고 있었다. 「신민총보」는 무술변법으로 이미 이름을 떨친 양계초가 주필을 맡아 논진을 주도했다. 반면 「민보」에서는 무명의 유학생들이 붓을 들었다. 진천화, 호한민(胡漢民), 왕조명, 주집신(朱執信), 송교인 등이 필진이었다. 제7호에 이르러서야 「민보」는 마침내 장병린이라는 대학자를 맞이했다. 지명도가 높다고 하나 양계초는 경쟁지인 「민보」가 등장한 1905년에는 아직 만 32세의 젊은이였다.

「민보」에 토지 국유론이 실리면, 「신민총보」에는 〈모보(某報)의 토지국유론을 논박한다〉라는 논문이 실렸다. 「신민총보」에 〈폭동과 외국의 간섭〉이라는 제목의 혁명 부정론이 게재되면 「민보」에는 〈혁명은 과분(瓜分, 외국에 의한 중국 분할)을 초래한다는 주장을 반박한다〉라는 반론이 등장했다. 「신민총보」는 상대방을 모보라고 표현한 데 반해, 「민보」측은 분명하게 상대를 신민총보라고 지칭해 도전했다. 이러한 점에서도 양자의 성격이 잘 드러난다.

「민보」쪽은 번갈아 새로운 집필자가 나타났지만, 「신민총보」에서는 양계초 한 사람이 응전했다. 친구에게 보낸 편지에서 그는 유럽을 순방하고 싶지만 '그 당과 여론을 움직일 힘을 다툴' 필요가 있으므로 불가능하다고 불평했다.

청조 정부는 1906년 9월에 입헌을 준비할 것이라고 공시했다. 그러나 뚜껑을 열어 보니 내용이 유명무실해서 도리어 사람들을 실망시켰다. 그리하여 입헌파는 정부와도 싸워야만 했고, 입헌파와도 싸워야 했다. 양계초가 스승 강유위에게 보낸 편지에 다음과 같은 고충이 적혀 있다.

혁명당은 현재 도쿄에 매우 큰 세력을 차지하고 있습니다. 1만여 명의 학생 중 그들을 따르는 자가 과반을 넘습니다.

라고 말하며, 입헌 준비 조서가 나와서 입헌파도 다소 세를 불렸지만, 관제개혁이 유명무실함을 알고 혁명당이 더욱 기세를 떨치고 있다고 한탄했다. 글 속에는,

게다가 우리가 정부와 목숨을 건 싸움을 벌이고 있지 않으니, 천하의 소망을 수용하고 그 당의 기세를 꺾지는 못할 것입니다.

라는 대목이 있다. 입헌파도 정부와 싸울 자세를 보이지 않는 한 인기를 얻을 수 없음을 깨달은 것이다. 이것은 청조 정부가 이미 인민에게 버림받았다는 사실을 말해 준다.

정문사가 탄압을 받은 것은 청조 정부에 말기적 증상이 나타났음을 보여주는 사례라고 할 수 있다. 입헌파가 품고 있던 환상은 현실에 의해 박살이 났다.

환상이라면 혁명파에게도 있었다. 중국동맹회의 서약을 다시 읽어 보

면, 한 가지 빠진 것이 있다는 사실을 깨달을 것이다. 바로 열강의 제국주의에 반대한다는 조항이 없다. 그들은 열강에 다소 환상을 품고 있었던 것 같다. 혁명으로 공화제 정권을 수립하면, 열강도 동정해 주리라고 기대한 흔적도 있다.

청조 멸망을 재촉한 측근 정치

청조 정부가 친귀(親貴) 정권화한 것도 말기 증상의 한 가지 사례일 것이다. 친귀 정권이란 측근 정치를 가리킨다. 아무도 믿을 수 없게 되면 오직 일족에게만 의지하려고 한다. 혁명세력이었던 태평천국조차 말기가 되자 그러한 현상을 보였다.

이홍장이 죽은 뒤, 걸출한 인물이 없었다. 청일전쟁으로 실각 상태에 있었다고는 하나 이홍장은 러시아 대관식에 참석하고, 밀약을 맺을 정도의 힘은 있었다. 무술년 이듬해(1899), 이홍장은 양광 총독으로 임명되었는데, 사람들은 이것을 좌천으로 해석했다. 직례 총독 겸 북양 대신이야말로 사실상의 재상이라는 것이 일반적인 생각이었는데, 그 자리는 서태후의 조카인 영록과 정황기인(正黃旗人) 유록(裕祿)이 차지했다. 그러나 10명 정도 있던 총리아문 대신의 일원에서 양광 총독이 된 것을 반드시 좌천이라고는 할 수 없다. 실각 상태에서 차차 부활로 향하는 한 단계라고도 할 수 있을 것이다. 변법으로 망명한 사람들은 강유위, 양계초 등 광동 출신이었다. 그들이 해외에서 하는 변법 선전이 광동 출신이 많은 동남아시아 화교를 대상으로 한 것은 당연했다. 해외와 접촉이 많은 광동은 상해와 더불어 중국에서도 의식의 선진화가 이루어진 지역이다. 비록 실패로 끝났지만 손문은 광주에서 비밀결사 사람들과 제휴해 거사를 하려고 했다. 그러한 광동을 진정시키는 일은 중책이었으므로 이홍장 같은 실력자의 등장이 필요했다.

이홍장은 홍콩에 들른 손문에게 접촉을 시도했다. 이홍장의 참모가 손문과 동행한 미야자키 도텐과 만났는데, 싱가포르에 있던 강유위의 주변 사람들이 미야자키를 청나라가 보낸 자객이라고 고발한 것은 광동에서의 이 접촉을 근거로 삼은 것이다. 이홍장은 광동에서 주일 공사로 임명되었다가 무술변법에 연루되었다는 이유로 파면된 황준헌도 만났다. 황준헌에게 나서줄 것을 요청했지만, 황준헌은 광동의 상황과 통치법에 대해 몇 가지 조언을 했을 뿐 관직은 고사했다.

의화단 사변이 일어나자 이홍장 외에는 이 사태를 해결할 인물이 없었다. 직례 총독 유록은 천진 부근에서 부상을 입고 패주하는 사이에 죽고 말았다. 유록은 태평천국 전쟁 때 호북을 잃고 도망치다가 자살한 숭륜(崇綸)의 자식이었다. 부자 2대가 나란히 고관이 되었다가 병란으로 죽었는데, 이러한 사례도 적지 않았을 것이다.

이홍장은 신축화약을 맺은 뒤, 그 일을 마지막으로 세상을 떠났다. 직례 총독으로 복직해 현직인 채 죽었다. 1901년 11월 7일에 이홍장이 죽고, 산동 순무 원세개가 직례 총독 대리가 되었다. 이듬해 6월, 대리라는 직함을 떼어내고, 명실상부한 직례 총독 겸 북양 대신이 되었으니 그의 시대가 온 것이다.

의화단 사변은 산동 순무였던 원세개가 산동성 내의 의화단을 탄압했기 때문에 그들이 북상해 직례로 들어간 데서 시작된 것이다. 청조 정부는 군 수뇌에게 의화단을 원조하라고 명령했지만, 원세개는 '산동성

내 비적 토벌을 위해서'라며 그 명령을 무시했다. 그는 남다른 균형 감각을 갖추고 있었기에 의화단을 원조하라는 명령을 무시한 것이 서태후를 화나게 하리라 짐작하고 그녀에게 막대한 선물을 보냈다. 이러한 빈틈없는 처신은 어쩌면 두목인 이홍장보다 능숙했는지도 모른다.

의화단 사변이 끝나고 보니, 군 간부는 섭사성처럼 전사하거나 동복상처럼 책임을 묻거나 해서 모두 몰락했다. 결과적으로 서양식 훈련을 시킨 신건육군을 손아귀에 쥔 원세개만이 도드라진 것이다. 회군, 그리고 그 후신인 북양군의 무력을 배경으로 이홍장이 권력을 손에 넣었듯이, 원세개는 신건육군을 정치적 자산으로 삼고 직례 총독 자리에 올랐다. 그때 그는 막 40세가 되었을 따름이었다.

일본 정계 거물인 이누카이 쓰요시(犬養毅)가 원세개의 전기 속표지에 넣을 휘호를 부탁받았을 때, '행운아(幸運兒)' 석 자를 써 주었다. 분명히 그 무렵 원세개에게는 행운이 따라다녔다.

청일전쟁 때, 그는 병참을 담당해 군대를 뒤에서 들여다보았다. 청일전쟁 후, 함께 병참을 맡았던 호율분(胡燏芬)이라는 인물이 독일인 교관 한네켄의 지도 아래 천진 근처에서 근대식 군대를 양성하고 있었다. 그런데 호율분은 철도 건설이라는 새로운 임무 때문에 전출되고, 원세개가 후임으로 그 자리에 앉았다. 이렇게 해서 그는 '신건육군'을 자신의 산하에 둘수 있었던 것이다. 신건육군의 간부는 두목 격인 이홍장의 회군 장교인 단기서(段棋瑞), 이홍장이 창설한 천진북양무비학당(天津武備學堂) 출신의 왕사진(王士珍), 풍국장(馮國璋), 조곤(曹錕) 등의 무리였다. 원세개는 스스로 양성하는 일 없이 두목의 유산으로 군 간부를 물려받은 것이다. 확실히 행운이라고 하지 않을 수 없다.

신건육군이 구식 군대와 다른 점은 서양식 훈련을 철저히 받았다는 것 외에 '인원수가 맞다'는 것이었다. 병사의 수뿐만 아니라 군량, 군마, 무기도 장부에 기재된 대로였다. 당연하다면 당연한 이야기겠지만, 당시 청군은 그렇지 않은 쪽이 당연했다. 인원을 실제보다 부풀려서 보고하고 남은 병사의 급료를 장군들이 착복하는 것이 상식이었다. 그런 의미에서 신건육군은 상식을 부수는 군대였다. 이것은 전쟁을 뒤에서 본 호율분과 그의 군대를 이어받은 원세개의 신념에 따른 것인지도 모른다. 어쨌든 지금까지와 비교해 훌륭한 군대였다. 무술변법 즈음해서 담사동이 이 군대를 제 편으로 끌어들이려 한 마음을 잘 이해할 수 있다.

원세개는 강유위 일파의 궁정혁명적인 변법의 약점을 꿰뚫고 있었다. 협박받았다는 등의 이유로 원세개는 변법파를 배신했는데, 그것이 그의 출세로 이어졌다. 얼마 후 그는 금쪽같은 신건육군을 이끌고 산동 순무에 부임했다.

의화단 사변으로 그는 급부상했다. 또는 그의 주변이 급격히 몰락해서, 정신을 차려 보니 군의 최고봉에 올랐다고 할 수도 있다.

8개국 연합군의 북경 점령으로, 궁정의 그 어떤 보수적인 인물이라도 군대만은 근대화해야 한다고 통감했을 것이다. 그들이 보기에는 원세개의 신건육군이 좋은 본보기였다. 그들 눈에 원세개는 청조를 구원할 별이었다.

신축화약 체결 후에 두목인 이홍장이 죽은 것도 원세개에게는 오히려 득이 되었다. 그는 이제 두목에게서 쓸데없는 지도를 받지 않아도 되었으며, 청조 쪽도 이홍장이 죽고 나서는 원세개를 의지할 수밖에 없었다. 의지하면 할수록 지위는 높아진다. 산동 순무에서 직례 총독으로 승진한 사실이 그것을 증명한다.

신건육군은 북양군도 흡수해서 북양상비군이라고 칭했다. 이것은 구식 군대를 신건육군화한다는 의도도 있었지만, 무엇보다도 원세개의 힘을 강화하는 것으로 이어졌다. 북양상비군하에는 참모, 교련, 병비(兵備)의 세 부처가 설립되고, 단기서, 풍국장, 왕사진이 각각의 처장으로 임명되었다.

러일전쟁 후에는 동삼성(만주)의 총독으로 서세창(徐世昌)이 부임했다. 서세창은 진사(進仕) 출신으로 원세개보다 한 살 많았는데, 원세개의 숙부 집에서 자란 인물이다. 군 간부는 이홍장의 유산이었지만, 서세창만은 원가(袁家)의 사람이나 다름없었다. 신군은 각지에서 만들어졌는데, 지난날 신건육군을 본보기로 삼았기 때문에 여기서 훈련을 위해 장교가 파견되었다. 따라서 하남(河南)이나 강소(江蘇)에서 만들어진 신군에도 원세개의 입김이 미쳤다.

이렇게 해서 원세개의 군권은 지난날 이홍장의 군권을 넘어서게 되었다. 다만 이홍장에게는 해군이 있었지만, 청일전쟁으로 잃은 채여서 원세개에게는 강력한 해군이 없었을 뿐이다. 그 대신 원세개는 이홍장이 만들어서 부하인 성선회에게 경영하게 한 초상국(招商局)이라는 기선회사를 자기 직할에 두었다. 또 전보국도 제 것으로 만들었다.

이렇게 해서 중앙에서는 원세개 시대가 실현되었다. 학문을 조금 익히기는 하였으나 진사에 급제할 실력이 없던 원세개가 출세할 수 있었던 실마리는 조부의 동생인 원갑삼(袁甲三)이 이홍장의 맹우였다는 연고로 그의 부하가 되어 조선에 파병된 것이다. 권력의 소재와 향방에 동물적인 후각을 발휘하며 기민하게 행동하고, 때로는 태연히 남을 배신하는 정치

형 인간인 그가 행운에 힘입어 청나라에서 으뜸가는 실력자가 된 것이다.

이러한 원세개에게 위기감을 느낀 것은 황족을 비롯한 만주족 중신과 요인들이었다. 만주족 요인들 쪽에서 보면, 증국번도 이홍장도 어엿한 진사 출신이다. 학문이 있고 사려가 깊은 인물로 여겨졌다. 그런데 진사에도 급제하지 못한 원세개는 그들 눈에는 무슨 짓을 저지를지 모를 무식한 인간으로 비쳤다. 그러니 지금 제동을 걸어야만 한다고 생각했을 것이다. 원세개의 군권을 박탈하고, 그 세력에 제동을 걸려고 하는 움직임이 만주족 요인 사이에서 일찍부터 있었다.

원세개 정권을 대신하는 것이 무엇이었느냐 하면, 바로 왕조의 말기 증상인 친귀 정권의 출현이었다.

섭정 순친왕의 분노

청조 정부는 원세개를 군기대신으로 임명했다. 군기대신은 황제의 고문으로서 정치를 결정하는 중추적인 자리여서 추신(樞臣)이라고 일컬었다. 다만 태평천국 전쟁 이후, 군권과 통치 지역을 가진 각지 총독이 그 이상의 실력자가 되었다. 직례 총독에서 해임되어 군기대신이 되는 것은 형식적으로는 승진이겠지만 실질적으로는 병권을 박탈당하는 일이었다.

그러나 원세개는 두려워하지 않았다. 북양상비군이 겉으로는 직례 총독의 지휘 아래 있었지만 사실은 원세개의 입김이 미치고 있었다. 후임 직례 총독인 양사양(揚土驤)은 그의 이종 조카였으므로 연고가 있었다. 또 군기대신은 지난날 총리아문대신처럼 겸임을 원칙으로 했다. 원세개는 의화단 사변 후에 총리아문에서 개편된 외무부 상서(외무부 장관)를 겸임하는 형식을 취했다. 형식이라고는 하나 자리가 자리이다 보니 외국과 접촉이 늘어날 것이다. 외국과 관계를 긴밀히 해서, 그것을 자신의 정치적 자산으로 삼으려고 한 것이다.

원세개는 정치적 이념은 없었지만, 정치 계획은 있었다. 그에게는 오히려 궁정정치의 책략가 같은 면이 강했던 것 같다. 민중의 소리는 들리지 않았고, 들려도 무시할 수 있다고 생각했다. 자기가 편하게 이용할 수 있을 법한 때에만 그 소리를 고려하려고 했을 것이다.

거법거아운동에서 나타난, 철도 이권 반환 요구라는 민중의 소리를 원세개는 처음부터 무시했다. 진포(津浦)철도와 호항용(滬杭甬)철도의 권리를 독일과 영국에 팔아넘겼는데, 이러한 일에 리베이트(rebate)가 뒤따르는 것은 당시의 상식이었다.

이홍장은 친러파로 간주되었지만 부하인 원세개는 친미파로 여겨졌다. 그의 정치 계획에 따르면, 필리핀 독립전쟁을 탄압하느라 중국 진출이 한발 뒤처진 미국에 손을 내밀어, 주로 동삼성에 그 자본을 도입하려고 했다. 러일전쟁 후, 일본은 동삼성의 이권을 독점할 작정이었다. 원세개는 미국을 거기에 끌어들여 일본에 대항시키려고 했다. 이홍장이 살아 있었다면 그도 똑같은 일을 했을지도 모른다.

원세개가 가장 두려워한 것은 서태후의 죽음이었다. 서태후가 죽으면 광서제가 친정을 하게 된다. 광서제는 강유위와 결탁해 변법을 이루고자 했지만, 원세개의 배신으로 실패했다. 광서제가 친정을 하게 되면 원세개는 보복을 당할 우려가 있었다.

행운은 다시 원세개를 찾아왔다. 1908년에 서태후가 죽었는데, 거의 동시에 광서제도 죽은 것이다. 체질이 허약했던 광서제가 오랫동안 병상

에 있었던 것은 사실이지만, 시기가 지나치게 맞아떨어져서 원세개에 의
한 암살설까지 등장했다. 같은 날, 또는 하루 차이가 있었다고 하는데,
광서제가 먼저 죽고 거기에 서태후가 위독하다는 전갈이 와서, 머리맡에
서 통곡하고 있던 황후가 죽은 남편의 유해를 그대로 둔 채, 서태후의 방
으로 급히 달려가야 했다고 한다.

39세로 죽은 허약한 광서제에게는 아들이 없었다. 그래서 광서제의
동생인 순친왕(醇親王) 재풍(載灃)의 장남 부의(溥儀)가 즉위했다. 광서제
의 조카에 해당한다. 불과 3세였으므로 아버지인 순친왕이 감국섭정왕
(監國攝政王)의 지위에 올랐다. 어머니가 서태후의 조카인 영록의 딸이었
으므로, 멀기는 하나 부의와 서태후는 혈연관계에 있었다.

섭정왕은 의화단 사변 때 사죄 사절로 독일에 갔고, 귀국 후에는 군기
대신의 일원으로서 국정에 관여하고 있었다. 그렇기는 하나 섭정에 취임
했을 때 아직 25세여서 정치 경험이 부족한 인물이었다. 그의 장인 영록
은,

> 이 나라를 가노(家奴, 한인)에게 주느니, 인우(隣友, 외국)에게 주는
> 편이 낫다.

라는 망언을 한 적이 있다고 한다. 추용의 『혁명군』에도 인용된 말이다.
순친왕의 생각도 이 말과 거의 같은 노선에 있다고 봐도 좋을 것이다. 말
하자면 만주족 지상주의다. 젊고 미숙한 만큼 순친왕은 그것을 노골적으
로 실행에 옮기려고 했다. 그는 황족의 원로인 경친왕이 한족인 원세개의
군사력에 의지하는 것을 참을 수 없었던 모양이다.

군사(軍事)는 모두 만주족이 장악한다는 것이 분명히 청 제국 건설 당시의 원칙이었다. 만주족은 빠짐없이 군인이 되어야 했고, 그 때문에 과거를 보아서 문관이 되는 일조차 금지되어 있었다. 그러나 현실적으로는 아편전쟁부터 태평천국을 통해서 만주족 군대가 쓸 만한 것이 못 된다는 사실이 폭로되었다. 젊은 순친왕은 그러한 현실을 보려 하지 않았고, 이미 무너진 원칙에 매달리려고 했다.

순친왕은 원세개를 처형하려고 했다. 그렇게 함으로써 한족 요인의 군권을 박탈할 수 있다고 단순하게 생각했지만, 생각이 지나치게 짧았다. 순친왕은 사실 원세개에게 개인적인 원한도 있었다. 형인 광서제가 원세개에게 배신당한 것은 어쩌면 공적인 원한일지도 모른다. 그러나 그때까지 순친왕에게 생활비 등을 대준 장익(張翼)이라는 사람이 원세개에 의해 실각되었다고 하는 개인적인 원한도 있었다.

황족을 비롯한 만주족은 동삼성에 있는 조상의 땅의 지주였고, 거기에서 올라오는 조세로 생활해 왔다. 그런데 청일전쟁, 러시아의 점령, 러일전쟁이 이어지면서 동삼성은 피폐해졌고, 농민들은 그들의 지주를 먹여 살릴 힘을 잃었다. 러일전쟁 후에 만주족 요인들의 살림이 하나같이 쪼들린 것은 이런 사정이 있었기 때문이다. 황제의 동생인 순친왕의 집도 예외는 아니었다. 순친왕을 경제적으로 원조하던 장익은 개평(開平) 탄광국(炭鑛局)의 총 책임자 자리에 있었다. 석탄으로 벌어들인 돈을 아마도 선물거래(先物去來)를 하는 의미로 순친왕에게 투자했을 것이다. 원세개는 성선회에게서 초상국을 빼앗은 것처럼 장익에게서 개평 탄광국을 빼앗았다. 군자금을 마련하기 위해서였음은 말할 나위도 없다.

순친왕은 장익으로부터 원세개의 횡포를 듣고 몹시 분개했을 것이다.

섭정왕으로서 생사여탈권을 쥔 지금이 원세개를 숙청할 기회였다. 원세개에게도 빈틈이 있었다. 순친왕이 자신을 미워한다는 것은 알고 있었지만, 설마 죽이기야 하겠는가 하고 방심했다. 어쨌든 지난날의 이홍장을 능가하는 병력이 있었으니 아무도 자신에게 무분별한 짓을 하지 못하리라고 믿었다.

원세개를 처형하려는 순친왕에게 누구보다도 열심히 간언한 인물은 역시 장지동이었다. 혁명파의 폭동이 각지에서 일어나고 있는데, 지금 원세개를 죽여 버리면 정부군의 반란이 각지에서 일어나 수습하기 어려워질 것이다. 이러한 주장에 순친왕은 원세개를 형장으로 끌어내는 것을 단념했지만, 경관(慶寬)이라는 궁정 전속의 자객을 시켜 그를 암살하기로 했다.

그야말로 위기일발이었지만 군기대신의 한 사람인 나동(那桐)이 원세개에게 자객에 관한 일을 알려 주었다. 나동은 지금 원세개에게 은혜를 베풀어 두면 장차 몇 배의 이익이 되어 돌아오리라 기대했을 것이다. 또 원세개는 평소 유력자와 친밀한 관계를 유지하는 데 신경을 쓰고 있었다. 그러기 위해서 당연히 돈을 뿌렸는데, 이번에 그 효과가 나타난 것이다.

순친왕은 섭정 자리에 앉자마자 원세개를 발에 병이 있다는 이유로 군기대신에서 해임했다. 조금은 발이 좋지 않았는지도 모르지만, 원세개는 무언가 불편한 일이 있으면 발에 난 병을 이유로 들곤 했다. 그것을 순친왕이 역이용한 것이다. 위급을 안 그는 수염을 깎고 변장을 해서 풍대역(豊臺驛)에서 3등 무개차를 타고, 노동자들 틈에 끼여 천진까지 도망쳐서 조계에 몸을 숨겼다.

이렇게 해서 원세개 시대는 일단 끝을 알렸다. 어디까지나 일시적인 종막에 지나지 않는다. 순친왕과 같이 신경질적인 젊은이가 이 난국을 타개해 나갈 리가 없다. 원세개는 이때 45세였다. 천진 조계 안에서 그는 재기의 날이 오리라 믿고 있었다.

막오른 신해혁명

혁명의 불꽃은 곳곳에서 타오르기 시작했다. 손문이 이끄는 흥중회의 광주 거사 이래, 봉기는 몇 번이나 실패했다. 육호동을 비롯한 초기 흥중회의 동지들, 서석린, 추근 등 희생자는 잇따랐지만, 중국동맹회가 결성되면서 봉기는 결코 산발적인 것으로 끝나지 않았다. 안휘에서 서석린이 봉기하면 소흥에서 추근이 호응하는 식으로 봉기는 조직적, 계획적으로 이루어졌다. 희생자가 나와도 그 시체를 넘어 전진했다.

일본에 와 있던 1만 명의 유학생은 도쿄를 혁명 기지로 삼고, 무슨 일이 있으면 바로 고국으로 달려갔다. 세운 깃에 금색 단추가 달린 일본 학생복 차림 그대로였다. 당시 중국 사람들은 이 옷을 '혁명복'이라고 불렀다고 한다. 젊은이들은 동분서주하며 연락을 취하고 혁명을 진전시키고 있었다. 각지에서 혁명의 땅울림이 들려 왔는데, 특히 손문의 고향인 광동과 황흥의 고향인 양호(호남과 호북)가 격진 지대였다.

황흥의 장사(長沙) 거병 실패 이후, 1906년에 제2차 호남 사건이 일어났다. 일본에서 귀국한 유도일(劉道一), 채소남(蔡紹南) 등이 가로회(哥老會)의 지도자 강수단(姜守旦), 이경(李經)과 손을 잡은, 전형적인 혁명파와 비밀결사의 제휴에 의한 봉기였다. 신군을 끌어들인다는 것이 혁명의 방침이었지만, 청조도 신군에는 항상 감시의 눈을 번득이고 있었다. 원유승

(袁有升) 등 9명은 남경에서 호응할 계획이었지만, 계획이 탄로 나서 체포되어 죽임을 당했다.

예릉(醴陵)에서는 군대가 참가한 데다 안원(安源)의 탄광부 6천 명이 가세해 한때는 참가 인원이 수만 명으로 불어나서 준비한 총 3천 자루가 모자랄 정도였다. 청조 정부도 이 사건을 중시해서 강서, 강소, 호북, 호남 4개 성의 병력 3만 명을 동원해 진압했다. 교전은 한 달 동안 이어졌으며, 채소남 이하 많은 사람이 전사하고, 봉기는 실패로 끝났다.

1907년은 서석린과 추근이 살해된 해인데, 허설추(許雪秋) 등이 제2차 호남사건(봉기지인 평향(萍鄕)은 강서성 관할이고, 예릉은 호남이어서 평향사건이라고도 불린다)에 호응하려고 손문에게 지원을 요청했다. 동맹회에서는 요중개 등이 파견되고, 진소백, 호한민, 왕조명 등도 계획에 참가했다. 1월에 조주(潮州)에서 봉기하기로 예정되어 있었다.

그런데 조주 지방의 불온한 분위기를 알아챈 청군이 그 동쪽인 황강(黃岡)에 군대를 증파했기 때문에 계획은 연기되었다. 청군은 계속 증원되었고, 황강의 동료 세 사람이 체포되는 일도 발생해서, 준비가 부족한 채로 1천여 명의 동지가 여계성(余繼成)의 지휘 아래 봉기했다. 그때가 4월 11일이었는데, 그들은 황강을 점령하고 조주의 청군과 싸워 큰 손해를 입혔다. 한편 청군은 황금복(黃金福)과 이준(李準) 등을 사령관으로 하는 원군을 보냈고, 혁명당측은 탄약이 부족해서 교전 18일 만에 황강에서 물러나 일단 해산했다. 이때 혜주 근방의 칠녀호(七女湖)에서 비밀결사 사람들이 봉기해 한때는 청군을 연파했으나 전투가 길어지자 탄약이 모자랐다. 손문은 가야노 나가토모(萱野長知)에게 명령해서 무기를 보급하게 했지만, 경계가 엄중해서 뱃짐을 풀지 못하고 어쩔 수 없이 대만으로 옮겨 보관하게 되었다.

이 사건으로 손문은 일본 정부로부터 국외 추방 처분을 받고 하노이로 떠났는데, 8월이 되자 광동성의 흠주(欽州)와 염주(廉州)에서 동맹회가 무장봉기했다. 이 일을 흠렴(欽廉)사건이라고 부른다. 원래는 설탕세 인상을 반대하는 일반 민중의 소요였다가 폭동으로 발전한 것이다. 유은유(劉恩裕)와 장덕청(張得淸) 등이 봉기를 이끌고 있었는데, 정부가 신군 3개 대대를 파병해 진압에 나섰기 때문에 그들은 하노이에 있는 손문에게 원조를 요청했다. 손문은 황흥, 호의생, 왕화순(王和順) 등에게 지시해 신군에 혁명 공작을 펼치게 했다. 이 일은 조직이 없는 민중의 광범위한 반정부 운동을 기초로 하고 있던 터라 손문도 크게 기대를 걸고 있었다. 흠주는 현재 행정 구획으로는 광서에 속하며, 베트남과 국경을 접하고 있다. 태평천국이 거병한 금전촌도 그다지 멀지 않다. 봉기가 성공하면 남녕(南寧)을 점령하고 양광과 운남을 수중에 넣어 혁명 기지로 삼을 생각이었다.

설탕세 폭동 진압을 위해 파병된 신군은 6천 명이었다. 신군이라고 해도 서양식 훈련을 받은 군대라는 것일 뿐, 반드시 사상적으로 새로운 사람들만 있는 것은 아니다. 한 마디로 말하면 신군 공작이지만 지극히 어려운 일이었다. 모반을 하라고 권하는 일이므로 죽음을 각오하라는 말이나 다름없었다. 신군 측에서 주저한 것도 당연했다. 설득하려면 혁명군 측의 힘을 과시해 성공할 가능성이 높다는 것을 그들에게 보여주어야만 했다. 가장 알기 쉬운 방법은 무기 조달 능력을 보여주는 일일 것이다. 손문은 일본에 있는 동지와 연락을 취해서 무기를 조달하게 했는데, 손문이 떠난 뒤, 도쿄에서는 분쟁이 벌어지는 바람에 일이 순조롭게 풀리지 않았다. 다시 죽음의 상인에게 속아 폐품을 사들인 것이다.

혁명군은 흠주 남서쪽에 있는 방성(防城)이라는 거점을 점령했지만, 무기가 도착하지 않았다. 그들은 할 수 없이 그대로 흠주로 진격했다. 흠주에 있는 신군의 호응을 믿었던 것이다. 그러나 혁명군의 힘이 아직 약하다고 판단한 신군은 호응하지 않았다. 또 청조 정부의 신군에 대한 감시도 삼엄했다. 혁명군은 어쩔 수 없이 십만대산(十萬大山) 방면으로 이동했지만, 양광 군대가 다가오고 있어서 베트남과 국경을 맞댄 지방에서 해산했다.

이 실패 직후에 손문은 진남관(鎭南關, 오늘날 우의관)을 공격할 계획을 세웠다. 진남관은 베트남과 국경을 맞댄 지역으로 청군의 국방포대가 거기에 있었다. 국경의 요새이므로 대량의 무기와 탄약이 저장되어 있을 것이라 생각했다. 그곳을 습격해서 십만대산에서 해산한 혁명군을 수용하고, 더 나아가 남녕을 공략할 작정이었다. 그런데 막상 진남관을 공략하고 보니 무기와 탄약이 거의 없었다. 혁명파가 청군의 국경 방위력을 과대평가한 것이다. 역시 무기는 베트남에서 준비할 수밖에 없어서 구입 교섭을 시작했지만, 그 사이 청나라의 증원군이 파병되었기 때문에 혁명군은 어쩔 수 없이 베트남 땅으로 퇴각했다.

이 일로 청조 정부는 프랑스에 손문을 추방하라고 요구했고, 손문은 싱가포르로 이동했다.

한족 국가를 위해 무장봉기를

신해년(辛亥年)은 1911년에 해당한다. 세상에서는 신해혁명이라고 하지만, 그해에 혁명이 일어나 성공한 것은 아니다. 그때까지 몇 차례나 혁명파가 봉기했고, 그때마다 진압되었다. 손문은 혁명에 성공하려면 더 많은 군자금이 필요하다는 것을 통감하고, 모금을 위해 세계 순방길에 올랐다.

무장봉기는 반드시 동맹회 회원에 의해서만 이루어진 것이 아니다. 1908년의 안휘(安徽) 신군사건 등이 그 한 가지 예다. 신군의 청년 장병은 대부분 반만사상을 가진 민족주의자였고, 그들 사이에는 악왕회(岳王會)라는 비밀결사가 있었다. 악왕(岳王)은 남송(南宋)의 충신 악비(岳飛)를 말한다. 금(金)이라는 이민족과 싸운 악비를 경모한다는 뜻이었으니, 청조 정부를 향한 충성심은 없었다. 그들은 한족 국가를 세우려는 열의를 품고 있었다. 금은 여진족이 세운 왕조고, 만주족은 곧 여진족이나 다름없었다.

청조 정부도 신군을 양날의 검으로 생각해서 경계를 게을리하지 않았다. 이를테면 연습 때에도 지휘관급 중 위험분자로 생각되는 자는 참가시키지 않았다. 총을 줄 때도 총탄은 지급하지 않을 만큼 경계했다. 그해 10월 23일, 간부인 범전갑(范傳甲)은 광서제와 서태후의 죽음을 알고 이를 봉기의 호기로 판단해서 10월 26일을 거사일로 정했으며, 각 영의 간부와 연락을 취하고 웅성기(熊成基)를 사령관으로 추대했다. 이렇게 해서 성 밖의 신군은 궐기했으나 탄약이 부족한데다 성내의 군대가 호응하지 않았고, 또 해군이 봉기에 반대했기 때문에 해산하지 않을 수 없었다. 범전갑은 체포되어 처형되고, 웅성기는 동삼성을 거쳐 일본으로 망명했다. 웅성기는 일본에 건너가서야 비로소 동맹회에 가입했다.

웅성기에게는 후일담이 있다. 그는 1909년 겨울에 다시 동삼성으로 잠입해 유럽에서 돌아오는 섭정왕의 두 동생 재도(載濤)와 재순(載洵)을 하얼빈역에서 암살하려고 계획했다. 그러나 준비 중에 밀정이 밀고해서 사형에 처해졌다.

광복회가 원래 암살소조를 핵으로 만들어졌듯이 혁명파에게 테러는 한 가지 수단이었다. 그것도 아주 효과적인 수단으로 여겨졌다. 4년 전에도 오월(吳樾)이라는 사람이 외국 시찰에 나선 5명의 대신(재택(載澤), 재홍자(載鴻慈), 서세창, 단방(端方), 소영(紹英))을 북경의 정양문역(正陽門驛)에서 폭살하려고 한 일이 있었다. 전송 나온 사람 넷을 죽였을 뿐, 목적은 달성하지 못했고 오월도 거기서 죽었다.

손문은 싱가포르를 중심으로 모금활동을 펼쳤고, 외국에 차관을 얻을 생각까지 했다. 그러나 언제 정권을 잡을 수 있을지 모를 혁명당에게 돈을 빌려 줄 만큼 배짱 두둑한 사람은 거의 없었다. 그의 외유 중에 광동에서는 신군의 봉기가 있었지만 이것도 실패로 끝나고 말았다.

광동 신군은 1910년 음력 설날을 기해 봉기할 계획을 세워 두었다. 지금까지 신군 봉기는 혁명파가 신군 간부를 설득해 이루어졌지만, 광동의 경우에는 혁명파 청년들이 신군 속에 들어가 있었다. 이렇게 되면 물론 불온한 공기가 금세 바깥으로 새어나가기 쉽다. 혈기왕성한 청년들이 모였기 때문에 노련한 감시자는 그 움직임을 쉽게 알아챌 수 있었다. 정부군 수뇌부는 언제나 하던 방법대로 탄약을 감추고 말았다. 신군 제1표(標, 대대)의 보병 200명이 무기고로 달려갔을 때, 그곳은 거의 비어 있었다. 수사 제독 이준이 이 반란을 진압했다. 이 반란에는 왕조명과 호한민이 홍콩에서 대기하다가 봉기에 호응해 가담할 예정이었다. 그러나 탄약이 없어서 신군이 해산했기 때문에 실패로 끝나고 말았다. 주모자인 신군통령 예영전(倪映田)은 전사하고, 신군 23표의 표통(標統)이었던 조성(趙聲)은 가까스로 탈출했다.

입헌파의 기관지 「신민총보」는 동맹회계의 봉기가 잇따라 실패하는 데 대해, 혁명당 수령이 사람들을 죽음으로 몰아넣고 자신은 '고루화옥(高樓華屋)'에서 안온하게 지낸다고 격렬하게 공격했다.

적의 진영뿐만이 아니었다. 동맹회 기관지인 「민보」까지 광동파의 전제(專制)를 비난했다. 당시 「민보」의 편집장은 절강 출신의 장병린이었다. 손문을 비롯해 호한민, 왕조명 등 광동 출신들의 방법이 지나치게 독단적이라고 비판했다.

왕조명은 분연히 일어나 북경으로 향했다. 다른 사람을 죽음으로 내몰았으니 스스로도 혁명을 위해 죽고자 했다. 북경의 유리창(琉璃廠)에 사진관을 열고, 웅성기가 하얼빈에서 죽이려다 실패한 두 황족이 북경으로 돌아왔을 때 폭살할 계획을 세웠다. 동지는 황복생(黃復生)이었다. 그러나 두 황족이 북경에 왔을 때는 인파가 몰리는 바람에 누가 누구인지 알기 어려워 포기해야만 했다. 예정을 변경해 섭정왕인 순친왕을 폭살하기로 하고, 그가 지나다니는 다리 밑에 폭탄을 설치했다. 그러나 이것도 지나가는 사람에게 발견되어 미수로 끝났다. 게다가 폭탄의 껍데기를 만든 대장장이가 드러나는 바람에 왕조명과 황복생은 체포되고 말았다.

심문을 맡은 사람은 숙친왕(肅親王) 선기(善耆)였다. 태종 홍타이지(皇太極)의 장남 숙친왕 하오게(豪格)의 10대손으로, 청나라 황실에서도 매우 격이 높은 집안 출신이었다. 왕조명은 옥중에서 3만 자에 이르는 공초를 썼고, 이것이 〈상하고금종횡구미(上下古今縱橫歐美)〉라는 대논문이 되어 숙친왕을 감탄하게 했다. 섭정왕의 친귀 정권에서 숙친왕은 민정부(民政部) 대신을 맡고 있었는데, 일본인 가와시마 나니와(川島浪速)와 의형제를 맺는 등 다소 의협적인 성품을 지니고 있었다. 훗날 자신의 열네 번째 딸을 가와시마에게 양녀로 보냈는데, 그녀가 바로 가와시마 요시코(川島芳子, 중국 이름은 금벽휘이며 일본 측 스파이로 활동하다 일본 패망 후, 체포되어 매국 혐의로 총살되었다-옮긴이)다. 숙친왕은 섭정왕을 설득해서 왕조명 일당의 처벌을 사형에서 한 단계 낮추게 했다. 하얼빈에서도 테러가 있었고 그전에도 오월이 북경의 역에서 테러를 일으켰는데, 처형을 하면 다시 테러가 일어날지도 모른다고 우려했기 때문이다. 이렇게 해서 왕조명 등은 무기징역, 영구감금의 판결을 받았다. 왕조명이 감석교(甘石橋)에 폭약을 설치한 것은 1910년 4월 1일의 일이었다.

실패로 끝난 마지막 봉기는 3월 29일 사건, 또는 72열사 사건, 또는 그들이 매장된 장소의 이름을 따서 황화강(黃花岡) 사건이라고도 일컫는다. 이때 손문은 모금을 위해 외유 중이었다.

광동 신군 사건의 실패를 반성한 자오성은 거병 장소를 장강 유역으로 정하고, 호북에서 점화해 호남, 사천, 강소, 안휘의 4개 성이 호응하고, 하남, 임회(臨淮) 등지에서 북상해서 북경을 공략한다는 계획안을 주장했다. 그러나 혁명파에는 광동, 복건 사람이 많았기 때문에 역시 광동을 먼저 장악해서 그곳을 근거지로 삼자는 주장이 받아들여졌다. 거병 장소는 광주로 결정되었지만, 뭐니 뭐니 해도 중요한 것은 군자금과 결사대의 확보였다.

홍콩이 군자금과 죽음을 각오한 동지를 받아들이는 창구가 되었고, 자오성이 각지에서 모여든 동지들을 보살폈다. 1911년, 이제 신해년으로 접어들었다. 4월 초순에 일본에서 제1차분의 무기로 권총 115자루, 총탄 4천 발이 올 예정이었다. 어느 유학생이 일본에서 그것을 운반해 오기로 되어 있었는데, 아무래도 이런 일에는 맞지 않은 인물이었던 모양이다.

홍콩에서 검사가 심하다는 말을 듣더니, 심약한 그는 공포에 질려서 모지(門司)항을 떠나자마자 위탁받은 귀중한 무기를 바다에 던져 버리고 말았다. 나머지와 사이공에서 실은 무기는 모두 순조롭게 홍콩에 도착했다.

홍콩에 도착한 무기는 은밀하게 광주로 보내졌다. 그런데 광주에서는 동맹회원인 온생재(溫生才)가 일으킨 단발성 테러 때문에 경계가 매우 엄중했다. 온생재는 영록의 조카인 광주 장군 부기(孚琦)를 총탄 5발을 쏘아 죽였다. 광주 신군 사건을 진압한 수사 제독 이준을 죽이려다 잘못해서 부기를 쏘았다는 말도 있다.

온생재는 자수해서 처형당했다. 그다지 젊지 않은 인물이었다. 죽었을 때 그의 나이 42세였다. 확실히 광동의 군 당국이 아무리 미워해도 모자랄 상대였을 것이다. 자수하러 나온 것을 보면 온생재는 처음부터 죽을 작정이었다. 어째서 죽더라도 더 유효한 방법을 선택하지 않았는지, 후세 사람으로서는 그저 조바심이 들 따름이다. 동지들 사이에 연락이 긴밀하지 못했다고밖에 볼 수 없다. 온생재의 테러로 광주의 경계가 엄중해진 데다 일본에서 오는 제1차분의 무기가 바다에 버려지고, 미국에서 송금이 늦어지는 등 여러 가지 사정이 겹쳐 거사는 3월 29일(양력 4월 27일)로 연기되었다.

총지휘를 맡기 위해 황흥은 홍콩에서 광주로 잠입했다. 그전에 어느 여성 회원이 광주에서 홍콩으로 급히 와서, 동지로 여기던 진경파(鎭鏡波)라는 남자가 사실은 당국의 스파이이며, 계획은 이미 누설되었다고 보고했다. 사정이 이러하니 거병은 연기할 수밖에 없다고 그녀는 말했지만, 황흥은 이미 주사위가 던져졌다고 보고 결행하기로 했다.

청조 정부는 밀정의 보고로 혁명파의 움직임을 파악하고 있었다. 혁명파의 결사대가 총독공서로 쳐들어갔을 때도 그곳은 이미 텅 비어 있었다. 내응이 확정되어 있던 신군 2개 대대는 이미 무장해제당했다. 수사 제독 이준은 대군을 동원해 그물을 쳐 두었다. 혁명파는 간신히 포위망을 뚫고 탈출했지만 도중에서 방영(防營) 3영(營, 중대)과 맞닥뜨렸다. 이 부대는 사실 혁명파와 내통하던 부대였고, 이제부터 이준을 개전의 제물로 삼으려고 순덕(順德)에서 광주로 급히 오고 있던 참이었다. 그런데도 탈출 부대는 이 사실을 모른 채 적으로 오인하고 발포해 동지끼리 서로 싸우게 되었다.

계획이 치밀하지 못했다. 겁 많은 남자에게 무기 수송을 맡기는 등, 인선에서도 실수가 있었다. 진경파와 같은 밀정의 활동을 허용하고 만 것도 조직이 느슨해진 증거이므로 반성해야 할 것이다. 혁명파는 여기서 유력한 동지를 많이 잃었다.

청군은 혁명파의 시신 72구를 무연고 사망자를 수용하는 절에 맡겨 사형수의 공동묘지에 매장했다. 그런데 반달(潘達)이라는 의인(義人)이 황화강이라는 땅을 제공해서 그들을 그곳에 합장했다. 지금도 72명의 열사를 기념하는 비가 거기에 서 있다.

무창에 휘날리는 18성기

실패로 끝나기는 했으나 72 열사 사건은 동맹회계의 최대 궐기였다. 손문은 이것을 '제10차 혁명'으로 세었다. 여진(餘震)은 이어졌다. 황흥은 홍콩에서 암살단을 만들어서 다음 궐기 때까지의 시간을 테러로 이어가려고 했다. 혁명파의 가장 큰 원수는 광동 수사 제독인 이준(李準)이었다.

진경악(陳敬岳)과 임구자(林寇慈) 두 사람이 거지 변장을 하고 이준을 노리다가 광주 쌍문(雙門)에서 폭탄을 던졌다. 이준은 가마를 타고 있었기 때문에 오른손과 허리에 중상을 입었지만 죽지는 않았다. 임구자는 그 자리에서 죽고, 진경악은 체포되어 죽임을 당했다. 진경악은 자신을 추용이 쓴 『혁명군』의 애독자로 칭했다.

청조는 다섯 명의 대신을 외국 헌정 시찰단으로 보내 입헌 정치 실시를 예고하고, 각 성의 의회에 해당하는 성자의국(省諮議局)을 만들며, 국회를 1919년에 개원하기로 결정했다. 일단 부정했던 변법을 다시 끌어들여 정권의 수명을 연장하려고 한 것이다. 국회는 다시 5년을 앞당겨서 1914년에 연다고 지난 예고를 정정했다. 그러나 그들의 정권은 말기 증상인 친귀 내각이었다.

선통(宣統) 3년(1911) 음력 4월에 내각제도가 바뀌었다. 총리대신인 경친왕을 포함해서 대신이 13명이었는데, 그중에서 한족은 협리(協理)대신 서세창, 외무부대신 양돈언(梁敦彦,), 학부대신 당경숭(唐景崇), 우전부(郵電部)대신 성선회 등 4명뿐이었다. 나머지 9명은 모두 만주족이었고, 게다가 그중에 황실과 관계있는 종실이 6명이었다. 섭정왕은 아무래도 한족 공포증에 걸려 있었는지도 모른다.

국민의 대부분을 차지하는 한족이 이러한 정부에 등을 돌린 것도 당연한 일이었다. 모반자인 혁명당원에게 국민의 동정이 쏠렸다. 국군의 근간인 신군도 한족이 대부분이었음은 말할 나위도 없다. 청조 정부는 스스로 무덤을 파고 있었다.

72 열사 사건 후, 동맹회는 장강으로 눈길을 돌렸다. 청조 정부도 그 사실을 알아채서 무한 등지를 삼엄하게 경계하고 있었다. 러시아 조계에

서 혁명파가 은밀히 폭탄을 제조하다가 잘못해서 폭발하는 사건이 있었다. 청조 당국은 당원의 적발과 체포에 온갖 노력을 기울였다. 체포된 사람은 70명이 넘었고, 그중 군적이 있던 3명은 무창의 총독공서 앞에서 참살되었다. 정부는 철저하게 탄압의 태세를 갖추었다.

이러한 사건으로 신군은 동요했다. 신군 내부에서는 당원 명부를 압수당했다는 소문이 떠돌았다. 혁명파가 신군을 대상으로 상당히 활발하게 공작을 펼쳤기 때문에 신군이라면 누구나 한 번쯤은 혁명파 같은 사람과 이야기를 나눈 경험이 있었다. 말하는 것이 이치에 맞으므로 맞장구를 치기도 했을 것이다. 그 정도로도 당원으로 간주했을지도 모른다. 공작원이 실적을 쌓기 위해 많은 이름을 써 넣었을 가능성도 있다. 신군 장병들은 자기 이름이 명부에 실려 있는지 어떤지 몰라서 불안에 떨었다. 이것은 선동하는 데는 안성맞춤인 상태였다. 체포되어 고문을 받고 죽을 바에는 차라리 궐기하는 편이 낫다.

탄약은 몰수되고 없었다. 청조 정부는 신군을 그만큼 두려워하고 있었다. 정부가 자기 군대를 두려워해서 무기와 탄약을 숨기는 것은 정상적인 상황이 아니다. 탄약을 찾아낸 공정영(工程營)이 먼저 궐기했다. 신군은 대대가 표(標), 중대가 영(營)이라는 단위로 불렀다. 총성이 울리기만 하면 동지들이 호응하리라는 것을 그들은 확신했다.

무창 공정영에 총성이 울린 것은 1911년 양력 10월 10일 오후 9시의 일이다. 이날은 후에 공화국 탄생의 날로 기념일이 되었지만, 이날 총성의 기세는 그다지 높지 않았다고 한다. 탄약이 적어서 신호 삼아 아끼면서 쏘았기 때문이다. 공정영이 탄약을 찾아냈지만 그다지 풍부하지는 않았다. 예상대로 신군의 각 표, 각 영이 총성 소리에 호응했다.

성 밖에 있던 포병이 급히 달려온 것은 궐기군으로서는 백만 원군을
얻은 것이나 다름없었다. 무창에 사산(蛇山)이라는 언덕이 있는데, 포병대
는 대포를 그곳으로 끌어올리고 총독공서를 향해 포문을 열었다.

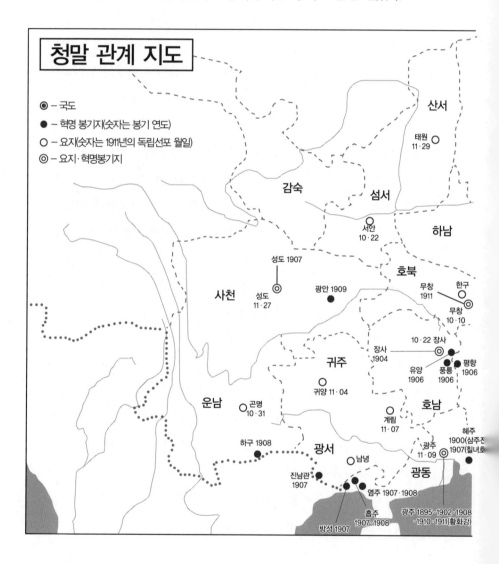

청말 관계 지도

◎ – 국도
● – 혁명 봉기지(숫자는 봉기 연도)
○ – 요지(숫자는 1911년의 독립선포 월일)
◎ – 요지·혁명봉기지

산서

태원
11·29

감숙   섬서   하남

서안
10·22

성도 1907   호북
사천   성도   광안 1909   무창   한구
            11·27   1911   무창
                                                    10·10

                                        10·22 장사
                              장사
                              1904
                   귀주   유양   풍릉   평향
                          귀양 11·04   1906   1906 1906

운남   곤명   계림
             10·31   11·07
                                                    혜주
                                             광주   1900(삼주전
하구 1908   광서   1907(칠녀호
            남병   광주
진남관   11·09
1907   광동
        염주 1907·1908
방성 1907   흠주   광주 1895·1902·1908
            1907·1908   ·1910·1911(황화강)

호광 총독은 서징(瑞澂)이었다. 아편 전쟁 때, 홍콩을 영국에게 할양한 책임자인 기선의 손자다. 포성을 듣고는 당황해서 한구(漢口) 조계로 도 망쳤다. 이렇게 해서 무창은 혁명군의 손에 들어왔다.

혁명군은 좌절에 좌절을 거듭한 끝 에 마침내 하나의 성성(省城)을 손에 넣었다. 첫 성공이지만 이처럼 경과만 설명하면 자못 싱겁게 느껴진다. 그러 나 이 싱거움은 혁명파 사람들이 신군 뿐만 아니라 일반 민중에게 얼마나 깊 숙이 혁명을 침투시켰는지 말해 준다.

무창 하늘에 맨 처음 휘날린 깃발 은 18성기(星旗)였다. 중국에는 18개 의 성이 있는데, 그 하나하나를 별로 나타내 디자인한 것이라고 한다. 분명 히 성성에서 일으킨 무장봉기는 처음 으로 성공했다. 그러나 혁명파는 아직 무창을 유지할 자신이 없었다. 모반을 일으킨 신군을 통제하는 일조차 어려 웠다. 모두 흥분해 있어서 무슨 일이 일어날지 알 수 없었다.

신해혁명의 한 가지 약점이라고 하 는 현상이 여기서 벌어졌다. 모처럼 손 에 넣은 성시(城市)나 군대를 통제하지 못해서 지금까지 싸우던 상대 중에서 적당한 인물을 데려와야 했다. 청조를 무너뜨린 뒤에도 이 일로 어려움을 겪어야 했다. 무창을 점령한 혁명당은 도망치지 못하고 무창에 숨어 있던 제21 혼성협통(混成協統, 혼성여단장) 여원홍(黎元洪)을 찾아내어 도독(都督)에 취임할 것을 요청했다. 반은 협박이었다.

여원홍은 이때 48세였다. 천진 수사학당(水師學堂) 출신으로 조금은 새로운 군사교육을 받은 인물이다. 청일전쟁 때는 기함 정원(定遠)의 포술장(砲術長)이었다. 그러나 혁명에 대해서는 전혀 이해하지 못하는 사람이었다. 혁명파 사람들과 이야기를 해도 말이 잘 통하지 않았다고 한다. 그렇기는 하지만 무창을 점령한 혁명군은 구식 직업군인을 데려와 여러 군대를 통제해야만 했다. 혁명파 내부의 인재 부족이라는 이유도 있었겠지만, 전체를 통솔하는 사람을 뽑는 데는 파벌이 얽히는 성가신 문제도 있었을 것이다.

어쨌든 반혁명적 사상을 가진 여원홍이 혁명군의 도독이 된 것은 이 혁명의 앞날을 암시하는 사건이었다고 할 수 있다.

무창기의(武昌起義)라고 일컫는 이 봉기의 성공은 곧 각지에 파급되었다. 어느 지방이나 정세가 비슷했으므로 무창과 어깨를 나란히 한 것은 결코 이상한 일이 아니었다. 이것을 중국인의 부화뇌동(附和雷同)하는 국민성으로 보는 것은 편협한 관점이다.

맨 먼저 신군이 호응한 것은 지금까지 몇 번이나 봉기에 실패한 호남이었다. 호남 순무인 전성격(全誠格)은 도망쳤다. 강서에는 순무 풍여규(馮汝騤)가 자살했다. 산서 순무 육종기(陸鍾琦)는 살해되었고, 협통인 염석산(閻錫山)이 도통이 되었다. 강소 순무 정덕전(程德全), 안휘 순무 주가보

(朱家寶), 산동의 손보기(孫寶琦), 광서의 심병곤(沈秉堃)처럼 그대로 일단 혁명군의 도통으로 추대된 사례도 많았다. 절강 순무 증온(增韞)처럼 저항하다 체포되는 것은 오히려 예외적인 일이었다. 증온은 몽골족 출신이었다. 각지의 총독은 대부분 서징(瑞澂)처럼 도망쳤다. 민절 총독 송도(松濤)는 자살했다.

각 성은 저마다 중앙에서 독립한다고 선언했다. 청조 정부에 복속하지 않겠다는 뜻을 밝힌 것이다. 중앙에서 이탈한 각 성을 하나로 통합하는 난제가 신해혁명의 후유증으로 남았다.

동란은 끊이지 않고

민중 소요에 부닥친 이권회수운동

이러한 비상사태에 청조 정부는 허둥지둥했다. 친귀 내각으로는 이 사태에 대처할 수 없었다. 대대손손 특권을 세습하며 안락한 삶을 누리던 황족들은 정치적인 경험이 거의 없었다. 장식물이나 다름없는 내각이어서 되도록 용모가 빼어난 자를 뽑았다는 설까지 있었다. 해군부대신 재순(載洵)은 섭정왕의 동생으로 갓 20세를 넘긴 청년이었는데, 일본인들 사이에서는 마치 무사인형 같다는 말이 나오기도 했다.

무한(武漢) 지방의 봉기가 순식간에 주위로 파급된 밑바닥에는 철도 국유화 반대운동이 있었다. 중국 철도는 대부분 외국 차관에 의존하고 있었는데, 20세기에 접어들면서 마침내 중국에도 민족자본이라 할 만한 것이 성장해 이권회수운동이 시작되었다. 경한선(京漢線), 경봉선(京奉線) 등이 큰 수익을 올리는 것을 본 청조 정부는 외국 차관으로 간선철도를 만들고 그 이익으로 새로운 정치를 추진해서 민중의 불만을 잠재우고 혁명 세력을 진압해 청조 정권을 재건하고자 했다. 이것은 장지동이 추진한 정책이었는데, 1909년 그가 죽은 뒤에는 성선회가 이어받았다.

이권회수운동이란 외국에 팔아넘긴 철도 부설권을 도로 사들이자는 운동이다. 광동, 무한, 사천을 잇는 월한천(粤漢川) 철도의 이권도 회수했는데, 장지동이 이권을 회수해도 철도 건설 비용을 조달할 능력이 없다 하여 다시 새로운 차관 공작을 벌였기 때문에 토착 자본가의 반대운동이 일어났다.

철도를 모두 국유화해서 그 이익을 정치로 돌리려고 하는 방침이 각 지방 유력자의 이해와 충돌했다. 특히 월한천 철도는 이미 이권을 회수하고, 많은 관계자가 주식회사를 만들어 건설과 경영에 임한다는 등 상당히 구체적으로 일이 진행되고 있었다. 1911년 6월 18일, 우전부대신 성선회가 강제로 철도 간선의 국유화를 선언하자 각지에서 격렬한 반대운동을 전개했다. 성선회는 요코하마쇼킨은행(橫濱正金銀行)에서 1천만 원(元), 4개국 재단에서 1천만 파운드 등을 빌리는 차관 공작을 진행해 철도 국유화의 자금으로 삼았다. 반대운동은 이에 대한 민족자본의 저항이었다.

사천의 저항이 특히 격렬했다. 성도에서 중경까지 '파시(罷市)'가 일어났다. 달리 말하자면 '파업(strike)'인데, 예로부터 중국의 행정 관료는 '파시'를 당하는 것을 가장 큰 치욕이라고 여겼다. 국민 생활에 지장이 없도록 배려하는 것이 관리의 역할이었는데, 국민 쪽에서 상점 문을 일제히 닫고 상품의 유통을 정지시키는 것은, 관리에게 너는 우리를 다스릴 자격이 없다고 선고를 내리는 일이나 다름없다. 정부에 선전포고를 내리기 일보직전이라고 해도 될 것이다. 상점뿐만 아니라 학교도 폐쇄하고 말았다.

사천 총독 조이손(趙爾巽)은 때마침 북경으로 소환되고, 포정사(布政司) 왕인문(王人文)이 임시로 총독직을 대행하고 있었다. 그는 눈앞에 펼쳐진 상황을 보고 북경에 국유화의 연기를 요청하는 전보를 보냈다. 그러나 청조 정부로서는 철도 국유화를 기사회생의 정책으로 여기고 있었기 때문에 변경은 있을 수 없는 일이었다. 왕인문의 소극적인 태도가 성에 차지 않은 청조 정부는 전 총독의 일족인 조이풍(趙爾豊)을 사천 총독으로 내보냈다. 이 집안은 한족이지만 입관 전부터 누르하치, 홍타이지에 속해 있던 한군정람기(漢軍正藍旗) 출신이다. 주장대신(駐藏大臣)으로 티베트의 둔전(屯田)정책을 추진한 실적이 있다. 그러나 그도 사천에 들어가서는 반대운동의 격렬함을 피부로 느끼고, 선임자인 왕인문과 마찬가지로 국유화의 연기를 전문으로 요청했다. 하지만 동맥경화에 걸린 청조 정부는 그것을 받아들이지 않았다. 반대운동이 격렬하면 무력으로 탄압해야 한다 하여 월한천 철로대신(鐵路大臣)으로 취임한 단방(端方)에게 군대를 이끌고 사천으로 가라는 명령을 내렸다.

단방은 출양(出洋) 5대신의 한 사람으로, 외국을 시찰하고 돌아온 헌정 준비의 지도자였다. 양강 총독에서 단기간이지만 직례 총독으로 승진한 적도 있다. 탄핵을 받아 중앙에서 물러나 지금은 철로를 감독하고 있었다. 단방은 호북의 신군 2개 표(標, 대대)를 이끌고 사천으로 향했는데, 이 사실을 안 사천 지방 유력자들은 총독에게 파병을 중지하라고 요구했다. 총독 조이풍은 중앙으로부터 소극적인 태도를 비판 받았기 때문에 만회할 셈이었는지, 갑자기 강경책으로 나와서 파병 중지를 요구하러 온 5명의 대표를 구금했다. 민중이 이것을 알고 석방을 청원하기 위해 총독 관서로 몰려갔다. 조이풍은 이들에게 발포했고 4명 가량의 사상자가 나왔다. 이 일로 사천 각지에서 소요가 일었다.

조이풍은, 사천 사람들은 쟁로(爭路, 철도 국유화 반대)라는 이름만 빌렸고, 사실은 독립을 원하고 있으므로 이것은 반란이라고 북경에 타전했다. 북경은 이에 대해,

보로회(保路會, 철로 국유화 반대운동 조직)를 해산시키고, 질서를 어지럽히는 이들이 폭동을 일으키면 마음대로 죽여도 책임을 묻지 않겠다.

라는 조서를 내렸다. 북경의 이러한 강경책으로 소요는 가라앉기는커녕 사천 각지로 퍼져나갔다. 군대를 이끌고 온 단방은 자주(資州)까지 가서는 더 이상 진격하려 하지 않았다. 조이풍이 급히 전보를 보내 구원을 요청했다. 조정은 잠춘훤(岑春煊)을 파견하기로 했다. 청불전쟁의 용장 잠육영(岑毓英)의 아들인데, 아버지와 달리 보신에 능한 인물이었다. 그는 지난날 양광 총독과 우전부대신 등을 역임한 적이 있는데, 이번에는 사천 총독에 임명된 것이다. 그런데 호북까지 와서 호광 총독 서징을 만나 사천의 정세를 듣고는 갑자기 병에 걸렸다고 핑계를 댔다.

한편 사천의 조이풍도 새 총독의 임명에 불안을 느꼈다. 사천 소요에는 그의 책임이 컸으므로 탄핵당하지 않을까 두려워해했다. 그가 서둘러 사천의 난이 가라앉았다고 보고했기 때문에 병을 칭한 잠춘훤은 상해로 돌아가는 것이 허락되었다.

사천의 소요는 가라앉은 것이 아니었다. 오히려 더욱 확산되고 있었다. 사천은 동쪽으로 호북과 접하고 있다. 게다가 문제의 월한천 철도에는 호북도 포함되어, 일련의 국유화 반대운동이 호북에서도 똑같이 벌어

지고 있었다. 정부가 채택한 철도 국유화가 소요를 광역화하고 만성화했다. 생각하기에 따라서는 무창기의도 이러한 일련의 소요 중 하나로 볼 수도 있다.

호북 무창에서 거둔 승리가 사천에 바로 영향을 끼쳤음은 말할 나위도 없다. 군대를 이끌고 자주에 머물러 있던 단방은 자기가 이끌고 온 군대에게 살해되었다. 성도에서는 난민 학살의 본거지였던 총독관서가 신군의 공격을 받았고, 조이풍도 살해되고 말았다.

화려하게 돌아온 원세개

청조 정부는 각지의 반란을 평정하기 위해 육군부 대신 음창(蔭唱)과 해군부 부대신 살진빙(薩鎭冰)에게 육해군을 이끌고 남하하라고 명령했다. 음창은 신양(信陽) 근방까지 갔지만 전투 준비를 핑계대며 그 이상 나아가지 않았다.

청나라 조정은 청 군대가 원세개의 것임을 새삼 절실하게 깨달았다. 신건육군을 모체로 하는 북양군은 원세개가 만든 것이고, 그가 나서지 않는 한 싸우려고 하지 않을 것이다. 섭정왕이 그를 죽이려고 한 것은 일반에 널리 알려져 있었다. 원세개는 죄인처럼 북경을 탈출해 하남의 고향에서 은둔해 있었다. 총대장을 죄인인 채 남겨 두고 군대가 움직일 리 없다. 그토록 미워했지만 섭정왕은 원세개의 명예를 회복시키지 않고서는 군대를 움직일 방법이 없음을 깨달았다.

청조는 원세개를 호광 총독으로 기용해서, 호북으로 가 병사들을 독려하고 싸움을 지휘하라고 명령했다. 그 정도 일로 마무리 될 일이 아니라고 원세개는 틀림없이 생각했을 것이다. 수염을 깎고 노동자로 변장해서 무개차를 타고 북경을 탈출한 굴욕을 그는 결코 잊지 않았다. 청조도 그것을 알아채고 그를 흠차대신에 임명했다. 육군부 대신 음창을 소환하고, 원세개의 부하인 풍국장과 단기서를 각각 제1군과 제2군 총사령관으로 임명했다. 전군은 이제 원세개가 통솔하는 곳이 되었다.

섭정왕은 철도를 주관하고 있던 우전부 대신 성선회를 해임했다. 철도 국유화 정책으로 온 나라를 혼란에 빠뜨린 책임을 물은 것이다. 그리고 당소의(唐紹儀, 부의가 즉위한 뒤 '儀'를 '怡'로 고쳤다가 퇴위 후 다시 '儀'로 고쳤다)를 그 후임으로 임명했다. 이것도 기묘한 인사라고 할 수밖에 없다.

우전부는 서세창, 당소의라는 지금까지 원세개계인 인물이 대신을 맡고 있었다. 철도국유화는 그들 시대부터 추진되는 정책이었다. 당소의는 미국 유학생 출신으로, 조선에 있을 때부터 원세개의 한 팔이 되어 활약한 인물이었다. 한편 성선회는 원세개와 마찬가지로 이홍장의 휘하에 있던 인물로, 인맥으로 보면 형제 사이다. 이홍장의 유산 중 군대는 원세개, 외교는 오정방, 실업은 성선회가 계승했다. 그런데 군대를 만드는 자금을 짜내기 위해 원세개는 성선회에게서 국영 선박회사인 초상국을 빼앗았고, 그 영역 침해로 말미암아 두 사람 사이에 불화가 싹텄다. 원세개는 돈이 되는 우전(郵電, 철도도 포함한다)도 심복인 당소의에게 돌렸다. 섭정왕은 원세개를 증오한 나머지, 그의 계파인 당소의를 우전부 대신에서 해임하고, 원세개의 정적인 성선회를 그 후임에 임명했다. 국정 인사에 애증의 감정이 노골적으로 나타난다면 그 조직은 이미 썩기 시작한 것이다.

당소의는 우전부 대신으로 임명되었지만 실제로는 취임하지 않았다. 바야흐로 원세개의 참모로서 더 큰 일을 해야 할 때였기 때문이다. 광동

번우(廣東番禺, 광주시) 출신인 당소의는 혁명파 내부에 동향을 연고로 많은 사람들을 알고 있었다. 원세개는 그를 이용해서 혁명 진영과 연락을 취하려고 했다. 원세개가 혁명에 공감했다고는 생각하기 어렵다. 자신을 죽이려 한 섭정왕에게 보복을 하기 위해서 그는 혁명 진영과 거래를 할 생각이었던 것 같다.

청조 황제는 '자신을 벌하는 조서'를 내놓았다. 말하자면 자기비판이었다. 많은 왕조가 멸망하기 직전에 이런 종류의 조서를 반포하는 것을 우리는 보아 왔다. 그리고 그런 자기비판은 대체로 시기가 너무 늦었다. 청조도 예외는 아니었다. 다섯 살 먹은 선통제(宣統帝) 부의(溥儀)가 자기를 비판하는 글을 쓸 리는 없으니, 이것은 그의 아버지 섭정 순친왕의 자기비판이었다. 조서에 따라 정당 금지가 해제되었다. 건국 이래 결사를 원칙적으로 인정하지 않던 청조로서는 과감한 조치였다. 물론 국회 소집 등이 예고되어 있었으므로, 정치결사가 없다면 오히려 이상할 것이다. 이어서 역시 조서에 따라 황족 내각이 해산되었다. 이것은 조법(祖法)의 정신으로 돌아감을 뜻한다. 청조에는 친귀(親貴, 황제와 가까운 황족)를 정치에 관여하지 못하게 하는 전통이 있었다.

경친왕이 사임하고, 후임 내각 총리대신으로 원세개가 임명되었다. 총리를 포함해서 각료는 모두 11명이었는데, 그중에서 만주족은 이번부(理藩部)대신 달수(達壽) 한 사람뿐이었다. 영구감금 판결을 받은 왕조명, 황복생 등이 석방되어 원적지인 양광에서 총독의 감찰을 받게 된 것도 이때의 일이다. 원세개는 인도적 견지에서 그러한 일을 할 만한 인물이 아니다. 남쪽 혁명파와의 거래를 의식해서 내린 조치였을 것이다.

하지만 원세개는 북경 조정이 당황해서 이런저런 조치를 취하는 것을 곁눈질로 지켜보다가 11월 13일이 되어서야 겨우 북경으로 들어갔다.

남하한 토벌군의 여러 장군 중에도 과격파는 있었다. 일본의 사관학교를 졸업한 오록정(吳祿貞)은 강유위파의 극좌라고 할 수 있을 것이다. 그는 당재상(唐才常)의 자립군에 호응하려고 한 경력이 있다. 또 신군의 협통(協統)인 남천울은 일본의 간다에 있는 금휘관에서 결성되었다가 금세 해산당한 거아의용대의 대장으로 선출되었던 인물이다. 봉천 제12진 통제(統制)인 장소증(張紹曾)도 개혁파라고 할 수 있다. 그들은 북경 조정에 입헌을 즉시 시행하라는 12개조의 요구를 내놓았다. 이것이 거부되면 북경을 공격한다는 계획이었지만, 조정이 그들의 요구를 죄다 받아들였을 뿐만 아니라 오록정을 산서 순무로 발탁했다. 그런데 그는 석가장까지 와서 민간 의용군과 연대해 거병하려고 대기하던 중, 부하에게 살해되고 말았다.

누가 오록정을 죽이게 했을까? 원흉은 밝혀지지 않았지만 원세개라는 설이 유력하다. 원세개에게는 자신의 예정표가 있었다. 그것을 흐트러뜨리는 움직임은 사정없이 봉쇄하는 것이 그의 성격이었다. 그가 가장 의심받는 것도 당연한 일이다.

원세개의 직계인 풍국장도 한구(漢口)를 공격하고, 한양(漢陽, 호북성)을 함락했다. 혁명파는 황흥이 무창에서 분전하고 있었다. 원세개는 풍국장에게 한양에서 진격을 멈추라고 명령했다.

원세개의 야심

원세개의 의도는 마침내 명백해졌다. 이제 그를 청조 측이라 부르거나 그의 군대를 청군이라고 부르지는 못할 것이다. 이제부터는 그의 군대를 북(北) 또는 북군(北軍)이라 부르고, 혁명파를 남(南) 또는 남군(南軍)이라고 부르기로 한다. 원세개는 남군에게 3일간의 휴전을 제안하고, 그것을 다시 15일 연장했다.

남북회담의 북쪽 대표는 당소의, 남쪽 대표는 오정방이었다. 오정방은 이홍장의 외교적 후계자로 여겨졌던 인물이다. 시모노세키조약 때도 수행했고, 후에 주미 공사도 역임했지만, 그 뒤 관직을 떠나 상해에서 살았다. 그는 혁명파에게 설득되어 그들의 외교 책임자가 되었다. 원래부터 공화제에 공감하던 인물이었다.

남북 대표가 모두 지난날 이홍장의 인맥 안에 있던 사람들인데다 같은 광동 출신이었고, 더불어 미국 유학이라는 같은 경력을 갖고 있었다.

남쪽은 이미 '중화민국 임시정부 조직 대강' 21조를 결정해 둔 상태였다. 그 안에는 각 성의 도독(都督)이 임명한 대표에 의해 임시 대총통을 선출한다는 등의 명문 조항이 있었다. 처음에는 무창을 수도로 하기로 정했지만, 장훈(張勳)이 고군분투하며 지키고 있던 남경이 남군의 손에 들어왔기 때문에 수도 예정지는 남경으로 바뀌었다. 손문이 아직 외유 중이어서 임시 대총통의 선출은 그가 귀국할 때까지 연기하기로 했다. 그러나 그 임무를 누군가가 맡아야 했기 때문에 대원수(大元帥)를 두기로 결정했다. 선거 결과 황흥이 대원수, 여원홍이 부원수를 맡게 되었지만 호북파가 결과에 이의를 제기했다.

호북 무창의 봉기에 힘입어 공화국이 탄생하려는 순간이다. 호북파로서는 당연히 자신들에게 우선권이 있다고 믿었다. 중국의 향당(鄕黨)의식이라는 것도 문제가 되었을 것이다. 호북에서 봉기한 무리 중에는 도쿄에서 동맹회에 가입한 사람도 있었다. 그러나 그들에게도 동맹회보다 호북을 우선하는 마음이 있었다. 호북에서 봉기한 집단은 일찍이 싫은 기색이 역력한 여원홍을 강제적으로 도독으로 추대해 자신들의 수령으로 삼았다. 공화제에 그다지 이해가 없는 인물이라 하더라도 일단 추대한 이상 수령은 수령이었다. 그들로서는 무창 봉기 때 현장에 없었던 황흥이 대원수가 된다는 것은 납득하기 어려웠다.

이러한 감정적인 문제를 해결하기 위해 다음과 같은 대책이 나왔다. 선거 결과를 백지화해서 여원홍을 대원수, 황흥을 부원수로 하고, 그 대신 여원홍은 수도 남경에 갈 수 없으므로 부원수인 황흥이 남경에서 대원수의 직무를 대행한다는 것이었다.

손문이 귀국하기만 하면 임시 대총통에 선출되는 것은 확실하므로, 문제가 없는 듯이 보였다. 그러나 문제가 없는 것은 남쪽 내부뿐이었다. 북쪽은 문제가 없다고 생각하지 않았다. 남북의 화의를 위한 협상이 진행 중이었다. 협상이 한창 진행되고 있는 도중에 대총통 선거를 하는 것은 북쪽을 무시하는, 더 나아가 화의 자체를 무시하는 처사가 아닌가. 당소의는 딱 잘라 이렇게 말하고 대표직을 사임했다. 대총통 문제는 앞으로 가야 할 길이 험했다.

원세개는 무엇을 생각하고 있었을까. 그는 그때 북경에 있었으며, 대청제국의 내각총리대신이었다. 섭정왕은 모든 대권을 원세개에게 넘겼다. 그는 무슨 일이든 할 수 있었다. 원세개에게는 공화제에 대한 이해는 없을 터였다. 조선에 가면서부터 외교에 손을 대고 있었으므로, 미국 대통령에 관한 것은 제도로서 알고 있었을 것이다. 그러나 중국에서 그러한 제도가 가능할지 어떨지 그는 의문을 품고 있었다. 그의 생각은 훨씬 단순했다.

문제는 자신에게 유리한 것이 어느 쪽인가 하는 점으로 좁혀진다.

망해 가는 청조의 내각총리대신과 장래성이 있어 보이는 공화국 대통령 중 어느 것이 좋은가 하는 선택이다. 섭정왕에게 살해될 뻔한 경험이 있는 그로서는 청조가 입헌제가 되어도 안심할 수 없다는 생각을 했을 것이다. 학생 티가 가시지 않은 혁명파 무리라면 잘 구슬릴 수 있을 것 같았다. 원세개는 이런 생각에서 바로 청조를 포기했다.

중화민국의 탄생

손문이 무창 봉기의 성공을 안 것은 미국 콜로라도 주 덴버에 있을 때라고 한다. 신문을 사서 식당에 들어가, 포크를 손에 들고 기사를 훑어보다가 '무창, 혁명군에게 점령되다'라는 문자가 눈에 들어온 것이다.

손문은 미국에서 곧장 귀국하지 않고 유럽을 경유했다. 청조에 대한 4개국의 차관을 중지시키고, 새로운 공화 정권을 위한 경제 원조를 얻기 위해서였다. 4개국 차관의 중심국이었던 영국은 손문의 요청에 따라 진행 중인 차관을 중지하고, 새로운 은행단을 새 정권에 파견하는 데 동의했다. 런던에서 그가 은사이자 생명의 은인인 캔트리를 방문한 것은 말할 나위도 없다. 캔트리의 집에는 손문 앞으로 전보가 와 있었다. 중국에서 보낸 이 전보는 '런던, 손문'이라고만 되어 있어서, 전보국은 이것을 중국 공사관으로 돌렸다. 청나라 공사관이지만, 공사인 유옥린(劉玉麟) 이하 관원들은 고국의 정세를 거의 파악하고 있었다. 손문이 런던에서 공사관에는 들르지 않더라도 캔트리에게는 반드시 들른다는 것을 관원들도 잘 알고 있어서, 그 전보를 캔트리의 집으로 보낸 것이다. 덧붙여 청나라의 주영 공사는 지난해까지 이홍장의 아들 이경방이었다.

그 전보는 손문을 새로운 공화국의 대총통으로 추대한다는 내용이었다. 캔트리가 수락할 것인지 그렇지 않은지 묻자, 손문은 고개를 슬쩍 갸웃하면서, 달리 적당한 사람이 없다면 당분간이라고 대답했다고 한다. 손문이 상해에 도착한 것은 12월 25일이었고, 연기되었던 각 성 대표에 의한 선거는 12월 29일에 남경에서 실시되었으며, 손문은 임시 대총통으로 선출되어 이듬해 1월 1일에 취임했다.

혁명은 신해년(1911)에 성공하고, 임자년(1912)에 새로운 정권이 발족했다. 새로운 공화국은 중화민국(中華民國)이라 명명하고, 따로 연호를 사용하지 않고 1912년을 민국 원년(元年)으로 삼았다. 그때까지 혁명파는 황제(黃帝) 기원 5천몇 년이라는 기년(紀年)을 쓰거나, 공자(孔子)의 기년을 써서 기원 2천5백몇 년이라는 숫자를 문서에 사용하고 있었다. 또 이 1912년은 메이지 45년으로, 메이지가 죽고 다이쇼(大正)가 즉위한 해이기도 하다. 일본에서는 즉위년에 바로 개원하는 관례가 있으므로, 민국 원년은 곧 다이쇼 원년이기도 했다. 또 중국은 이해부터 양력을 쓰기로 했기 때문에 음력으로는 아직 전해의 11월 13일에 해당했다. 임시정부의 각료는 다음의 9명이었다.

육군총장 황흥, 차장 장작빈(蔣作賓)
내무총장 정덕전, 차장 거정(居正)
외교총장 왕총혜(王寵惠), 차장 위신조(魏宸組)
재정총장 진금도(陳錦濤), 차장 왕홍유(王鴻猷)
해군총장 황종영(黃鍾瑛), 차장 탕향명(湯薌銘)

사법총장 오정방, 차장 여지이(呂志伊)

교육총장 채원배, 차장 경요월(景耀月)

실업총장 장건(張謇), 차장 마군무

교통총장 탕수잠(湯壽潛), 차장 우우임(于右任)

주목할 점은 육군, 외교, 교육의 세 총장만 동맹회 회원이고, 나머지는 모두 청조의 고관으로 혁명에 공감한 인물이라는 것이다. 해군차장 탕향명은 파리에서 손문의 가방을 억지로 열고 유학생 입당자 명단을 훔쳐서 주불 공사에게 밀고한 전력이 있다. 손문의 도량이 넓었기 때문이겠지만, 혁명 단체인 동맹회가 행정면에서는 아직 미숙함을 손문도 인정하지 않을 수 없었을 것이다.

손문은 삼민주의(三民主義) 이론으로 국민혁명을 일으키고자 했고, 혁명방략(革命方略)을 실행에 옮기고자 했다. 삼민주의의 삼민이란 민족·민권·민생의 세 항목인데, 손문의 저작에 따르면, 민생주의는 곧 공산주의다. 삼민주의에 의한 혁명 계획은 '군정기(軍政期)', '훈정기(訓政期)', '헌정기(憲政期)'의 세 단계로 나뉜다. 군정기는 파괴기로서 만주 봉건제를 타도하고, 관료의 부패를 제거하며, 악습, 미신, 그 밖에 인신 매매, 아편 등 중국을 오래도록 병들게 한 것을 일소해서 깨끗하게 한다. 훈정기는 과도기로서 지방자치를 실시하고, 민권의 신장을 촉진하며, 국민대회를 조직하고, 헌법을 제정해서 그 헌법에 따라 인민이 총통을 선출한다. 이때 혁명정부가 총통에게 정치를 반환하는 형태가 된다. 그러고 나서 헌정기가 된다. 따라서 혁명정부는 제1기, 제2기까지 임무를 담당하고, 제3기인 헌정기로 들어가서야 비로소 혁명이 성공했다고 할 수 있는 것이다.

청 왕조의 종언

여기서 청조의 붕괴에 대해 살펴보자. 남북 교섭의 북쪽 대표 당소의가 어떻게든 핑계를 대고 사임한 것은 원세개와 손문이 직접 교섭하는 길을 트기 위해서였다. 교섭은 전보로 하기로 되어 있었다.

섭정왕을 암살하려다 체포되어 영구감금 처분을 받은 왕조명과 황복생은 석방된 뒤 각자의 신념을 좇아 개별 행동을 취했다. 황복생은 여전히 암살지상주의였다. 그는 천진으로 가서 팽가진(彭家珍) 등과 경진동맹회(京津同盟會)를 만들었는데, 이것은 다름 아닌 암살조직이었다. 왕조명은 원세개의 아들인 원극정(袁克定)과 접촉했다. 원세개를 설득해서 공화제에 찬성하게 하면 인민을 병란에서 구할 수 있는데, 그러기 위해서는 원세개를 임시 대총통으로 추대할 수밖에 없다는 생각에서였다. 동맹회의 급진파가 보기에는 상당이 후퇴한 전략이었다. 지금 와서 생각해 보면, 왕조명은 이때의 정치사상을 죽을 때까지 바꾸지 않았다고 할 수 있다.

원세개에게는 길이 두 갈래였다.

하나는 청조로부터 선양을 받아 스스로 왕조를 여는 길이다.

다른 하나는 공화국의 대총통이 되는 길이다.

첫 번째 길은 매우 어렵다. 애신각라씨의 청조에 있는 많은 종실들이 기어코 반대할 것이다. 설령 선양을 받는다 해도 천하의 태반은 민군(民軍)의 손에 돌아갔고, 청조의 세력이 미치는 땅은 얼마 되지 않았다.

원세개의 정치 계획은 이때부터 윤곽이 정해져 있었다. 먼저 공화국의 대총통이 되고, 머지않아 공화제는 중국에 맞지 않다는 이유를 들어 다시 제국으로 돌아가서 그가 황제로 즉위한다는 줄거리였다.

손문과 원세개의 전보 교섭은 최종적으로는 대략 다음과 같이 결론이 났다.

1. 청나라 황제는 퇴위하고, 원세개는 북경에 있는 각국 공사에게 그 사실을 통지한다.
2. 원세개는 공화주의에 절대 찬성임을 표명한다.
3. 손문은 외교단에게 청나라 황제의 퇴위의 포고를 통지한 후 사임한다.
4. 참의원(參議院)에 의해 원세개를 임시 총통으로 선출한다.
5. 원세개는 임시 총통으로 선출된 후, 반드시 참의원이 정한 헌법을 준수한다.

전문(電文)은 기록으로 남아 있는데, 원세개는 거기서 군주제냐 공화제냐 하는 국체(國體) 문제는 국민의 공정한 결정을 따라야 하지 않는가 라고 말하고 있다. 원세개의 본심이 슬쩍 엿보이는 듯하다. 손문은 이에 대해,

나는 남북의 전쟁으로 사람들이 도탄에 빠지는 것을 차마 견디지 못하므로, 화의하는 일에 결코 반대하지 않는다. 민주제냐 군주제냐 하는 것을 다시 상의하지는 못하지만, 그대의 고심을 사람들은 알아줄 것이다. 만일 그대의 힘으로 전쟁을 하지 않고 국민의 염원을 이루며, 민족의 조화를 유지하고 청 황실 또한 안락을 얻는다면, 한 가지 일로 몇 가지 선을 행함이니, 공을 참작하고 그 능력에 양보하는 일은

저절로 공론이 있을 것이다.

라고 대답했다. 공화제냐 군주제냐는 이미 정해진 것으로 재고의 여지가 없다고 딱 잘라 거절하면서, 원세개의 고심을 이해해 주는 사람들이 틀림없이 있을 것이라고 추켜세우고 있다. 그리고 원세개의 힘으로 남북이 화해하면, 그 공적이 크므로 '추공양능(推功讓能)', 분명히 말하면 총통 자리를 양보하는 것을 모든 사람이 찬성할 것이라고 말하고 있다.

손문이 보기에는 청조의 종언과 민국의 성립을 외국이 승인하게 하는데는 청조의 최대 실력자인 원세개보다 나은 적임자가 없었고, 남북의 전쟁을 저지할 수 있는 것도 그 외에는 없었다. 그래서 기꺼이 총통 자리를 양보하겠다는 생각을 품고 있었다.

훗날 손문은 이때의 심경을, 당시 자기 힘이 원세개에 미치지 못했기 때문에 그렇게 했다고 술회했다.

당원은 파괴가 성공한 후, 이미 대부분은 혁명의 신의와 명예를 지키지 않았고, 지도자의 주장을 따르지 않아, 설령 혁명당으로 중국을 통일했더라도 혁명의 건설은 이루지 못하며, 그 결과는 새 관료가 옛 관료를 대신하는 데 지나지 않을 따름이다.

이것이 그의 말이다. 그러한 당원을 이끌고 있는 자신은 당연히 북양군을 완전히 장악하고 있는 원세개에게 미치지 못한다고 겸허하게 말하고 있다. 세간에서는 원세개가 백만의 거금으로 손문의 총통 자리를 샀다는 소문까지 돌았다.

청 왕조를 소멸시키는 것은 남북 화의보다 간단했다. 황족들은 회의만 거듭하고 있었는데, 이미 왕조를 지탱할 힘은 없어졌다. 회의 때마다 넋두리와 흐느낌이 멎지 않았다. 황족 부윤(溥倫) 등은 만주족이 다시 중화의 주인이 되는 것은 절망적이므로, 공화제 후에도 가급적 황실을 우대한다는 조건을 얻어내야 하며, 이 일을 원세개에게 맡기자고 주장했다. 이 주장에 강력하게 반대한 것이 양필(良弼) 등인데, 그들은 원세개 내각을 무너뜨려 종실 내각을 만들고, 철량(鐵良)을 군정대신으로 삼아 마지막 투쟁을 벌이자고 기염을 토했다. 그들은 종사당(宗社黨)이라는 단체를 만들었다.

아무리 양필 등이 비분강개해도 만주팔기(滿洲八旗)는 전투를 하지 못한다. 이 점은 이미 아편전쟁에서 사실로 드러났으며, 태평천국전쟁에서는 한족 의용군에 의해 청조가 간신히 명맥을 유지했다는 것은 천하가 다 아는 사실이었다.

양필은 군자사(軍諮使, 참모총장)라는 요직에 있었고, 종사당의 실질적인 당수였다. 그런데 천진에서 석방된 황복생과 함께 암살단을 만든 팽가진이 양필을 폭살했다. 암살이 실패하는 까닭이 자기는 살려고 하는 데 있으므로, 팽가진은 폭탄을 품에 안고 몸을 던졌다. 양필은 중상 끝에 죽었고, 팽가진은 그 자리에서 죽었다. 양필이 폭살된 뒤로는 종사당도 거의 침묵하고 말았다.

그 후로는 퇴위하는 황제와 황족에 대한 우대 조건만이 문제가 되었다. 황제의 칭호는 없애지 않고, 외국 군주에 대한 예로써 대우하며, 세비 400만 원을 지급하고, 사유재산은 중화민국이 특별히 보호하며, 미완성인 광서제의 능은 중화민국의 지출로 공사를 계속하는 등의 결정이 내려졌다. 청 황족과 각 민족이 모두 중화민국의 국권, 사권(私權)에 대해 일반 국민과 동등하다는 것도 천명되었다. 이것은 우대가 아니라 차별을 받지 않도록 배려한 것이다.

선통제(宣統帝) 부의는 2월 12일에 퇴위하고, 2월 15일에 원세개가 임시 대총통에 취임했다. 부총통은 여원홍이었다. 수도는 남경으로 정해졌는데도 원세개는 북경에서 취임하고, 북경을 정권의 중심으로 삼았다. 남경에 있던 참의원도 북경으로 옮겨졌다.

황제를 꿈꾼 미신 신봉자

중화민국으로 이름이 바뀌고, 중국은 공화제가 되어서 의회민주주의의 시대가 도래한 듯 보였지만 그것은 환상에 지나지 않았다.

공화국 대총통인 원세개는 황제가 되기를 꿈꾸고 있었다. 그의 밑에 내각이 만들어졌다. 내각의 수반은 당소의였다. 동맹회에서는 채원배, 송교인, 진기미(陳其美), 왕총혜 등 4명이 참가했다.

의회제이므로 달리 정당이 있어도 된다. 손문 등은 동맹회가 있었지만, 그 밖에 정당다운 정당은 없었다.

장병린이 통일당을 만들어 독자 노선을 취했다. 이 고증학계의 국학대사(國學大師, 중국에서 중국학에 뛰어난 학자를 높여 부르는 말-옮긴이)는 서양풍의 것을 싫어했다. 만주족인 청조에 격렬한 적의를 품었으며, 한족 고유의 옷과 비슷한 일본옷을 애용했다는 것은 앞에서도 이야기했다. 「소보」사건으로 투옥되어 있을 때 불경을 가까이 했으며, 허무주의적 사상에 경도된 흔적도 있다. 그는 의회주의에도 친숙해지지 않는 특이한 존재가 되어 있었다.

　대총통 원세개가 자신의 정당을 만들려고 한 것도 당연한 일이었다. 어용정당 '공화당(共和黨)'이 만들어졌다.

　3월에 수립된 중화민국의 초대 국무총리 당소의는 젊은 시절부터 원세개의 맹우였지만, 책임내각이 실현되지 않은 데 실망해서 6월에 사직하고 실업계로 돌아간다면서 상해로 떠났다. 뒤를 이어 육징상(陸徵祥)이 총리가 되었고, 9월에는 조병균(趙秉鈞) 내각으로 바뀌었다. 민국 원년에는 세 개의 내각이 어지러울 만큼 바쁘게 바뀌었다.

　원세개의 독재 지향은 점점 확실해졌다. 이것을 저지하기 위해 동맹회는 개편을 단행했다. 당시 난립해 있던 소수 단체도 끌어들여 새로운 정당을 만들기로 결정하고, 이를 위해 손문도 북상해서 북경으로 들어왔다.

　신당의 이름은 국민당이며, 8월 25일에 성립되었다. 이듬해인 1913년에 국회를 소집하기로 했다. 제1당이 내각을 조직하는 정당 내각제를 실현하기 위해 정력적인 활동을 펼친 사람은 송교인이었다. 그가 국민당의 당세를 확대하기 위해 동분서주하자 원세개가 두려움을 느끼고 그를 상해에서 암살하고 말았다. 또 원세개는 앞서 결성한 공화당 외에 장병린의 통일당과 기타 민주당파를 끌어들여 새롭게 진보당을 만들었다.

　그러나 의회는 중의원에서 국민당이 269명, 진보당이 154명이었다. 참의원에서는 국민당이 123명인데 진보당은 69명에 불과했다. 그런데도 원세개는 국회의 승인을 얻지 않고 5개국 차관단과 2천500만 파운드의 차관에 조인했다. 이처럼 의회를 무시할 뿐만 아니라 국민당에 대한 탄압을 단행했다. 강서 도독 이열균(李烈鈞)을 해임하고, 광동 도독 호한민을 티베트로 쫓아냈다. 안휘 도독 백문울(柏文蔚)은 사천으로 전임되었다. 국민당계인 이 세 도독은 군사력을 갖고 있었으므로, 원세개는 먼저 이 세 사람을 제거하고 나서 독재로, 그리고 군주제로 가는 길을 열려고 했다.

이렇게 해서 제2차 혁명이 시작되었다. 장강에서 파양호로 들어가는 입구에 해당하는 강서성 호구(湖口)에서 이열균이 먼저 독립을 선언했다. 남경에서는 황흥이 원세개 토벌을 위한 군대를 조직하고, 잠춘훤을 대원수로 추대했다. 전임을 명령 받았던 백문울은 안휘에서 독립을 선언했고, 광동, 복건이 그 뒤를 이었다.

이렇게 말하면 제법 규모가 큰 반란처럼 들리지만, 탄압과 좌천 인사로 막다른 곳에 내몰린 국민당계 사람들이 준비나 연락도 없이 거병한 것이어서 제2차 혁명은 매우 세력이 미약했다. 오히려 원세개는 그들의 충동적인 거병을 예상해서 진압할 준비를 갖추고 있었을 것이다.

원세개는 1913년 7월 25일에 호구를 함락했다. 호구는 2주일도 채 버티지 못했다. 이열균은 일본 사관학교 포병과를 졸업했으므로 군사적 지식이 없었던 것도 아니다. 아무래도 계획이 허술했다기보다 계획을 짤 시간조차 없었던 거병이었던 탓에 이미 준비를 다 갖춘 원세개의 덫에 걸리고 말았다고 해야 할 것이다.

이열균은 일본으로 망명했다. 광동에서는 진형명(陳炯明)이 독립을 선언했지만, 원세개군이 남창에서 남경으로 진격함으로써 끝내 실패하고 말았다. 손문은 복건에서 대만으로 망명했다.

원세개의 독재체제는 나날이 진전했다. 의회를 협박해서 대총통 선거법을 통과시키고, 자신을 선출하게 했다. 부총통은 여원홍이었다. 이렇게 해서 원세개는 자신의 칭호에서 '임시'라는 거추장스러운 말을 떼어 냈다. 이제는 손문에게서 양도받은 자리가 아니라 스스로 쟁취한 자리였다.

헌법기초위원회는 이해 10월 31일에 초안을 완성하고, 헌법회의의 심의에 부치기로 되어 있었다. 기초위원회의 구성원은 국민당계가 많았기 때문에 의회의 권한을 강화해서 정부를 통제하는 내용의 초안을 작성했다. 이에 대해 원세개는 갑자기 국민당에 해산 명령을 내리고, 국민당 의원의 자격을 박탈했다. 이렇게 해서 중화민국의 의회는 사멸하고 말았다.

책임내각 대신 대총통의 어용 행정기관인 정치당(政治堂)이 만들어졌다.

1914년 8월에 제1차 세계대전이 일어났다. 열국은 자기들의 이익을 위해 중국을 자기편으로 끌어들이려고 했기 때문에 원세개의 입지는 매우 유리해졌다.

5 · 4 전후

농민의 반항정신에 주목한 손문

중국의 근대 군벌은 증국번의 상군에서 시작되어, 이홍장의 회군이 북양군벌이 되었고, 그것을 원세개가 이어받았다. 증국번이든 이홍장이든 저마다 자신의 철학이 있었다. 그러나 원세개에게는 그러한 것이 없었다. 그는 권모술수의 화신이었으며, 늘 자신의 이익을 중심으로 행동했다. 그는 자기 부하도 경계했다.

북양의 삼걸(三傑)로 불리는 단기서, 풍국장, 왕사진 이외에, 조곤, 노영상(盧永祥), 이순(李純), 이장태(李長泰)와 같은 북양무비학당 출신의 장교들도 그의 심복이었다. 원세개 집안에 신세를 진 서세창과 전형적인 구식 군인 장훈도 그의 인맥으로 넣을 수 있다. 수는 많지만 원세개의 후계자로서 자타가 공인하는 인물은 없었다. 그것은 원세개가 일부러 만들지 않았기 때문이다. 황제가 되려고 생각하는 인물은 으레 세습을 목표로 하게 마련이어서 이인자와 같이 위험한 인물을 만들기 꺼렸다.

북양 삼걸 중에서도 단기서가 성격이 격렬한데다 유능하기까지 했다. 원세개는 이인자가 되어 가고 있는 이 인물을 되도록 몰아내려고 했다. 이와 같은 인위적인 공작도 있어서 원세개의 주변에는 도토리 키 재기 하듯 고만고만한 인물들만 있었다.

훗날 군벌에 혼전이 벌어지는데, 이것은 다분히 원세개에게 죄가 있다고 할 수밖에 없다. 특출한 인물이 나서서 같은 계통의 군 수뇌부를 아우르지 못한 것은, 그러한 인물이 나오지 못하도록 진작부터 음험한 공작을 벌였기 때문이다.

제1차 세계대전이라는 절묘한 조건 하에서 원세개는 군주제 준비를 착착 진행하고 있었다. 내부에서는, 이를테면 풍국장 등은 원세개의 집에 가면 궤배(跪拜)를 했다. 원세개에게만 아니라 그의 아들에게도 궤배를 했으니, 군주제의 예행연습이나 다름없었다.

그 사이 손문 등 혁명의 본류는 무엇을 하고 있었을까? 혁명을 생각하는 사람들은 대개 순진한지도 모른다. 그들은 국회가 생기면 영국이나 미국의 국회처럼 국정을 좌우할 수 있다고 생각했던 듯하다. 영미에서는 국회가 만능이었는지도 모르지만, 중국에서는 그것이 적용되지 않는다. 황제가 되고자 하는 사람이 있는 나라이므로, 영미와 똑같이 생각해서는 상황을 제대로 파악하지 못하는 것이 당연했다. 황흥 등은 원세개를 국민당에 입당시켜 당수로 추대하자는 생각을 했고, 실제로 손을 쓰기도 했다. 적의 대장을 아군 대장으로 삼는다는 것은 분명히 기상천외한 생각이었으며, 형세를 역전시키는 묘책이었는지도 모른다. 그러나 적의 대장은 혁명파처럼 순진하지 않았다. 책임내각을 폐지하면 입당해도 좋다는 대답이 왔다. 책임내각이 없어지면 대총통의 독재가 가능해지므로,

대총통은 황제와 다름없어진다. 이래서는 적을 아군으로 만드는 것이 아니라 아군이 적에게 항복하는 것이다. 원세개의 국민당 입당 문제가 흐지부지된 것은 당연한 일이었다.

복건에서 대만으로 도망쳤다가 다시 일본으로 망명한 손문은 지금까지의 일을 돌이켜 보았다. 청조를 타도하는 데 성공하고도 지금 일본으로 망명해야만 했던 것은 도대체 무엇이 잘못되었기 때문일까? 혁명의 원동력이 미처 다 타오르지 못했기 때문이라고 손문은 생각했다. 때마침 그는 아름다운 송경령(宋慶齡)을 만나 쉰을 앞두고 처음으로 연애를 경험했다고 한다. 사랑에 불타오르면서 그는 혁명의 불길이 미처 다 타오르지 못했다는 것을 깨달았는지도 모른다.

정권이 가까워지면서 국민당은 지나치게 세를 불렸다. 손문이 보기에는 그 전신인 동맹회도 정권에 집착하는 무리들과 한자리 차지하려던 사람들 때문에 국민당으로 개편되기 전에는 지나치게 팽창하고 있었다. 손문은 혁명을 위해 죽음을 각오한 사람만이 모이는 비밀조직으로 돌아가야만 한다고 통감했을 것이다.

1914년 7월, 손문은 도쿄에서 중화혁명당(中華革命堂)을 만들었다. 청조가 이미 무너졌으므로, 삼민주의 가운데 민족주의를 빼고 민권주의와 민생주의의 실행을 강조했다. 비공개적인 단체여서 쓰키지(築地)의 정양헌(精養軒)이라는 양식당에서 결성식이 열렸다. 당원은 자기의 생명, 자유, 권리를 희생하고 손문에게 복종해서 혁명을 다시 일으킬 것, 비밀을 엄수하고 생사를 같이할 것, 딴 마음을 품은 자는 극형을 감수할 것 등이 서약서의 내용이었으며, 한 사람씩 손문 앞에서 서약했다. 손문을 총리로 하고, 총무부장 진기미, 당무부장 거정, 군무부장 허숭지(許崇智),

부부장 주웅시(周應時), 재정부장 장정강(張靜江), 부부장 요중개, 정치부장 호한민, 선전부장 장계(張繼)를 각각 임명했다. 총리를 보좌하는 부총리에 해당하는 협리(協理) 자리를 만들고, 황흥에게 취임을 요청할 예정이었으나, 그는 입당하지 않고 미국으로 떠났다. 손문에게 절대복종한다고 맹세하는 것은 호남 사람 황흥의 자부심이 허락하지 않는 일이었다고 한다.

진기미는 절강 출신으로 상해에 기반을 둔 인물이었는데, 비밀결사와도 깊은 관계에 있었다. 이 중화혁명당은 비밀결사, 즉 회당(會黨)의 경향이 짙어서 비밀의식으로 치르는 서약을 비롯해 다른 공통점도 많았으며, 당원 중에도 회당의 회원이 많았다고 한다. 또 출신지로 보더라도 광동 출신이 월등히 많았는데, 손문 개인의 당이었던 만큼 어쩔 수 없는 일이었는지도 모른다. 일본의 손문 연구가인 스즈에 겐이치(鈴江言一)는 손문을 '회당 중독'이라고 평했다.

무장혁명에서 믿을 수 있는 것은 의협심과 무기를 지닌 비밀결사, 즉 회당 사람들이라는 것이 손문의 일관된 사고방식이었다. 초기 무렵부터 그는 가로회 등 홍문(洪門) 사람들과 손을 잡았다. 그 기질의 연장으로 일본의 대륙낭인들도 믿게 되었을 것이다. 손문을 응원한 일본인 중에도 선한 사람과 악한 사람이 섞여 있었고, 악한 사람이 팔아넘긴 폐품이나 다름없는 무기 때문에 쓰디쓴 경험을 한 적이 있다는 사실은 앞에서 이야기했다.

비밀결사는 사회의 밑바닥에 넓게 뿌리를 내렸다고는 해도 국민 전체로 보면 소수다. 운반업자나 도시생활자인 회원이 많을 뿐, 국민의 대부분을 차지하는 농민 사이에는 그다지 침투하지 못했다.

손문은 그들의 반항 정신을 높게 평가하고, 그것을 혁명의 힘으로 사용하려고 했다. 나중에야 손문도 간신히 깨달았지만, 범위가 넓은 농민의 반항 정신을 일깨우는 일이 훨씬 중요한 과제였다.

아무튼 중화혁명당은 동맹회가 확대되어 국민당이 되면서 조직이 느슨해진 것을 반성하고, 초기 동맹회의 초심으로 돌아가는 것을 목표로 삼은 단체였다. 말하자면 소수 정예의 비밀 정당이다. 테러와 무장봉기가 이 당의 무기가 되었지만, 그것으로는 시대의 큰 흐름을 따라갈 수 없다. 원세개가 추구하는 군주제와 맞설 때도 이 중화혁명당은 적절한 활동을 하지 못했다. 중국의 문화를 뒤흔든 문화혁명인 5·4운동에서도 중화혁명당은 지도적인 입장을 취할 수 없었다.

5·4운동에 대해서는 다음에 설명하겠지만, 이 대중운동의 바깥에 놓인 중화혁명당은 자기 조직의 협소함과 한계를 뼈저리게 느꼈다. 5·4운동이 일어난 해(1919) 10월에 중화혁명당은 중국국민당으로 개칭하고, 체질을 개선해서 공개된 대중의 당으로 새롭게 출발했다.

배일운동 부른 21개조 요구

제2차 혁명을 탄압한 1913년 말에 원세개는 중앙정치회의에서 훈시를 했다. 거기서 그는 이렇게 말했다.

> 내정과 외교의 좋고 나쁨은 그 정부의 강고함에 달려 있으며, 국체, 즉 군주제냐 민주제냐 하는 것과는 관계가 없다.

이 연설은 바로 군주제를 부정하지 않는다는 뜻이니 원세개의 황제 즉위로 가는 복선으로 보아야 할 것이다. 그는 외몽골의 자치에 관한 중국과 러시아의 협정이 체결되고도 고륜(庫倫, 울란바토르)의 독립이 러시아에 의해 취소되지 않고, 티베트 문제에서도 영국이 양보하지 않는 현재 상황을 늘어놓은 뒤,

현재 우리 나라의 내정이 이렇게 문란하므로, 외교 면에서도 이러한 문제가 일어나는 것이 당연하다. 요컨대 모든 것이 정부 권력의 약체가 초래한 결과임은 자명한 이치다.

원세개가 말하고 싶은 것은 국회와 정당, 그 밖의 기관을 설치해, 자기의 권력을 약화시키려고 하기 때문에 외국의 침략을 받는다는 것이었다. 그러면 원세개의 권력을 강화하려면 어떻게 해야 될까? 그가 황제가 되면 되는 것이다. 이 연설의 숨은 문맥 속에 그의 이러한 속셈이 상당히 노골적으로 나타나 있다.

1914년, 손문이 도쿄에서 폐쇄적인 중화혁명당을 결성한 다음 달인 8월, 유럽에서 전쟁이 일어났다. 바로 제1차 세계대전이다. 같은 세계대전이라도 제2차 세계대전과는 달리 전장은 주로 유럽이었다. 중국은 중립을 선언했지만, 일본은 영일동맹이 유효한 기간이었으므로 독일에 선전포고를 하고 독일의 조차지인 산동반도의 청도 일대를 점령하고 군정을 실시했다.

세계의 눈이 유럽으로 쏠려 있는 것은 일본의 중국 침략에도 절호의 기회였다. 북경 주재 일본 공사 히오키 에키(日置益)도 '대(對)중국 교섭 건

을 해결할 절호의 기회'라고 도쿄에 진언했다. 이에 대해 도쿄는 과잉반 응을 보였다. 아무튼 이 기회를 놓치고 세계대전이 끝나면 열강의 간섭 을 초래할지도 모를 일도 많았다. 그것을 전부 파고들어 일본은 21개 조 의 요구를 중국에 제시했다.

러일전쟁 때 체결된 포츠머스조약에 따르면, 여순, 대련을 포함하는 관동주 조차지는 1923년에 중국에 반환하도록 되어 있었다. 만주철도 중에서 안봉선(安奉線)은 1923년, 그 밖의 철도는 1939년에 중국이 매입 을 요청하면 응할 의무가 있었다. 이제 그 기일이 다가오고 있었다. 일본 은 이러한 이권들을 영구히 확보하기 위해 99년간 연장할 것을 요구했다. 홍콩의 신계(新界) 조차지도 그렇지만, 99년간이라면 당시로서는 '반영구 적'임을 의미한다.

반영구적으로 이권을 확보하려면 치안을 유지할 필요가 있었으므로, 일본은 중국에 일본의 원조에 의한 내정의 개선을 요구했다. 일본인의 거주 및 영업의 자유, 이를 위한 토지 임차권 및 소유권의 승인, 외국에 서 차관이나 외국인 고문을 들일 때 일본의 승낙을 받을 것 등도 요구했 다. 이것은 일본이 독점적, 배타적으로 그 지방을 세력권에 둠으로써, 동 삼성을 식민지화하려는 것이었다.

산동성에 있는 독일의 이권을 모두 일본에 양도하라는 요구가 포함되 어 있었음은 말할 나위도 없다. 일본은 또한 한야평공사(漢冶萍公司, 한양 의 제철소와 대야의 철광, 평향의 탄광으로 구성된 중국 최대의 근대적 철강 연합기 업-옮긴이)를 중국과 일본의 합작 회사(合辦)로 할 것 등도 요구했다.

21개조 요구는 다섯 부분으로 나뉘어 제시되었는데, 제5호에는 무창, 구강, 남창을 잇는 철도와 남창, 조주를 잇는 철도의 부설권을 일본에 줄 것, 중앙정부에 일본인 정치·재정·군사 고문을 고용할 것, 필요한 지방의 경찰을 중일 합동으로 할 것, 일본의 무기를 공급받을 것, 중일 합작의 병기창을 만들 것 등이 포함되어 있었다. 이것은 요구가 아니라 '실행을 권고'한다고 표현되어 있었다.

요구의 방대함에 진언한 히오키 공사도 난처해서 도쿄에 요구의 '감량'을 건의했지만, 오쿠마 내각의 가토 외무대신이 받아들이지 않아서 원안대로 중국에 제출했다.

이 21개조 요구는 1915년 1월 18일에 제출되었다. 확실히 일본에게는 좋은 기회였고, 일본은 전쟁 중인 열강의 간섭도 없이 중국 측과 교섭을 거듭했다. 이 요구를 수용했을 때 국내에서 큰 문제가 될 것을 우려한 원세개 정권의 저항으로 교섭은 25회에 걸쳐 거듭되었다. 일본 측은 5월 7일에 최후통첩을 들이댔고, 5월 9일, 중국 정부는 마침내 수락하고 말았다.

그 후 중국 각지에서 거세게 일어난 배일운동은 이 21개조 요구가 야기한 것이다. 이 요구의 배경에는 한국을 병합한 후, 대륙으로 국력을 신장하고자 하는 일본의 국가 의사와, 열강과 견줄 수 있는 강국이 된 만큼 열강을 본뜬 침략은 옳다고 하는 기운이 있었다.

제1차 세계대전 후 열린 위싱턴회의에서 일본은 산동의 이권과 남만주, 동부 몽골의 차관 및 고문의 우선권을 포기해야 했다. 그렇다면 처음부터 과도한 요구를 하지 말았어야 하는데, 이는 오쿠마 내각의 실책이라고 말할 수밖에 없다.

청조가 무너진 원인은, 국민의 광범위한 '이권회수'운동이 특히 철도 부설권에 집중되어 소요가 일어나면서 무창 봉기를 가능하게 한 데 있었다. 이것을 알면, 외국이 새로운 이권을 요구하는 것에 중국인이 얼마나 민감하게 반응하는지 이해할 수 있다. 또 이때 중국은 결코 일본과 전쟁을 한 것도 아니었다. 세계대전의 어수선한 틈을 타고 일본이 중국에 무리한 요구를 했다는 사실에 중국인은 심한 불쾌감을 느꼈다. 근대 일본에서 이만큼 큰 외교 실책은 없다고 할 수 있다.

중국은 군주제가 정답이다

일본에서 제시한 21개조의 요구가 원세개의 군주제 계획을 1년 연장하게 했다는 이야기가 있다. 원세개의 아들 원극정(계획대로 일이 진행되었다면 벌써 황태자가 되어 있을 인물)은 다음과 같이 변명했다.

> 어째서 일본에게 굴복해야만 했는가? 우리 중국이 일본에 저항할 수 없기 때문이다. 어째서 일본에 저항할 수 없는가? 육군이 작전을 할 수 없기 때문이다. 육군부에 책임을 지려는 사람이 없으므로 정부는 어쩔 수 없이 21개조를 받아들인 것이다.

이것은 분명히 황태자로서의 발언이었다. 제위를 넘보는 원세개에게 가장 큰 적은 이인자인 단기서였다. 원세개가 섭정왕의 박해를 받아 재야에 숨어 있거나 그 후 정치에 깊이 관여하는 동안, 단기서는 북양군을 장악하고 있었다. 원세개는 친위대를 만들 생각에서 모범단(模範團)이라는 군대를 양성하고 있었다. 그것은 아직 실전에는 도움이 되지 않았다. 역시 북양군에게 의지하는 수밖에 없었다. 원세개는 단기서를 육군부 총장 자리에서 쫓아내고 북양군을 직접 관할하려고 했다. 그래서 원극정이 육군부를 비판했고, 단기서는 총장 자리에서 물러나야만 했다. 식욕부진, 불면증, 각혈 등의 병명을 늘어놓으며 그는 서산(西山)으로 틀어박혔다. 원세개는 북양군을 직접 관할할 수 있다고 생각했지만, 이미 단기서 계파의 군대가 생겼고, 그들은 분가하고 말았다.

원세개는 군주제 준비의 일환으로 주안회(籌安會)를 만들었다. 그의 추종자였던 양도(楊度)가 그것을 주재했다. 양도에게는 『군헌구국론(君憲救國論)』이라는 저작이 있다. 이 모임은 중국에 적합한 국체가 민주제냐 군주제냐 하는 문제를 연구할 목적으로 만들어졌다고는 하지만, 결과는 처음부터 나와 있었다. 엄복(嚴復)이나 유사배(劉師培)와 같은 동맹회계 사람들도 여기에 참가했다. 유사배는 일본에 있을 때, 고토쿠 슈스이(幸德秋水) 등의 사회주의자나 무정부주의자들과 교류하며 「천의보(天義報)」라는 잡지를 간행했다. 중국 무정부주의의 선구자라고 일컬어지나, 신해혁명 때는 배신하고 청조의 단방에게 붙었다. 그것은 아내 하진(何震)의 영향이라는 설도 있지만, 유사배는 끝내 원세개의 제정 실현에 손을 빌려줄 만큼 영락하고 말았다.

군주제를 실현해도 외국의 승인을 얻어낼 필요가 있다. 원세개는 미국인 굿노(Frank Johnson Goodnow) 박사를 정치고문으로 초빙했다. 일찍이 콜롬비아대학 교수였던 굿노는 〈공화제와 군주제론〉에서,

> 중국에는 공화제보다 군주제가 훨씬 적합하다는 것은 의문의 여지가 거의 없다. 생각건대 중국이 독립을 유지하고자 한다면 입헌정치를 채택하는 수밖에 없다. 그 나라의 역사, 관습, 사회, 경제 상황 및 열강과의 관계라는 관점에서 보면, 중국의 입헌은 공화제를 바탕으

로 하는 것에 비해 군주제를 바탕으로 하는 편이 훨씬 쉽다.

라고 말했다. 굿노 박사의 순수한 학문적 연구에 지나지 않는다는 변호론도 있지만, 어지간히 단순한 인간이 아니라면 그 말을 믿지 않을 것이다.

일본에서도 법학박사 아리가 나가오(有賀長雄)가 정치고문으로 초빙되어 군주제에 찬성의 뜻을 표명했다. 북경 주재 일본 공사 히오키 에키(日置益)는 21개조 요구를 제출할 때 원세개에게,

　　만약 성의를 가지고 교섭한다면, 일본은 대총통 귀하가 한 단계 더
　　승격하기를 희망한다.

라고 말하며, 군주제를 승인하는 대가로 21개조의 요구를 수락하도록 강요했다고 한다. 히오키 공사의 이 발언은 호승(胡繩)이 저술한『중국근대사(中國近代史, 1947)』에서 장(章)의 제목으로도 쓰였으며, 유언(劉彦)의『구전기간중일교섭사(歐戰其間中日交涉史)』에서도 볼 수 있다. 근년에 간행된 정중강(丁中江)의『북양군벌사화(北洋軍閥史話)』에는 두 나라 사이의 현안이 해결되면 일본 정부는 대총통에게 더 크고 더 많은 도움을 주기를 바라고 있다고 되어 있다. 출처는 확실하지 않지만, 공사가 외교부를 거치지 않고 일국의 원수에게 불쑥 요구서를 제출하는 것은 이례적인 일이었다. 일본 측은 비밀이 누설되지 않을까 우려했으나 아무래도 노회한 원세개가 그것을 누설한 듯하니, 히오키 공사가 외교부를 통하지 않고 제출한 효과는 없었다고 볼 수 있다.

원세개는 주안회 간부들에게 외교 쪽은 문제가 없으므로, 군주제를 추진하라고 알렸다. 주안회는 표면적으로는 연구단체였지만, 양사이(梁士詒, 원세개 내각의 우전부대신) 등은 전국청원연합회를 만들었다. 전국의 인민이 원세개에게 황제가 되어 달라고 청원한다는 것이다. 국민의 간절한 바람을 차마 뿌리치기 어렵다며 원세개는 마침내 제위에 올랐다.

일본의 21개 요구조차 원세개에게는 중국 국내에 위기감을 불러일으키고, 강력한 권한을 가진 인물이 없으면 열강의 요구가 점점 심해질 것이라고 인식시키는 수단이었을 것이다. 그 내용을 일부러 흘린 것도 그 때문이었다.

원세개는 전국의 추대를 받는 형식으로 제위에 올랐다. 1915년 12월 12일, 그는 북경의 회인당(懷仁堂)에서 고관들을 접견하고, 황제로 즉위했음을 알렸다. 또 이듬해 1916년을 홍헌(洪憲) 원년으로 개원하기로 했다.

제위에 있으면 영구히 어깨를 쉴 날이 없다. 그러므로 황제는 근심하고 노력하며, 두려워하고 염려하는 자리이지 결코 안락한 부귀영화를 누리는 자리로 보아서는 안 된다. 또한 역대 황제의 자손이 선과(善果, 좋은 과보, 선행에 대한 보답을 이르는 말─옮긴이)를 받는 일은 드물다. 평생 모든 학문과 직업이 자유롭지 못하니 황실의 발전을 기대하기 어렵다. 짐은 나라를 구하고 백성을 구하는 대계를 위해 자손을 희생하는 것도 감히 피하지 않겠다.

이것은 회인당에서 원세개가 한 연설이다.

당시 중화민국은 북쪽에서는 다섯 민족(한족, 만주족, 몽골족, 회족, 장족─

옮긴이)의 협력과 화합을 나타내는 오색기를, 남쪽에서는 청천백일기를 사용하고 있었는데, 원세개는 오색기 안에 둥근 해를 넣은 도안을 국기로 삼으려고 했다. 다섯 민족에 의해 추대된 황제임을 나타내고자 한 것이다.

80일간의 황제

> 신망이 땅에 떨어진 원세개를 중국의 대다수 인민은 매국행위를
> 했다는 이유로 집중적으로 공격하고 있으며, 국론은 들끓고…….

이것은 일본의 외무성에 제출된 흑룡회(黑龍会)의 '대(對)중국 문제 해결 의견'의 한 구절이다. 다이쇼(大正) 3년(1914) 12월 29일자의 문서로 원세개가 황제로 즉위하기 전의 일이지만, 그 무렵부터 원세개는 매국의 악명이 높았음을 알 수 있다. 다만 흑룡회는 중국의 이권을 일본이 독점한다는 국익을 중심으로 생각했기 때문에, 각국을 제 마음대로 주무르려는 원세개에게는 호의를 품고 있지 않았다.

청조의 어린 황제에게 종언을 선언한 그 사람이 스스로 황제가 되려했으므로, 저잣거리의 무지렁이까지 괘씸하다고 분개했다. 국민당과 국회를 탄압하고, 자기에게 유리하도록 추대운동을 했다는 것은 지식인이라면 모두 알고 있었다.

누구나 예상했듯이 대규모 반대운동이 일어났다. 이것이 제3차 혁명이다. 그 불을 붙인 채악(蔡鍔)은 호남 출신인데, 일찍이 양계초의 시무학당(時務學堂)에서 배우고, 그 후 일본의 육군사관학교에 유학한 인물이었

다. 신해혁명 때는 29세로, 운남의 협령(協領, 여단장)으로서 혁명에 호응해서 운남을 평정하고, 운남군 정부의 도독으로 취임했다. 제2차 혁명에는 참가하지 않았으며, 그를 경계한 원세개의 소환으로 북경에 와 있었다. 원세개가 군주제를 준비하는 것을 확인하고, 몰래 북경을 탈출해서 일본과 베트남을 거쳐 운남으로 들어가 원세개 토벌을 위해 군사를 일으켰다. 공화국을 옹호하는 군대이므로 이를 호국군(護國軍)이라 칭했다. 운남, 귀주(貴州), 사천으로 호국군이 진격하는 동안, 광동과 광서가 독립을 선언하고, 절강, 섬서, 강서, 호남, 신강에까지 그 기세가 파급되었다. 이윽고 원세개의 주변에서도 반대의 소리가 높아지고, 마침내 그도 군주제를 포기해야만 했다.

원세개는 입법원을 소집해서 퇴위를 선언했다. 황제 자리에는 80여 일 앉아 있었다. 퇴위는 했지만 대총통의 지위에는 머물러 있었다. 재기를 벼른 것이다. 그러나 그 꿈은 6월 6일, 그가 죽음으로써 끝나고 말았다.

호국군을 지휘한 채악은 궐기할 때 이미 후두결핵에 걸려 있었고, 제3차 혁명이 성공한 후, 일본으로 요양을 떠났으나 11월에 후쿠오카에서 죽었다. 훗날 중국공산당의 군 최고수뇌가 된 주덕(朱德)은 운남강무학당(雲南講武學堂)에 들어가 채악 밑에서 신해혁명에 참가했고, 호국군에서도 역시 채악 휘하에서 제6지대를 이끄는 소장으로서 사천으로 진격했다. 채악이 죽은 뒤, 운남, 사천의 군대는 군벌화했으며 주덕도 예외는 아니었다. 그가 상해로 나와 아편을 끊고, 독일로 유학을 떠났다가 베를린에서 주은래(朱恩來)를 만나 중국공산당에 입당한 것은 유명한 이야기다.

원세개와 채악, 서로 대립하던 두 사람이 같은 해에 죽었는데, 호남의 열혈아 황흥도 이해 10월에 상해에서 죽었다.

원세개의 죽음으로 여원홍이 대총통이 되었으나, 실권은 국무총리가 된 단기서가 장악했다. 아무래도 식욕부진도, 불면증도 아니었던 것 같다. 이렇게 해서 군벌의 혼전시대가 시작되었다.

데라우치(寺內) 내각의 외무대신 고토 신페이(後藤新平)는 원세개 토벌운동에 대해서 일본 정부가 "중국 전역을 혼란에 빠뜨리는 책략으로 나와, 중국 각지에서 원세개에게 항거하는 운동이 거세게 일어났다"라고 자신의 저서 『일중 충돌의 진상』에 썼다. 이 책에 따르면, 채악 이하 공화국 옹호 군대가 모두 일본의 암약에 휘둘린 것 같지만, 이것은 고토 신페이의 과장에 지나지 않는다. 고쿠류카이의 분석에도 있듯이, 원세개의 신망이 이미 땅에 떨어져 있었으므로, 원세개 토벌운동이 일어난 것은 자연스러운 추세일 뿐, 일본의 책략에 의한 것이 전혀 아니다. 다만 양계초가 광서의 호국군 본영에 들어갈 때 일본 측에 신세를 지기는 했다. 양계초는 일본 선박 요코하마마루(橫浜丸)를 타고 홍콩으로 갔으며, 묘기산마루(妙義山丸)로 베트남 하이퐁에 상륙했고, 비자 없는 여행에는 일본인이 그를 호위했다.

원세개가 죽은 뒤, 북양군벌의 단기서와 풍국장은 지금까지의 우여곡절을 떨치고 제휴하려고 했다. 원세개의 교묘한 공작으로 북양의 양대 거두인 단기서와 풍국장은 단절되어 있었다. 두 사람이 협력해서 두목에게 덤벼들어서는 곤란했기 때문이다. 이런 부분에서 원세개는 천재적인 책사였다.

지금까지 사이가 나빴던 단기서와 풍국장이 제휴한 것은 비(非)북양계인 부총통 여원홍(원세개의 죽음으로 대총통으로 승격함)과 서남군벌에게 대항하기 위해서였다. 군벌의 혼란에 관한 이야기를 쓰는 것은 그다지 마음이 내키지 않는다. A와 B가 제휴했지만, 사실은 B가 A를 쓰러뜨리려 했다는 이야기가 한없이 이어진다. 중국의 역사를 진전시키는 의의는 없지만, 군벌의 배경에 열강의 힘이 있고, 이것을 빠뜨리고 쓸 수는 없으므로 간단히 언급해 두겠다.

원세개의 죽음으로,

대총통 여원홍, 부총통 풍국장, 국무총리 단기서

라는 체제가 만들어졌다.

군벌의 등장

단기서의 배후에는 일본이 있었다. 데라우치 내각이 단기서 정권에 준 차관은 5억 엔을 넘었고, 악명 높은 니시하라(西原) 차관의 1억 5천만 엔도 그 속에 포함되어 있었다. 빚이므로 철도, 삼림, 광산부터 인지세까지 담보로 잡혀 있었다. 차관뿐만 아니라 무기라는 현물도 대여했다. 기묘한 명칭이지만 '참전차관'이라는 것도 있었다. 세계대전에 참전하기 위해 중국군을 훈련시키는 비용이라는 명목이었지만, 실제로는 단기서의 군대를 강화하기 위한 차관이었다. 아오키(青木) 중장 이하, 재정 고문과 정치 고문, 훈련을 지도하는 장교들도 파견되었다.

풍국장의 뒤에는 영국과 미국이 있었다. 그가 여러 해 동안 남경, 상해 등 영국의 세력권인 장강 하류 지역에 있었기 때문이다.

제휴하기는 했지만 주인이 다르기 때문에 그들의 동맹관계는 오래 지속될 것 같지 않았다. 그런 상황에서 참전 문제가 발생했다. 유럽이 주 무대인 세계대전에 중국이 참전한들 어쩔 도리가 없겠지만, 역학 관계에 영향이 있었을 것이다.

대총통 여원홍은 참전 반대.

총리 단기서는 참전 찬성.

이것이 부(府)·원(院)의 대립이라고 부르는 것이다. 다시 말해 총통부와 국무원의 대립이었다. 이때 강유위가 대총통 측의 참전 반대에 붙고, 제자인 양계초는 참전파로 돌아서는 영문을 알 수 없는 일이 벌어졌다.

여원홍은 기선을 제압할 작정으로 단기서를 파면하려고 했지만, 공화국의 책임내각제에서는 총리의 부서(副署)가 없으면 모든 명령이 효력을 발생하지 못한다. 파면은 불가능했다. 난감해진 전직 정원(定遠) 포술장 여원홍은 원로들에게 조정을 의뢰했지만, 아무도 제 일도 아닌 일에 위험을 무릅쓰려 하지 않았다. 그런데 이 일에 뛰어든 별난 인물이 있었으니 그가 바로 장훈(張勳)이었다. 신해혁명에서 6년이나 지났는데 변발을 자르려 하지 않는 청조의 유신이었다. 이때 여원홍은 독일과 단교를 단행했다. 장훈은 제2차 혁명 때 독일의 조차지에서 무기와 탄약을 빌린 독일파였다. 독일은 장훈을 이용해서 여원홍을 몰아내고 별개의 정권을 세우려고 했다.

한족이면서 변발을 자르지 않은 청조 유신 장훈에게 별개의 정권이란 청조의 부활을 의미했다. 아직 보황당의 신념을 잃지 않은 강유위는 장훈과 손을 잡고 폐위된 황제 부의를 끌어내서 청조 복벽(復辟)운동을 시작했다.

이것은 단기서가 생각한 대로였다. 청조의 복벽에 관여한 공화국 대총통 따위는 사임하지 않을 수 없었다. 독일은 유럽에서 전쟁하느라 바빠서 변발 장군 장훈을 원조할 힘이 없었다. 복벽은 12일 만에 막을 내린

한바탕 희극이었다.

출신지에 따라 단기서를 안휘파(安徽派), 또는 환파(皖派, 환은 안휘성을 가리킨다-옮긴이)라고 부르고, 풍국장을 직례파(直隷派)라고 부른다. 처음에는 안휘파가 우세했으나, 유럽에서 전쟁이 끝나고 영국과 미국이 중국에 복귀하자 직례파가 힘을 얻었다. 직례파에는 조곤(曹錕)이라는 실력자가 있었고, 그의 부하인 오패부(吳佩孚)도 두각을 드러냈다. 풍국장은 이 무렵에 죽고 없었지만 후계자가 제대로 있었다.

북경을 중심으로 안휘와 직례의 두 군벌이 싸우고 있을 무렵, 동삼성(만주)에서는 장작림(張作霖) 군벌이 세력을 얻고 있었다. 그 배후에 일본이 있었음은 누구나 아는 사실이다. 장작림의 파벌을 봉천파(奉天派)라고 부른다.

직례와 안휘의 싸움에 봉천이 끼어들어 직례의 편을 들었다. 똑같이 일본의 힘이 배후에 있었으므로 봉천파는 안휘파를 편들 것 같은데 직례파에 붙은 것이다. 이 때문에 안휘파는 대패하고 단기서는 몰락했다. 그런데 연합한 직례와 봉천의 두 군벌이 몫 다툼을 벌이다가 갈라져 서로 싸우게 되었다.

봉직전쟁(奉直戰爭)은 두 번 있었다. 제1차 봉직전쟁에서는 직례파가 이겨 조곤이 대총통이 되었다. 제2차 봉직전쟁에서는 직례파에 속해 있던 풍옥상(馮玉祥)이 같은 직례파인 오패부에게 반기를 들고, 국민군이라 칭하며 북경을 제압했다. 대총통 조곤은 유폐되고, 몰락했던 단기서가 부활해 임시 집정(執政)이 되었다.

이런 이야기를 계속 읽다 보면 머리가 혼란스러울 것이다. 다만 풍옥상의 등장에는 조금 주목할 필요가 있다. 그는 신건육군 출신인데, '크리스천 제너럴'이라는 이름으로 외국인에게 알려져 있었다. 기독교 신자였으며, 군대는 국민의 것이라는 사고방식이 있어서 자기 군대를 국민군이라고 불렀다. 청조 황실에 대한 우대 조건을 취소하고, 폐제 부의를 자금성에서 쫓아낸 사람이 풍옥상이었다.

장훈의 희극적인 복벽 운동이 1917년의 일이었고, 안직전쟁(安直戰爭)이 시작된 것은 1920년, 제1차 봉직전쟁이 1922년, 제2차 봉직전쟁이 1924년의 일이었다.

두 번이나 싸운 직례, 봉천 양군이 영국과 일본의 중재로 연합하고, 풍옥상의 급진적인 국민군을 공격했기 때문에 국민군은 북경에서 후퇴했다.

직례파와 봉천파의 양대 거두 오패부와 장작림은 북경에서 회담을 열어서 남쪽 혁명세력에 대항할 방책을 협의하고, 각각 임무를 분담하기로 결정했다. 괜스레 자리 따위가 있어서 자리다툼이 벌어진다면서 총통직은 두지 않기로 했다.

장작림은 마적 출신인데, 그와 관련해서는 진위가 불분명한 다양한 일화가 있다. 살인이든 약탈이든 배신이든 무슨 일이든 태연하게 해치운 인물이다. 그리고 동삼성을 자신의 세력 아래 두는 데 성공했다. 그 배경에는 일본의 무력이 있었다. 일본이 장작림에게 기대한 것은 동삼성에 세울 일본의 꼭두각시 정권의 주인이 되는 일이었다.

북경대학에서 촉발된 5·4운동

군벌의 혼전과 때를 같이해 중국에 그보다 더 중요한 일이 일어났다. 바로 5·4운동이다. 일본의 침략에 반대하는 대규모 시위운동이 일어난

1919년 5월 4일을 명칭의 상징으로 삼았지만, 5·4운동은 이날 하루만의 일이 아니다.

1915년에 일본이 21개조 요구를 제출하고, 원세개가 이를 수락한 사실은 앞에서 이야기했다.

1917년에는 중국이 독일과 국교를 단절하고 세계대전에 참전했다. 미국도 이해 2월에 참전하고, 주중 공사 라인쉬(Paul Reinsch)를 통해 중국도 공동보조를 취하자고 교섭했는데, 거기에 중국이 따른 것이다. 이에 대해 일본은 항의했다. 일본도 참전국이므로 중국의 참전을 환영하지만, 일본에 상의하지 않은 것은 유감이라는 이야기였다. 이 사실은 미국이 대중 외교에서 점수를 땄음을 말해 준다.

1917년은 러시아에서 혁명이 일어난 중요한 해다. 이해 11월에 '이시이·랜싱협정'이 체결되었다. 일본의 특명 전권대사 이시이 기쿠지로(石井菊次郎)와 미국 국무장관 로버트 랜싱(Robert Lansing) 사이에 교환된 공문을 가리킨다.

일본은 21개조 요구에 의해 얻은 권익을 미국이 승인해 주기를 바랐다. 한편 미국은 중국의 권익에 관해서는 문호개방, 기회균등을 주장해 왔다. 대중국 이권 경쟁에 미국은 뒤늦게 뛰어들었기 때문이다. 21개조 요구는 미국의 주장에 저촉되지만, 일본은 '영토가 서로 근접한 국가 사이에는 당연히 특수한 관계가 생긴다'고 주장하며, 특수 권익을 인정받으려고 했다. 미국은 일본이 '중국의 독립, 영토 보전'을 보장하고, '중국에서의 문호개방, 기회균등의 지지'를 확인 받고자 했다. 미국은 일본의 특수 권익을 승인하고, 일본은 미국의 문호개방 주장에 반대하지 않기로 서로 약속했다. 영토가 서로 근접한 영토 운운을 미국은 동삼성(만주)만을 가리키는 것으로 해석하고, 문호개방을 이 협정의 첫째 의의로 간주했다. 일본은 특수 권익이 중국 전역에 미친다고 해석하고, 문호개방을 부차적인 것으로 간주했다.

이 협정은 1922년에 열린 워싱턴회의의 '중국에 관한 9개국 조약'으로 백지화되었지만, 그때까지는 큰 역할을 수행했다. 이 협정에 의해 일본 정부는 단기서 정권과 군사협정을 맺었고, 이것을 단서로 1918년에 시베리아로 출병할 수 있었다.

중국 측에서 보자면 두 나라가 모두 침략에 대해 서로 이야기를 하고 있었는데, 중국은 일본의 '특수 권익'이 인정됨으로써 먼저 동삼성의 식민지화가 진행될 것을 걱정했다. 이것은 당연한 걱정이었다.

제2차 세계대전에 의해 일시적으로 유럽과 미국의 경제적 압력이 약해졌기 때문에 중국의 민족경제 상태는 상당히 호전되었다. 이것은 부르주아혁명의 기반이 만들어졌음을 의미한다. 신해혁명에 근대화의 기대를 걸었던 지식층은 군벌체제에 의해 그 기대를 배신당하면서 '국민성의 개조'를 지향하게 되었다.

일본이 단기서 정권과 맺은 군사협정은 중국에서 일본의 군사적 우월권을 인정하는 것이었기 때문에, 맹렬한 반대운동이 일어났음은 말할 나위도 없다. 진우인(陳友仁)은 영자지 「페킹 가제트(Peking Gazette, 京報)」에서 '중국을 팝니다'라는 제목의 사설을 발표했다가 체포되고, 신문사는 폐쇄되었다. 일본에서 유학생들이 항의하기 위해 속속 귀국했고, 민간단체도 항의운동을 벌였다.

러시아 혁명이 성공한 것도 사람들의 용기를 북돋았다. 1919년 1월, 파리에서 강화회의가 열렸지만, 중국 대표는 아무런 수확을 얻지 못했다.

21개조의 취소, 외국 군대와 경찰의 철수, 세관 자주권 획득 등의 여러 요구는 회의에 상정조차 되지 못했다. 참전국이면서도 자국 영토인 산동의 권익을 독일에게서 되찾아오지도 못했다. 일본이 독일로부터 얻은 것이라고 주장했기 때문이다.

중국은 격노했다.

신해혁명 때도 보이지 않았고, 반원세개운동 때도 보이지 않았던 전혀 다른 형태의 민중운동이 1919년 5월 4일에 일어났다. 지금까지의 혁명이나 여러 운동은 대체로 외국의 원조를 기대한 면이 있었다. 원조 획득 경쟁이라고 할 만한 장면도 적지 않았다. 그러나 이 5·4운동은 외국과 일절 타협하지 않았다. 오로지 자기 힘만 믿고 환상을 품지 않는 애국운동이 전개된 것이다.

사람들의 머릿속에는 저 21개조가 선명하게 새겨져 있었다. 일본의 신문은 '북경에서 갑자기 배일 폭동이 일어나다'라고 썼지만, 그것은 단순한 배일 폭동이 아니었다.

강화회의에서 산동 권익의 반환이 좌절되었다는 뉴스가 5월 1일에 보도되었고, 북경대학에서는 그날로 곧장 학생대회 긴급회의가 열렸으며, 5월 3일에 전체 학생의 임시총회가 열렸다.

4년 전인 1915년 5월 7일, 일본은 21개조 요구에 대한 최후통첩을 내밀었고, 중국 정부는 다음날 이를 수락했다. 그 일이 있고부터 5월 7일은 국치기념일이자 항일의 날로 간주되었다. 1919년 5월 3일에 열린 학생총회에서는 처음에 5월 7일 국치기념일을 기해서 대규모 시위를 벌이기로 했지만, 회장 분위기는 그런 느긋한 일정을 허락하지 않을 만큼 고양되어 있었다. 5월 7일 국치에는 예정대로 시위를 하지만, 내일이라도 각국 공사관에 중국 인민의 의사를 전달하자고 결정했다. 각국의 강화회의 대표는 그때 아직 파리에 있었다. 각국 공사관을 통해 파리의 대표들에게 중국 인민의 의사를 타전할 수 있었다. 서둘러야만 했다.

5월 4일 오후 1시, 천안문 앞에 모인 각 학교 학생은 모두 3천 명이었다. 각국 공사관으로 떠난 대표들은 일요일이라는 이유로 면회를 거절당했지만, 학생 시위대는 이번에는 매국 분자에 반대하고, 이들에게 징벌을 가하는 행동에 나섰다. 시위대는 석대인 후통(石大人 胡同, 후통은 북경의 옛 골목길을 의미한다-옮긴이)에 있는 조여림(曹汝霖)의 저택으로 몰려갔다. 조여림은 일본 와세다대학에 유학하고 일본 여자와 결혼했다. 5·4운동 때는 교통부 총장이었지만 21개조 때는 외교부 차장이었다. 학생들은 조여림의 저택에 들어갔는데, 응접실에 일본 다이쇼 일왕의 사진이 걸려 있는 것을 보고 더욱 격분했다. 조여림은 아내의 침대 밑에 숨어서 위기를 모면했지만, 마침 그때 학생들의 표적 중 한 사람이었던 장종상(章宗祥)이 조여림의 저택을 찾아왔다. 그는 일본 도쿄제국대학 출신으로 주일 공사를 역임하기도 했으며 대일 차관을 다루어 온 사람이었다.

강화회의에서 미국은 중국을 위해 일본에 상당히 강경한 태도를 보이고 있었는데, 니시하라 차관의 교환 문서에 중국 측이 '일본 정부의 제의에 흔연히 동의함'이라고 쓴 것을 알고, 최종적으로 중국의 요구를 거절했다고 한다. 이러한 사실도 학생들은 파리에서 오는 뉴스로 알고 있었다. 그 교환 문서의 중국 측 책임자가 장종상이었다. 장종상은 순식간에 학생들에게 둘러싸여 구타당했다. 일설에 따르면, 학생들이 그를 조여림으로 착각했다고도 한다.

이 시위에서는 30명의 학생들이 체포되었다. 북경의 5·4운동은 순식간에 전국으로 퍼져나갔다. 총파업이 선언되었으며, 북경에서는 6월 3일에 다시 학생 가두 선전대가 잇달아 투입되었고, 1천 명 이상이 체포되었다. 천진, 광주, 상해, 성도 등 주요 도시에서는 일본 상품 불매운동, 파리 강화조약 반대운동이 일어나 장기간 지속되었다.

정부는 체포, 탄압 등 강경한 태도로 대처했지만, 한편으로는 조여림, 장종상을 해임하지 않을 수 없었다. 또 파리강화회의에 출석하고 있던 중국 대표는 매국노라는 낙인이 찍히는 것이 두려워서 정부의 훈령도 기다리지 않고 조인을 거부했다.

5·4운동은 이와 같은 애국주의의 실력행사라는 면만 강조되어서는 안 된다. 이러한 운동을 할 수 있게 된 중국 지식인의 의식 향상에 주목할 필요가 있다. 1915년부터 발행되고 있는 진독수(陳獨秀)의 「신청년(청년 잡지로 제호 변경)」이 펼친 계몽 활동은 높게 평가해야 한다. 이 잡지에 의해 구어체로 글을 쓰는 '백화문(白話文)'이 마침내 정착했다. 노신의 〈광인일기(狂人日記)〉가 발표된 것은 5·4운동이 일어나기 전해인 1918년이었는데, 이 작품도 「신청년」에 게재되었다.

5·4운동에는 호적(胡適) 등의 문학혁명도 포함시켜야 할 것이다. 의식 혁명과 그 주변에 자리한 것은 모두 5·4운동과 관계가 있다. 앞날에 희망을 잃었던 지식인도 5·4운동으로 자신감을 되찾았다. 노신은 〈광인일기〉 시대의 일을 이렇게 썼다.

신해혁명을 보고, 제2차 혁명을 보고, 원세개가 스스로 황제라 칭하는 것을 보고, 장훈의 복벽을 보았다. 와서 보고, 보고 떠나면서 의심하기 시작했다. 그리하여 실망하고, 깊이 낙담하고 있었다.

그러나 낙담은 일렀다. 제국주의에 대한 저항을 경험했고, 개성의 해방으로 나아가는 길이 이것에 의해 열렸다. 15년 전쟁에서 이루어진 항일민족통일전선의 전초전이 바로 이 5·4운동에 있었다.

15년 전쟁

소련공산당의 개입

파리강화회의에 출석한 중국의 전권위원은 외교부 총장인 육징상을 비롯해 모두 5명이었는데, 광동 군정부대표인 왕정정(王正廷)도 거기에 포함되어 있었다. 북경 정부는 외교상 문제에 대해 남쪽도 동의한다는 것을 대외적으로 과시하기 위해 왕정정을 가담시켰다.

광동 군정부는 1917년에 성립되었다. 상해에 있던 손문은 해군총장 정벽광(程璧光)과 함께 군함을 타고 북경으로 향하고, 반(反)단기서 의원들도 광주로 모여들었다. 그래도 정족수에는 모자랐지만, 비상 국회를 열어 군정부의 조직을 결정한 것이 8월 30일의 일이었다. 손문은 대원수로 추대되고, 육영정(陸榮廷)과 당계요(唐繼堯)가 원수로 취임했다. 당계요는 운남 도독으로서 채악의 반(反)원세개 운동에 협력한 동지였다.

북경 정부는 손문을 비롯해 광동에 있는 의원들에게 체포령을 내렸고, 이로써 남북의 대립 상태가 시작되었다.

양광에서 세력을 떨치고 있던 육영정 등은 손문의 세력이 커지는 것을 달갑지 않게 여겨서 손문을 포함한 정무총재 7명의 합의제로 광동 정부를 운영하기로 결정을 내렸다. 그 때문에 손문은 대원수를 사임하고 일본을 거쳐 상해로 향했다. 따돌림을 당한 것이다.

단기서는 남쪽을 토벌하라고 명령했지만, 북쪽의 여러 군대는 자신의 세력이 약해질 것을 우려해 본격적으로 싸우려 하지 않았다. 5·4운동 무렵에는 남쪽에서는 화평회의가 열렸지만 별다른 진전을 이루지 못했다. 광동 군정부도 손문이 떠난 뒤 잘 돌아가지 않아서, 국민당계 의원들은 대부분 광동을 떠나고 말았다.

중국국민당이 새로 조직된 것은 5·4운동이 일어난 해(1919)의 10월 10일이었다. 의석을 늘리는 데만 열중할 뿐, 조직이 느슨해진 국민당에 정나미가 떨어진 손문이 비밀결사적인 중화혁명당을 만들었다는 것은 앞에서도 이야기했는데, 이것이 지나치게 폐쇄적이었기 때문에 공개된 중국국민당이 만들어졌다. 손문의 절대독재라는 점에서는 변함이 없지만, 매우 진보적인 정강이 채택되었다.

1921년 7월, 중국공산당 창설 제1회 전국대표대회가 상해에서 개최되었다. 현재 중국에서는 7월 23일을 창설일로 삼고 있다. 모택동도 호남 대표로 참가했다. 다만 그 이전에도 공산주의 서클은 존재하고 있었다. 그해 4월에 광동 국회에서 중화민국 정부조직대강(大綱)이 결정되고 5월에 손문이 총통으로 취임했다. 프랑스에 있던 주은래 등이 유학생 모임을 끌어들여 공산주의 단체를 조직한 것은 1922년이었다고 한다.

5·4운동 무렵은 조직의 시대였다. 단발적, 자연발생적 또는 발작적으로 일어났던 정치운동이 여러 가지 단계에서 조직화되었다. 1922년에 일

어난 여순·대련 조차지 회수운동은 지금까지 일어났던 것보다 훨씬 조직적이었다.

러일전쟁에서 승리한 일본은 러시아로부터 권익을 양도받은 것이 여순과 대련인데, 이것은 1923년 3월 26일로 기한이 종료된다. 일본은 21개조 요구에서 그 기한을 99년간 연장할 것을 요구했으나, 중국 인민이 승인하지 않았으므로 회수해야 한다는 것이었다. 중국 정부도 21개조의 폐기를 위한 교섭을 일본에 제의했다. 그러나 21개조의 유효함을 주장하는 일본이 그 제의에 응할 리 없었다. 일본이 21개조 체제를 고집하는 한, 중국에서 배일운동이 멎는 날은 오지 않는다.

1921년 5월에 손문이 광동에서 총통으로 취임한 것은 '중화민국정식정부'였다. 그전(1918년 5월~1920년 6월)의 7인 총재 체제 정부는 '호법(護法)군정부', 통칭 광동 군정부를 개편한 것이다. 개편 전의 호법 군정부(1917년 9월~1918년 5월)는 손문을 대원수로, 당계요와 육영정을 원수로 둔 정부였다. 두 호법 군정부는 모두 손문의 뜻대로 되지 않았지만, '중화민국정식정부'에 이르러 손문은 간신히 자신이 주체가 되어 내각을 짤 수 있었다. 이 내각의 각료는 다음과 같다.

대총통　손문
비서장　마군무
외교부장　오정방
내무부장　진형명
재정부장　오정방(겸임)
육군부장　진형명(겸임)

해군부장　탕정광

참모총장　이열균

대리원장　서겸(徐謙)

　　작은 정부였는데, 호법 군정부 시대의 원수이자 7인 총재의 한 사람이
었던 육영정이 북쪽 정부와 손을 잡고 군대를 광동에 들여보내려고 했
다. 광서파 군벌인 육영정의 반란이었다. 그러나 광서파에 내통자가 있어
서, 광동의 정식정부는 기선을 제압해서 오주(梧州), 남녕(南寧) 등지를 점
령했다. 호남 자치군도 악주부터 공격을 시작해 위세를 떨치고, 양호 순
열사(巡閱使) 왕점원(王占元)을 사직시켰다. 북쪽은 오패부를 호남으로 보
내 악주를 재점령했다.

　　손문은 이대로 '북벌'을 할 생각이었다. 그래서 계림으로 작전 본부를
전진시키고, 진형명에게 광동을 맡겨 병참을 담당하게 했다. 그런데 이
진형명이 북쪽의 직례파와 내통하고 있음이 밝혀졌다. 진형명은 신해혁
명에서는 혜주 봉기에 참가해서 호한민과 함께 광주를 공략하기도 한 동
지였다. 그는 권력욕이 강하고 군벌적인 정서를 지닌 인물이었다. 손문이
광주로 돌아오자 진형명은 쿠데타를 일으켜서 총독부를 습격했다. 손문
부부는 총성을 듣고서 평상복 차림으로 걸어서 총독부를 나왔는데, 쿠
데타군은 그를 아군의 고관으로 착각하고 통과시키고 말았다. 포위진은
손문이 자동차로 탈출한다고만 생각하고 그 대책을 세웠다고 한다. 손문
은 강가로 나와 군함에 올랐다. 해군은 물론 쿠데타에 가담하지 않았다.

　　북벌군은 이미 진격해서 강서로 들어갔고, 이열균의 군대는 길안(吉安)
에 바싹 다가가며 남창(南昌)을 노리고 있었다. 여기에 쿠데타 소식이 들

려와서, 허숭지 등은 복건으로 후퇴하고, 대부분은 계림으로 되돌아왔다. 손문은 군함에서 50여 일을 보낸 후, 홍콩을 거쳐 상해로 향했다. 남북의 통일을 노렸던 손문의 꿈은 여기서 무너지고 말았다.

주변을 정리하고 이듬해인 1923년, 손문은 다시 광동으로 돌아왔다. 남북의 통일을 염원한 그는 이번 정부에는 총통을 두지 않고 대원수라 칭하고, 정부라는 명칭도 피해서 광동 대원수부라 칭했다. 비서장에는 양서감(楊庶堪), 내무부장에는 담연개(譚延闓), 재정부장에는 요중개가 임명되었다.

조직의 시대인 만큼 국민당도 대대적인 개편을 단행했다. 세계대전이 종결되었음에도 여전히 변함없는 열강의 제국주의적 방식을 보고, 손문은 오히려 소련의 동향에 흥미를 갖게 되었다. 레닌은 비서인 마링(Maring)을 중국에 파견했으며, 마링은 북쪽에서는 오패부를 만나고 남쪽에서는 북벌을 위해 계림에 와 있던 손문을 만났다.

손문은 소련에서 시행되고 있는 신경제정책에 큰 관심을 가졌다. 손문이 요중개에게 말한 바에 따르면, 경제가 충분히 발달하지 않은 러시아에서 혁명 후 마르크스주의를 실행하는 데 손문은 상당한 의문을 품고 있었다. 실현하기에는 아직 멀었다고 생각하고 있었는데, 마링이 말하는 현재의 신경제정책(네프)의 정책과 정신은 자신(손문)의 민주주의와 뜻밖에도 일치했다고 그는 말했다.

손문이 국민당 개편을 맡긴 사람은 요중개였다. 소련 정부 대표 요페(Adolf Abramouich Joffe, 1883~1927)는 일본으로 가는 도중에 손문을 만났다. 요페는 국민 혁명을 위해 국민당을 원조할 것을 약속하고, 손문과 공동선언을 발표했다. 그것은 다음과 같다.

손문은 다음의 의견을 지지한다. 공산당 또는 소련의 제도는 실제로 중국에서 시행할 수가 없다. 생각건대 중국에는 공산주의 또는 소비에트주의를 성공적으로 성취할 수 있는 조건이 없기 때문이다. 요페는 이 의견을 완전히 받아들임과 동시에 다음과 같은 의견을 제시했다. 중국의 가장 중요하고 가장 절박한 문제는 통일을 달성해 완전한 국가의 독립을 획득하는 일이다. 또한 이 대사업을 위해 요페는 손문에게, 러시아 인민은 중국에 따뜻한 동정을 보내고 있다는 것을, 아울러 러시아의 후원을 기대해도 좋다는 것을 보증한다.

그런 후에 권익 문제(소련은 모두 포기한다고 선언했다)에 이르러서는, 두 나라 사이에 편견 없는 협정이 성립되는 때까지 현재의 철도관리협정은 임시적인 것으로 승인해야 한다는 점을 인정하기로 약속했다.

혁명은 성공하지 않았다

진형명의 쿠데타로 상해로 쫓겨 온 손문은 그곳에서 중국공산당의 이대소(李大釗)를 만났다. 제2회 중국공산당 전국대회에서는 당원이 개인 자격으로 국민당에 가입할 것을 제의했다. 손문은 '삼민주의'의 기초 위에 그들이 가입한다는 조건에, 이대소의 신청을 승낙했다.

국민당 조직 개편의 배경에는 구체적으로 이러한 일이 있었고, 전반적으로는 5·4운동의 분위기에 젖어 있었다. 이런 의미에서도 5·4운동은 근대사의 일대 사건이었다. 비밀결사적 성향, 산만함, 엽관 풍토, 폐쇄성, 향당적 기질 등 다양한 결점이 있던 국민당이 삼민주의라는 민주주의를 목표로 지금까지와는 다른 전투적인 집단으로 개편되었다. 공산당원이 개인 자격으로 국민당에 입당했듯이 일찍이 화흥회나 광복회 회원이 개인적으로 동맹회에 가입을 허락받은 전례가 있다.

개조 선언은 다음과 같다.

우리 당 조직은 혁명동맹회에서 중국국민당에 이르렀고, 비밀단체에서 공개 정당에 이르렀다. 역사의 경과는 20년이 되어 가고, 그 분투의 생애 동안 신해 3월의 광주 봉기, 같은 해의 무한(武漢) 봉기 이래, 당의 정예, 또는 개인, 단체로서 생명을 잃은 자는 수를 헤아릴 수 없다. 지조와 행실의 견고함, 희생의 다대함은 온 나라에서 견줄 데가 없건만, 십수 년 이래 실적을 돌이켜 보건대, 스스로 실패였음을 인정하지 않을 수 없다. 만청(滿淸)은 쓰러졌으나, 원(袁)이 이것을 이어받아 수많은 군소 전제 조정이 생겨나고, 군벌의 횡행, 정객의 유독(流毒), 당원의 부역, 의원의 매신, 부패의 현상이 온 나라에 가득해서, 혁명은 절망적이라는 느낌을 주기에 이르렀다. 생각건대, 병든 이 나라를 구하려면, 조직을 갖추고 훈련을 받은 정치단체가 그 역사적 사명에 입각해서, 민중의 열망을 따르고, 그들이 품은 정치적 목표를 달성하기 위해 분연히 일어나야만 한다. 그렇지 않으면 민중은 가야 할 방향을 모르고 그저 군벌의 우마(牛馬), 외국 경제제국주의의 희생이 될 뿐이다. 국내 정당은 오직 자기의 이익을 향해 달릴 뿐이므로 믿을 바가 못 된다. 우리 당은 삼민주의에 입각해 분투해 왔으며, 그 과정에서 칭호를 바꾼 적은 있지만, 당의 취지와 주의는 언제나 일관되게 지켜 왔다. 돌이켜 보건대, 성공하지 못했던 까닭은 조직과 훈련이 충분하지 않았기 때문이다. 여기에 우리 당은 깨달은 바 있어, 스스로 아는 지혜와 스스로 결정하는 용기로써 조직 개편을 선언해서 새로이 출발하고자 한다. …… 우리 당의 분투가 성공하느냐 마느냐는 바로 여기에 달려 있다. 모든 동지가 함께 노력해 주기 바란다!

당원의 재등록은 매우 엄중했다. 세포조직이 정해지고, 당은 전투적인 집단이 되었다. 민주적 중앙집권조직이었으며, 중앙에는 24명의 집행위원과 17명의 후보 집행위원이 선출되었다. 공산당에서는 담평산(譚平山), 이대소, 우수덕(于樹德) 등 세 사람이 중앙집행위원으로 선출되고, 임조함(林祖涵,), 모택동, 장국도(張國燾), 구추백(瞿秋白), 우방주(于方舟), 한린부(韓麟符) 등 여섯 사람이 후보위원으로 뽑혔다.

개조 선언의 자기비판에도 있듯이 국민당은 조직과 훈련의 부족을 통감했는데, 북벌로 중국을 통일하기 위해서는 아무래도 훈련된 장병이 필요했다. 손문은 장개석(蔣介石)을 모스크바로 파견해서 적위군(赤衛軍, 러시아 혁명 과정에서 결성된 무장 노동자 부대-옮긴이)의 조직과 훈련을 배우게 하고, 요중개에게는 광동 황포에 군관학교를 설립하는 임무를 맡겼다. 그리하여 1924년 6월, 당 대표 요중개, 교장 장개석이라는 인사로 황포군관학교가 탄생했다. 손문은 군관학교에서 삼민주의에 관한 강연을 했다. 젊은 혁명투사들에게 그는 큰 기대를 품었다. 현재 『삼민주의』라는 제목으로 간행되고 있는 글은 그때의 강연에 바탕을 두고 있다. 황포군관학교의 정치부 주임대리에는 프랑스에서 갓 귀국한 주은래가 취임했다. 운남 강무학당 출신으로 허숭지 군(軍)의 여단 참모였던 섭검영(葉劍英)은 교도단 단장이 되어 실제 훈련을 맡았다. 진성(陳誠)도 교관이었다.

적위군 조직을 본떴기 때문에 군대의 어떠한 행동도 당 대표의 허가가 필요했다. 황포군관학교의 당 대표는 요중개였는데, 그는 정부의 재정부장을 겸임하고 있었다. 6월에 제1기생, 9월에 제2기생이 잇따라 신입생으로 입학했는데, 제1기생 470명은 북벌 때는 140여 명으로 줄었다. 제일선 소단위의 지휘자로서 그들이 얼마나 용감하게 싸웠는지 알 수 있을 것이다.

다만 개조 후의 국민당에 불만을 품은 장계 등 우파 당원은 얼마 후 국민당을 떠났다. 장계는 공산당인 이대소를 손문에게 소개한 인물이지만, 그 자신은 손문의 좌경적인 조직에 따라갈 수 없었다. 이 시기는 국공합작기로 훗날 대결하게 되는 사람들이 같은 광주에 살고 있었다. 모택동, 주은래, 섭검영, 그리고 장개석, 왕조명, 진성 등이다. 황포군관학교의 학생 중에는 임표(林彪)와 호종남(胡宗南) 등 좌우 양 진영의 간부가 된 인물도 있었다.

장계 등의 우파가 재빨리 떠났듯이, 이 무렵부터 이미 좌우의 분열이 시작되고 있었다. 손문은 북벌을 선언함과 동시에 광주에서 분란을 일으키고 있던 상단군(商團軍)의 무장을 해제했다. 이것은 홍콩 상해은행의 매판(買辦) 진염백(陳廉白)이 광동 상단의 수령으로 추대되자 무기를 구입해 군대를 결성한 데서 비롯된 일이다. 손문은 국가 안에 사적 군대가 존재하는 것을 절대로 용납하지 않았다. 상단군은 손문에게 정책의 후퇴를 강요하기 위해 위협하려고 했겠지만 손문은 이에 굴복하지 않았다.

이어서 손문은 북상해서 국민회의를 제창했다. 북벌이라는 '무(武)'를 준비하고, 회의라는 '화(和)'도 준비한 것이다. 상해에서 일본을 거쳐 천진으로 향했는데, 이 무렵 손문의 몸에는 이미 암이 침범하고 있었다. 그는 도중에 일본 고베에 들러 현립 고등여학교에서 '대아시아주의'라는 제목의 연설을 했다. 그 연설에서 그는, 일본은 침략적인 열강의 뒤를 좇아 중국을 비롯한 아시아의 약소국을 침략 대상으로 삼을 것인가, 아니면 약소한 아시아 편에 설 것인가, 왕도를 취할 것인가, 패도(霸道)를 취할 것인가 하는 물음을 던졌다. 이것이 손문이 일본에게 남기는 유언이 되었다. 그해(1924)가 저물어 갈 무렵, 북경에 들어가 예비회의 소집을 주장했으나 이듬해 3월 12일에 사망했다. "혁명은 아직 성공하지 않았다. 그러므로 동지들은 계속 노력하라"라는 것이 동지들에게 남긴 그의 마지막 부탁이었다.

국공합작의 실패

손문의 죽음부터 1927년에 걸친 시기를 제1차 국내혁명 전쟁기라고 부른다. 농민운동이 성장하고, 각지에서 노동자들의 파업이 일어났다. 1925년 5월 30일에는 상해에서 일본 기업 측이 중국인 노동자에게 발포한 사건에서 비롯된, 학생과 시민을 포함한 시위대가 조계 경찰의 습격을 받아 10여 명이 살해되었다. 5·30사건에 이어서 6월 23일에는, 광주에서 영국과 프랑스 군대에 의한 탄압으로 52명이 사망하는 사기(沙基)학살사건이 발생하고, 홍콩에서 대파업이 일어났다. 일본 작가 요코미쓰 리이치(橫光利一)가 상해 사건을, 프랑스 작가 앙드레 모루아가 홍콩 대파업을 소설로 그리기도 했다. 1925년 8월에는 국민당 좌파의 중진인 요중개가 암살되었다. 우파에 의한 테러임은 말할 나위도 없다.

1926년부터 이듬해에 걸쳐 손문의 유지인 북벌이 시작되었다. 북벌은 승리 속에 진행되었지만, 이 중대한 작전을 수행하는 중에 국공 분열이 일어났다. 1927년 4월 12일부터 15일에 걸쳐 상해를 점령한 장개석은 반공 쿠데타를 강행했다. 사망자 300명 이상, 행방불명자 5천 명 이상이라고 전해졌다. 장개석의 이 백색테러로 국공합작은 사실상 해체되고 말았다. 중국 통일을 두려워한 일본은 북벌을 방해하기 위해 제남(濟南)으로 출병했다.

상해의 테러를 간신히 벗어난 주은래 등은 그해 8월 1일에 남창에서 봉기하고, 9월 이후에는 추수폭동을 일으켰다.

남창 봉기는 북벌군 제20군장 하룡(賀龍), 제11군 제24사장 섭정(葉挺) 등의 군대에 의해 일어났고, 주은래와 담평산이 지도했으며, 오옥장(吳玉章)을 비서장으로 하는 혁명정부가 만들어졌다. 곽말약(郭沫若)도 혁명군 총정치주임에 임명되었다. 8월 1일은 중국공산당의 건군기념일이 되었다. 일단 정부는 수립했지만, 장발규(張發奎)군의 공격을 버티지 못했고 지도자 대부분은 홍콩으로 도망갔다.

1927년 12월의 광주 코뮌은 불과 3일 만에 끝이 났지만, 병사와 노동자가 광주를 점령한 사건이다. 혁명 지도의 미숙함 때문에 유지하기 어려워서 일찍 붕괴하고 말았다.

북벌군은 북상함에 따라 근거지를 전진시키고 있었는데, 장개석은 남창, 또는 남경을 근거지로 하자고 주장했고, 왕조명은 무한에 정권을 수립할 것을 주장했다. 이 무한 정권에는 공산당원이나 국민당 우파 정객도 많이 포함되어 있었으나, 토지 문제로 분규가 일어나서 국공분열뿐만 아니라 공산당 내부까지 분열되었다. 왕조명이 공산당을 내쳤기 때문에 다시 장개석과 합작이 가능해졌다.

무한에서 공산당이 분열한 까닭은, 담평산과 진독수 등이 국민당과 합작을 유지하기 위해 당의 토지정책을 완화하자고 주장하면서, 당의 정책대로 모든 토지를 몰수해야 한다고 주장하는 모택동, 팽배(彭湃) 등과 대립했기 때문이다.

　북벌군은 만신창이가 되었지만, 황포군관학교 출신의 의식 있는 하급 장교가 이끌고 있었기 때문에, 구태의연한 북쪽 군벌은 이들을 당해내지 못했다. 지난날 북쪽 군벌들의 전쟁에도 얼굴을 내밀고 부의를 자금성에서 추방한 '크리스천 제너럴' 풍옥상은 모스크바에서 돌아와 국민당에 입당하고, 서북국민군 총사령관으로서 하남에 있었다. 그는 장개석의 북상군과 호응해서 봉천군과 싸웠다.

　북경은 오패부와 결탁해서 풍옥상을 추방한 봉천군벌 장작림의 천하였다. 마적 출신인 그는 안국군(安國軍) 총사령관, 육해군 대원수로서 북경에 군림했다. 그러나 1928년, 장개석의 제2차 북벌군에게는 그도 연전연패했다. 내로라 하던 그도 본거지인 봉천으로 돌아가 재기를 꾀하려고 기차에 올랐지만, 이 특별열차가 일본군에 의해 폭파되었고, 일세를 풍미한 잔혹하고 용맹한 남자도 끝내 쓰러지고 말았다.

　도쿄 재판(극동 국제 군사재판, 제2차 세계대전 종전 후 열린 전범 재판-옮긴이)에서 다나카 류키치(田中隆吉)의 증언에 따르면, 암살을 계획한 사람은 가와모토(河本) 대좌였고, 철교 교각에 폭약을 장치한 것은 공병 제20대대였으며, 폭파가 실패할 때 쳐들어갈 부대도 준비되어 있었다고 한다. 다시 말해 일본군을 총동원한 모살이었다.

　당시 일본에서는 '만주 모(某)중대 사건'이라 해서 정부는 의회의 공격을 받았다. 정부는 폭파 지점의 경비를 한때 중국 측에 양보한 것은 현지 무관의 독단이라고 하여, 관동사령관 무라오카(村岡) 중장의 본인의 뜻에 따른 예비역 편입과 가와모토 대좌의 정직 처분을 발표했다. 그런데 다나카 기이치(田中義一) 총리가 일왕에게 책임자를 엄벌에 처해 달라고 상주했기 때문에, 일왕으로부터 조사 결과를 믿을 수 없다고 추궁 당해 결국 총사퇴로 발전했다.

일본은 왜 장작림을 죽였을까? 원래 일본은 장작림을 꼭두각시로 세워 동삼성을 식민지화하려고 계획했다. 그런데 북경의 주인이 된 장작림은 아무래도 일본의 꼭두각시로 만족하지 않은 듯했다. 장작림은 열심히 영국과 미국에 접근했다. 자식 교육도 미국식을 따랐다. 일본에게 장작림은 '배은망덕한 놈'으로 비쳤다. 대실력자인 장작림을 죽이면 동삼성을 제어할 인물이 없으므로, 일본이 그 지방의 혼란을 틈타 진주할 수도 있다. 자식이 후계자가 되더라도 아버지만한 역량이 없으므로 다루기 쉽고, 머지않아 그에게서 동삼성을 빼앗는 일도 어렵지 않다고 생각했을 것이다.

장작림의 뒤를 이은 장학량(張學良)은 민족주의자였고 반일 감정을 품고 있었다. 이 점에서 이해득실에 따라 움직이는 아버지보다 다루기 어려운 존재였다. 장학량은 동삼성을 특수지역화하려고 하는 일본에 저항해서 먼저 '역치(易幟, 깃발을 바꿈)'를 단행했다. 북벌의 성공으로 전 중국에 청천백일기가 나부끼고 있었다. 동삼성에서는 북양군벌의 오색기를 사용하고 있었는데, 이 깃발을 바꿈으로써,

동삼성은 중국 국토의 일부다.

라는 것을 분명히 한 것이다.

이어서 일본 육군사관학교를 졸업한 친일파 참모 양우정(楊宇霆)과 상음괴(常蔭槐)를 숙청했다. 또 일본의 만주철도와 나란히 달리는 새로운 철도를 부설할 계획을 세웠다.

일본은 마침내 무력을 사용해서 장학량의 계획을 저지하기로 했다. 이타가키 세이시로(板垣征四郎) 대좌, 이시와라 간지(石原莞爾) 중좌 등 관동군 참모들이 유조호(柳條湖, 신문사 타전 오류로 오랫동안 '湖'는 '構로 써왔다) 철도를 폭파하는 계획을 세웠고, 이것이 만주사변의 발단이 되었다.

1931년 9월 18일의 일이었다. 중국과 일본은 이렇게 해서 전쟁을 시작했다. 일본에는, 만주사변이 일어나 꼭두각시 정권인 만주국이 성립되었고, 한동안 사이를 두었다가 처음에는 지나사변(支那事變)이라고 부르던 중일전쟁이 1937년에 시작되었고, 1945년 8월 15일에 끝났다고 보는 단계적 사고방식이 있다.

이에 대해 중국 측에는 전투가 중단된 적은 있지만 그 동안에도 일본과 끊임없이 전쟁이 이어졌다는 사고방식이 있다. 항일운동, 배일 불매운동 등이 이어지고, 일본 측이 '비적'이라고 부르는 게릴라적 저항이 쉴 틈 없이 일어났다. 그 햇수를 따져서 '15년 전쟁'이라고 하는 것이 가장 타당할 것이다.

항일전을 통해 세워진 '인민의 나라'

15년 전쟁은 우리가 살던 시대에 벌어진 전쟁이다. 상세하게 적자면 끝이 없을 것이다. 나와 비슷한 연배라면 저마다 자신의 '15년 전쟁'을 가지고 있을 터다. 지금까지 많은 사람이 정성 들여 살을 붙여 왔다. 노작도 적지 않다. 오해가 있는가 하면 국부적인 관찰에 머무른 것도 있고, 그중에는 자신의 행동을 그럴 듯하게 꾸미는 글도 있다.

중국에서는 채 식지 않아 김이 오르는 시대의 역사는 그것이 식고 나서 쓰는 것이 관습이다. 원나라가 멸망하자마자 바로 명나라에 의해 쓰인 『원사』는 예로부터 나쁜 사서의 본보기로 꼽혔다. 청 왕조가 멸망하고 70년 이상 지났지만, 정사로서의 『청사(淸史)』는 아직 쓰이지 않았다.

15년 전쟁을 쓰려고 보니 스스로 갈피를 잡지 못하는 부분이 많지만, 그 골격만은 적어 두고자 한다. 소설로서는 쓸 수 있다고 생각하고, 또 쓰고 싶지만 역사로서는 골격에만 머무르는 것이 올바른 태도일 것이다.

중국에서는 만주사변을 '9·18사변'이라고 부른다. 일본군의 계획적인 공격으로 일본은 동삼성을 제압하고, 마침내 꼭두각시 정권인 만주제국을 만들어 청조 최후의 황제 선통제 부의를 불러와 만주제국의 황제로 삼았다. 각 부장(각료)은 장식물이었고, 일본 관료를 차관에 앉혀 실권을 장악하게 했다. 일본은 이런 일에 경험이 있었다. 조선을 병합하기 전, 조선 각부 차관에 모두 일본인 관리를 배치한 것이다. 이렇게 해서 만주국은 일본의 식민지가 되었다. 일본이 21개조를 요구한 것 이상의 일이 현실이 되었다.

국제 여론은 일본을 비난했지만, 세계 공황 시대에서 각국에 간섭할 실력이 없었다. 또 이 무렵에는 소련도 극동군이 매우 약체였다. 리튼 조사단(Lytton Commission)이 현지를 조사했으나, 일본이 기정사실로 만든 것을 뒤집지는 못했다.

동삼성 전쟁은 중국 정치에 큰 영향을 미쳤다.

손문에 의한 국공합작이 그가 죽은 뒤 북벌 도중에 붕괴되었음은 이미 이야기했다. 공산당은 남창 폭동, 추수 폭동, 광주 코뮌 후에 강서성과 호남성의 경계에 있는 정강산(井岡山)에, 그 후에는 복건성 경계에 가까운 강서성의 서금(瑞金)에 틀어박혔다. 국민당군은 때때로 포위공격을 가했다. 유조호 사건이 일어났을 때는 마침 국민당에 의한 제3차 포위전이 한창이었다. 이듬해에 제4차, 그 이듬해에 제5차, 이렇게 포위전은 분명히 계속되었지만, 동북 전쟁으로 당초에는 눈에 띄게 공격이 느슨했다. 그 틈을 타고 홍군(紅軍)은 서금을 중심으로 하는 기지를 보강하고 지배권을 넓힐 수 있었다. 다음 포위전을 시작했을 때는 이전보다 공략하기 어려워졌다는 이야기다.

공산당은 끊임없이 '북상항일(北上抗日)'을 부르짖었다. 이 시대에 '항일'이라는 표어만큼 국민에게 호소력이 큰 것은 없었다. 이에 대해 국민당의 장개석은 '먼저 국내를 평정하고 나서 외적과 맞선다'라는 방침을 선언했다. 그러나 눈앞에서 빤히 동삼성을 빼앗긴 중국 인민의 귀에는 '외적은 뒤로 미룬다'는 말이 답답하기 짝이 없었다.

내전을 중단하고 항일을!

이라는 공산당의 선전 쪽이 훨씬 설득력이 있었다. 일반 사람들은 항일전을 피하려고 하는 국민당에 의문을 품었다.

중국공산당의 기지 서금이 끝내 버티지 못하고 국민당 손에 떨어진 것은 1934년 11월의 일이었다. 괴뢰국가 '만주제국'은 그보다 2년 앞서 수립되었다. 동삼성에서는 일본군이 '비적'이라고 부른 항일 게릴라가 분

산해서 소규모로 저항하고 있을 뿐이었다.

국민정부군은 대군을 거느리고 있었지만, 그것을 대공 전쟁에 돌리고 있었다. 서금이 함락되기 전, 홍군은 각 소비에트구(區)를 나와 이동을 개시했다. 이것이 세상에서 말하는 '장정(長征)'이다. 2만 5천 리의 장정이라고 하는데, 중국의 1리는 500미터이므로 실제로는 약 1만 2천500킬로미터에 해당한다. 장정 도중에 귀주성의 준의(遵義)라는 곳에서 모택동의 지도권이 확립되었다. 온갖 난관과 고초를 겪은 끝에 홍군은 섬서성 북부로 들어갔다.

국민당군은 중국공산당의 근거지 연안의 초공전(剿共戰, 공산당 초토화 작전)에 힘을 쏟았다. 섬서의 실력자는 양호성(楊虎城) 장군이었다. 그는 신해혁명에 참가했고, 그 후 북양군벌의 손에서 섬서를 지켰고, 섬서성 주석을 거쳐 17로군 사령관이 되었다. 서북군이라고도 불리는 17로군은 중국에서 중요한 군대로 간주되었다. 양호성 장군도 그 경력에서 알 수 있듯이 민족의식이 강한 인물이었다.

거기에 서북초비부사령(西北剿匪副司令)으로 부임해 온 인물이 동삼성을 일본에게 빼앗긴 장학량이었다. 그의 부하인 동북군은 일본을 향한 강한 적개심에 불타고 있었다. 연안에 틀어박혀 있는 공산군에게는 특별히 증오심을 갖고 있지 않았다. 게다가 오랫동안 대치하고 있는 사이에 연안 사람들이,

즉시 항일

을 외치고 있음을 알았다. 그것은 동북군의 심정에 딱 맞아떨어지는 주

장이었다. 적과 아군으로 대치하고 있는 양군 사이에 왕래가 시작되었다. 국민당은 이 무렵, 즉시항일을 주장하는 인물을 적으로 간주했지만, 서안에서는 장학량이 그들을 보호했다. 장학량이 몸소 비행기로 연안을 방문해서 주은래와 만나 이야기를 나누기까지 했다.

서북의 초공작전이 지지부진한 데 화가 난 장개석이 독전을 위해 서안을 찾은 것은 1936년 12월의 일이었다. 장학량과 양호성은 장개석이 내전을 중단할 의사가 없고, 항일운동 억압을 중지하지 않는다는 것을 알고, '병간(兵諫, 군대를 동원한 간쟁)'을 결행했다. 장개석을 체포해서 항일구국, 내전중지를 호소한 것이다. 이것이 서안사건이다. 부인 송미령(宋美齡) 등의 노력으로 사건은 해결되었는데, 이 사건을 계기로 제2차 국공합작이 성립되었다.

일본이 중일전쟁이라고 부르고, 중국이 항일전쟁이라 부른 싸움이 일본 쪽에서 보면 시작되었고, 중국 쪽에서 보면 계속된 것이다. 1937년 7월 7일 노구교(蘆溝橋)에서 울려 퍼진 총성에 대해서는 다양한 설이 있다. 어차피 중국은 자국 안에서 외국 군대의 연습은커녕 존재조차 허용하기 어려웠다. 21개조는 중국이 승인하지 않은 것이었고, 영토의 보전은 민족의 염원이었다.

일본의 스기야마 하지메(杉山元) 육군대신은 일왕에게 한 보고에서 몇 개월이면 끝난다고 전망했지만, 이것은 중국인의 민족의식을 경시한 관측일 뿐이다. 격렬한 저항이 이어졌고, 일본군의 손해도 적지 않았다. 격전지인 남경에서는 끝내 일본군에 의한 대학살이 벌어졌고, 세계 여론의 비난이 쏟아졌다. 이 사건에 대해서는 호라 토미오(洞富雄, 1906~2000, 일본 역사학자-옮긴이)의 『남경사건(南京事件)』이 학문적으로도 가장 높은 권위를 지니고 있다. 도메이(同盟) 통신사 상해지국장이었던 마츠모토 시게하루(松本重治)는 남경 입성식의 위령제가 끝난 뒤의 모습을 『상해시대(上海時代)』에서 다음과 같이 기록했다.

이것으로 끝인가 생각하고 있자니, 마쓰이(松井) 최고지휘관이 불쑥 일어나, 아사카노미야(朝香宮)를 비롯한 참배객 일동에게 설교 같은 연설을 시작했다. 후카보리(深堀) 중좌도 나도 무슨 일인가 싶어 의아해하며 들었더니 "모처럼 천황 폐하의 권위를 빛냈는데, 일부 병사의 폭행으로 일거에 천황 폐하의 권위가 땅에 추락하고 말았다"라는 질책의 말이었다. 게다가 노장군은 눈물을 흘리면서도 늠름하게 장병들을 질타했다. "이 무슨 일을 너희들은 저질렀단 말인가. 황군으로서 있을 수 없는 일이 아닌가. 오늘 이후로는 군율을 철저하고 엄정하게 지켜야 하며, 절대로 무고한 시민을 학살해서는 안 된다. 이것이 또한 전쟁에서 죽어간 사람들을 위한 공양이 될 것이다"라는, 절절한 훈계의 말이었다. 마음속으로 나는 "마쓰이 씨, 잘 했어요!"라고 외쳤다. 후카보리 중좌를 돌아보며 "일본군의 폭행, 잔학 행위는 지금 온 세계에 알려져 있다. 어떻게든 마쓰이 대장의 훈계를 뉴스에 담아 세계에 뿌리고 싶다. 꼭 보도부장의 동의를 얻고 싶다"고 부탁했더니, 후카보리 중좌는 "마쓰모토 군, 나는 대찬성일세. 그러면 지금 바로 방면군(方面軍, 일본제국군 편성 단위―옮긴이) 참모에게서 동의를 받아올 테니 잠깐 기다려 주게"라고 했다.
20분 정도 지나자, 후카보리 중좌가 돌아와서 "참모는 그다지 찬성할 수 없다고 하는군"이라고 했지만, 나는 "후카보리 중좌, 이 뉴스의 타전을 허가해 주면, 보도부장으로서 일본을 위해 할 수 있는 최대의 공헌이 될 겁니다. 허가하지 않는 것이 오히려 보도부장의 책임이 되리라고 생각하지 않습니까?"라고 몰아세웠다. 후카보리 중좌는 잠시 생각에 잠겼다. "마쓰모토 군, 자네 생각이 옳네. 참모가 뭐라고 하든 상관하지 않겠네. 보도부장으로서 책임을 지고 뉴스의 발표와 타전을 허가하지." "좋습니다. 감사합니다. 학살, 폭행 소문은 적지 않게 들었지만, 마쓰이 대장의 이야기를 들어 보니 실제로 상당히 악랄한 짓을 저지른 것 같지 않습니까. 일본군의 명예 회복에 일조하고 싶습니다. 꼭 이 전보를 보냅시다." "마쓰모토 군, 부탁하네." 나는 후카보리 중좌의 손을 잡고 악수를 했다.

이튿날인 19일, 나는 상해로 돌아와 바로 지사에 출근해, 도쿄에 뉴스를 보냄과 동시에 영문부장인 호리구치(堀口) 군에게 영역해서 로이터통신과 각 영자지에 뿌려 달라고 부탁했다. 호리구치 군도 대찬성이었다. 다음날 아침, 짧지만 그 기사는 상해의 「노스 차이나 데일리 뉴스」등 각 영자지에 게재되었다. 그러나 마쓰이 최고지휘관의 태도는 훌륭했으나, 마쓰이 씨의 훈계 대상이 된 일본군이 남경과 그 밖의 지역에서 저지른 가장 수치스러운 폭행, 학살, 방화, 사체 모독 등의 사실은 끊임없이 내 마음을 아프게 했다.

역사의 붓을 놓으며

일본과 치르는 전쟁이 중국 근대사의 거의 대부분을 차지한다고 해도 과언이 아니다. 일본이 전쟁이 아니라고 생각했던 시기도 중국에게는 전쟁이었다. 두 번 다시 이러한 불행한 전쟁이 일어나지 않기를 바랄 따름이다.

1945년 여름, 일본과 전쟁이 끝난 뒤, 국공합작은 다시 붕괴했다. 사실은 항일전쟁이 한창 벌어지고 있을 때도 여러 가지 사건이 일어났다. 예컨대 1941년 1월에 국민정부군 제3전구 고축동(顧祝同) 휘하의 약 7, 8만 군대가 신사군(新四軍, 중국공산군) 1만 명을 습격해서, 7일에 걸친 전투 끝에 신사군이 커다란 손실을 입고, 부군장 항영(項英)이 전사하는 사건이 일어났다. 작은 충돌은 헤아릴 수 없이 많았다.

항일전쟁 후, 교섭이 재개되어 모택동이 중경을 방문하기까지 했으며, 미국 마셜 장군의 조정도 있었지만, 최종적으로는 결렬되어 전면적인 내전이 벌어졌다. 그 결과, 중국공산당군이 열세인 병력과 빈약한 장비로, 미국 장비를 갖춘 국부군의 대군을 압도했으며, 이들을 대륙에서 소탕했다. 중국공산군의 승인과 비슷한 예를 중국의 오랜 역사 속의 온갖 장면에서 골라낼 수 있을 것이다.

역사는 되풀이되지 않지만 수많은 유형이 있고, 그 유형의 조합 또한 무수히 많다. 1949년 10월 1일, 천안문에서 중화인민공화국의 성립이 선포되었다. 새로운 시대가 여기서 시작된 것이다.

수많은 옛 영웅(남녀를 불문하고 여러 가지 의미에서)들이, 여기 사는 사람들이 신령한 기운이 넘친다고 생각하는 땅을 무대로 갖가지 삶을 살아왔다. 북송의 휘종이 멀리서 노래한 만수천산(萬水千山)은 지금도 옛날과 다름없이 푸르디푸르다. 붓을 놓으면 역사 속 등장 인물의 그림자가 어느덧 사라져 버릴 듯한 느낌이 든다. 애석한 마음이 여간 아니다. 전쟁도 있고 평화도 있었으며, 철학과 종교가 있고, 문예와 사상과 다양한 정치적 주장이 있었다. 그러한 것들은 정치의 중심인 중원뿐만 아니라 아득히 먼 지방까지 퍼져 나가 사람들의 영혼을 살찌우는 자양분이 되어 왔다. 갖가지 경전이 읽혔는데, 지금은 어떤 경전이 읽히고, 연구되고 있을까.

청나라 시인 공자진의 〈기해잡시〉 315수의 마지막 시는 다음과 같다.

> 읊기를 다 마치니 강산도 영기를 잃고,
> 천만 가지 이야기 한 촉 등불이 푸르다.
> 홀연히 붓을 놓고 언설이 없으니,
> 다시 천태 일곱 경전(법화경—옮긴이)에 예를 올린다.

吟罷江山氣不靈 萬千種話一燈靑 忽然擱筆無言說 重禮天台七卷經

공자진의 이 시와 운을 맞추어 지은 서툰 시로 이 책의 맺음말을 대신한다.

> 아득히 영웅을 생각하니 땅 또한 신령하고,
> 천산만수는 예나 지금이나 푸르구나.
> 스스로 애틋하여 붓을 놓으면 사람은 그림자도 없으니,
> 저 먼 땅 중원에 무슨 경전을 가르칠 것인가.

緬想英雄地亦靈 千山萬水古今靑 自憐擱筆人無影 絶域中原講那經

지도

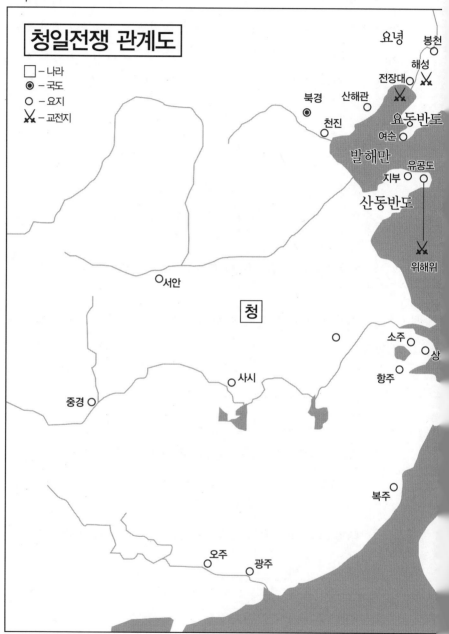

청일전쟁 관계도

□ - 나라
◉ - 국도
○ - 요지
✕ - 교전지

요녕 봉천
해성
전장대
북경 산해관
천진 요동반도
여순
발해만 유공도
지부 산동반도
위해위
서안
청
소주
상
사시 항주
중경
복주
오주 광주

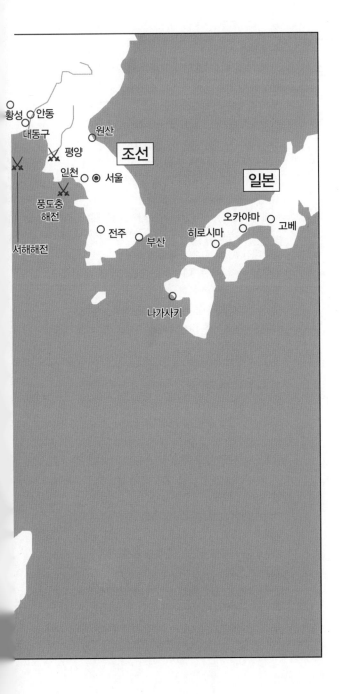

황성 ○ ○ 안동
대동구 ○
원산 ○
평양
조선
인천 ○ ◎ 서울
일본
풍도충
해전
오카야마 ○
고베 ○
서해해전
히로시마 ○
전주 ○ ○ 부산
나가사키 ○

연표

서기	왕조연호	주요사건
1821	청 도광(道光) 원년	영국 군함 토페즈호의 승무원, 영정도(伶仃島)에서 난투사건 일으킴.
1823	청 도광 3년	양귀비 재배와 아편 제조를 금지.
1826	청 도광 6년	카슈가르 회교도, 지한기르와 호응.
1827	청 도광 7년	지한기르, 청군에 체포되어 처형됨.
1831	청 도광 11년	외이방범장정(外夷防範章程) 공포.
1834	청 도광 14년	영국 동인도회사, 대청무역 독점권을 잃음. 영국의 사절 네이피어, 광동(廣東)에 도착.
1836	청 도광 16년	허내제(許乃濟), 아편의 이금론(弛禁論)을 상주.
1838	청 도광 18년	황작자(黃爵滋), 아편의 엄금론을 상주. 임칙서(林則徐), 흠차대신(欽差大臣)으로 광동에 부임.
1839	청 도광 19년	임칙서, 아편 금지에 대한 유첩(諭貼) 2통을 발송. 영국 상인의 아편 2만 상자를 몰수.
1840	청 도광 20년	영국군, 광동 하구를 봉쇄. 영국군, 정해(定海) 점령. 기선(琦善), 임칙서를 대신해 흠차대신이 됨. 기선, 영국과 천비(川鼻)에서 화평 교섭을 벌임.
1841	청 도광 21년	영국군, 다시 호문(虎門)을 점령하고 광주를 공격. 광주 교외의 민중, 평영단(平英團)을 조직해, 영국군을 습격. 광동화약(廣東和約) 성립. 공자진(龔自珍) 죽음.
1842	청 도광 22년	영국군, 남경에 육박. 남경조약(南京條約) 체결(아편전쟁 끝남).
1843	청 도광 23년	남경조약 비준서, 홍콩에서 교환되고, 오항통상장정(五港通商章程)이 공포됨. 광동 호문에서 추가조약 체결.
1844	청 도광 24년	미국과 망하(望廈) 통상조약 체결. 프랑스와 황포(黃埔) 통상조약 체결.
1848	청 도광 28년	풍운산(馮雲山)을 구출하기 위해 홍수전(洪秀全), 광주(廣州)로 향함.
1850	청 도광 30년	도광제 죽고, 아들 혁정(奕詝), 문종 함풍제(文宗 咸豊帝) 즉위. 배상제회(拜上帝會), 광서 금전촌(金田村)에서

		봉기. 임칙서, 병으로 죽음.
1851	청 함풍(咸豊) 원년 태평천국(太平天國) 원년	태평군, 영안주성(永安州城)을 점령하고, 태평천국(太平天國)을 건국. 홍수전, 천왕(天王)을 칭하고, 오왕(五王)을 봉함. 이성원(李星沅), 병으로 죽음.
1852	청 함풍 2년 태평천국 2년	태평군, 악주(岳州)와 한양(漢陽)을 점령. 증국번(曾國藩), 호남에서 상군(湘軍)을 조직.
1853	청 함풍 3년 태평천국 3년	태평군, 무창(武昌)을 점령하고, 남경에 입성해서, 천경(天京)으로 개칭. 소도회(小刀會), 상해를 점거. 천조전묘제도(天朝田畝制度) 공포.
1855	청 함풍 5년 태평천국 5년	태평천국 북벌군, 궤멸됨. 귀주에서 묘족(苗族)의 난 일어남.
1856	청 함풍 6년 태평천국 6년	천경(天京)에 내분이 일어나 양수청(楊秀淸) 죽음. 애로호사건 일어남. 천왕, 위창휘(韋昌輝)를 죽임.
1857	청 함풍 7년	영불 연합군, 광주를 점령. 양광 총독 섭명침(葉名琛)이 사로잡힘.
1858	청 함풍 8년	연합군, 천진을 점령. 러시아와 아이훈(愛琿)조약을 체결. 영국, 프랑스, 미국, 러시아와 천진(天津)조약 체결.
1859	청 함풍 9년	대고(大沽) 앞바다에서 영불 함대와 포격전을 벌여, 청군이 이김.
1860	청 함풍 10년 태평천국 10년	이수성(李秀成), 상주와 소주를 점령. 함풍제가 열하(熱河)로 도피. 영불연합군, 원명원(圓明園)을 불태움. 영국, 미국, 프랑스, 러시아와 북경(北京)조약 체결.
1861	청 함풍 11년 태평천국 11년	북경에 총리각국사무아문(總理各國事務衙門) 설치. 함풍제 죽고, 아들 재순(載淳), 목종 동치제(穆宗 同治帝) 즉위. 서 태후(西太后)의 수렴정치 시작됨. 증국전(曾國荃), 안경(安慶)을 수복. 이수성, 항주(杭州)를 점령.
1862	청 동치(同治) 원년 태평천국 12년	태평군의 석달개(石達開), 사천에 입성. 태평군, 상해를 공격하고, 워드가 사수. 지토세마루호(千歲丸), 상해에 도착.
1863	청 동치 2년 태평천국 13년	고든의 상승군(常勝軍), 이홍장(李鴻章)의 회군(淮軍)과 함께 상숙(常熟)을 점령. 석달개, 사천 대도하(大渡河)

		에서 붙잡혀, 성도(成都)에서 처형됨. 태평군, 소주를 잃음.
1864	청 동치 3년 태평천국 14년	청군, 항주를 탈환. 홍수전 자살. 청군, 천경을 점령. 이수성, 붙잡혀 처형됨. 코칸트 한국의 야쿠브 베그, 신강(新疆)을 침입. 러시아와 타르바가타이, 통상의정서를 체결.
1865	청 동치 4년	이홍장, 강남제조국(江南製造局)을 설립.
1866	청 동치 5년	손문(孫文) 태어남. 좌종당(左宗棠), 복주 선정국(福州船政局)을 설립.
1868	청 동치 7년	염군(捻軍)이 궤멸됨. 보하라 한국, 러시아에 합병됨.
1871	청 동치 10년	러시아, 이리 점거. 청일수호조규(淸日修好條規) 체결.
1872	청 동치 11년	증국번 죽음.
1873	청 동치 12년	양계초(梁啓超) 태어남. 히바 한국, 러시아 보호령이 됨. 흑기군(黑旗軍), 베트남 정부의 요청을 받고, 하노이를 점령한 프랑스군을 격퇴.
1874	청 동치 13년	일본, 대만에 출병. 목종 죽고, 재첨(載湉), 덕종 광서제(德宗 光緖帝), 즉위.
1876	청 광서(光緖) 2년	영국과 연대(煙臺)조약 체결.
1877	청 광서 3년	야쿠브 베그, 쿠얼러에서 자살. 좌종당, 야쿠브 베그의 군대를 무찌름.
1881	청 광서 7년	러시아와 이리조약(페테르부르크조약) 체결.
1882	청 광서 8년	조선에서 임오군란이 일어남.
1883	청 광서 9년	베트남과 흑기군, 프랑스군을 무찌름. 청불전쟁 일어남.
1884	청 광서 10년	이홍장, 프랑스 대표 푸르니에와 천진에서 간명(簡明)조약 체결. 조선에서 갑신정변이 일어남.
1885	청 광서 11년	이토 히로부미(伊藤博文), 이홍장과 천진조약 체결. 프랑스와 천진강화조약 체결.
1889	청 광서 15년	광서제의 친정 시작됨.
1894	청 광서 20년	김옥균(金玉均), 상해에서 암살됨. 조선에서 동학란 일어남. 청일전쟁 시작.

1895	청 광서 21년	정여창(丁汝昌), 음독자살. 일본과 마관조약(시모노세키조약) 체결. 강유위(康有爲), 강학회(强學會)를 설립. 일본, 삼국간섭을 받아들임. 손문, 광주에서 봉기.
1897	청 광서 23년	산동성에서 독일인 신부가 죽어, 독일이 교주만(膠州灣)을 점거.
1898	청 광서 24년	독일이 교주만을, 러시아가 여순을 조차. 공친왕 혁흔(奕訢) 병사. 광서제, 무술변법(戊戌變法)을 선포. 영국, 구룡(九龍)·위해위(威海衛)를 조차. 무술정변이 일어나 담사동(譚嗣同) 등이 체포되어, 참수됨.
1899	청 광서 25년	산동에서 의화단(義和團)이 봉기. 프랑스가 광주만을 조차. 필리핀에서 독립전쟁이 일어남.
1900	청 광서 26년	의화단, 북경에 입성. 동복상(董福祥)의 감군(甘軍), 일본 공사관의 스기야마(杉山) 서기관·독일 공사 케틀러를 죽임. 청조 정부, 각국에 선전포고. 양강 총독 유곤일(劉坤一) 등, 각국의 주상해(駐上海) 영사와 동남보호(東南保護)조약 체결. 서 태후·광서제, 자금성 탈출. 8개국 연합군, 북경 입성. 손문 등의 흥중회(興中會), 혜주(惠州)에서 봉기. 이홍장 등, 열국과 강화.
1901	청 광서 27년	총리아문을 외무부로 개편. 과거에 팔고문(八股文)을 폐지하고 책론(策論)을 사용. 의화단, 최종의정서(신축화약(辛丑和約)) 체결. 이홍장 죽음.
1902	청 광서 28년	만한(滿漢) 통혼을 허용. 왕대섭(汪大燮), 일본 유학생 총감독에 임명됨. 노신(魯迅), 일본에 유학.
1904	청 광서 30년	러일전쟁 일어남.
1905	청 광서 31년	일본군, 여순(旅順)을 점령. 다음해부터 과거제 폐지를 선포. 포츠머스 조약 체결로 러일전쟁 끝남. 도쿄에서 중국혁명동맹회(中國革命同盟會)가 결성되고, 기관지「민보」를 창간. 황준헌(黃遵憲) 죽음.
1906	청 광서 32년	제2차 호남사건(평향(萍鄕)사건) 일어남. 일본정부, '청국인을 입학시키는 공사립학교에 관한 규정' 공포.
1907	청 광서 33년	혁명동맹회, 광동성 황강(黃岡)에서 봉기. 은명(恩銘)의

		암살 사건으로 진백평(陳佰平)이 전사하고, 서석린(徐錫麟)·마종한(馬宗漢)·추근(秋瑾) 등은 붙잡혀 처형됨. 동맹회, 무장봉기[흠렴(欽廉)사건]. 양계초·채지유(蔡智由) 등, 정문사를 창립.
1908	청 광서 34년	광서제가 죽고, 부의(溥儀), 선통제(宣統帝) 즉위. 다음날 서 태후 죽음. 안휘 신군(安徽新軍)사건이 일어남. 외무부상서 원세개(袁世凱) 은퇴.
1909	청 선통(宣統) 원년	안봉철도(安奉鐵道) 문제에 항의해 일본 상품 불매운동 시작. 국회청원동지회 성립. 웅성기(熊成基), 사형됨.
1910	청 선통 2년	황흥(黃興) 등, 광주에서 봉기.
1911	청 선통 3년	친귀내각(親貴內閣) 성립. 부기(孚琦) 암살로 온생재(溫生才)가 처형됨. 황흥 등, 광주에서 다시 봉기[황화강(黃化崗)사건, 72열사사건]. 우전부(郵電部)대신 성선회(盛宣懷), 철도 간선의 국유화를 선언. 신군, 무창(武昌)에서 봉기[신해혁명(辛亥革命)].
1912	중화민국(中華民國) 원년	손문, 남경에서 중화민국 임시 대총통에 취임. 양력의 채택을 결정. 선통제가 퇴위하여, 청조 멸망. 원세개, 북경에서 임시 대총통에 취임. 손문, 동맹회를 중심으로 국민당을 결성.
1913	중화민국 2년	송교인(宋敎仁) 암살됨. 원세개, 선후차관협정(善後借款協定)에 조인. 제2차 혁명 일어남. 원세개, 대총통에 선임됨.
1914	중화민국 3년	손문, 일본에서 중화혁명당(中華革命黨)을 결성. 제1차 세계대전 일어남.
1915	중화민국 4년	일본, 21개조 요구 제출. 원세개, 일본의 최후통첩을 승인(이날이 국치기념일이 됨). 진독수(陳獨秀), 「청년잡지(이듬해 「신청년」으로 제호 바꿈)」를 창간. 북경에서 원세개, 황제 즉위를 선언. 제3차 혁명 일어남.
1916	중화민국 5년	원세개, 군주제를 취소. 원세개 죽음. 성선회·왕개운(王闓運)·채악(蔡鍔)·황흥 등이 죽음.
1917	중화민국 6년	장훈(張勳), 청조 복벽(復辟)에 실패. 중국, 독일과 국교

		를 단절하고, 세계대전에 참전. 손문, 광동에 군정부
		(軍政府)를 수립하고, 대원수에 취임. 러시아에서 혁명
		일어남.
1918	중화민국 7년	모택동(毛澤東), 장사에서 신민학회(新民學會) 설립. 손
		문, 대원수를 사임. 중국·일본 사이에 육·해군공동방
		적협정(陸海軍共同防敵協定)을 체결. 노신 『광인일기』
		발표.
1919	중화민국 8년	북경의 학생들 산동 문제로 시위행진. 5·4운동 일어
		남. 중국 대표단, 파리강화조약 체결을 거부. 손문, 중
		화혁명당을 중국국민당(中國國民黨)으로 개편.
1921	중화민국 10년	광동국회(廣東國會)에서 중화민국 정부조직 대강(大
		綱)을 결정. 손문, 총통에 취임. 중국공산당(中國共産
		黨) 창립 제1회 전국대표대회가 상해에서 열림.
1923	중화민국 12년	손문·요페 공동선언을 발표. 오패부(吳佩孚), 경한철도
		(京漢鐵道)이 파업을 무력으로 탄압.
1924	중화민국 13년	국민당 제1회 전국대표대회가 열리고, 제1차 국공합작
		(國共合作) 발족됨. 황포(黃埔)군관학교가 설립되고, 교
		장에 장개석(蔣介石)을 임명. 손문, 북상선언(北上宣言)
		을 발표하고, 국민회의 개최를 주장. 손문, 고베(神戶)에
		서 '대아시아주의'를 강연.
1925	중화민국 14년	손문, 북경에서 죽음. 상해의 학생·노동자 시위대, 무
		력으로 탄압됨(5·30 사건). 광동성에 국민정부가 수립
		됨. 요중개(廖仲愷) 암살됨.
1926	중화민국 15년	북경의 단기서(段祺瑞) 정부, 청원하는 학생들을 무력
		으로 탄압(3·18 사건). 중산함(中山艦) 사건 일어남. 장
		개석, 국민당 실권을 장악. 국민혁명군, 북벌을 개시.
1927	중화민국 16년	무한(武漢)에 진출한 국민정부(國民政府), 한구(漢口)·
		구강(九江)의 영국 조차지를 회수. 장개석, 상해에서
		반공쿠데타(4·12쿠데타)를 일으키고, 남경 정부를 수
		립. 무한 정부가 공산당을 배제해 제1차 국공합작이
		종결됨. 이대소(李大釗) 등, 북경에서 장작림(張作霖)에

		게 죽음. 공산당이 남창(南昌)에서 봉기[건군(建軍)기념일]. 공산당, 각지에서 추수(秋收) 봉기를 일으킴. 무한 정부, 남경 정부에 합류. 모택동이 정강산(井岡山)에 근거지를 건설. 해륙풍(海陸豊)에 소비에트 성립. 공산당, 광주(廣州)에서 봉기[광주코뮌].
1928	중화민국 17년	주덕(朱德), 정강산의 모택동과 합류. 공농홍군(工農紅軍) 제4군을 편성. 장개석, 북벌을 재개. 제남 사건(濟南事件) 일어남. 일본군에 의한 장작림(張作霖) 폭사사건 일어남. 북벌군, 북경에 입성. 장개석, 남경을 수도로 정식으로 국민정부를 수립. 장학량(張學良), 국민정부에 귀순해 항복[역치(易幟)].
1929	중화민국 18년	모택동, 서금(瑞金)을 중심으로 근거지를 건설.
1930	중화민국 19년	중국좌익작가연맹, 상해에서 결성. 홍군, 장사(長沙)를 점령했으나 다음달에 철수. 대만에서 무사사건(霧社事件)이 일어남. 장개석, 공산당 근거지에 제1차 포위 토벌을 단행.
1931	중화민국 20년	왕명(王明) 등 소련 유학파, 공산당 중앙 지도권을 장악. 좌익작가연맹의 유석(柔石) 등 5명이 처형됨. 장개석, 제2차, 제3차 포위 토벌 단행. 일본군, 유조호(柳條湖) 폭파사건을 빌미로 침략을 개시[만주사변(滿洲事變)]. 15년 전쟁 시작. 서금에 중화소비에트공화국 임시정부를 수립.
1932	중화민국 21년	일본군, 상해를 침략[상해사변(上海事變)]. 만주국(滿洲國) 건국. 부의(溥儀)를 집정으로 삼고, 장춘(長春)을 신경(新京)으로 개칭. 중화 소비에트 공화국 정부, 대일선전 포고. 장개석, 제4차 포위 토벌을 단행. 채원배(蔡元培)·송경령(宋慶齡)·노신 등이 중국민권보장동맹(中國民權保障同盟)을 결성.
1933	중화민국 22년	일본군, 산해관을 공격. 일본군, 열하성(熱河省)을 점령. 중국과 일본 사이에 당고(塘沽)정전협정 체결. 장개석, 제5차 포위 토벌 단행. 19로군(路軍), 복건에 중화공화

		국 인민혁명정부를 수립하고, 반장(反蔣, 반장개석)·항일을 선포.
1934	중화민국 23년	복건(福建)인민정부 궤멸됨. 장개석, 신생활운동(新生活運動)을 시작. 홍군, 서금을 포기하고 서천(西遷, 장정)을 시작.
1935	중화민국 24년	장정 중의 공산당, 준의(遵義)에서 확대회의를 열고, 모택동의 지도권을 확립함. 우메즈(梅津), 하응흠(何應欽) 협정에 조인. 항일구국선언(8·1선언) 발표. 모택동 등, 섬북(陝北)의 혁명 근거지에 도착. 국민정부, 화폐제 개혁을 단행. 통현(通縣)에 기동방공(冀東防共) 자치위원회가 성립됨. 북경의 학생들, 일본 제국주의 타도와 화북(華北) 자치에 반대하는 시위를 벌임(12·9운동)
1936	중화민국 25년	일본의 히로다(廣田) 외무대신, 대화(對華) 3원칙을 발표. 상해에서 전국각계구국연합회가 성립됨. 노신 죽음. 국민당, 구국연합회의 간부 7명을 체포. 장학량·양호성, 서안(西安)에서 장개석을 감금(서안 사건).
1937	중화민국 26년	국민당 제5기 삼중전회(三中全會), 국공합작에 동의. 노구교(蘆溝橋) 사건으로 중국과 일본이 전면 전쟁에 돌입. 국민정부, '자위선언(自衛宣言)'을 발표. 제2차 국공합작이 정식으로 성립되고, 항일민족통일전선(抗日民族統一戰線)이 만들어짐. 일본군이 남경(南京)을 점령(남경대학살).
1938	중화민국 27년	일본군, 서주(徐州)를 점령. 모택동, 연안(延安)에서 '지구전론(持久戰論)'을 발표. 모택동의 정치노선이 확립됨. 일본군, 무한(武漢)을 점령. 국민정부, 중경(重慶)으로 수도를 옮김. 왕조명(汪兆銘), 중경을 탈출.
1939	중화민국 28년	국민당, 이당(異黨) 활동 제한 변법을 반포.
1940	중화민국 29년	채원배 죽음. 왕조명, 남경에 '국민정부'를 수립. 팔로군(八路軍) 40만, 화북에서 대규모 유격전 전개, 백단대전(百團大戰) 시작.
1941	중화민국 30년	국민정부군, 안휘성 남부의 신사군(新四軍)을 공격(환

남사건(皖南事件)). 일본군, 백단대전에 보복 공격. 이때부터 삼광작전(三光作戰)이 강화됨. 중국민주정단동맹(中國民主政團同盟), 홍콩에서 성립됨.

1942	중화민국 31년	공산당, 정풍운동(整風運動)을 개시.
1943	중화민국 32년	장개석, 카이로 회담에 참석해, 루스벨트 등과 카이로 선언을 발표.
1944	중화민국 33년	왕조명, 일본에서 죽음. 미국 특사 헐리, 연안(延安)에서 모택동과 회담.
1945	중화민국 34년	공산당 제7회 전국대회 개최되어, 모택동이 '연합정부론'을 보고. 일본, 포츠담 선언을 수락. 중소(中蘇)우호동맹조약 체결. 중경에서 모택동과 장개석이 쌍십협정(雙十協定)을 체결.
1947	중화민국 35년	국공정전협정(國共停戰協定) 성립. 중경에서 정치협상회의(政治協商會議)가 개최됨. 공산당, '토지문제에 관한 지시(5·4지시)'를 공포. 국공 내전 시작. 곤명(昆明)에서 이공복(李公樸), 문일다(聞一多)가 암살됨. 장개석, 국민대회를 열고, 중화민국 헌법을 통과시킴.
1947	중화민국 36년	대만에서 반정부 봉기(2·28봉기) 일어남. 공산당, '중국토지법대강'을 공포.
1948	중화민국 37년	장개석, 중화민국 총통에 취임. 인민해방군(人民解放軍), 심양(瀋陽)을 점령하고, 동북(東北) 전체를 장악.
1949	중화민국 38년	인민해방군, 천진(天津)에 입성. 장개석, 하야성명 발표. 인민해방군, 일제히 양자강 도하를 개시. 인민해방군, 남경, 상해 각지를 수복. 장개석, 대만으로 도망감. 인민정치협상회의 개최됨. 10월 1일, 중화인민공화국 수립.

저자의 말

실크로드에 대한 대중의 관심이 높아지고 있을 무렵, 어떤 친구가 "이노우에 야스시(井上靖) 씨는 『돈황』이나 『누란』처럼 한결같이 옛 시대를 다룬 소설이 많은데, 자네는 같은 서역 이야기를 쓰더라도 근대를 무대로 한 것이 많구먼" 하고 지적해 주었다. 그러고 보면 소수의 예외를 제외하고는 그 말대로다.

이 『진순신 이야기 중국사』는 1980년, NHK의 특별방송 〈실크로드〉의 제작위원의 한 사람으로서 투루판 분지에 따라가 취재를 하면서 쓰기 시작했다. 원고지 첫 장에 펜을 처음으로 내려놓았을 때 느낀 일종의 흥분을, 나는 지금도 선명하게 기억하고 있다.

투루판 분지는 당나라 초기 고창국이 있던 곳으로, 현장 삼장이 천축으로 가던 길에 잠시 들렀다가 붙들리기도 한, 초록이 싱그러운 땅이다. 방송 취재에서도, 아무래도 삼장법사에게 무게가 쏠리기 쉬웠다. 그래도 나는 19세기 후반에 중앙아시아 코칸트 한국의 무장 야쿠브 베그가 신강을 침입하여, 한때 이 투루판 분지도 점령한 일을, 7세기에 경전을 찾기 위해 길을 떠난 승려의 흔적에 겹쳐 떠올렸다. 러시아 참모본부에서는 젊은 크로포트킨 대위(훗날의 러시아 극동 총사령관. 봉천회전의 패장)를 군사고문으로서 이곳에 파견했다. 야쿠브 베그는 청나라 흠차대신 좌종당에게 격파되어, 군은 궤멸하고, 그는 자살했다(일설에 따르면 독살되었다고 한다). 군사고문으로 온 대위는 20세기 초, 대장이 되어 일본군과 싸우게 된다. 투루판 분지의 열사에 서서, 나는 역사가 흐르는 소리를 듣고 있었다.

『사기』의 저자 사마천은 자신이 살았던 시대, 곧 한 무제의 시대를 쓰고 싶어서, 시대를 거슬러 올라가 오제(五帝) 시대부터 붓을 잡았다고 한다. 의식하느냐 마느냐에 상관없이, 누구나 자기가 살았던 시대에 가장 큰 관심을 기울이게 마련이다. 고대사 애호가라고 하는 사람들도 그 고대가 현재로 이어지고, 어딘가에 현재를 비추는 것이 있다고 생각할지 모른다.

나는 동아시아 근대는 아편전쟁에서 시작된다고 생각하고 소설 『아편전쟁』을 썼다. 그리고 그 다음의 시대인 『태평천국』도 소설로 썼다. 또한 청일전쟁을 주제로 삼은 『강은 흐르지 않고』라는 소설도 썼다.

내 고향 타이완은 청일전쟁의 결과, 청이 일본에 할양한 땅이다. 내 아버지는 그 무렵 태어났다. 차츰 내가 살았던 시대에 가까워져 갔다. 이제는 『강은 흐르지 않고』의 뒤, 순서로 말하면, 무술변법(1898)에서 의화단(1899~1901)으로 나아가는 이야기를 써야 할 때였다. 열심히 무술변법이나 의화단 사건의 자료를 모으고, 소설 구상도 다듬었다. 그러나 내 마음속에서는 사마천이 일종의 응어리가 되어 있었다. 역사는 연속해서 흐르는 것이다. 어떤 일부만을 잘라내는 것에 대한 불만, 불만이라기보다 불안이 점점 커졌다.

『진순신 이야기 중국사』를 쓰기로 마음먹은 것은 그 때문이었다. 아편전쟁에서 태평천국으로 시대를 따라 내려가며 글을 써 나가고 있었지만, 이번에는 거슬러 올라가야만 한다고 생각했다. 솔직히 말해서, 당시에 마왕퇴 한묘(馬王堆漢墓)의 발굴이니, 진(秦)의 병마갱용의 발견이니 하는 고고학과 관련이 있는 큰 뉴스가 이어졌고, 그 일이 내 관심을 고대로 되돌리는 작용을 했음은 부인할 수 없다. 그러나 기본적으로는 시대를 거슬러 올라가 보자는 의욕이 나를 움직이고 있었다.

중국의 역사를 한번 신화시대부터 개관해 보려고 했는데, 그러기 위해서는 공부를 해야만 했다. 공부를 하면서 나는 이 책을 썼다. 자신을 위한 공부인데, 그것을 독자가 읽으면서 함께 어울려 주기를 바라니 상당히 뻔뻔한 생각이 아닐 수 없다. 그래도 스스로 납득한 것을 자신에게 가르쳐 주려고 썼으므로, 일반 독자들도 쉽게 이해하리라는 자신은 있다. 문고판의 교정을 위해 전부 다시 읽어 보았는데, 난해하지 않다는 자신감은 흔들리지 않았다.

자기가 쓴 작품을 자기가 해설하는 일은 겸연쩍은 일이기도 하고, 그런 것은 쓸모없다는 의견도 있을 것이다. 그러나 『진순신 이야기 중국사』 시리즈의 완결에 이르기까지 참을성 있게 읽어 준 독자들에게 역시 한마디 해 두고 싶은 말이 있다.

마지막 권까지 읽은 독자는 어떤 의문을 느꼈을 듯하다. 장(章)으로는 15년 전쟁까지 갖추어져 있는데, 그것이 그 이전 시대까지의 서술에 비해, 균형을 잃을 만큼 간략하다고 느꼈을 것이다. 그 의문에 대해 답을 해 두고자 한다.

아편전쟁 이후를 소설로 쓰고, 생각한 바가 있어 거기서부터 고대로 거슬러 올라가 다시 내달려 왔으므로, 이 책은 출발 지점에서 멈추는 것이 적당할 것이다.

내가 정말로 쓰고 싶은 것은, 지겹게 되풀이하는 것 같겠지만 근대사이고, 남은 세월도 고려해서 역사서와 소설이라는 두 가지 수단으로 그것을 이루고자 했다. 그런 이유에서 『중국의 역사-근현대편』을 거의 이 책과 같은 분량(약 10권)으로 쓰기로 하고, 현재 제4권까지 탈고했다. 제4권이 신해혁명, 그리고 청조의 붕괴까지다. 그러므로 독자가 간략하다고 느낀 부분은 다른 편에서 자세히 다루어지게 되었다.

같은 시대를 사는 사람들과 중국의 역사를 돌이켜 보는 일이 내게는 더할 나위 없는 기쁨이다.

진순신

진순신 이야기 중국사 7

펴낸날	초판 1쇄 2011년 7월 29일
	초판 3쇄 2014년 7월 2일

지은이	진순신
옮긴이	전선영
펴낸이	심만수
펴낸곳	(주)살림출판사
출판등록	1989년 11월 1일 제9-210호

주소	경기도 파주시 광인사길 30
전화	031-955-1350 팩스 031-624-1356
홈페이지	http://www.sallimbooks.com
이메일	book@sallimbooks.com

ISBN	978-89-522-1615-1 04910
	978-89-522-1616-8 (세트)